DER MEISTER DER MÄRKTE

WIE JIM SIMONS DIE QUANTEN-REVOLUTION ENTFESSELTE

FBV

Gregory Zuckerman

Bibliografische Information der Deutschen Nationalbibliothek
Die Deutsche Nationalbibliothek verzeichnet diese Publikation in der Deutschen Nationalbibliografie. Detaillierte bibliografische Daten sind im Internet über http://dnb.d-nb.de abrufbar.

Für Fragen und Anregungen
info@finanzbuchverlag.de

1. Auflage 2020

Nymphenburger Straße 86
D-80636 München
Tel.: 089 651285-0
Fax: 089 652096

Übersetzung: Petra Pyka
Redaktion: Silke Panten
Umschlaggestaltung: in Anlehnung an das Cover der Originalausgabe
Umschlagabbildung: © Daniel Lagin, Virtualphoto/Gettyimages
Abbildungen Bildteil: Seite 2 (oben) mit freundlicher Genehmigung von Lee Neuwirth © Lee Neuwirth; Seite 3 (oben) Mit freundlicher Genehmigung von Seth Rumshinsky; Seite 3 (unten) Foto von Rick Mott, aufgenommen während des NJ Open Go-Turniers, mit Erlaubnis, mit freundlicher Genehmigung von Stefi Baum; Seite 4 (oben, unten) Mit freundlicher Genehmigung von Brian Keating; Seite 5 (oben) Mit freundlicher Genehmigung von David Eisenbud; Seite 5 (unten) Mit freundlicher Genehmigung des *Wall Street Journals* und Jenny Strasburg; Seite 6 Patrick McMullan/Getty Images-Most
Satz: Carsten Klein, Torgau
Druck: GGP Media GmbH, Pößneck
Printed in Germany

ISBN Print 978-3-95972-343-5
ISBN E-Book (PDF) 978-3-96092-628-3
ISBN E-Book (EPUB, Mobi) 978-3-96092-629-0

INHALT

CHARAKTERE

James Simons	Mathematiker, Codeknacker und Gründer von Renaissance Technologies
Lenny Baum	Simons erster Investmentpartner und Urheber von Algorithmen, die das Leben von Millionen von Menschen verändert haben
James Ax	Manager des Medallion-Fonds und Entwickler seiner ersten Handelsmodelle
Sandor Straus	Datenguru, der in der Frühphase bei Renaissance eine wichtige Rolle spielte
Elwyn Berlekamp	Spieltheoretiker, der den Medallion-Fonds an einem wichtigen Wendepunkt managte
Henry Laufer	Mathematiker, der Simons' Fonds auf kurzfristige Transaktionen umstellte
Peter Brown	Informatiker, der maßgeblich an wesentlichen Durchbrüchen von Renaissance beteiligt war
Robert Mercer	Co-CEO von Renaissance, Steigbügelhalter für Donald Trump auf dem Weg ins Weiße Haus
David Magerman	Computerspezialist, der versuchte, Mercers politische Aktivitäten zu stoppen

ZEITSTRAHL DER WICHTIGSTEN EREIGNISSE

1938 Jim Simons kommt zur Welt

1958 Simons macht seinen Abschluss am MIT

1964 Simons wird Codeknacker am IDA (Institute for Defense Analyses)

1968 Simons übernimmt die mathematische Fakultät an der Stony Brook University

1974 Simons und Chern veröffentlichen einen bahnbrechenden Artikel

1978 Simons verlässt die akademische Welt, um das Devisenhandelsunternehmen Monemetrics und den Hedgefonds Limroy zu gründen

1979 Lenny Baum und James Ax steigen ein

1982 Das Unternehmen wird in Renaissance Technologies Corporation umbenannt

1984 Baum steigt aus

1985 Ax und Straus verlegen das Unternehmen nach Kalifornien

1988 Simons schließt den Limroy-Fonds und legt den Medallion-Fonds auf

1989 Ax geht, Elwyn Berlekamp managt den Medallion-Fonds

1990 Berlekamp scheidet aus, Simons übernimmt die Kontrolle über Unternehmen und Fonds

1992 Henry Laufer steigt voll ein

1993 Peter Brown und Robert Mercer kommen dazu

1995 Brown und Mercer gelingt wesentlicher Durchbruch

2000 Der Medallion-Fonds gewinnt ganze 98,5 Prozent

2005 Der Renaissance Institutional Equities Fund wird aufgelegt

2007 Renaissance und andere quantitative Fonds erleiden plötzliche Verluste

2010 Brown und Mercer übernehmen die Firma

2017 Mercer tritt als Co-CEO zurück

Für Gabriel und Elijah
Meine Signale im Rauschen

EINLEITUNG

»Ihnen muss doch klar sein, dass niemand mit Ihnen sprechen wird, oder?«

Das war Anfang September 2017. Ich saß in einem Fischlokal in Cambridge, Massachusetts, stocherte in meinem Salat herum und versuchte alles, um einen britischen Mathematiker namens Nick Patterson dazu zu bringen, mir mehr über sein ehemaliges Unternehmen zu erzählen: Renaissance Technologies. Sehr erfolgreich war ich nicht.

Ich erzählte Patterson, dass ich ein Buch darüber schreiben wolle, wie Renaissance-Gründer James Simons die größte Geldmaschine in der Finanzgeschichte erschaffen hatte. Renaissance warf so viel Geld ab, dass Simons und seine Kollegen am Ende enormen Einfluss auf die Welt der Politik, der Wissenschaft, der Bildung und der Philanthropie ausübten. Simons rechnete mit drastischen gesellschaftlichen Veränderungen und setzte schon Algorithmen, Computermodelle und Big Data ein, als Mark Zuckerberg und Konsorten noch im Kindergarten spielten.

Viel Mut machte mir Patterson nicht. Simons selbst und seine Vertreter hatten mich damals bereits wissen lassen, dass sie mir nicht weiterhelfen würden. Die Führungsriege von Renaissance und andere aus Simons' Dunstkreis – selbst Menschen, die ich zu meinen Freunden gezählt hatte – riefen mich weder zurück, noch reagierten sie auf meine E-Mails. Sogar Erzrivalen sagten auf Simons' Bitten Termine mit mir ab, als wäre er ein Mafiaboss, und sie hätten Angst, ihn zu verärgern.

Immer wieder wurde ich auf den hieb- und stichfesten 30-seitigen Geheimhaltungsvertrag hingewiesen, den sich das Unternehmen von allen Beschäftigten unterzeichnen ließ und der sie sogar nach ihrem Ausscheiden noch davon abhielt, sich eingehender zu äußern. Das war mir durchaus klar. Doch ich hatte immerhin ein paar Jahrzehnte beim *Wall Street Journal* auf dem Buckel. Ich wusste doch, wie das lief. Wenn man über jemanden schrieb, fing der schon irgendwann an zu erzählen, auch wenn er sich erst sträubte. Wer wollte schließlich nicht in einem Buch vorkommen? Ganz offensichtlich Jim Simons und Renaissance Technologies.

Für mich kam das nicht ganz unerwartet. Immerhin gehören Simons und seine Mannschaft zu den diskretesten Börsianern, die die Wall Street je gesehen hat. Sie verkneifen sich jeden Hinweis darauf, wie es ihnen gelungen ist, die Finanzmärkte zu erobern, um der Konkurrenz auch ja keine Anhaltspunkte zu liefern. Die Beschäftigten meiden Medienauftritte und halten sich von Branchenkonferenzen und von den meisten öffentlichen Veranstaltungen fern. Simons erklärte seine Einstellung einmal mit einem Zitat des Esels Benjamin aus George Orwells *Farm der Tiere*, der sagte, »›Gott habe ihm zwar einen Schwanz geschenkt, um damit die Fliegen zu verscheuchen, doch er persönlich würde lieber sowohl auf Schwanz wie Fliegen verzichtet haben.‹* So ähnlich geht mir das mit der Publicity.«[1]

Ich sah von meinem Teller auf und lächelte gezwungen.

Das gestaltete sich wirklich schwierig.

Doch ich ließ mich nicht beirren, testete die Abwehr und wartete auf meine Chance. Über Simons zu schreiben und hinter sein Geheimnis zu kommen, wurde mir zur fixen Idee. Die Hindernisse, der er mir in den Weg stellte, machten die Jagd für mich nur interessanter.

Ich wollte Simons' Geschichte unbedingt erzählen, und ich hatte gute Gründe dafür. Der ehemalige Mathematikprofessor Simons ist vermutlich der erfolgreichste Spekulant der modernen Finanzgeschichte. Seit 1988 erzielt sein Flaggschiff, der Hedgefonds Medallion, im Schnitt jedes Jahr eine Rendite von 66 Prozent. Der Handelsgewinn beläuft sich auf über 100 Milliarden US-Dollar. (Wie ich zu diesen Zahlen gekommen bin, sehen Sie in Anhang 1.) Das ist einsame Spitze in der Investmentwelt. Ob Warren Buffett, George Soros, Peter Lynch, Steve Cohen oder Ray Dalio – da kommt keiner mit (siehe Anhang 2).

Seit ein paar Jahren verbucht Renaissance jährlich Handelsgewinne von mehr als 7 Milliarden US-Dollar. Das stellt den Jahresumsatz von Markenunternehmen wie Under Armour, Levi Strauss, Hasbro und Hyatt Hotels in den Schat-

* Zitiert aus: Orwell, James: Farm der Tiere, S. 7. Abrufbar unter: https://epdf.pub/farm-der-tiere.html.

ten. Und das Absurde daran: Während diese Unternehmen zigtausend Menschen beschäftigen, arbeiten bei Renaissance nur knapp dreihundert.

Nach meiner Rechnung beläuft sich Simons' Vermögen auf rund 23 Milliarden US-Dollar. Damit ist er reicher als Elon Musk von Tesla Motors, Rupert Murdoch von News Corp und Laurene Powell Jobs, die Witwe von Steve Jobs. Und in der Firma gibt es noch mehr Milliardäre. Der durchschnittliche Renaissance-Beschäftigte hat knapp 50 Millionen US-Dollar allein in die eigenen Hedgefonds des Unternehmens investiert. Simons und sein Team schaffen einen Reichtum, wie man ihn sonst nur aus Märchen über Könige, Stroh und jede Menge Gold kennt.

Doch mich faszinierte nicht nur der Börsenerfolg. Simons beschloss schon, sich durch Berge von Daten zu graben, höhere Mathematik einzusetzen und bahnbrechende Computermodelle zu entwickeln, als andere sich bei ihren Prognosen noch auf Intuition, Instinkt und altmodische Analysen verließen. Simons löste eine Revolution aus, die die Investmentwelt seither umwälzt. Anfang 2019 waren Hedgefonds und andere quantitative Investoren – sogenannte *Quants* – bereits die größten Akteure auf dem Markt. Sie kontrollierten rund 30 Prozent des Aktienhandels und damit mehr als Privatanleger und klassische Investmentfirmen.[2] Börsianer mit MBA-Abschluss rümpften einst die Nase bei dem Gedanken, sich im Investmentgeschäft auf einen wissenschaftlichen, systematischen Ansatz zu stützen. Sie dachten, sie könnten ja jederzeit Programmierer einstellen, falls sie diese je brauchen sollten. Dasselbe sagen die Programmierer heute über die MBAs – wenn sie überhaupt an sie denken.

Simons' Pioniermethoden sind inzwischen in fast allen Branchen übernommen worden und berühren quasi jeden Aspekt des täglichen Lebens. Er und sein Team fraßen sich vor über 30 Jahren durch statistische Daten, ließen Maschinen für sich arbeiten und verließen sich auf Algorithmen, als solche Taktiken noch längst nicht ins Silicon Valley vorgedrungen waren, geschweige denn in Regierungsgebäude, Sportstadien, Arztpraxen, Militärstützpunkte und überall sonst, wo Prognosen gefragt sind.

Simons entwickelte Strategien, um fähige Köpfe anzuwerben und zu halten und um Geisteskapazität und mathematische Fähigkeiten in märchenhaften Reichtum umzumünzen. Er machte aus Mathematik Geld, und zwar jede Menge. Noch vor wenigen Jahrzehnten war das nicht einmal ansatzweise möglich.

In letzter Zeit geriert sich Simons als eine Art moderner Medici. Er subventioniert die Gehälter Tausender an staatlichen Schulen beschäftigter Lehrkräfte für Mathematik und naturwissenschaftliche Fächer, entwickelt Therapien für Autisten und erweitert unser Wissen über den Ursprung des Lebens. Seine Initiativen, so wertvoll sie auch sein mögen, werfen die Frage auf, ob ein Einzelner so viel Macht haben sollte. Das Gleiche gilt für den Einfluss seines Spitzenmanagers* Robert Mercer, der 2016 möglicherweise den größten Einzelbeitrag zu Donald Trumps Sieg bei der Präsidentenwahl leistete. Als Trumps großzügigster finanzieller Unterstützer zauberte er Steve Bannon und Kellyanne Conway aus dem Ärmel und stellte sie in den Dienst von Trumps Wahlkampfteam, um dieses in einer heiklen Phase zu konsolidieren. Unternehmen, die einst Mercer gehörten und inzwischen in die Hände seiner Tochter Rebekah übergegangen sind, spielten eine wesentliche Rolle in der erfolgreichen Kampagne, das Vereinigte Königreich zum Austritt aus der Europäischen Union zu ermutigen. Simons, Mercer und andere Renaissance-Leute werden noch auf Jahre hinaus in vielen Bereichen maßgeblich mitbestimmen.

Die Erfolge von Simons und seinem Team stellen etliche heikle Fragen in den Raum. Was sagt es über die Finanzmärkte aus, dass Mathematiker und Wissenschaftler deren Entwicklung besser prognostizieren können als die altgedienten Investoren der größten traditionellen Unternehmen? Verfügen Simons und seine Kollegen über grundlegendes Investmentwissen, das sich uns übrigen verschließt? Beweisen Simons' Leistungen, dass menschliches Urteilsvermögen und Intuition von Haus aus unzulänglich sind und dass nur Modelle und automatisierte Systeme mit der Datenflut zurande kommen können, die uns zu überschwemmen scheint? Entstehen durch den Triumph und die Popularität von Simons' quantitativen Methoden neue, noch nicht wahrgenommene Risiken?

Ein augenfälliger Widerspruch hat es mir besonders angetan: Eigentlich *hätten* Simons und seine Leute den Markt *überhaupt nicht* meistern dürfen. Simons hat nie auch nur einen einzigen Kurs in Finanzwesen belegt, sich nicht besonders für Wirtschaft interessiert und sich, bis er 40 war, nur sporadisch an der Börse versucht. Zehn Jahre später war das nicht viel anders. Ja, Simons hat sich noch nicht einmal mit angewandter Mathematik befasst, sein Fachgebiet

* Mercer ist nicht mehr der Co-CEO von Renaissance, aber weiterhin leitender Mitarbeiter des Unternehmens.

war die *theoretische* Mathematik, also die allerunpraktischste. Sein Unternehmen, das sich in einem verschlafenen Städtchen an der Nordküste von Long Island befindet, stellt Mathematiker und Wissenschaftler ein, die *keine Ahnung* vom Investmentgeschäft oder vom Börsenbetrieb haben. Manche von ihnen sind sogar Kapitalismusskeptiker. Dennoch waren es Simons und seine Kollegen, die verändert haben, wie Anleger an die Finanzmärkte herangehen, und die eine ganze Branche von Spekulanten, Investoren und anderen Profis deklassiert haben. Als hätte eine Reisegruppe auf ihrer ersten Fahrt nach Südamerika mit ein paar exotischen Werkzeugen und dürftigen Vorräten El Dorado entdeckt und die goldene Stadt nach allen Regeln der Kunst geplündert, während erfahrene Entdecker das Nachsehen hatten.

Endlich stieß auch ich auf eine Goldader. Ich erfuhr allerhand über Simons' Vorgeschichte, seine Tätigkeit als wegweisender Mathematiker und Codeknacker im Kalten Krieg und die unstete Anfangszeit seines Unternehmens. Meine Kontakte verrieten mir mehr über die wichtigsten Durchbrüche von Renaissance und über die jüngsten Entwicklungen, die noch mehr Dramatik und Ränke beinhalteten, als ich gedacht hatte. Am Ende hatte ich über 400 Gespräche mit mehr als 30 aktuellen und ehemaligen Renaissance-Beschäftigten geführt. Ich hatte mit einer noch größeren Zahl von Personen aus Simons' Freundeskreis, seiner Familie und anderen gesprochen, die mit den Vorkommnissen vertraut waren, die ich schildere. Jedem Einzelnen, der sich die Zeit nahm, mir Erinnerungen, Beobachtungen und Erkenntnisse mitzuteilen, bin ich zutiefst zu Dank verpflichtet. Manche gingen erhebliche persönliche Risiken ein, damit ich diese Geschichte erzählen kann. Ich hoffe, ich erweise mich als ihres Vertrauens würdig.

Am Ende sprach sogar Simons persönlich mit mir. Er bat mich, dieses Buch nicht zu schreiben, und konnte sich für das Projekt nie erwärmen. Er war trotzdem so großzügig, sich mit mir über zehn Stunden lang über bestimmte Zeiten in seinem Leben zu unterhalten. Über die Handels- und die allermeisten sonstigen Tätigkeiten von Renaissance verweigerte er aber jede Auskunft. Seine Gedanken waren dennoch wertvoll, und ich weiß sie zu schätzen.

Dieses Buch ist ein Sachbuch. Es stützt sich auf Erfahrungsberichte aus erster Hand und Erinnerungen von Menschen, die die von mir dargestellten Ereignisse miterlebten oder darüber Bescheid wussten. Ich weiß, dass Erinnerungen verblassen. Ich habe daher alle Fakten, Vorfälle und Zitate nach Kräften überprüft und erhärtet.

Ich habe versucht, Simons' Geschichte so zu erzählen, dass sie den ganz normalen Leser ebenso anspricht wie den Profi für quantitative Finanztheorie und Mathematik. Hidden-Markov-Modelle, Kernel-Verfahren des maschinellen Lernens und stochastische Differentialgleichungen kommen darin ebenso vor wie gescheiterte Ehen, Unternehmensintrigen und in Panik geratene Spekulanten.

Trotz all seines Wissens und seiner Voraussicht hat Simons vieles, was ihm in seinem Leben widerfuhr, vollkommen unerwartet getroffen. Das ist vielleicht die bleibendste Lehre, die sich aus dieser erstaunlichen Geschichte ziehen lässt.

DER MEISTER DER MÄRKTE – WIE JIM SIMONS DIE QUANTENREVOLUTION ENTFESSELTE

PROLOG

Jim Simons rief immer wieder an.

Es war Herbst 1990, und er saß in seinem Büro im 33. Stock eines Hochhauses in Manhattan. Seine Augen klebten an einem Computerbildschirm, auf dem die letzten Bewegungen der globalen Finanzmärkte aufblinkten. Manche seiner Freunde fragten sich, wieso Simons nicht einfach aufhörte. Er war 52, hatte bereits ein erfülltes Leben hinter sich und so viel erlebt, geleistet und verdient, dass sich viele seiner Altersgenossen damit zufrieden gegeben hätten. Doch da saß er, beaufsichtigte einen Investmentfonds und schlug sich mit den täglichen Marktkapriolen herum.

Simons war knapp 1,80 Meter groß, wirkte aber durch seine leicht gebeugte Haltung und sein ergrauendes, schütteres Haar kleiner und älter, als er war. Seine braunen Augen säumten tiefe Falten – vermutlich, weil er rauchte und sich das nicht abgewöhnen konnte oder wollte. Mit seinen rauen, markanten Gesichtszügen und dem verschmitzten Blitzen in den Augen erinnerte Simons manche seiner Freunde an den verstorbenen Schauspieler Humphrey Bogart.

Auf dem aufgeräumten Schreibtisch stand ein überdimensionaler Aschenbecher und wartete darauf, dass Simons seine brennende Zigarette daran abstreifte. An der Wand hing ein ziemlich grausiges Bild von einem Luchs, der sich an einem Kaninchen gütlich tat. Auf dem Beistelltisch neben einem Sofa und zwei bequemen Ledersesseln lag ein kompliziertes mathematisches Forschungspapier, das an Simons' aussichtsreiche akademische Karriere erinnerte, die er zur Verwunderung seiner Mathematikerkollegen an den Nagel gehängt hatte.

Damals hatte Simons bereits ganze zwölf Jahre darauf verwendet, eine erfolgreiche Investmentformel zu finden. Anfangs verließ er sich bei seinen Börsengeschäften wie andere auch auf Intuition und Instinkt, doch das Auf und Ab setzte ihm zu. Zwischendurch war Simons so frustriert, dass ein Mitarbeiter sogar befürchtete, er sei selbstmordgefährdet. Simons suchte sich zwei namhafte, eigenwillige Mathematiker als Partner für seine Börsengeschäfte, doch die Partnerschaften scheiterten an Verlusten und Verbitterung. Ein Jahr zuvor war Simons' Bilanz so verheerend ausgefallen, dass er seine Investmentaktivitäten aussetzen musste. Manche rechneten sogar damit, dass er den Betrieb ganz einstellen würde.

Simons, der inzwischen zum zweiten Mal verheiratet war und mit dem dritten Geschäftspartner arbeitete, entschloss sich zur Umstellung auf einen radikalen Anlagestil. In Zusammenarbeit mit dem Spieltheoretiker Elwyn Berlekamp entwickelte Simon ein Computermodell, das in der Lage war, riesige Datenströme zu verarbeiten und die idealen Transaktionen auszuwählen – ein wissenschaftlicher, systematischer Ansatz, der zum Teil darauf ausgerichtet war, Emotionen aus dem Anlageprozess auszuklammern.

»Wenn uns genügend Daten zur Verfügung stehen, können wir Prognosen stellen – das *weiß* ich«, erklärte Simons einem Kollegen.

Die Menschen, die Simons am nächsten standen, wussten, was ihn antrieb. Simons hatte mit 23 seinen Doktor gemacht und war dann zum gefeierten Codeknacker der US-Regierung, zum renommierten Mathematiker und wegweisenden Universitätsmanager avanciert. Er brauchte eine neue Herausforderung und eine größere Bühne. Einem Freund hatte Simons erzählt, es »wäre eine beachtliche Leistung«, das uralte Rätsel der Märkte zu lösen und die Investmentwelt zu erobern. Er wollte derjenige sein, der den Markt mit mathematischen Mitteln schlug. Ihm war klar: Gelang ihm das, konnte er Millionen verdienen, vielleicht sogar mehr, nämlich so viel, dass er auch über die Wall Street hinaus Einfluss auf die Welt nehmen könnte – womöglich sein eigentliches Ziel, wie manche vermuteten.

An der Börse gilt wie in der Mathematik: Es ist schwer, im mittleren Alter noch Durchbrüche zu erzielen. Doch Simons war überzeugt, er stehe kurz vor einer besonderen Erkenntnis von möglicherweise historischer Bedeutung. Mit einer Merit-Zigarette zwischen zwei Fingern griff Simons zum Hörer, um noch einmal bei Berlekamp anzurufen.

»Hast du die Goldpreise gesehen?«, fragte er mit seiner rauen Stimme. Sein Akzent verriet, dass er in Boston aufgewachsen war.

Ja, habe er, entgegnete Berlekamp. Und nein, er sehe keine Notwendigkeit, ihr Handelssystem anzupassen. Simons bestand nicht darauf und verabschiedete sich höflich wie immer. Berlekamp aber ging Simons Drängelei zunehmend auf die Nerven. Der ernsthafte schlaksige Berlekamp, dessen blaue Augen durch dicke Brillengläser blickten, arbeitete am anderen Ende des Landes in einem Büro, das nur ein paar Schritte vom Campus der University of California in Berkeley entfernt war. Dort lehrte er nach wie vor. Wenn Berlekamp seine Handelsmethoden mit Absolventen der Business School seiner Universität diskutierte, machten sie sich manchmal darüber lustig und bezeichneten sie als »Scharlatanerie«.

»Ach, kommen Sie. Nie im Leben können Rechner mit menschlichem Urteilsvermögen konkurrieren«, hatte einer zu Berlekamp gesagt.

»Wir werden das sogar *besser* machen, als es für Menschen möglich ist«, konterte Berlekamp.

Insgeheim wusste Berlekamp, warum ihr Ansatz so nach moderner Alchemie aussah. Selbst er konnte nicht genau erklären, warum ihr Modell bestimmte Transaktionen empfahl.

Doch nicht nur an der Universität erschienen Simons' Ideen abgehoben. Für das klassische Investmentgeschäft waren goldene Zeiten angebrochen, als George Soros, Peter Lynch, Bill Gross und andere mit Intelligenz, Intuition und altmodischen Konjunktur- und Unternehmensanalysen die Entwicklungsrichtung von Anlagen, Finanzmärkten und Volkswirtschaften in aller Welt prognostizierten und damit enorme Gewinne erwirtschafteten. Anders als seine Rivalen hatte Simons keine Ahnung, wie man Cashflows schätzte, neue Produkte ausfindig machte oder Zinssätze prognostizierte. Er grub sich durch eine Fülle von Kursinformationen. Für diese Herangehensweise an das Börsengeschäft gab es noch nicht einmal eine richtige Bezeichnung. Sie umfasste *Datenbereinigung*, *Signale* und *Backtesting* (Rückvergleiche), Begriffe, die den meisten Wall-Street-Profis damals gänzlich unbekannt waren. 1990 verwendeten erst wenige E-Mails, der Internet-Browser war noch nicht erfunden, und wenn überhaupt, dann waren Algorithmen vor allem für die Schritt-für-Schritt-Verfahren bekannt, mit denen es Alan Turing gelungen war, im Zweiten Weltkrieg die verschlüsselten Nachrichten der Nazis zu knacken. Die Vorstellung, dass sich das Leben Hunderter Millionen Menschen an diesen Formeln orientieren oder gar von ihnen mitbestimmt werden könnte oder dass ein paar ehemalige Mathematikprofessoren Computer einsetzen könnten, um erfahrenen, gefeierten Investoren den Rang abzulaufen, erschien weit hergeholt, wenn nicht gar regelrecht lachhaft.

Doch Simons war von Natur aus optimistisch und selbstsicher. Er entdeckte erste Anzeichen für den Erfolg seines Computersystems, was ihm Hoffnung machte. Außerdem blieb Simons im Grunde gar nichts anderes übrig. Seine einst so erfolgreichen Wagnisinvestitionen kamen ins Stocken, und er wollte nicht in den Universitätsbetrieb zurückgehen.

»Knöpfen wir uns das System vor«, erklärte Simons Berlekamp bei einem seiner immer ungeduldigeren Anrufe. »Ich weiß, dass wir bis nächstes Jahr 80 Prozent Plus erzielen können.«

80 Prozent in einem Jahr? Jetzt übertreibt er aber wirklich, dachte Berlekamp.

Solche gewaltigen Renditen seien unwahrscheinlich, wandte er ein und bat Simons, nicht mehr so oft anzurufen. Doch Simons konnte nicht anders. Das wurde Berlekamp irgendwann zu viel. Er warf das Handtuch – ein neuer Schlag für Simons.

»Zur Hölle damit, dann muss ich es eben selber machen«, erklärte Simons einem Freund.

=

Etwa zur selben Zeit schaute in einem anderen Teil des US-Bundesstaats New York, etwa 80 Kilometer entfernt, ein Wissenschaftler mittleren Alters auf ein Whiteboard. Er hatte eigene Probleme. Robert Mercer arbeitete in einem weitläufigen Forschungszentrum von IBM in einem Vorort von Westchester, wo er nach Wegen suchte, Computer dazu zu bringen, gesprochene Sprache besser in Schrift zu verwandeln, Texte von einer Sprache in andere Sprachen zu übertragen und noch so einiges mehr. Anstatt mit konventionellen Methoden ging Mercer seine Probleme auf breiter Front mit einer frühen Form des maschinellen Lernens an. Er und seine Kollegen fütterten ihre Rechner mit so vielen Daten, dass sie ihre Aufgaben allein erfüllen konnten. Mercer war nun schon seit fast 20 Jahren bei dem Computerriesen tätig, doch es zeichnete sich immer noch nicht ab, wie weit er und sein Team kommen konnten.

Seine Kollegen wurden aus Mercer nicht schlau – auch solche nicht, die schon jahrelang eng mit ihm zusammenarbeiteten. Mercer war außergewöhnlich begabt. Er war aber auch ein bisschen sonderbar und unbeholfen im Umgang mit anderen. Zu Mittag aß Mercer jeden Tag ein Sandwich mit Thunfisch oder Erdnussbutter und Gelee, das in einer gebrauchten braunen Papiertüte steckte.

Im Büro summte oder pfiff Mercer ständig vor sich hin, gewöhnlich klassische Melodien, und wirkte distanziert belustigt.

Wenn Mercer den Mund aufmachte, äußerte er sich oft klug und tiefgründig. Manchmal gab er aber wirklich krasse Dinge von sich. Einmal erzählte er seinen Kollegen beispielsweise, er glaube, er werde ewig leben. Seine Mitarbeiter hatten den Eindruck, er meinte das wirklich ernst, obwohl die bisherige Erfahrung dagegen sprach. Später sollten seine Kollegen von Mercers tiefsitzender Abneigung gegen den Staat und von seinen radikalen politischen Ansichten erfahren, die später sein Leben beherrschen und das Leben vieler anderer Menschen beeinflussen sollten.

Bei IBM saß Mercer viele Stunden mit einem jüngeren Kollegen namens Peter Brown zusammen, der mit seinem dichten, widerspenstigen braunen Haarschopf und seiner kinetischen Energie an das Klischee vom verrückten Professor erinnerte. Die beiden Männer unterhielten sich kaum je über Geld oder Märkte. Doch Turbulenzen in ihrem Privatleben brachten Mercer und Brown dazu, sich mit Simons zusammenzutun und sich sein unwahrscheinliches Anliegen zu eigen zu machen, den Markt-Code zu knacken und sich an die Spitze einer Investmentrevolution zu setzen.

=

Damals war Simons allerdings nicht bewusst, wie hoch die Hürden waren, die er nehmen musste. Er ahnte auch noch nichts von dem Unglück, das ihn verfolgen sollte, oder von den politischen Erdbeben, die sein Unternehmen auf den Kopf stellen würden.

Als Simons seinerzeit im Herbst 1990 aus seinem Büro auf den East River hinausblickte, wusste er nur, dass er ein wichtiges Problem lösen musste.

»Es gibt Muster auf dem Markt«, erklärte er einem Kollegen. »Ich weiß, dass wir sie aufspüren können.«

TEIL 1

Geld ist nicht alles

KAPITEL 1

Jimmy Simons griff sich einen Besen und ging nach oben.

Das war im Winter 1952, als sich der 14-Jährige in Breck's Gartenmarkt nicht weit von seinem Elternhaus im grünen Bostoner Vorort Newton in Massachusetts ein bisschen Taschengeld verdienen wollte. Doch es lief nicht gut für ihn. Unten im Lager versank der junge Mann so tief in seinen Gedanken, dass er alles falsch einsortierte – Schafdung, Saatgut und das meiste andere auch.

Verärgert ließ ihn das Ehepaar, dem der Laden gehörte, im Geschäft durch die schmalen Gänge gehen und den Holzboden fegen – eine eintönige, stumpfsinnige Aufgabe. Für Jimmy jedoch war diese Degradierung ein Glücksfall. Endlich hatte er Ruhe, um darüber nachzudenken, was im Leben wirklich wichtig war. Mathematik. Mädchen. Die Zukunft.

Die bezahlen mich fürs Nachdenken!

Ein paar Wochen später, als der Ferienjob nach Weihnachten auslief, fragten die Ladenbesitzer Jimmy nach seinen Zukunftsplänen.

»Ich möchte am MIT Mathematik studieren.«

Sie brachen in Gelächter aus. Ein so geistesabwesender junger Mensch, der noch nicht einmal ein bisschen Gartenbedarf richtig einsortieren konnte, wollte im Hauptfach Mathematik studieren – und dann noch an einer so renommierten Universität wie dem Massachusetts Institute of Technoloy?

»Sie fanden das unendlich komisch«, erinnert sich Simons.

Doch ihre Skepsis focht Jimmy ebenso wenig an wie ihr Gelächter. Der Teenager war erfüllt von einem geradezu übernatürlichen Selbstvertrauen und der ungewöhnlichen Entschlossenheit, etwas Besonderes zu vollbringen. Das verdankte er der Unterstützung seiner Eltern, die selbst in ihrem Leben hochfliegende Hoffnungen gehabt und im Nachhinein manche Entscheidung bitter bereut hatten.

Im Frühjahr 1938 hießen Marcia und Matthew Simons James Harris als neues Familienmitglied willkommen. Mutter Marcia und Vater Matty widmeten ihrem Sohn viel Zeit und Energie. Er blieb ihr einziges Kind, da Marcia später mehrere Fehlgeburten erlitt. Marcia verfügte über einen scharfen Verstand und war ein kontaktfreudiger Mensch mit einem feinen Sinn für Humor. Sie betätigte sich ehrenamtlich an Jimmys Schule, hatte aber nie Gelegenheit, einer Erwerbsarbeit nachzugehen. Jimmy war ihr Ventil für ihre Träume und Leidenschaften. Sie trieb ihn zu schulischen Höchstleistungen an und vermittelte ihm Vertrauen auf den Erfolg.

»Sie lebte über mich ihren Ehrgeiz aus«, erinnert sich Simons. »Für sie war ich ihr Projekt.«

Matty Simons sah das Leben und seine Aufgabe als Vater etwas anders. Als eines von zehn Geschwistern hatte er schon mit sechs Jahren mithelfen müssen, Geld zu verdienen, hatte auf der Straße Zeitungen verkauft und Reisenden am nahen Bahnhof die Koffer getragen. Als er alt genug für die Highschool gewesen wäre, arbeitete er schon Vollzeit. Er machte einen Anlauf, die Abendschule zu besuchen, brach aber ab, weil er sich vor lauter Müdigkeit nicht konzentrieren konnte.

Als Vater war Matty liebevoll, ruhig und unkompliziert. Er liebte es, nach Hause zu kommen und Marcia wilde Geschichten zu erzählen, etwa von konkreten Plänen Kubas, eine Brücke nach Florida zu bauen. Jimmy hatte Mühe, ernst zu bleiben. Marcia mochte die Intelligente in der Familie sein, war dabei aber erstaunlich leichtgläubig. Matty dachte sich immer ungeheuerlichere Wendungen aus, bis Marcia endlich merkte, dass er sie auf den Arm nahm. Dieses familiäre Ritual brachte Jimmy unweigerlich zum Lachen.

»Bei ihr fiel der Groschen meistens nicht gleich«, erzählt Simons. »Bei mir schon.«

Matty arbeitete bei der 20th Century Fox im Vertrieb. Er fuhr in New England von Kino zu Kino und pries die neuesten Filme des Studios an. Fox hatte Shirley Temple unter Vertrag, den größten Star jener Zeit. Also bot Matty ihre Filme stets im Paket mit vier oder fünf anderen an und brachte die Kinobetreiber so dazu, ihm alle abzunehmen. Matty gefiel seine Arbeit, und er wurde zum Vertriebsleiter befördert, was Hoffnungen auf einen Aufstieg ins Management weckte. Doch Matty änderte seine Pläne, als ihn sein Schwiegervater Peter Kantor bat, in seiner Schuhfabrik zu arbeiten. Peter stellte ihm eine Beteiligung in

Aussicht, und Matty fühlte sich verpflichtet, ins Familienunternehmen einzusteigen.

Peters Fabrik produzierte hochwertige Damenschuhe und lief gut. Das Geld rann ihm jedoch fast so schnell durch die Finger, wie es hereinkam. Peter war ein korpulenter, extravaganter Mann, der sich gern exklusiv kleidete, immer das neueste Cadillac-Modell fuhr und Schuhe trug, die ihn größer erscheinen ließen als seine 1,63 Meter. Peter verlor viel Geld auf der Pferderennbahn und durch verschiedene Affären. An Zahltagen ließ Peter Jimmy und seinen Cousin Richard Lourie hohe Geldstapel halten, »die uns bis über den Kopf reichten«, wie Richard noch weiß. »Das fanden wir klasse.«[3]

Peter strahlte eine gewisse Sorglosigkeit und Lebensfreude aus – eine Grundhaltung, die sich Jimmy später auch aneignen sollte. Der in Russland geborene Peter erzählte gern pikante Geschichten aus der alten Heimat, in denen meist Wölfe, Frauen, Kaviar und jede Menge Wodka vorkamen. Und er brachte seinen Enkelsöhnen ein paar Brocken Russisch bei: »Gib mir eine Zigarette« und »Leck mich am Arsch«. Die Jungen konnten sich kaum halten vor Lachen. Peter bewahrte sein Geld am liebsten in einem Schließfach auf, vermied Steuern, wo er konnte, und hatte stets 1500 Dollar Bargeld in der Brusttasche. Mit diesem Betrag wurde er auch an seinem Todestag aufgefunden, umgeben von den Weihnachtskarten Dutzender dankbarer Freundinnen.

Matty Simons arbeitete jahrelang als Geschäftsführer der Schuhfabrik, doch auf die Beteiligung, die Peter ihm versprochen hatte, wartete er vergeblich. Später erzählte Matty seinem Sohn, er bedauere, dass er eine vielversprechende, interessante Karriere aufgegeben hatte, nur um zu tun, was von ihm erwartet wurde.

»Ich lernte daraus: Tu im Leben, was dir Spaß macht, nicht das, wovon du glaubst, dass du es tun ›solltest‹«, erzählt Simons. »Das habe ich nie vergessen.«

Und mehr als alles andere machte es Jimmy Spaß, nachzudenken – oft über Mathematik. Zahlen, Figuren und Kurven faszinierten ihn. Im Alter von drei Jahren konnte Jimmy bereits Zahlen verdoppeln und durch zwei teilen. Er berechnete sämtliche Quadratzahlen bis 1024, dann wurde ihm das zu langweilig. Eines Tages fuhr die Familie an den Strand und Matty hielt an einer Tankstelle. Sein kleiner Sohn verstand die Welt nicht mehr. Nach Jimmys Logik konnte der Familienkutsche nie der Sprit ausgehen: War der Tank halb leer, war ja noch die halbe Benzinmenge drin. Dann konnten sie diese zur Hälfte aufbrauchen, und so weiter, ohne dass der Tank jemals leer würde.

Der Vierjährige war über ein klassisches mathematisches Problem gestolpert, das ausgeprägtes logisches Denken erforderte. Wenn man immer die Hälfte der verbleibenden Strecke zurücklegen musste, bevor man sein Ziel erreichte, und jede Entfernung, ganz gleich wie klein sie war, halbiert werden konnte – wie konnte man dann je zum Ziel gelangen? Der Erste, der sich mit diesem Dilemma auseinandersetzte, war der griechische Philosoph Zenon von Elea. Es ist das bekannteste einer Gruppe von Paradoxa, die die Mathematiker jahrhundertelang beschäftigten.

Wie viele Einzelkinder versank Jimmy oft über längere Zeit in seine Gedanken und sprach sogar mit sich selbst. Im Kindergarten kletterte er auf einen Baum, setzte sich auf einen Ast und dachte nach. Manchmal musste Marcia kommen, ihn zwingen, herabzusteigen und mit den anderen Kindern zu spielen.

Anders als seine Eltern war Jimmy fest entschlossen, sich auf seine eigenen Leidenschaften zu fokussieren. Als er acht Jahre alt war, riet ihm der Hausarzt der Familie Simons, Dr. Kaplan, zu einer medizinischen Laufbahn, denn das sei der ideale Beruf für »einen klugen jüdischen Jungen«.

Jimmy widersprach.

»Ich will Mathematiker oder Naturwissenschaftler werden«, erwiderte er.

Der Arzt versuchte, den Jungen zu überzeugen. »Aber mit Mathematik kannst du kein Geld verdienen.«

Doch Jimmy sagte, er wolle es versuchen. Er wusste nicht genau, was Mathematiker arbeiteten, doch vermutlich ging es dabei um Zahlen, und das reichte ihm. Auf jeden Fall wusste er ganz genau, dass er nicht Arzt werden wollte.

Jimmy war ein guter Schüler, aber auch ein Lausbub. Er war selbstbewusst wie seine Mutter und hatte denselben schelmischen Sinn für Humor wie sein Vater. Er liebte Bücher, ging regelmäßig in die örtliche Bücherei und lieh sich pro Woche vier Titel aus, die oft noch längst nicht für seine Altersstufe geeignet waren. Doch am allermeisten faszinierten ihn mathematische Konzepte. An der Lawrence School in Brookline, zu deren Absolventen die Fernsehmoderatoren Mike Wallace und Barbara Walters zählen, wurde Jimmy zum Klassensprecher gewählt und gehörte zu den Jahrgangsbesten. Überrundet wurde er nur von einer jungen Frau, die lange nicht so oft wie er ihren eigenen Gedanken nachhing.

In dieser Zeit war Jimmy mit einem Jungen aus wohlhabendem Hause befreundet und war beeindruckt von dem komfortablen Lebensstil, den dessen Familie genoss.

»Damals habe ich gemerkt, wie schön es ist, sehr reich zu sein«, erzählte Simons später. »Ich interessierte mich zwar nicht fürs Geschäft, wohl aber für Geld.«[4]

Abenteuer nahmen einen Großteil von Jimmys Zeit in Anspruch. Manchmal fuhr er mit seinem Freund Jim Harpel im Bus zu Bailey's Ice Cream in Boston, um sich einen Eisbecher zu genehmigen. Als sie älter waren, schmuggelten sie sich in die Burlesque-Shows im Old Howard Theatre. An einem Samstagmorgen waren die Jungen schon auf dem Weg zur Tür, als Harpels Vater die Ferngläser bemerkte, die sie um den Hals trugen.

»Na, Jungs, wollt ihr ins Old Howard?«, fragte er.

Erwischt.

»Woher wussten Sie das, Mr. Harpel?«, fragte Jimmy.

»Na ja, es gibt hier nicht so viele Vögel, die man beobachten könnte«, erwiderte Mr. Harpel.

Als Simons in die zehnte Klasse kam, zog seine Familie von Brookline nach Newton, wo Jimmy die Newton High School besuchte. Diese elitäre öffentliche Schule bot den richtigen Nährboden für seine aufkeimenden Leidenschaften. In seinem zweiten Highschooljahr diskutierte Jimmy gern über theoretische Konzepte wie die Vorstellung, dass sich zweidimensionale Ebenen unendlich ausdehnen könnten.

Nachdem Simons die Highschool nach drei Jahren abgeschlossen hatte, fuhr der schlanke, kräftig gebaute Junge mit seinem Freund Harpel durchs Land. Wo es sie auch hinverschlug, unterhielten sich die beiden Siebzehnjährigen – die der Mittelschicht entstammten und bis dahin sehr behütet aufgewachsen waren – mit den Einheimischen. Als sie nach Mississippi kamen, sahen sie, wie Afroamerikaner als Pächter arbeiteten und in Hühnerställen lebten.

»Der Wiederaufbau hatte Pächter aus ihnen gemacht, doch das war dasselbe wie Sklaverei«, erinnert sich Harpel. »Das zu sehen, war für uns ein Schock.«

Die beiden Jungen kampierten in einem staatlichen Park und gingen ins Schwimmbad, sahen dort aber keine Afroamerikaner. Das überraschte sie. Simons fragte einen korpulenten Mitarbeiter mittleren Alters, warum man nirgendwo Farbige sah.

»Wir lassen keine N… rein«, erklärte dieser.

Simons und Harpel besuchten Städte, in denen sie Familien in bitterer Armut leben sahen – Erfahrungen, die bei den Jungen Spuren hinterließen und sie für die Nöte der gesellschaftlich Benachteiligten sensibilisierten.

Simons konnte sich am MIT immatrikulieren, wie er gehofft hatte, und dank der Fortgeschrittenenkurse, die er auf der Highschool belegt hatte, konnte er sogar das erste Jahr des Mathematikstudiums überspringen. Doch das Collegeleben stellte ihn schnell vor Herausforderungen. Schon bald kämpfte Simons mit Stress und schlimmen Magenschmerzen. Er verlor 10 Kilo und verbrachte zwei Wochen im Krankenhaus. Schließlich diagnostizierten die Ärzte eine Kolitis und verschrieben ihm Steroide, um ihn zu stabilisieren.

Im zweiten Semester seines ersten Studienjahres schrieb sich der allzu selbstsichere Simons für einen weiterführenden Kurs in abstrakter Algebra ein. Das war eine komplette Katastrophe. Simons kam nicht mit, verstand die Aufgaben nicht und konnte den Fragen nicht folgen.

Da kaufte er sich ein Buch zum Thema, nahm es über den Sommer mit nach Hause, las es und grübelte stundenlang darüber. Schließlich ging der Knoten auf. In allen weiteren Algebrakursen kassierte Simons Bestnoten. Obwohl er in einem Fortgeschrittenenkurs in Differentialrechnung in seinem zweiten Studienjahr eine vier hatte, ließ der Professor zu, dass er sich für den Fortsetzungskurs einschrieb, in dem der Stokes'sche Integralsatz behandelt wurde. Dabei handelt es sich um eine Verallgemeinerung von Isaac Newtons Arbeit zum Hauptsatz der Differentialrechnung, die Linienintegrale in drei Dimensionen zu Flächenintegralen in Bezug setzt. Der junge Mann war hin und weg – ein Theorem, das Differentialrechnung, Algebra und Geometrie einbezog, schien eine einfache, unerwartete Harmonie zu erzeugen. Simons fiel der Kurs so leicht, dass ihn andere Studenten um Hilfe baten.

»Ich blühte förmlich auf«, beschreibt es Simons. »Es war ein großartiges Gefühl.«

Wie aussagekräftige Sätze und Formeln Wahrheiten erschließen und verschiedene Bereiche der Mathematik und Geometrie vereinen konnten, faszinierte Simons.

»Es war die Eleganz all dessen – die Schönheit der Konzepte«, schildert er.

Als Simons mit Kommilitonen wie Barry Mazur studierte – der seinen Abschluss in zwei Jahren schaffte, später prestigeträchtige Mathematikpreise gewann und in Harvard lehrte –, bekam er den Eindruck, nicht ganz in ihrer Liga zu spielen. Doch viel fehlte nicht. Und Simons merkte, dass sein Ansatz einzigartig war. Er grübelte über Probleme, bis er eine originelle Lösung dafür fand. Freunde bekamen manchmal mit, dass er stundenlang mit geschlossenen Augen herumlag. Er war ein Grübler mit Fantasie und »Gespür« beziehungsweise dem Instinkt, die Probleme in Angriff zu nehmen, die zu einem echten Durchbruch führen konnten.

»Mir wurde klar, dass ich vielleicht nicht spektakulär erfolgreich war, und auch nicht unbedingt der Beste, aber ich konnte etwas bewirken. Das wusste ich einfach«, erzählt er.

Eines Tages sah Simons zwei seiner Professoren, die namhaften Mathematiker Warren Ambrose und Isadore Singer, nach Mitternacht ins Gespräch vertieft in einem örtlichen Café sitzen. So ein Leben wollte Simons auch führen – Zigaretten, Kaffee und Mathe zu jeder Tageszeit.

»Es war wie eine Offenbarung … eine Erleuchtung«, schwärmt er.

Abgesehen von Mathematik tat Simons sein Möglichstes, um Kurse zu meiden, die ihn zu sehr in Anspruch nahmen. MIT-Studenten mussten auch Sportkurse belegen, doch Simons wollte keine Zeit mit Duschen und Umziehen verschwenden. Deshalb schrieb er sich für Bogenschießen ein. Zusammen mit seinem Kommilitonen Jimmy Mayer, der aus Kolumbien ans MIT gekommen war, beschloss er, den Kurs etwas aufzupeppen, indem sie auf jeden Schuss 5 Cent setzten. Sie wurden schnell Freunde, liefen hinter Mädchen her und spielten bis in die Nacht mit anderen Studenten Poker.

»Wer 5 Dollar verlor, konnte einpacken«, erinnert sich Mayer.

Simons war ein lustiger, netter Typ, der offen sagte, was er dachte, und auch öfter in Schwierigkeiten kam. Als Erstsemester füllte er gern Flüssiggas für Feuerzeuge in eine Wasserpistole, die er dann mithilfe eines Feuerzeugs in einen selbst gebastelten Flammenwerfer verwandelte. Nachdem Simons mit so einem Konstrukt in einem Badezimmer des Baker House, eines Studentenwohnheims am Charles River, ein Feuerchen entfacht hatte, spülte er einen halben Liter Flüssiggas ins Klo und schloss die Tür hinter sich. Aus den Augenwinkeln nahm er durch den Türspalt ein orangefarbenes Leuchten wahr – das Badezimmer stand in Flammen.

»Draußen bleiben!«, rief er den herbeieilenden Studenten zu.

In der Kloschüssel hatte sich die Flüssigkeit erhitzt und zu einem Feuerball entzündet. Glücklicherweise war das Wohnheim aus robusten dunkelroten Ziegelsteinen erbaut, und das Feuer breitete sich nicht aus. Simons gestand sein Vergehen und zahlte der Uni für die nötigen Reparaturarbeiten insgesamt 50 Dollar in zehn wöchentlichen Raten.

1958, nach drei Jahren am MIT hatte Simons genügend Credits zusammen, um mit 20 seinen Abschluss zu machen – einen Bachelor of Science in Mathematik. Vor dem weiterführenden Studium stand ihm der Sinn aber nach einem neuen Abenteuer. Seinem Freund Joe Rosenshein erzählte er, dass er gern »in die Geschichte eingehen« und etwas »Historisches« vollbringen wolle.

Simons erste Eingebung war, um Aufsehen zu erregen, eine lange Strecke auf Rollschuhen zurückzulegen, aber das erschien ihm dann doch zu anstrengend. Eine andere Idee war, ein Fernsehteam dazu zu bringen, ihn und seine Freunde auf eine Wasserskireise nach Südamerika zu begleiten. Doch das war logistisch schwer zu realisieren. Als Simons eines Nachmittags mit Rosenshein auf dem Harvard Square herumhing, sah er eine Vespa vorbeisausen.

»Ob wir so ein Ding nehmen könnten?«, fragte Simons.

Er dachte sich einen Plan für eine spektakuläre Fahrt aus, überredete zwei Händler vor Ort, ihm und seinen Freunden als Gegenleistung für die Filmrechte an ihrer Reise Lambretta-Roller günstiger zu überlassen, damals die angesagteste Marke. So brachen Simons, Rosenshein und Mayer nach Südamerika auf – eine Reise unter dem Motto »Buenos Aires, sonst Beule«. Die jungen Männer fuhren zunächst nach Westen durch Illinois und dann in Richtung Süden nach Mexiko. Sie brausten über Landstraßen und schliefen auf Verandas, in verlassenen Polizeidienststellen und im Wald, wo sie Dschungelhängematten mit Moskitonetzen aufhängten. Eine Familie in Mexiko-Stadt warnte die jungen Kerle vor Banditen und bestand darauf, dass sie zu ihrem Schutz eine Waffe kauften. Sie brachten ihnen einen wichtigen spanischen Satz bei: »Keine Bewegung, oder wir schießen.«

Mit lärmendem kaputtem Auspuff knatterten die drei am frühen Abend durch eine mexikanische Kleinstadt. In ihren Lederjacken sahen sie aus wie die Motorradgang aus dem Marlon-Brandon-Klassiker *Der Wilde*. Sie hielten, um etwas zu essen. Doch die Einheimischen reagierten unfreundlich auf die Besucher, die sie bei ihrem Abendspaziergang störten.

»Was habt ihr Gringos hier zu suchen?«, rief einer.

Minuten später waren Simons und seine Freunde von fünfzig feindseligen jungen Männern umringt, von denen manche mit Macheten bewaffnet waren.

Die drei standen mit dem Rücken zur Wand. Rosenshein griff nach der Waffe, doch da fiel ihm ein, dass sie nur sechs Patronen hatte – längst nicht genug, um den Gegnern Herr zu werden, die immer mehr wurden. Plötzlich erschienen Polizisten auf der Bildfläche und verhafteten die MIT-Studenten wegen Ruhestörung.

Die Jungs kamen ins Gefängnis. Dort sammelte sich schnell ein Mob. Die aufgebrachte Menge johlte und pfiff. Der Lärm rief den Bürgermeister auf den Plan. Als dieser hörte, dass drei Studenten aus Boston Probleme machten, zitierte er sie umgehend in sein Amtszimmer. Es stellte sich heraus, dass er in Harvard studiert hatte. Er wollte wissen, was es in Cambridge Neues gab. Kaum war der wütende Mob abgewehrt, saßen die Jungen schon mit lokalen Honoratioren bei einem üppigen späten Abendessen. Simons und seine Freunde sahen zu, dass sie noch vor Morgengrauen aus der Stadt kamen. Sie waren nicht scharf auf noch mehr Ärger.

Danach hatte Rosenshein genug und fuhr nach Hause. Simons und Mayer reisten allein weiter und schafften es in sieben Wochen nach Bogotá. Sie fuhren durch Mexiko, Guatemala und Costa Rica. Auf der Strecke überwanden sie Schlammlawinen und reißende Flüsse. Als sie ankamen, hatten sie kaum noch Lebensmittel oder Geld. Begeistert nahmen sie die Einladung ins luxuriöse Heim eines weiteren Kommilitonen an – Edmundo Esquenazi, der aus der Stadt stammte. Dort standen Freunde und Verwandte Schlange, um die Besucher zu begrüßen. Den Rest des Sommers verbrachten sie damit, Krocket zu spielen und sich mit ihren Gastgebern entspannt die Zeit zu vertreiben.

Als Simons ans MIT zurückkehrte, um weiterzustudieren, empfahlen ihm seine Berater, zur Promotion an die University of California, Berkeley, zu wechseln, damit er mit einem Professor namens Shiing-Shen Chern zusammenarbeiten konnte, einem ehemaligen mathematischen Wunderkind aus China und führenden Spezialisten für Differentialgeometrie und Topologie. Doch vorher hatte Simons noch etwas zu erledigen. Er hatte eine hübsche, zierliche 18-Jährige namens Barbara Bluestein kennengelernt, die im ersten Semester am nahen Wellesley College studierte. Sie hatten sich vier Abende nacheinander angeregt unterhalten, ineinander verliebt und verlobt.

»Wir redeten und redeten«, erinnert sich Barbara. »Er ging nach Berkeley, und ich wollte mit.«

Barbaras Eltern ging das alles zu schnell. Barbara sei zu jung zum Heiraten, fand ihre Mutter und ließ nicht mit sich reden. Sie befürchtete auch, dass Barbara in der Beziehung zu ihrem selbstsicheren Verlobten den Kürzeren ziehen könnte.

»In ein paar Jahren lässt er dich fallen«, warnte sie ihre Tochter.

Doch Barbara war fest entschlossen, Simons auch gegen den Willen ihrer Eltern zu heiraten. Deshalb handelte sie einen Kompromiss aus – sie würde mit ihm nach Berkeley gehen, geheiratet werden sollte aber erst in ihrem zweiten Studienjahr.

Simons bekam für sein Studium in Berkeley ein Stipendium. Doch als er im Spätsommer 1959 eintraf, erwartete ihn auf dem Campus gleich eine herbe Enttäuschung – Chern war nicht da. Der Professor hatte gerade ein Sabbatjahr genommen. Simons arbeitete mit anderen Mathematikern zusammen, darunter Bertram Kostant, erlebte jedoch frustrierende Momente. Eines Abends Anfang Oktober besuchte Simons Barbara in ihrem Wohnheim und erklärte ihr, seine Forschungsarbeit laufe nicht gut. Sie fand, er wirkte deprimiert.

»Lass uns heiraten«, will sie da zu ihm gesagt haben.

Simons war einverstanden. Sie beschlossen, nach Reno, Nevada, zu fahren, wo sie nicht erst tagelang auf die Blutuntersuchung warten müssten, die in Kalifornien vorgeschrieben war. Das junge Paar war knapp bei Kasse. Also lieh sich Simon das Geld für die 200-Meilen-Busfahrt von einem Mitbewohner. In Reno überredete Barbara den Mitarbeiter einer dortigen Bank, sie einen Scheck aus einem anderen Bundesstaat einlösen zu lassen, damit sie die Heiratserlaubnis bezahlen konnten. Nach einer kurzen Zeremonie setzte Simons das restliche Geld beim Pokern und gewann genug, um seiner jungen Braut einen schwarzen Badeanzug zu kaufen.

Zurück in Berkeley wollten die beiden ihre Hochzeit eigentlich vorerst geheim halten, bis sie sich überlegt hatten, wie sie ihren Familien die Neuigkeit mitteilen sollten. Doch als Barbaras Vater brieflich seinen Besuch ankündigte, war ihnen klar, dass sie Farbe bekennen mussten. Also schrieb jeder an seine Eltern mehrere Seiten voller profaner Dinge über die Uni und ihre Kurse. Beide fügten das gleiche Postskriptum an:

»Übrigens, wir haben geheiratet.«

Nachdem sich Barbaras Eltern beruhigt hatten, veranlasste ihr Vater, dass ein örtlicher Rabbi das Paar in einer traditionelleren Zeremonie traute. Die Jungverheirateten mieteten eine Wohnung in der Parker Street, nicht weit vom Campus, auf dem es politisch hoch herging, und Simons machte Fortschritte mit seiner Dissertation, die sich schwerpunktmäßig mit Differentialgeometrie befasste – dem Studium mehrdimensionaler gekrümmter Flächen mit Methoden aus Differentialrechnung, Topologie und linearer Algebra. Einen Teil seiner Zeit widmete Simons aber auch einer neuen Leidenschaft: der Börse. Das Paar hatte zur Hochzeit 5000 Dollar bekommen, und Simons wollte dieses Geld gern vermehren. Er recherchierte ein bisschen und fuhr dann ins Maklerbüro von Merrill Lynch im nahen San Francisco, wo er Aktien von zwei Unternehmen kaufte: der United Fruit Company, die mit tropischen Früchten handelte, und der Celanese Corporation aus der Chemiebranche.

Beide Papiere zeigten kaum Kursbewegungen, was Simons frustrierte.

»Da tut sich zu wenig«, beschwerte er sich bei dem Makler. »Haben Sie nichts Spannenderes?«

»Versuchen Sie's doch mal mit Sojabohnen«, riet dieser.

Simons hatte keine Ahnung von Rohstoffen oder vom Handel mit Futures (Finanzkontrakten, die die Lieferung von Rohstoffen oder anderen Investments zu einem festgelegten Preis an einem künftigen Termin versprachen), lernte aber fleißig dazu. Damals kosteten Sojabohnen 2,50 US-Dollar pro Scheffel. Als der Makler sagte, die Analysten von Merrill Lynch rechneten damit, dass die Preise auf 3 Dollar oder noch höher steigen sollten, bekam Simons große Augen. Er kaufte zwei Futures-Kontrakte, sah zu, wie Sojabohnen zum Höhenflug ansetzten, und strich innerhalb weniger Tage mehrere Tausend Dollar Gewinn ein.

Simons war angefixt.

»Mich faszinierte, wie das funktionierte – und wie schnell ich Geld verdienen konnte«, erzählt er.

Ein älterer Freund legte Simons nahe, seine Bestände zu verkaufen und den Gewinn zu realisieren. Er warnte ihn, dass Rohstoffpreise stark schwanken können. Simons hörte nicht auf ihn. Es kam, wie es kommen musste: Die Sojapreise brachen ein, und Simons kam gerade noch einmal ohne Verluste davon. So manchen Börsenneuling hätte diese Achterbahnfahrt vermutlich abgeschreckt. Doch Simons bekam erst richtig Appetit. Er gewöhnte sich an, früh aufzustehen und nach San Francisco zu fahren, damit er um 7.30 Uhr schon im Büro von Merrill Lynch war, wenn in Chicago der Handel begann. Stundenlang stand er da, verfolgte, wie sich Preise auf der großen Anzeigetafel veränderten, und erteilte Order, um mit der Entwicklung Schritt zu halten. Auch während er sich nach der Rückfahrt seinem Studium widmete, behielt er die Märkte weiter im Auge.

»Das war wie ein Rausch«, erinnert sich Simons.

Auf Dauer war das aber zu viel für ihn. Jeden Morgen in aller Frühe nach San Francisco zu fahren und gleichzeitig eine anspruchsvolle Doktorarbeit zu schreiben, erwies sich als strapaziös. Als Barbara dann schwanger wurde, konnte Simons nicht mehr alle Bälle im Spiel halten. Widerwillig stellte er seine Börsengeschäfte ein. Doch die Saat war bereits aufgegangen.

Mit seiner Doktorarbeit wollte Simons einen Beweis für ein schwieriges offenes Problem auf seinem Fachgebiet erbringen, doch Kostant bezweifelte, dass ihm das gelingen würde. Daran hätten sich schon Mathematiker von Weltrang versucht und seien gescheitert, erklärte er Simons. Er solle seine Zeit nicht verschwenden. Doch seine Skepsis schien Simons nur noch mehr anzufeuern. Daraus entstand die Dissertation »On the Transivity of Holonomy Systems« (Deutsch: Zur Transivität holonomischer Systeme), die er 1962 nach nur zwei Jahren zum Abschluss brachte und die sich mit der Geometrie mehrdimensionaler gekrümmter Flächen auseinandersetzte. (Spricht Simons mit Anfängern, definiert er *Holonomie* gern als den »Paralleltransport von Tangentialvektoren entlang abgeschlossener Kurven in mehrdimensionalen gekrümmten Flächen.« Allen Ernstes!) Ein angesehenes Fachjournal veröffentlichte die Arbeit, was Simons zu einem prestigeträchtigen dreijährigen Lehrauftrag am MIT verhalf.

Doch obwohl Simons mit Barbara Pläne schmiedete, mit ihrem Baby Elizabeth nach Cambridge zurückzukehren, wusste er nicht genau, wie er sich seine Zukunft vorstellte. Die nächsten Jahrzehnte zeichneten sich zu glatt vor ihm ab: Forschung, Lehre, noch mehr Forschung und noch mehr Lehre. Simons liebte zwar die Mathematik, doch er brauchte auch neue Abenteuer. Er blühte offenbar erst dann richtig auf, wenn es Hürden zu überwinden und Skeptikern zu trotzen galt. Und er sah keine Hindernisse am Horizont. Mit gerade einmal 23 Jahren geriet Simons in eine Lebenskrise.

»Ist das alles? Geht das mein Leben lang immer so weiter?«, fragte er seine Frau Barbara eines Tages zu Hause. »Da muss es doch noch etwas geben.«

Nach einem Jahr am MIT überkam ihn die Rastlosigkeit. Er fuhr wieder nach Bogotá, wo er mit seinen kolumbianischen Studienkollegen Esquenazi und Mayer ein Unternehmen gründen wollte. Esquenazi hatte die makellosen Asphaltplatten in seinem MIT-Wohnheim gesehen und beklagte sich über die mindere

Qualität der Bodenbeläge in Bogotá. Simons sagte, er kenne einen Hersteller. Also beschlossen sie, vor Ort eine Fabrik aufzubauen, die Bodenbeläge aus Vinyl und PVC-Rohre herstellen sollte. Finanziert wurde das Projekt nahezu vollständig von Esquenazis Schwiegervater Victor Shaio, doch auch Simons und sein Vater beteiligten sich mit kleineren Beträgen.

Das Unternehmen war offenbar in guten Händen, und Simons fand, er könnte nicht viel mehr tun. Also kehrte er in den Hörsaal zurück und nahm 1963 eine Forschungsstelle an der Harvard University an. Dort übernahm er zwei Kurse, darunter einen Doktorandenkurs über partielle Differentialgleichungen – ein Bereich der Geometrie, der seiner Ansicht nach an Bedeutung gewinnen würde. Simons wusste nicht viel über partielle Differentialgleichungen, dachte aber, den Kurs zu übernehmen, sei eine gute Möglichkeit, mehr darüber zu erfahren. Simons erzählte seinen Studenten, er sei ihnen mit dem Stoff nur etwa eine Woche voraus. Sie fanden dieses Eingeständnis amüsant.

Als Professor war Simons mit seiner zwanglosen Art und seinem ansteckenden Enthusiasmus beliebt. Er riss Witze und anders als die meisten anderen Fakultätsmitglieder trug er nur selten Schlips und Kragen. Doch hinter seinem jovialen Auftreten verbarg sich wachsender Druck. Simons' Forschungsarbeit ging zäh voran, und er fühlte sich in Harvardkreisen unwohl. Er hatte Geld geliehen, um in die Bodenbelagsfabrik zu investieren, die Esquenazi und die anderen aufbauten, und er hatte seine Eltern überredet, eine Hypothek auf ihr Haus aufzunehmen, um sich ebenfalls daran zu beteiligen. Um sein Einkommen aufzubessern, übernahm Simons zwei weitere Kurse am nahe gelegenen Cambridge Junior College. Die Arbeitsbelastung wuchs dadurch, doch er verheimlichte vor Freunden und Familie, wie gestresst er war.

Simons wollte Geld verdienen – doch nicht nur, um seine Schulden zurückzuzahlen. Er wollte richtig reich werden. Simons kaufte gerne schöne Dinge, war aber nicht extravagant. Auch Barbara setzte ihn nicht unter Druck. Sie trug noch Kleidungsstücke aus ihrer Highschoolzeit auf. Simons hatte andere Motive. Freunde und andere vermuteten, er wolle etwas bewirken. Simons erkannte, dass Reichtum Unabhängigkeit und Einfluss versprach.

»Jim begriff früh, dass Geld Macht ist«, meint Barbara. »Und er wollte nicht, dass andere Macht über ihn hatten.«

Während er in Harvard in der Bibliothek saß, kamen die frühen Zweifel an seiner Berufswahl wieder in ihm hoch. Simons fragte sich, ob ihm eine andere

Tätigkeit nicht mehr Erfüllung und Aufregung bringen könnte – und vielleicht auch ein bisschen Geld, zumindest so viel, um seine Schulden loszuwerden.

Am Ende wurde die Belastung zu groß. Simons beschloss, auszubrechen.

KAPITEL 2

Frage: »Was ist der Unterschied zwischen einem promovierten Mathematiker und einer großen Pizza?«
Antwort: »Eine große Pizza kriegt eine vierköpfige Familie satt.«

1964 verließ Simons die Harvard University und trat in eine Geheimdiensteinheit ein, die dazu beitragen sollte, den laufenden Kalten Krieg gegen die Sowjetunion zu gewinnen.

Simons wurde erklärt, er könne seine mathematische Forschungsarbeit weiterführen, während er an Regierungsaufträgen arbeitete. Vor allem aber verdiente er doppelt so viel wie zuvor und begann, seine Schulden abzuzahlen.

Angeworben wurde Simons von der Abteilung des Institute for Defense Analyses in Princeton, New Jersey – einer elitären Denkfabrik, die Mathematiker von Topuniversitäten einstellte, um die National Security Agency, die größte und geheimniskrämerischste Geheimdienstbehörde der Vereinigten Staaten, dabei zu unterstützen, russische Codes und Verschlüsselungen zu knacken.

Simons trat in einer Phase ein, die für das IDA turbulent war. Schon seit über zehn Jahren waren nicht mehr regelmäßig entscheidende sowjetische Codes geknackt worden. Simons und seine Kollegen in der Communications Research Division des IDA wurden mit der Aufgabe betraut, die US-Kommunikation zu sichern und hartnäckig unverständlichen sowjetischen Codes einen Sinn zu entlocken. Beim IDA lernte Simons, mathematische Modelle zu entwickeln, um in scheinbar bedeutungslosen Daten Muster zu erkennen und diese zu interpretieren. Dort setzte er erstmals statistische Analyse und Wahrscheinlichkeitstheorie ein, mathematische Instrumente, die seine Arbeit beeinflussen sollten.

Um Codes zu knacken, legte sich Simons zunächst einen Angriffsplan zurecht. Dann entwickelte er einen Algorithmus – eine Schritt-für-Schritt-Anleitung, nach der sich sein Computer richten konnte –, um seine Strategie auf die Probe zu stellen und umzusetzen. Simons war aber kein guter Programmierer, weshalb er bei der eigentlichen Programmierarbeit auf die hauseigenen Spezialisten der Abteilung zurückgreifen musste. Er vertiefte jedoch andere Kompetenzen, die ihm in seiner weiteren Laufbahn noch zugutekommen sollten.

»Ich merkte, dass es mir Spaß machte, Algorithmen zu entwickeln und Dinge am Rechner auszuprobieren«, erzählte Simons später.[5]

Schon früh trug Simons zur Entwicklung eines superschnellen Codeknacker-Algorithmus bei, der ein Problem löste, mit dem sich die Gruppe bereits sehr lange herumgeschlagen hatte. Kurz darauf fanden Geheimdienstexperten in Washington heraus, dass die Sowjets in einem Einzelfall eine verschlüsselte Nachricht mit einer falschen Einstellung übermittelt hatten. Simons und zwei seiner Kollegen stürzten sich auf diesen Fehler, der ihnen Einblicke in den internen Aufbau des gegnerischen Systems eröffnete, wie man sie selten bekam. Und sie überlegten sich, wie man das ausnutzen konnte. Die erzielten Fortschritte machten Simons in der Folge zum Star und trugen dem Team eine Reise nach Washington ein, wo sich Vertreter des Verteidigungsministeriums persönlich bei den Beteiligten bedankten.

Das einzige Problem an seinem neuen Job: Simons konnte mit keinem außerhalb der Organisation über seine Leistungen sprechen. Die Mitglieder der Gruppe waren zur Geheimhaltung verpflichtet worden. Schon die Bezeichnung, die die Regierung dafür verwendete, wie vertraulich die Arbeit des IDA war, war streng geheim.

»Was hast du heute gemacht?«, fragte Barbara anfangs oft, wenn Simons abends von der Arbeit kam.

»Ach, das Übliche«, erwiderte er.

Bald fragte Barbara gar nicht mehr.

Simons fiel auf, dass die Art und Weise, wie seine Einheit fähige Forscher anwarb und managte, ziemlich einzigartig war. Mitarbeiter, von denen die meisten Doktortitel hatten, wurden wegen ihres Intellekts, ihrer Kreativität und ihres Ehrgeizes eingestellt, nicht so sehr wegen ihrer konkreten Fachkenntnisse oder ihres Hintergrunds. Man ging davon aus, dass die Forscher schon Probleme finden würden, die sie lösen wollten, und auch das Zeug dazu hatten. Lenny Baum, der zu den erfolgreichsten Codeknackern gehörte, äußerte einen Satz, der später zum Credo der Gruppe wurde: »Schlechte Ideen sind gut, gute Ideen sind toll, keine Ideen sind verheerend.«

»Es war eine Ideenschmiede«, meint Lee Neuwirth, stellvertretender Abteilungsleiter, dessen Tochter Bebe später zum Broadway- und Fernsehstar wurde.

Die Forscher konnten aber mit niemandem über ihre Arbeit sprechen, der nicht zur Organisation gehörte. Intern war die Abteilung jedoch so strukturiert, dass sie ungewöhnliche Offenheit und Kollegialität entstehen ließ. Die meisten der rund 25 Beschäftigten – ausnahmslos Mathematiker und Ingenieure – trugen denselben Titel: *technischer Mitarbeiter.* Erfolge wurden geteilt, und man stieß mit Sekt auf die Lösung besonders haariger Probleme an. Fast jeden Tag suchten die Forscher einander in ihren Büros auf, um Hilfe anzubieten oder einfach nur ein offenes Ohr. Nachmittags setzten sich die Mitarbeiter am Teetisch zusammen, sprachen über Neuigkeiten, spielten Schach, lösten Rätsel oder traten bei dem komplizierten chinesischen Brettspiel Go gegeneinander an.

Simons und seine Frau gaben regelmäßig Dinnerpartys, auf denen sich IDA-Mitarbeiter mit Barbaras rumlastigen Fish House Punch in feucht-fröhliche Stimmung brachten. In der Gruppe fanden Pokerrunden mit hohen Einsätzen statt, die bis in die frühen Morgenstunden dauerten. Simons hatte danach oft die Taschen voll mit dem Geld seiner Kollegen.

Eines Abends trafen die Kollegen ein, doch Simons war nicht da.

»Jim ist verhaftet worden«, eröffnete Barbara der Gruppe.

Simons hatte mit seinem klapprigen Cadillac so viele Strafzettel auflaufen lassen und so viele Vorladungen ignoriert, dass ihn die Polizei kurzerhand aus dem Verkehr zog. Die Mathematiker verteilten sich auf mehrere Autos, fuhren bei der Polizeidienststelle vor und legten zusammen, um Simons auf Kaution herauszuholen.

Das IDA war ein Sammelbecken für Querdenker und überdimensionale Egos. In einem großen Raum standen etwa ein Dutzend PCs für die Mitarbeiter. Eines Morgens entdeckte ein Wachmann dort einen Kryptologen, der nur einen Bademantel trug und nichts darunter. Er war aus seiner Wohnung geflogen und hatte in dem Computerraum kampiert. Ein anderes Mal wurde spät in der Nacht ein Mitarbeiter dabei erwischt, wie er auf einer Tastatur herumtippte. Das war weiter nicht schockierend – wohl aber der Umstand, dass er es nicht mit den Fingern tat, sondern mit seinen nackten, streng riechenden Zehen.

»Dabei waren seine Finger schon eine Zumutung«, erzählt Neuwirth. »Das war wirklich ekelerregend. Alle waren außer sich.«

Während Simons und seine Kollegen die Geheimnisse der Sowjets lüfteten, hütete Simons selbst ein eigenes. Computer wurden immer leistungsfähiger, doch die Wertpapierfirmen entdeckten die neue Technik nur sehr langsam für sich. In der Buchhaltung und auch in anderen Bereichen setzten sie weiterhin auf Card-Sorting-Methoden. Simons beschloss, ein Unternehmen zu gründen, das Aktien elektronisch handelte und analysierte – ein Konzept, das die ganze Branche revolutionieren konnte. Der 28-jährige Simons sprach mit seinem Chef Dick Leibler und dem besten IDA-Programmierer über seine Idee. Beide stiegen in sein Unternehmen ein, das iStar heißen sollte.

An hochgeheime Tätigkeit gewöhnt, arbeiteten die drei im Stillen an ihrem Unternehmen. Eines Tages bekam Neuwirth jedoch Wind von dem Vorhaben. In heller Aufregung, weil das bevorstehende Ausscheiden der drei die Gruppe quasi ausweiden würde, stürmte Neuwirth in Leiblers Büro.

»Wieso wollt ihr gehen?«

»Woher wissen Sie das?«, entgegnete Leibler. »Wer weiß sonst noch davon?«

»Alle – ihr habt die letzte Seite eures Businessplans auf dem Kopierer liegen lassen.«

Ihre Strategie hatte aber mehr von Maxwell Smart als von James Bond, wie sich zeigen sollte.

Am Ende bekam Simons nicht genug Geld zusammen, um die Sache ins Rollen zu bringen, und nahm Abstand von der Idee. Der Fehlschlag traf ihn aber nicht sehr, weil er endlich Fortschritte in seiner Forschungsarbeit über *Minimal Varieties* machte, einem Teilbereich der Differentialgeometrie, der ihn schon lange faszinierte.

Differentialgleichungen, die in der Physik, in der Biologie, im Finanzwesen, in der Soziologie und in vielen anderen Disziplinen Anwendung finden, beschreiben die Ableitungen mathematischer Größen beziehungsweise ihre relativen Veränderungsraten. Isaac Newtons berühmtes physikalisches Gesetz – Kraft gleich Masse mal Beschleunigung – ist eine Differentialgleichung, weil es sich bei der Beschleunigung um die zweite Ableitung nach der Zeit handelt. Gleichungen, die Ableitungen von Zeit *und* Raum beinhalten, sind Beispiele für partielle Differentialgleichungen und können unter anderem herangezogen werden, um Elastizität, Hitze und Schall zu beschreiben.

Die Theorie der Minimal Varieties stellt eine maßgebliche Anwendung partieller Differentialgleichungen auf die Geometrie dar, die seit Simons' erstem Semester als Dozent am MIT im Mittelpunkt seiner Forschungsarbeit stand. Eine klassische Veranschaulichung auf diesem Gebiet ist die Oberfläche, die eine Seifenhaut in einem Drahtrahmen bildet, wenn dieser in eine Seifenlösung eingetaucht und herausgezogen wird. Diese Oberfläche ist die kleinste aller möglichen Oberflächen innerhalb dieses Rahmens. Der belgische Physiker Joseph Plateau, der im 19. Jahrhundert mit Seifenhäuten experimentierte, stellte die Frage, ob stets solche »Minimalflächen« existieren und ob diese so glatt sind, dass jeder Punkt gleich aussieht, ganz gleich wie komplex oder verdreht der Drahtrahmen sein mag. Die Antwort auf diese Frage, die als das Plateau-Problem bezeichnet wurde, fiel positiv aus – zumindest für herkömmliche zweidimensionale Oberflächen, wie ein New Yorker Mathematiker 1930 nachwies. Simons wollte wissen, ob das auch für minimale Oberflächen mit mehr Dimensionen galt, was die Geometrie Minimal Varieties nennt.

Mathematiker, die sich mit theoretischen Fragen auseinandersetzen, versinken oft ganz in ihrer Arbeit und wälzen ihre Probleme manchmal jahrelang, ob sie wach sind, schlafen oder träumen. Wer keine Berührung mit dieser Art der Mathematik hat, die auch als *abstrakt* oder *rein* beschrieben werden kann, kann meist nicht einmal den Sinn ihrer Fragestellungen begreifen. Doch Simons löste nicht einfach Gleichungen auf wie ein Schüler. Er hoffte, allgemeingültige Prinzipien, Regeln und Wahrheiten zu entdecken und festzuschreiben, um so zu einem tieferen Verständnis dieser mathematischen Objekte beizutragen. Albert Einstein ging von einer natürlichen Weltordnung aus. Mathematiker wie Simons sind als Menschen anzusehen, die nach Beweisen für eine solche Struktur suchen. Die ihrer Arbeit innewohnende Schönheit tritt vor allem dann zutage, wenn es ihnen gelingt, ein Stück dieser natürlichen Ordnung des Universums zu offenbaren. Oftmals finden solche Theorien ganz praktische Anwendungsmöglichkeiten, wenn mitunter auch erst Jahre später, und vergrößern unser Wissen über das Universum.

Zu einem Durchbruch verhalfen Simons letztlich mehrere Gespräche mit Frederick Almgren Jr., Professor an der nahe gelegenen Princeton University, der das Problem in drei Dimensionen gelöst hatte. Simons stellte eine eigene partielle Differentialgleichung auf, die als Simons-Gleichung bekannt wurde, und verwendete sie, um eine einheitliche Lösung für sechs Dimensionen zu entwickeln. Außerdem führte er in der siebten Dimension ein Gegenbeispiel ins Feld. Drei Italiener, darunter der Träger der Fields-Medaille Enrico Bombieri, wiesen später nach, dass das Gegenbeispiel korrekt war.

1968 veröffentlichte Simons die Abhandlung »Minimal Varieties in Riemannian Manifolds«, die in der Geometrie zum Grundlagenpapier wurde und sich auch für verwandte Gebiete als entscheidend entpuppte. Daraus wird immer noch zitiert, was ihre anhaltende Bedeutung belegt. Diese Leistungen sicherten Simons einen Platz unter den herausragenden Geometriespezialisten der Welt.

=

Doch auch während Simons als Codeknacker und Mathematiker Lorbeeren einheimste, suchte er weiter nach neuen Möglichkeiten, Geld zu verdienen. Das IDA gestattete seinen Mitarbeitern bei der Arbeit ein sehr hohes Maß an Flexibilität, sodass Simons Zeit hatte, nebenher den Aktienmarkt zu analysieren. In Zusammenarbeit mit Baum und zwei weiteren Kollegen entwickelte Simons ein neuartiges Aktienhandelssystem. Das Quartett veröffentlichte IDA-intern ein Geheimpapier mit dem Titel »Probabilistic Models for and Prediction of Stock Market Behavior« (Deutsch: Probabilistische Modelle für und Vorhersage von Aktienmarktverhalten), das eine Handelsmethode vorstellte, die den Forschern zufolge mindestens 50 Prozent Gewinn pro Jahr bringen könnte.

Simons und seine Kollegen ignorierten grundlegende Informationen, auf die sich die meisten Anleger konzentrieren, wie Erträge, Dividenden und Unternehmensmeldungen. Diese bezeichneten die Codeknacker als »fundamentale wirtschaftliche Marktstatistik«. Sie schlugen dagegen vor, nach einer kleinen Anzahl »makroskopischer Variablen« zu suchen, die das kurzfristige Marktverhalten prognostizieren konnten. Sie postulierten, der Markt habe ganze acht »Grundzustände« – wie »hohe Varianz«, wenn die Aktienkurse überdurchschnittlich stark schwankten, und »gut«, wenn Aktien allgemein anzogen.

Das wirklich Einzigartige daran war Folgendes: In dem Artikel wurde nicht versucht, diese Zustände wirtschaftstheoretisch oder mithilfe einer anderen gängigen Methode zu ermitteln oder zu prognostizieren. Die Forscher versuchten auch nicht zu ergründen, *warum* der Markt in einen bestimmten Zustand geriet. Simons und seine Kollegen bestimmten auf mathematischem Wege die Konstellation von Zuständen, die am besten zu den beobachteten Preisdaten passten.

Dementsprechend platzierte ihr Modell seine Wetten. Die *Gründe*, schienen Simons und seine Kollegen sagen zu wollen, spielten keine Rolle. Lediglich die Strategien, um aus den abgeleiteten Zuständen Kapital zu schlagen.

Für die meisten Investoren war das ein unerhörter Ansatz. Spieler dagegen wussten genau, worum es ging. Pokerspieler schließen vom Verhalten ihrer Gegner auf deren Stimmung und passen ihre Strategien entsprechend an. Hatte man es mit einem Gegenspieler zu tun, der schlecht drauf war, war eine ganz bestimmte Taktik gefragt. Ganz andere waren angezeigt, wenn der Gegner vor Freude oder Selbstbewusstsein strotzte. Ein Spieler muss nicht wissen, *warum* sein Gegner himmelhoch jauchzend oder zu Tode betrübt ist, um von diesen Stimmungen zu profitieren. Er muss lediglich die Stimmungen selbst erkennen. Einen ähnlichen Ansatz schlugen Simons und die Codeknacker für die Prognose von Aktienkursen vor. Er stützte sich auf ein anspruchsvolles mathematisches Instrument namens Hidden-Markov-Modell. Wie ein Spieler aus den Entscheidungen seines Gegners Rückschlüsse auf dessen Stimmung ziehen konnte, konnte ein Anleger von den Kursbewegungen eines Marktes auf dessen Zustand schließen.

Simons Abhandlung war selbst für die späten 1960er-Jahre krude. Er und seine Kollegen trafen ein paar naive Annahmen – zum Beispiel, dass Börsengeschäfte unter »Idealbedingungen« abgeschlossen werden konnten, also ohne Handelskosten, obwohl das Modell regen, täglichen Handel voraussetzte. Dennoch ist der Artikel als wegweisend zu betrachten. Bis dahin hatten Investoren generell versucht, Bewegungen von Aktienkursen mit wirtschaftlichen Gründen zu erklären und zu prognostizieren, oder sie setzten einfache *technische Analyse* ein, die den Einsatz von Charts oder anderen grafischen Darstellungen bisheriger Kursbewegungen beinhaltete, um wiederholbare Formationen zu erkennen. Simons und Kollegen schlugen einen dritten Ansatz vor, der zwar Ähnlichkeiten mit dem technischen Handel aufwies, doch höher entwickelt war und sich auf Werkzeuge aus der Mathematik und der Naturwissenschaft stützte. Sie behaupteten, man könnte eine Reihe von »Signalen« ableiten, die brauchbare Informationen über zu erwartende Marktbewegungen lieferten.

Simons und seine Kollegen waren nicht die Einzigen, die davon ausgingen, dass den Aktienkursen ein komplexer Prozess zugrunde liegt, in den viele Faktoren einfließen – darunter auch solche, die schwer oder gar nicht zu konkretisieren sind und nicht unbedingt etwas mit traditionellen fundamentalen Faktoren zu tun haben. Etwa um dieselbe Zeit suchte Harry Markowitz, Nobelpreisträger der University of Chicago und Vater der modernen Portfoliotheorie, nach Anomalien bei Wertpapierpreisen; das Gleiche tat der Mathematiker Edward Thorp. Thorp sollte einen Anlauf zu einer Frühform des Computerhandels unternehmen, mit Vorsprung vor Simons. (Bleiben Sie dran, liebe Leserinnen und Leser.)

Simons war Teil dieser Speerspitze. Er und seine Kollegen behaupteten, man müsse gar nicht verstehen, welche Hebel der Marktmaschinerie zugrunde lagen. Man müsse nur ein mathematisches System finden, das gut genug zu ihnen passte, um zuverlässig Gewinne abzuwerfen – eine Ansicht, die Simons Handelsansatz auch Jahre später noch zugrunde liegen sollte. Ihr Modell ließ Umwälzungen in der Finanzwirtschaft erahnen – unter anderem das *Factor Investing*, den Einsatz von Modellen auf der Grundlage nicht beobachtbarer Zustände und andere Formen der quantitativen Kapitalanlage –, die Jahrzehnte später die Investmentwelt erobern sollten.

=

1967 war Simons beim IDA ganz in seinem Element. Er maß sich intellektuell mit den Russen, machte Fortschritte mit seiner mathematischen Forschungsarbeit, lernte, wie man richtig mit besonders fähigen Mitarbeitern umging, und erfuhr mehr über die Möglichkeiten der Computertechnik. Besonders zeichnete er sich durch die Fähigkeit aus, zielsicher die aussichtsreichsten Ideen seiner Kollegen zu erkennen.

»Er war ein großartiger Zuhörer«, beschreibt ihn Neuwirth. »Es ist eine Sache, auf gute Ideen zu kommen. Es ist eine andere, zu erkennen, wenn das andere tun … Keiner verstand so gut, die Spreu vom Weizen zu trennen, wie er.«

Damals dachte Leibler schon an seinen Ruhestand, und Simons stand zur Beförderung zum stellvertretenden Abteilungsleiter an. Ihm winkten eine ordentliche Gehaltserhöhung und noch mehr Prestige.

Doch der Vietnamkrieg änderte alles. Im Herbst desselben Jahres wurden im ganzen Land Proteste laut, auch auf dem Campus der Princeton University. Nur wenige Princeton-Studenten wussten, dass sich gleich nebenan eine Abteilung befand, die die NSA unterstützte, bis in der Unizeitung *Daily Princetonian* ein Artikel erschien, der das allen ins Bewusstsein rief. Die Arbeit von Simons und seinen Kollegen hatte nichts mit dem Krieg zu tun, und viele von ihnen waren sogar ausgesprochene Kriegsgegner. Als Jims und Barbaras Tochter Liz im Sommer darauf ins Ferienlager fuhr, gaben andere Eltern ihren Kindern Päckchen mit Süßigkeiten mit. Liz dagegen bekam Friedenskettchen.

Dass die Codeknacker über den Krieg nicht glücklich waren, hielt die Princeton-Studenten nicht davon ab, immer wieder gegen sie zu protestieren. Unter anderem blockierten sie mit einem Sit-in den Eingang zum IDA. Einmal randalierten sie im Gebäude, dann wurde Neuwirths Auto mit Eiern bombardiert und er wurde als »Babykiller« bezichtigt.[6]

Als im ganzen Land immer hitziger über den Krieg diskutiert wurde, veröffentlichte die *New York Times* einen Gastbeitrag von General Maxwell D. Taylor als Titelgeschichte ihres Sonntagsmagazins. In dem Artikel behauptete General Taylor – hochdekorierter Kriegsveteran, Ex-Generalstabschef und derjenige, der Präsident John F. Kennedy dazu überredet hatte, Kampftruppen in die Region zu entsenden – mit großem Nachdruck, dass die Vereinigten Staaten dabei seien, den Krieg zu gewinnen, und dass die Nation den Einsatz unterstützen solle.

Das war zu viel für Simons. Er wollte nicht, dass bei den Lesern der Eindruck entstand, alle IDA-Mitarbeiter seien für den Krieg. Er schrieb einen Brief mit sechs Absätzen an die Zeitung, in dem er dafür eintrat, dass sich die Ressourcen des Landes besser einsetzen ließen als in einem Krieg in Vietnam.

»Es würde unser Land eher stärken, wenn wir Watts wiederaufbauten, statt Hanoi zu bombardieren«, schrieb Simons. »Es würde uns stärker machen, an der Ostküste ordentliche Verkehrswege zu bauen, statt in Vietnam alle Brücken zu zerstören.«

Nachdem die Zeitung den Brief veröffentlicht hatte, war Simons recht zufrieden mit sich. Von seinen Kollegen kam wenig Resonanz, und er dachte, Taylor könne Widerspruch sicher vertragen. Etwas später meldete sich bei ihm ein *Newsweek*-Rechercheur, der an einem Artikel über Beschäftigte des Verteidigungsministeriums arbeitete, die Kriegsgegner waren. Er wollte von Simons wissen, wie er mit seinen Bedenken umging. Simons erklärte, er und seine Kollegen würden die Hälfte der Zeit an eigenen Projekten arbeiten, und nur die übrige Zeit Regierungsprojekten widmen. Da er gegen den Krieg sei, so erklärte Simons, habe er beschlossen, sich ganz seiner mathematischen Forschung zu widmen, bis die Kampfhandlungen beendet seien. Zum Ausgleich werde er danach nur noch für das Verteidigungsministerium arbeiten.

In Wirklichkeit hatte Simons die Arbeit für das Verteidigungsministerium aber nicht offiziell eingestellt. Das war nur seine persönliche Entscheidung, die er besser nicht öffentlich gemacht hätte.

»Ich war 29«, sagt Simons selbst dazu. »Bis dahin hatte mich nie jemand interviewen wollen. … Und ich war ein Klugscheißer.«

Simons erzählte Leibler von dem Interview, und Leibler informierte Taylor über den geplanten *Newsweek*-Artikel. Kurz darauf hatte Leibler beunruhigende Neuigkeiten.

»Du bist gefeuert«, teilte er Simons mit.

»Wie bitte? Ihr könnt mich nicht rauswerfen«, entgegnete Simons. »Ich bin *unbefristet* beschäftigt.«

»Jim, der einzige Unterschied zwischen einem unbefristeten Beschäftigten und einem befristet Beschäftigten ist, dass der befristet Beschäftigte einen Vertrag hat«, erklärte Leibler, »und du nicht.«

Simons kam mitten am Tag nach Hause und stand unter Schock. Drei Tage später gab Präsident Lyndon Johnson die Einstellung der US-Bombeneinsätze bekannt – ein Signal dafür, dass der Krieg auf sein Ende zuging. Simons deutete diese Nachricht so, dass er seinen Job zurückfordern könne. Doch Leibler meinte, er solle sich die Mühe sparen.

Inzwischen hatte Simons drei kleine Kinder. Er hatte keine Ahnung, was er nun anfangen sollte, doch dass man ihn so unvermittelt auf die Straße gesetzt hatte, brachte ihn zu der Überzeugung, dass er seine Zukunft dringend selbst in die Hand nehmen musste. Er wusste nur nicht, wie.

Simons Minimal-Varieties-Abhandlung erregte immer mehr Aufmerksamkeit, und er bekam Angebote von verschiedenen Universitäten, aber auch von Unternehmen wie IBM. Seinem Freund und Mathematikerkollegen Leonard Charlap erklärte er, Mathematik zu unterrichten, sei ihm zu langweilig. Vielleicht werde er zu einer Investmentbank gehen und Wandelanleihen verkaufen. Als Charlap meinte, er habe keine Ahnung, was Wandelanleihen seien, erging sich Simons in einer ausführlichen Erklärung. Charlap war enttäuscht von seinem Freund. Simons war einer der aussichtsreichsten jungen Mathematiker. So einer sollte nicht die neuesten Wall-Street-Produkte anpreisen.

»Das ist doch lächerlich«, meinte Charlap. »Was wäre denn dein Traumjob?«

Simons gestand, er würde gern eine große mathematische Fakultät leiten, doch dafür sei er zu jung und nicht gut genug vernetzt. Da sagte Charlap, er habe da eine Idee. Bald darauf erhielt Simons einen Brief von John Toll, dem Präsidenten der State University in New York in Stony Brook, einer öffentlichen Universität auf Long Island, knapp 100 Kilometer von New York entfernt. Die Universität suchte schon seit fünf Jahren einen Leiter für ihre mathematische Fakultät, und wenn ihr überhaupt ein Ruf vorauseilte, dann der, dass auf ihrem Campus Drogen konsumiert wurden.[7]

»Wir hatten nur gehört, dass es dort mehrere Drogenrazzien gegeben hatte«, erzählt Barbara.

Toll war entschlossen, das zu ändern. Der Physiker, den der New Yorker Gouverneur Nelson Rockefeller angeworben hatte, leitete eine mit 100 Millionen Dollar Steuergeld finanzierte Initiative, die aus der Universität das »Berkeley der Ostküste« machen sollte. Er hatte bereits den Physiker und Nobelpreisträger Chen Ning Yang ins Boot geholt und war jetzt dabei, der mathematischen Fakultät neues Leben einzuhauchen. Toll bot Simons den Leitungsposten an und lockte ihn mit der Aussicht, sein eigener Chef zu sein und die Fakultät nach seinen Vorstellungen zu gestalten.

Simons sagte zu.

=

1968, mit 30 Jahren, zog Simons mit seiner Familie nach Long Island um, umwarb potenzielle Kandidaten für seine Fakultät und baute diese aus. Schon früh nahm Simons einen Mathematiker der Cornell University ins Visier, ein Mann namens James Ax, der ein Jahr zuvor den prestigeträchtigen Colepreis in Zahlentheorie erhalten hatte. Dass Ax die renommierte Eliteschmiede verlassen könnte, um für eine No-Name-Universität wie Stony Brook zu arbeiten, schien wenig wahrscheinlich. Er hatte eine Frau, einen kleinen Sohn und eine glänzende Zukunft an der Cornell. Doch Simons und Ax hatten sich als Doktoranden in Berkeley angefreundet und waren in Kontakt geblieben, was Simons hoffen ließ, als er mit Barbara die fünf Stunden nach Nordwesten fuhr – nach Ithaca im US-Bundesstaat New York, um seinen jüngeren Kollegen dort zu treffen.

Simons umwarb Ax nach allen Regeln der Kunst und bot ihm ein deutlich höheres Gehalt. Später luden er und Barbara Ax und seine Familie nach Stony Brook ein. Simons fuhr mit seinen Gästen an den West Meadow Beach im nahen Brookhaven am Long Island Sound in der Hoffnung, die herrliche Aussicht könne sie überzeugen. Wieder in Ithaca, bekamen Ax und seine Frau, die ebenfalls Barbara hieß, Carepakete von Simons, die Kieselsteine und andere Erinnerungen an das mildere Klima von Stony Brook enthielten.

Ax ließ sich Zeit mit der Entscheidung, was Simons' Nerven strapazierte. Eines Tages kam Simons in Tenniskleidung in sein Büro in Stony Brook, warf den Schläger auf den Boden und erklärte einem Kollegen: »Das war das letzte Mal, dass ich einem für diesen Job Zucker in den Hintern geblasen habe!« Doch sein Einsatz sollte sich auszahlen. Ax war der erste namhafte Akademiker, der an die Stony Brook wechselte.

»Mit seinen kleinen Tricks hat er uns regelrecht weichgekocht«, erzählt Barbara Ax.

Ax' Entscheidung machte deutlich, wie ernst es Simons war. Bei seinen Streifzügen an andere Unis verfeinerte er seine Strategie und konzentrierte sich auf das, was dem jeweils anvisierten Mathematiker einen Wechsel schmackhaft machen könnte. Wem es ums Geld ging, der bekam ein höheres Gehalt. Wer vor allem seine eigene Forschungsarbeit vorantreiben wollte, der musste weniger Kurse halten, bekam Sonderurlaub und großzügige Unterstützung, auch beim Umgehen lästiger administrativer Pflichten.

»Jim, aber eins sage ich dir gleich: Ich habe keine Lust auf Ausschussarbeit«, wandte ein potenzieller Bewerber ein.

»Wie wäre es mit dem Bibliotheksausschuss?«, schlug Simons vor. »Der hat nur ein Mitglied.«

Beim Anwerben hochkarätiger Kandidaten entwickelte Simons einen einzigartigen Blick für echtes Talent. Stony-Brook-Professor Hershel Farkas erklärte er, er schätze »Killer«, die sich ganz auf ihr Ziel konzentrierten und nicht aufgaben, bis sie eine Lösung für ihr mathematisches Problem gefunden hatten. Einem anderen Kollegen sagte Simons, manche Akademiker seien zwar »superschlau«, aber keine kreativen Denker, wie sie eines Postens an einer Universität würdig waren.

»Es gibt die einen und die *richtigen*«, sagte er.

Simons bemühte sich um ein kollegiales, anregendes Arbeitsklima, wie er es am IDA schätzen gelernt hatte. Um seine Fakultätsmitglieder glücklich zu machen, sorgte Simons dafür, dass sich die Lehrbelastung in Grenzen hielt, und lud seine Kollegen auf das neu erworbene Siebenmeterboot ein, dass er und Barbara am Long Island Sound liegen hatten. Anders als manch anderer hochfliegender

Akademiker genoss Simons den Umgang mit Kollegen. Er besuchte sie in ihren Büros, fragte sie nach ihren laufenden Projekten und bot ihnen seine Unterstützung an, wie seinerzeit beim IDA.

»Es ist durchaus nicht üblich, dass darauf geachtet wird, wie es den Kollegen geht«, kommentiert Farkas.

Simons sorgte dafür, dass sich Mathematiker und Studenten wohlfühlten. Er kleidete sich lässiger als andere an der Uni. So trug er nur selten Socken, selbst in den frostigen New Yorker Wintern – eine Angewohnheit, die er beibehalten sollte, bis er über 80 war.

»Ich fand, es kostete mich zu viel Zeit, sie anzuziehen«, sagt Simons dazu.

Jede Woche gaben Simons und Barbara eine Party. Akademiker, Künstler und linksorientierte Intellektuelle standen dann ohne Schuhe auf Simons' hochflorigem weißen Teppich herum und unterhielten sich über Politik und andere aktuelle Themen.

Simons machte auch Fehler – so ließ er den künftigen Träger der Fields-Medaille Shing-Tung Yau gehen, als der junge Geometriefachmann eine unbefristete Anstellung verlangte –, doch er begründete eines der führenden Geometriezentren der Welt und verpflichtete 20 Mathematiker. Nebenbei lernte er, wie man die fähigsten Köpfe des Landes ausfindig machte, sie köderte und effektiv führte.

=

Während Simons' Fakultät wuchs, lief sein Privatleben aus dem Ruder.

Simons' Charisma lockte reihenweise Studierende in sein Büro, zu jeder Tageszeit. Er erhielt viel Anerkennung für seine Arbeit über Minimal Varieties und genoss die Befugnisse seiner Führungsstellung in einer Zeit, in der sich die sexuellen Normen – und Hemmungen – rasch lockerten. Damals kursierte der Bestseller *Die offene Ehe*, der Ehepaare aufforderte, die Ehe von antiquierten Idealen zu befreien und sich auch mit anderen Partnern sexuell auszuleben. Gleichzeitig ermutigte die Frauenbewegung die Weiblichkeit, die vermeintlichen Fesseln der Gesellschaft abzuwerfen, zu denen auch konservative Kleidung und sogar Monogamie zählten.

»Die Sekretärinnen schienen darum zu wetteifern, welche den kürzesten Rock trug«, erinnert sich Stony-Brook-Professor Charlap.

Simons war inzwischen 33, und wieder einmal holte ihn seine Rastlosigkeit ein. Es ging das Gerücht von einer außerehelichen Beziehung mit der attraktiven Sekretärin des Fachbereichs um. Mindestens einmal überraschte Simons seine Kollegen mit einem geschmacklosen Witz über eine Professorin.

Gleichzeitig kam sich Barbara so vor, als stünde sie im Schatten der Erfolge ihres Mannes. Sie stellte frustriert fest, dass ihre eigene akademische Laufbahn durch ihre frühe Heirat und Mutterschaft verkümmert war. Barbara war klug und ehrgeizig, hatte aber mit 18 geheiratet und mit 19 eine Tochter bekommen.

»Ich fühlte mich irgendwie in der Falle«, erzählt sie.

Da kam Simons zu Ohren, dass Barbara eine Affäre mit einem jüngeren Kollegen hatte, den Simons eingestellt und als Mentor betreut hatte. Das traf ihn tief. Auf einer Dinnerparty wurde er darauf gefragt, warum ihn das so aufrege. Es sei doch schließlich bekannt, dass es um Simons' Verhältnis zu Barbara nicht zum Besten stand und dass er selbst es mit der Treue nicht so genau nahm. Da schlug der betrunkene Simons mit der Hand gegen die Wand, wie sich ein Kollege erinnert.

Simons beschloss, für ein Sabbatjahr an die University of California nach Los Angeles zu gehen, um eine Primärtherapie zu machen, die sich damals gerade zu einer Art kulturellem Phänomen entwickelte. Die Methode beinhaltete, unterdrückten Schmerz durch Schreien oder anderweitig zu artikulieren (»Urschrei«) – wie ein Neugeborenes, das die Gebärmutter verlässt. Simons, der manchmal nachts schreiend aufwachte, fand den Ansatz interessant.

Doch nach mehreren Behandlungswochen änderte Simons seine Meinung. Als sein Therapeut andeutete, er könne mehr erreichen, wenn er Marihuana rauchte, brach Simons die Therapie ab.

Das ist doch fauler Zauber, dachte er.

Simons ging zurück an die Ostküste und verbrachte das Jahr am Institute for Advanced Study in Princeton. Seine Ehe mit Barbara war zerrüttet, und sie ließen sich am Ende scheiden. Barbara ging an die UC Berkeley, wo sie 1981 in Informatik promovierte. In ihrer Dissertation löste Barbara ein Problem der theoretischen Informatik. Sie ging zu IBM in die Forschung und wurde später Vorsitzende der ACM, der größten Gesellschaft für Informatik in Bildung und Wissenschaft. In der Folge entwickelte sich Barbara zur nationalen Expertin für die Sicherheitsprobleme computergestützter Abstimmungen und zeigte ein Interesse an Technologie und an der Lösung breiterer gesellschaftlicher Probleme, das sie mit Simons teilte.

»Wir haben einfach zu jung geheiratet«, meint Barbara. »Meine Eltern hatten Recht.«

=

Als Simons – diesmal allein – nach Long Island zurückkehrte, suchte er sich ein Kindermädchen, das bei ihm wohnen und ihn unterstützen sollte, wenn seine drei Kinder da waren. Unter anderem stellte sich die 22-jährige blonde Marilyn Hawrys bei ihm vor, die später an der Stony Brook Wirtschaftswissenschaft studieren sollte. Simons stellte Marilyn ein und bat sie bald um ein Rendezvous. Eine Zeit lang führten sie eine lockere Beziehung. Schließlich kündigte Marilyn, um als Kindermädchen für die Familie Ax zu arbeiten. Ax und seine Frau durchliefen gerade eine schmerzhafte Scheidung. Marilyn lebte bei Barbara Ax und ihren beiden Söhnen Kevin und Brian, spielte mit der Familie bis in die Nacht hinein Scrabble, stellte ihnen einen passablen Nudelauflauf auf den Tisch und war für die Kinder da, wenn sie sich ausweinen mussten.

»Marilyn hatte uns der Himmel geschickt«, erinnert sich Ax' Sohn Brian Keating. Mit der Zeit entwickelte sich zwischen Jim und Marilyn doch eine echte Liebesbeziehung. Marilyn promovierte, während Simons ein Durchbruch mit Shiing-Shen Chern gelang – dem Professor, dessentwegen er seinerzeit an die UC Berkeley gegangen war, um dort festzustellen, dass er gerade beurlaubt war.

Simons hatte eine Entdeckung im Zusammenhang mit der Quantifizierung von Formen in gekrümmten dreidimensionalen Räumen gemacht. Er legte Chern vor, was er herausgefunden hatte, und dieser erkannte, dass sich die Erkenntnisse auf sämtliche Dimensionen ausweiten ließen. 1974 veröffentlichten Chern und Simons zusammen »Characteristic Forms and Geometric Invariants« (Deutsch: Charakteristische Formen und geometrische Invarianten). Dieses Papier stellte die sogenannten Chern-Simons-*Invarianten* vor – eine Invariante ist eine selbst unter bestimmten Transformationen unveränderliche Größe –, die sich auf verschiedenen mathematischen Fachgebieten als nützlich erwiesen.

1976, im Alter von 37 Jahren, erhielt Simons für seine Arbeit mit Chern und seine vorausgegangenen Forschungsergebnisse über Minimal Varieties den Oswald-Veblen-Preis für Geometrie der American Mathematical Society – die höchste Auszeichnung in dieser Disziplin. Zehn Jahre später sollten der theoretische Physiker Edward Witten und andere herausfinden, dass sich die Chern-Simons-Theorie auch auf verschiedene Teilbereiche der Physik anwenden ließ, etwa auf die kondensierte Materie, die Stringtheorie und die Supergravitation. Sie war sogar eine wesentliche Voraussetzung für von Microsoft und anderen eingesetzte Methoden in ihrem Streben, Quantencomputer zu entwickeln, die Probleme lösen sollten, welche moderne Rechner überforderten, etwa in der Medikamentenentwicklung oder in der künstlichen Intelligenz. 2019 bezogen sich Zigtausende von Zitaten in wissenschaftlichen Artikeln – etwa drei pro Tag – auf die Chern-Simons-Theorie und zementierten Simons' Position in den höheren Sphären der Mathematik und Physik.

=

Mehr konnte Simons beruflich kaum erreichen. Da kehrte er der Mathematik prompt den Rücken und suchte sich einen neuen Gipfel, den er erklimmen konnte.

1974 stieß die Bodenbelagsfabrik, die Simons mit seinen Freunden Edmundo Esquenazi und Jimmy Mayer gegründet hatte, 50 Prozent ihrer Anteile ab. Der Gewinn floss an Simons und die übrigen Eigentümer. Simons empfahl Esquenazi, Mayer und Victor Shaio, das Geld bei Charlie Freifeld zu investieren, der bei Simons in Harvard studiert hatte. Auch ein Offshore-Fonds, den Shaio für Simons eingerichtet hatte, engagierte sich bei Freifeld.

Freifeld setzte eine sehr eigenwillige Strategie ein: Er entwickelte *ökonometrische* Modelle zur Prognose der Preise von Rohstoffen wie Zucker. Als Eingabewerte verwendete er Konjunktur- und andere Daten. Ging beispielsweise die landwirtschaftliche Produktion zurück, berechneten Freifelds Modelle die voraussichtlichen Preissteigerungen – eine Frühform quantitativer Investments.

Freifelds Taktik zahlte sich aus, als sich die Zuckerpreise fast verdoppelten. Der Wert der Personengesellschaft explodierte aufs Zehnfache – 6 Millionen US-Dollar. Manche der Investoren reagierten ganz unerwartet auf diesen unvorhergesehenen Geldregen.

»Ich fand es deprimierend«, erzählt Simons' kolumbianischer Freund Mayer. »Da hatten wir so viel Geld verdient, doch was wir taten, hatte keinerlei Wert für die Gesellschaft.«

Simons reagierte ganz anders. Die Gewinnsträhne weckte erneut den Spekulanten in ihm und rief ihm ins Gedächtnis, wie aufregend Börsengeschäfte sein konnten. Freifelds Anlagestil hatte sogar gewisse Ähnlichkeit mit dem auf Mathematik gestützten Handelssystem, das Simons und seine Kollegen beim IDA in ihrem Artikel beschrieben hatten. Simons hielt den Einsatz von Handelsmodellen für vielversprechend.

»Jim war infiziert«, beschreibt es Mayer.

Trotz seiner jüngsten Lorbeeren zog es Simons weg von der Mathematik. Zusammen mit seinem Protégé Jeff Cheeger, einem aufgehenden Stern auf dem Gebiet der Geometrie, hatte er beweisen wollen, dass bestimmte geometrisch definierte Zahlen wie Pi fast immer irrational sind. Doch sie kamen nicht weiter, was sie grenzenlos frustrierte.

»Es steckte mehr dahinter, doch wir kamen einfach nicht darauf«, schildert es Simons. »Das trieb mich in den Wahnsinn.«[8]

Außerdem ging es auch in Simons' Privatleben drunter und drüber. Zwar wurde seine Beziehung zu Marilyn enger, doch er litt immer noch unter dem Scheitern seiner Ehe. Er war schon vier Jahre mit Marilyn zusammen, als er einem Freund anvertraute, er denke darüber nach, ihr einen Heiratsantrag zu machen, sei sich aber nicht sicher, ob er wieder eine ernsthafte Beziehung führen wolle.

»Ich habe diese Frau kennengelernt, und sie ist wirklich etwas Besonderes«, erzählte er einem Freund. »Ich weiß nicht, was ich tun soll.«

Jim und Marilyn heirateten, doch Simons machte sich weiter Gedanken um seine Zukunft. Er verringerte seine Arbeitsstunden an der Stony Brook und widmete sich halbtags dem Devisenhandel für einen von Shaio aufgelegten Fonds. 1977 sah Simons für die Devisenmärkte gute Gewinnchancen. In aller Welt waren die Wechselkurse freigegeben worden und schwankten unabhängig vom Goldpreis, und das britische Pfund war ins Rutschen gekommen. Simons sah eine neue, volatile Ära kommen. 1978 verließ er die akademische Welt, um sein eigenes Investmentunternehmen zu gründen und sich damit auf den Devisenhandel zu fokussieren.

Simons' Vater hielt es für einen großen Fehler, die Professur aufzugeben. Noch größer war der Schock bei seinen Mathematikerkollegen. Bis dahin war den meisten nur vage bewusst gewesen, dass sich Simons auch für andere Dinge interessierte. Doch dass er weggehen und sich ganz der Börse widmen könnte, war ihnen unbegreiflich. Mathematiker haben in aller Regel ein kompliziertes Verhältnis zum Geld. Sie wissen Wohlstand zwar durchaus zu würdigen, doch viele betrachten Gewinnstreben als schnöde Ablenkung von ihrer noblen Berufung. Keiner seiner Akademikerkollegen sagte es Simons ins Gesicht, doch manche fanden, er verschwende seine einzigartigen Fähigkeiten.

»Wir schauten auf ihn herab, als habe er sich korrumpieren lassen und seine Seele dem Teufel verkauft«, erzählt René Carmona, der damals an der Cornell lehrte.

Doch Simons hatte nie so richtig in die Akademikerwelt gepasst. Er liebte Geometrie und hatte durchaus einen Sinn für die Schönheit der Mathematik, doch seine Leidenschaft für Geld, seine Neugier aufs Geschäft und sein Drang nach neuen Abenteuern unterschieden ihn von den anderen.

»Ich habe mich immer ein bisschen als Außenseiter gefühlt, ganz gleich, was ich tat«, sollte er später dazu sagen.[9] »Ich war nur von Mathematik umgeben, und doch fühlte ich mich nie als vollwertiges Mitglied der Mathematikergemeinschaft. Mit einem Fuß stand ich immer [draußen].«

Simons war ein Star unter den Kryptologen gewesen, hatte die höchsten Weihen der Mathematik erhalten und eine mathematische Fakultät von Weltrang aufgebaut – und das alles, noch bevor er 40 wurde. Er war zuversichtlich, dass er auch die Welt der Börse erobern konnte. Seit Jahrhunderten versuchten die Anleger, die Märkte zu meistern – und hatten damit nur selten spektakulären Erfolg. Doch wieder einmal schienen die Herausforderungen Simons' Begeisterung eher anzustacheln als zu dämpfen.

»Im Grunde wollte er etwas Besonderes erreichen – Dinge tun, die andere für unmöglich hielten«, beschreibt es sein Freund Joe Rosenshein.

Doch das sollte Simons schwerer fallen, als er gedacht hatte.

KAPITEL 3

Seinen Job zu verlieren, kann auch sein Gutes haben.
Man sollte es nur nicht zur Gewohnheit werden lassen.
Jim Simons

Ein paar Wochen nach seinem Abschied vom weitläufigen, baumgesäumten Campus der Stony Brook University, im Frühsommer 1978, fand sich Simons nur ein paar Kilometer weiter wieder, und doch in einer ganz anderen Welt.

Er saß in einem Ladenbüro am Ende einer tristen Einkaufsstraße. Gleich nebenan befand sich eine Damenmodeboutique, zwei Türen weiter eine Pizzeria und gegenüber das winzige eingeschossige Bahnhofsgebäude von Stony Brook. Sein Büro, das eigentlich als Einzelhandelsgeschäft konzipiert war, hatte beige Tapeten, ein einziges Computerterminal und eine unzuverlässige Telefonverbindung. Aus seinem Fenster konnte Simons kaum auf die Straße mit dem treffenden Namen Sheep Pasture Road schauen (was sinngemäß so viel heißt wie: An der Schafweide) – ein Indiz dafür, wie rasch er von allgemeiner Anerkennung in absoluter Bedeutungslosigkeit versunken war.

Die Chancen standen nicht gerade gut für einen 40-jährigen Mathematiker, der seine vierte Karriere in Angriff nahm und hoffte, die jahrhundertealte Investmentbranche aufzumischen. Tatsächlich schien für Simons der Ruhestand näher als ein historischer Durchbruch. Sein ergrauendes Haar hing ihm lang und strähnig bis fast auf die Schultern. Sein Bauchansatz ließ ihn noch mehr wie einen alternden Professor wirken, der in der modernen Finanzwelt nichts verloren hatte.

Bis dahin hatte sich Simons zwar immer wieder an der Börse versucht, aber nie besondere Fähigkeiten bewiesen. Sicher, das Geld, das er und sein Vater in

Charlie Freifelds Investmentgesellschaft investiert hatten, hatte sich zu einer runden Million Dollar vermehrt, nachdem Freifeld einen sprunghaften Anstieg der Zuckerpreise richtig vorhergesehen hatte, doch um ein Haar wäre das Ganze katastrophal ausgegangen. Nur wenige Wochen, nachdem Freifeld die Zuckerpositionen seiner Gesellschaft abgestoßen hatte, fielen die Zuckerpreise ins Bodenlose. Das hatten weder Freifeld noch Simons vorausgesehen. Sie hatten schlicht vereinbart, Kasse zu machen, wenn ein ordentlicher Gewinn zu Buche stand.

»Es war unglaublich«, berichtet Simons. »Aber es war nur Glück.«[10]

Doch aus unerfindlichen Gründen strotzte Simons nur so vor Selbstvertrauen. Er hatte es als Mathematiker zu etwas gebracht, als Codeknacker ebenfalls, und er hatte eine Fakultät von Weltrang aufgebaut. Nun war er sich sicher, dass er auch die Finanzspekulation meistern konnte – unter anderem deshalb, weil er einen besonderen Einblick in die Funktionsweise der Finanzmärkte hatte. Viele Anleger und Wissenschaftler sahen im Auf und Ab der Märkte nur zufällige Bewegungen und behaupteten, sämtliche potenziellen Informationen seien bereits in die Kurse eingeflossen. Daher könnten nur Nachrichten, die unmöglich vorhersagbar waren, die Preise nach oben oder unten bewegen. Andere waren der Überzeugung, dass sich in den Kursbewegungen die Versuche der Anleger widerspiegelten, auf Wirtschafts- und Unternehmensmeldungen zu reagieren und diese zu prognostizieren – Versuche, die nur manchmal mit Erfolg gekrönt waren.

Simons kam aus einer anderen Welt und betrachtete das Ganze aus einem besonderen Blickwinkel. Er war es gewohnt, große Datensätze zu analysieren und dort Ordnung zu entdecken, wo andere nur Zufälligkeit wahrnahmen. Wissenschaftler und Mathematiker sind darin geübt, unter die Oberfläche der chaotischen Natur zu blicken – auf der Suche nach unerwarteter Einfachheit, Struktur oder gar Schönheit. Die entstehenden Muster und Regelmäßigkeiten sind es, die die Gesetze der Wissenschaft darstellen.[11]

Simons kam zu dem Schluss, dass die Märkte nicht immer erklärbar oder rational auf Nachrichten oder andere Ereignisse reagierten, weshalb es schwierig war, sich auf klassische Analysen, Kompetenzen und Erkenntnisse zu stützen. Dennoch waren in den Preisen finanzieller Vermögenswerte zumindest manche klar definierten Muster erkennbar, ganz gleich wie chaotisch die Märkte auch wirkten – auf die gleiche Weise, wie sich auch in den scheinbar zufälligen Wettermustern erkennbare Trends verbergen können.

Sieht ganz so aus, als gäbe es da eine Struktur, dachte Simons.

Er musste sie nur finden.

Simons beschloss, die Finanzmärkte wie jedes andere chaotische System zu betrachten. Wie die Physiker über riesigen Datenmengen brüteten und elegante Modelle entwickelten, um Naturgesetze zu erkennen, würde Simons mathematische Modelle aufstellen, um die Ordnung der Finanzmärkte zu ermitteln. Sein Ansatz hatte gewisse Ähnlichkeit mit der Strategie, die er Jahre zuvor am Institute for Defense Analyses entwickelt hatte, als er mit seinen Kollegen die wissenschaftliche Abhandlung verfasst hatte, der zufolge die Märkte verschiedene verborgene Zustände annahmen, die sich mithilfe mathematischer Modelle nachweisen ließen. Nun würde Simons diesen Ansatz im wirklichen Leben auf die Probe stellen.

Es muss doch eine Möglichkeit geben, das in einem Modell abzubilden, dachte er.

Simons taufte seine neue Investmentgesellschaft Monemetrics – eine Kombination aus den Begriffen »money« (Geld) und »econometrics« (Ökonometrie). Daraus sollte hervorgehen, dass er Mathematik heranziehen würde, um Finanzdaten zu analysieren und an der Börse Gewinne zu erzielen. Am IDA hatte Simons Computermodelle entwickelt, um aus dem Rauschen der Kommunikation von Feinden der Vereinigten Staaten verborgene »Signale« herauszufiltern. An der Stony Brook hatte er fähige Mathematiker ausfindig gemacht, angeworben und geleitet. Nun würde Simons ein Team kluger Köpfe anheuern, die Marktdaten auf Trends abklopfen und mathematische Formeln aufstellen sollten, um daraus Kapital zu schlagen.

Simons wusste nicht genau, wo er ansetzen sollte. Er wusste nur, dass die Devisenmärkte außer Rand und Band geraten waren, was potenziell Profit versprach. Und er hatte den idealen Partner für sein junges Unternehmen im Auge: Leonard Baum, einer der Co-Autoren des IDA-Forschungspapiers, der sich als Mathematiker schon zuvor mit der Entdeckung verborgener Zustände und der Stellung kurzfristiger Prognosen in einem chaotischen Umfeld befasst hatte. Nun musste Simons Baum nur noch überreden, seine Karriere mit Simons radikalem, unbewiesenen Ansatz aufs Spiel zu setzen.

=

Lenny Baum war 1931 als Sohn russischer Einwanderer geboren worden, die in Brooklyn Zuflucht vor grassierender Armut und Antisemitismus gesucht hatten. Lennys Vater Morris arbeitete seit seinem 13. Lebensjahr in einer Hutfabrik, wo er sich schließlich zum Manager und Teilhaber hochgearbeitet hatte. Als Teenager war der 1,80 Meter große, breitschultrige Lenny schnellster Läufer seiner Highschool und gehörte deren Tennismannschaft an. Seine zarten Hände ließen allerdings vermuten, dass er eher zwischen den Seiten seiner Lehrbücher zu Hause war als bei Turnieren auf dem Platz.

Eines Tages fuhr Lenny mit Freunden zum nahen Brighton Beach, wo ihm eine quirlige, attraktive junge Frau ins Auge stach, die sich mit ihren Freundinnen unterhielt. Julia Lieberman war im Alter von fünf Jahren mit ihrer Familie in die Vereinigten Staaten gekommen. Sie stammte aus einem kleinen tschechischen Dorf und war mit ihrer Lieblingspuppe auf dem Arm auf dem letzten Schiff aus Europa 1941 den Nazis entkommen. In New York angekommen, suchte Julias Vater Louis monatelang vergeblich einen Job. Frustriert beschloss er, sich unter die Arbeiter einer nahen Fabrik zu schmuggeln. Er arbeitete so unermüdlich, dass er bald eingestellt wurde. Später betrieb Louis im kleinen Reihenhäuschen der Familie einen Waschsalon. So richtig gut ging es der Familie Lieberman aber finanziell nie.

Lenny und Julia verliebten sich, heirateten später und zogen nach Boston, wo Lenny in Harvard studierte, 1953 seinen Abschluss machte und dann in Mathematik promovierte. Julia schloss ihr Studium an der Boston University als Viertbeste ab und absolvierte im Anschluss in Harvard einen Masterstudiengang in Erziehungswissenschaft und Geschichte. Nachdem Baum nach Princeton ans IDA gewechselt war, errang er als Codeknacker fast noch größere Erfolge als Simons. Ihm wurde einer der größten, noch immer vertraulichen Erfolge der Einheit zugeschrieben.

»Lenny und ein paar andere standen beim Management definitiv höher im Kurs als Jim«, erzählt Lee Neuwirth.

Der bärtige Baum mit seinem schütteren Haar widmete sich wie Simons neben seinen staatlichen Aufträgen seiner mathematischen Forschungsarbeit. Ende der 1960er-Jahre entwickelte Baum zusammen mit dem Informationstheoretiker Lloyd Welch, der sein Büro im gleichen Flur hatte, einen Algorithmus zur Analyse von Markov-Ketten – Ereignissequenzen, bei denen die Wahrscheinlichkeit künftiger Entwicklungen nur vom aktuellen Zustand abhängt, nicht von vorausgegangenen Ereignissen. In einer Markov-Kette kann man künftige Schritte nie mit Sicherheit vorhersagen, doch man kann anhand der Kette Rückschlüsse auf potenzielle Ergebnisse ziehen. So kann Baseball als Markov-Spiel angesehen werden. Hat ein Batter drei Bälle und zwei Strikes, spielt es keine Rolle, in welcher Reihenfolge sie eintraten und wie viele Foul Balls dazwischenliegen. Ist der nächste Pitch ein Strike, ist der Batter aus dem Spiel.

Ein *versteckter* Markov-Prozess zeichnet sich dadurch aus, dass die Ereigniskette unbekannten Basisparametern oder -variablen unterliegt. Dann sieht man zwar die Ergebnisse der Kette, nicht aber die »Zustände«, die die Progression der Kette erklären helfen. Wer sich mit Baseball nicht auskennt, ist vielleicht heillos überfordert, wenn aktuelle Meldungen über die Zahl der je Inning erzielten Runs eingehen – ein Run in diesem Inning, sechs in einem anderen, ohne offensichtliches Muster oder Erklärung. Manche Investoren vergleichen Finanzmärkte, Spracherkennungsmuster und andere komplexe Ereignisketten mit einem Hidden-Markov-Modell.

Der Baum-Welch-Algorithmus bot eine Möglichkeit, die Wahrscheinlichkeiten und Parameter innerhalb dieser komplexen Sequenzen zu schätzen, auch wenn kaum mehr Informationen vorliegen als das Prozessergebnis. Beim Baseball könnte der Baum-Welch-Algorithmus auch jemandem, der gar nichts von dem Sport versteht, ermöglichen, Spielsituationen zu erraten, die zu Punkten führten. Stieg die Anzahl der Runs beispielsweise sprunghaft von zwei auf fünf Runs an, könnte Baum-Welch auf die Wahrscheinlichkeit hinweisen, dass gerade ein Home Run mit drei Runs gelungen ist, kein Triple mit mehreren Bases. Der Algorithmus würde es einem Zuschauer ermöglichen, aus der Punkteverteilung Rückschlüsse auf die Spielregeln zu ziehen, selbst wenn sich ihm diese nicht komplett erschließen.

»Der Baum-Welch-Algorithmus bringt Sie der endgültigen Antwort näher, indem er bessere Wahrscheinlichkeiten liefert«, erklärt Welch.

Baum stellte die Bedeutung seiner Leistung gern unter den Scheffel. Heutzutage gilt der von ihm entwickelte Algorithmus, der es Computern ermöglicht, sich selbst Zustände und Wahrscheinlichkeiten beizubringen, allerdings als einer der größten Fortschritte beim maschinellen Lernen und ebnete den Weg für Durchbrüche, die sich auf das Leben von Millionen Menschen auswirken, in Bereichen von Genomik bis zu Wettervorhersage. Baum-Welch ermöglichte die ersten funktionsfähigen Spracherkennungssysteme und auch die Google-Suchmaschine.

Für Baum-Welch erntete Lenny Baum zwar viel Anerkennung, doch die meisten der Hunderten von weiteren Artikeln, die er schrieb, unterlagen der Geheimhaltung, was Julia wurmte. Sie fand, ihr Mann werde weder entsprechend gewürdigt noch bezahlt. Die Baum-Kinder hatten keine Ahnung, was ihr Vater beruflich machte. Fragten sie ihn danach, was selten vorkam, antwortete er, seine Arbeit sei geheim. Doch Baum erklärte ihnen, woran er *nicht* arbeitete.

»Wir bauen keine Bomben«, versicherte er seiner Tochter Stefi eines Tages, als die Kontroverse um den Vietnamkrieg hochkochte.

Anders als Simons war Baum eher der häusliche Typ, der wenig Zeit mit anderen, beim Pokerspiel oder einfach im Gespräch verbrachte. Abends saß er meistens still auf der mit falschem Leopardenfell bezogenen Couch im bescheidenen Heim seiner Familie in Princeton und kritzelte mit Bleistift auf einen Schreibblock. Stieß Baum dabei auf ein besonders schwieriges Problem, hielt er inne, blickte in die Ferne und dachte darüber nach. Baum entsprach ganz dem Stereotyp vom zerstreuten Professor – einmal kam er mit einem halben Bart zur Arbeit. Er erklärte, er sei beim Rasieren von mathematischen Überlegungen abgelenkt worden.

Während seiner Zeit beim IDA stellte Baum fest, dass er immer schlechter sah. Die Ärzte diagnostizierten schließlich eine Zapfen-Stäbchen-Dystrophie – eine Erkrankung, die die Zapfenzellen auf der Netzhaut beeinträchtigte. Baum hatte Probleme mit Tätigkeiten, die klares Sehen erforderten, wie Tennis. Einmal traf ein Ball am Netz Baum mittig auf den Kopf. Dasselbe passierte ihm beim Tischtennis. Seine klaren blauen Augen sahen den Ball ganz kurz, und dann wieder nicht, was Baum zwang, den Sport aufzugeben.

Er blieb überraschend zuversichtlich und konzentrierte sich auf die erfreulichen Dinge, die er noch genießen konnte – wie den 3 Kilometer langen täglichen Spaziergang nicht weit vom Princeton-Campus. Dankbar, weil er noch lesen und schreiben konnte, wenn auch nicht mehr so scharf geradeaus sehen, blieb Baum ein unverbesserlicher Optimist.

»Überlasst das Problem nur sich selbst«, riet er seinen Kindern gern lächelnd, wenn sie mit einer Sorge zu ihm kamen. »Dann löst es sich ganz von allein.«

Nachdem Simons aus dem IDA ausgeschieden war, um die mathematische Fakultät der Stony Brook zu übernehmen, stellte die Familie Baum bei ihrem Oberhaupt allerdings eine untypische Frustration fest. Als Baum einen russischen Code knackte und einen Spion identifizierte, das FBI sich aber als zu behäbig erwies, um den Verdächtigen auch zu verhaften, machte er seinem Ärger Luft. Baum glaubte allmählich nicht mehr an die Zukunft seiner Abteilung und schrieb ein internes Memo, das hervorhob, wie wichtig es sei, die richtigen Leute einzustellen.

»Ganz offensichtlich wiegt der Verlust von Simons für uns schwer – zum einen, weil wir mathematisch auf ihn angewiesen sind, zum anderen aufgrund der Umstände seines Weggangs«, schrieb Baum und bezog sich auf Simons' Entlassung. »Während der sieben Monate, in denen Simons angeblich nicht an Verteidigungsprojekten gearbeitet hat, hat er dazu mehr beigetragen als manche anderen Teammitglieder in den letzten Jahren.«[12]

1977 dann wandte sich Simons an Baum mit der Bitte, ob er nicht einen Tag ins Büro von Monemetrics auf Long Island kommen und Simons helfen könne, ein Handelssystem für die Devisenspekulation auf die Beine zu stellen. Baum amüsierte sich über die Einladung. Er hatte wenig Ahnung von Börsengeschäften, trotz der theoretischen Abhandlung, die er seinerzeit mit Simons verfasst hatte, und interessierte sich so wenig für die Kapitalanlage, dass er das Portfolio seiner Familie vollständig in die Hände seiner Frau legte. Dessen ungeachtet erklärte sich Baum zu der Hilfestellung bereit, um seinem alten Freund Simons einen Gefallen zu tun.

Im Büro legte Simons Baum Charts vor, die die täglichen Schlusskurse verschiedener maßgeblicher Währungen enthielten, als würde er ihm ein mathematisches Problem vorsetzen. Baum sah sich die Daten genauer an und gelangte bald zu dem Schluss, dass sich manche Währungen, allen voran der japanische Yen, offenbar über längere Zeit in stetigen geraden Linien entwickelten. Vielleicht hatte Simons ja Recht. Baum war seiner Meinung – offenbar wohnte den Märkten eine bestimmte Struktur inne. Baums Hypothese: Vielleicht war der kontinuierliche Anstieg des Yen ja darauf zurückzuführen, dass die japanische Regierung unter dem Druck anderer Länder eingriff und die Währung »in präziser japanischer Manier« kaufte, damit japanische Exporte nicht mehr ganz so wettbewerbsfähig waren. Doch so oder so war Baum wie Simons der Ansicht, dass sich ein mathematisches Modell entwickeln ließ, um Trends verschiedener Währungen zu erfassen und darauf zu spekulieren.

Baum arbeitete zunächst einmal die Woche mit Simons zusammen. 1979 war der damals 48-Jährige dann ganz ins Börsengeschäft eingetaucht, wie Simons gehofft hatte. Baum, der auf dem College ein erstklassiger Schachspieler gewesen war, kam es so vor, als habe er ein neues Spiel entdeckt, an dem er seine geistigen Fähigkeiten austesten konnte. Das IDA stellte ihn für ein Jahr frei, sodass er mit seiner Familie in ein viktorianisches Mietshaus mit drei Schlafzimmern und hohen Bücherregalen auf Long Island ziehen konnte. Weil er immer schlechter sah, chauffierte ihn Julia täglich zu Simons' Büro und holte ihn abends wieder ab.

»Wir wollen sehen, ob wir ein Modell entwickeln können«, erklärte ihm Simons, als sie ihren Anlauf auf die Märkte planten.

Bald darauf hatte Baum bereits einen Algorithmus entwickelt, der Monemetrics anwies, Währungen zu kaufen, die auf ein bestimmtes Niveau unter ihre aktuelle Trendlinie gefallen waren, und zu verkaufen, wenn sie zu weit darüber gestiegen waren. Das war noch keine große Kunst, doch Baum schien auf einem guten Weg, was Simons Hoffnung machte.

»Als ich Lenny ins Boot geholt hatte, erkannte ich, welche Möglichkeiten Modelle boten«, erzählte Simons später.[13]

Simons rief ein paar Freunde an, darunter auch Jimmy Mayer und Edmundo Esquenazi, und fragte, ob sie nicht in seinen neuen Fonds investieren wollten. Simons präsentierte ihnen dieselben Charts, die er Baum vorgelegt hatte, und hielt ihnen vor Augen, welche spektakulären Gewinne er und Baum gemacht hätten, wenn sie ihre auf Mathematik gestützte Handelsstrategie im Verlauf der letzten Jahre eingesetzt hätten.

»Er kam mit diesem Chart daher und beeindruckte uns mit den Chancen«, erzählt Mayer.

Die 4 Millionen US-Dollar, auf die er es angelegt hatte, bekam Simons zwar nicht zusammen, doch genug, um seinen Fonds aufzulegen, in dem auch sein eigenes Geld steckte. Er nannte ihn Limroy, ein Konglomerat aus Lord Jim, dem Helden des gleichnamigen Joseph-Conrad-Romans, und der Royal Bank of Bermuda, die die Überweisungen des neuen Unternehmens abwickelte, damit dieses in den steuerlichen und sonstigen Genuss eines Offshore-Standorts kam. In dem Namen verband sich die Hochfinanz mit einem Charakter, der für sein Ringen mit Idealen wie Ehre und Moralität bekannt war – eine treffliche Wahl für jemanden, der schon so lange mit einem Fuß in der Geschäftswelt und mit einem in Mathematik und Wissenschaft stand.

Simons beschloss, Limroy als *Hedgefonds* zu konzipieren, ein vage definierter Begriff für nicht börsennotierte Investmentgesellschaften, die Geld für wohlhabende Privatanleger und Institutionen verwalteten und verschiedene Strategien verfolgten, darunter auch der Versuch, sich vor Verlusten des breiten Marktes zu schützen (»Hedging«).

Monemetrics würde einen Teil des Geldes für Simons investieren und Strategien auf verschiedenen Märkten ausprobieren. Wirkte eine Taktik vielversprechend, würde Simons dieselben Transaktionen auch für den Limroy-Fonds ausführen, der viel größer war und nicht nur für Simons, sondern auch für andere externe Investoren Geld anlegte. Baum würde an den 25 Prozent beteiligt werden, die das Unternehmen von allen seinen Börsengewinnen einbehielt.

Simons hoffte, mit Baum zusammen gut an einem Handelsstil zu verdienen, der mathematische Modelle und komplizierte Charts mit einer gehörigen Portion menschlicher Intuition verband. Baum war so überzeugt, dass ihr Ansatz funktionieren würde, und inzwischen so fasziniert vom Investmentgeschäft, dass er beim IDA kündigte, um ausschließlich für Simons zu arbeiten.

Um ganz sicherzugehen, dass er und Baum auf dem richtigen Weg waren, bat Simons James Ax, seinen preisgekrönten Stony-Brook-Rekruten, vorbeizuschauen und ihre Strategien zu überprüfen. Wie Baum noch ungefähr ein Jahr zuvor hatte auch Ax wenig Ahnung vom Investmentgeschäft und noch weniger Interesse daran. Doch er begriff auf Anhieb, was seine beiden Ex-Kollegen vorhatten, und war überzeugt, dass sie da einer großen Sache auf der Spur waren. Ax bestätigte nicht nur, dass Baums Algorithmus auf dem Devisenmarkt erfolgreich sein könnte, sondern erklärte, dass ähnliche Prognosemodelle für den Handel mit Rohstoffen wie Weizen, Sojabohnen und Rohöl entwickelt werden könnten. Als Simons das hörte, überredete er Ax, der akademischen Welt den Rücken zu kehren, und richtete ihm ein eigenes Depot ein. Simons hatte es jetzt *richtig* gepackt. Zwei der herausragendsten Mathematiker arbeiteten mit ihm zusammen, um den Märkten ihre Geheimnisse zu entlocken, und genügend Geld für ihr Vorhaben hatten sie ebenfalls.

Noch ein oder zwei Jahre zuvor hatte Baum an nichts anderes gedacht als an Mathematik. Jetzt war es der Börsenhandel, der ihn vollkommen mit Beschlag belegte. 1979 lag er an einem Sommermorgen mit seiner Familie am Strand und grübelte über die anhaltende Schwäche des englischen Pfunds nach. Die gängige Meinung war damals, dass es mit der Währung nur weiter bergab gehen konnte. Ein Experte, der Simons und Baum bei ihren Börsengeschäften beriet, hatte am Verkauf von englischen Pfund so viel verdient, dass er seinen Sohn Sterling nannte.

An jenem Morgen am Strand setzte sich Baum unvermittelt auf und verfiel in helle Aufregung. Er war überzeugt, dass sich eine Kaufchance bot. Baum eilte ins Büro und erklärte Simons, dass die neue britische Premierministerin Margaret Thatcher die Währung auf untragbar niedrigem Niveau halte.

»Thatcher sitzt auf dem Pfund«, meinte Baum. »Und viel länger kann sie das nicht mehr durchhalten.«

Baum wollte unbedingt Pfund kaufen, doch Simons fand seinen plötzlichen Sinneswandel eher amüsant als überzeugend.

»Schade, Lenny, aber du bist zu spät dran«, erwiderte Simons lächelnd. »Thatcher ist schon aufgestanden. … Das Pfund hat gerade um 5 Cent zugelegt.«

Wie sich herausstellen sollte, hatte Thatcher am selben Morgen beschlossen, das Pfund aufzuwerten. Doch Baum war nicht von seiner Idee abzubringen.

»Das ist noch gar nichts!«, beharrte er. »Das Pfund wird um 50 Cent steigen – vielleicht sogar noch weiter!«[14]

Baum sollte Recht behalten. Er und Simons kauften weiter britische Pfund, und die Währung stieg und stieg. Auf diese Transaktion folgten treffsichere Prognosen für den japanischen Yen, die D-Mark und den Schweizer Franken – und damit Gewinne, die die südamerikanischen Investoren dazu veranlassten, Simons telefonisch zu gratulieren und zu ermutigen, während der Fonds um zig Millionen Dollar anwuchs.

Seine Mathematikerkollegen verstanden noch immer nicht, warum Simons eine aussichtsreiche Karriere mit Füßen getreten hatte, um in einem behelfsmäßigen Büro Devisenkontrakte zu handeln. Dass sich ihm Baum und Ax angeschlossen hatten, konnten sie erst recht nicht begreifen. Auch Simons' Vater schien enttäuscht. 1979, auf einer Bar-Mizwa-Feier für Simons' Sohn Nathaniel, sagte Matty Simons zu einem Stony-Brook-Mathematiker: »Ich habe ja lieber von ›meinem Sohn, dem Professor‹ erzählt als von ›meinem Sohn, dem Geschäftsmann‹.«

Doch Simons trauerte der Vergangenheit nicht hinterher. Nach den ersten Gewinnen auf dem Devisenmarkt änderte Simons die Satzung des Limroy-Fonds, damit dieser künftig auch mit Terminkontrakten auf US-Staatsanleihen und Rohstoffe handeln konnte. Er und Baum – sie führten inzwischen beide auch eigene Depots – stellten ein kleines Team zusammen, um komplexe Modelle zu entwickeln, die gewinnträchtige Geschäfte auf dem Devisen-, Rohstoff- und Rentenmarkt ermitteln könnten.

Simons genoss es in vollen Zügen, seine lebenslange Leidenschaft für die Börsenspekulation auszuleben und zu versuchen, die Rätsel der Märkte zu lösen – vielleicht die größte Herausforderung, der er sich je gestellt hatte. Außerdem, so witzelte er, könne seine Frau Marilyn »endlich unter die Leute gehen und mitreden«.[15]

Doch die Freude sollte nicht von Dauer sein.

=

Simons war auf der Suche nach einem Programmierer, als er von einem 19-Jährigen hörte, der vom California Institute of Technology fliegen sollte. Greg Hullender war pfiffig und kreativ, hatte aber Probleme, sich auf seinen Lernstoff zu konzentrieren, und kassierte in vielen Fächern schlechte Noten. Später sollte ihm ein Aufmerksamkeitsdefizitsyndrom bescheinigt werden. Damals war Hullender von seinen Problemen ebenso frustriert wie die Hochschulleitung. Als er schließlich dabei erwischt wurde, wie er in seinem Wohnheimzimmer unerlaubt Börsengeschäfte mit hohen Einsätzen durchführte, schlug das dem Fass den Boden aus. Freunde hatten zusammengelegt und Hullender ihr Geld anvertraut, und dieser erwarb vor einem kräftigen Aufwärtstrend 1978 Aktienoptionen und machte so innerhalb weniger Tage aus 200 Dollar 2000. Prompt wollten alle Kommilitonen im Wohnheim einsteigen und überschütteten Hullender mit Geld, der die über ein Maklerkonto bei Merrill Lynch erworbenen Aktienoptionen »umverpackte« und an interessierte Studenten weiterverkaufte.

»Ich betrieb quasi meine eigene Börse«, erzählt Hullender stolz.

Die Vertreter von Merrill Lynch waren davon nicht so begeistert. Das Maklerhaus warf Hullender Verstöße gegen die Depotführungsbedingungen vor und machte seinem Treiben ein Ende. Außerdem flog er von der Uni. Während Hullender noch in seinem Zimmer saß und auf die offizielle Exmatrikulation wartete, überraschte ihn morgens um sieben ein Anruf von Simons. Simons hatte über einen Caltech-Studenten von Hullenders illegalen Börsengeschäften erfahren und war von Hullenders Initiative ebenso beeindruckt wie von seinen Finanzmarktkenntnissen. Simons bot Hullender ein Jahresgehalt von 9000 Dollar zuzüglich einer Gewinnbeteiligung, wenn er nach New York kommen und Handelsprogramme für den Limroy-Fonds schreiben würde.

Mit seinem runden Engelsgesicht, seinem strähnigen braunen Haar und seinem jungenhaften Lächeln wirkte Hullender eher wie ein Teenager auf dem Weg ins Ferienlager als wie einer, der dafür gemacht war, quer durchs ganze Land zu reisen, um einen Job bei einer noch unbekannten Investmentgesellschaft anzutreten. Hullender war klapperdürr, trug eine übergroße Brille und hatte stets Stifte und ein braunes Brillenetui in der Tasche stecken, was ihn besonders unbedarft wirken ließ.

Hullender kannte weder Simons noch Baum und war skeptisch, was ihr Jobangebot anging.

»Jims Firma schien alles andere als vertrauenswürdig«, schildert er seine Sicht der Dinge.

Trotzdem nahm der junge Mann Simons' Angebot sofort an.

»Ich saß in meinem Wohnheimzimmer und konnte jederzeit vor die Tür gesetzt werden – ich hatte keine große Wahl.«

Hullender kam nach Long Island und wohnte zunächst ein paar Wochen lang bei Simons und dessen Familie, bis er sich ein Zimmer im nahen Studentenwohnheim der Stony Brook University mieten konnte. Der junge Mann besaß keinen Führerschein. Also lieh ihm Simons ein Fahrrad, damit er zur Arbeit kommen konnte. Im Büro führte ihn Simons – wie üblich im offenen Baumwollhemd und Slippern – in seinen Handelsansatz ein. Die Devisenmärkte seien Einflüssen durch Maßnahmen von Staaten und anderen Stellen unterworfen, erklärte er Hullender, und seine Firma hoffe darauf, genaue Schritt-für-Schritt-Algorithmen zu entwickeln, um Trends zu erkennen, »die sich aus verborgenen Faktoren mit Einfluss auf den Markt ergeben« – nicht unähnlich der Arbeit, die Simons beim IDA geleistet hatte, um feindliche Codes zu knacken.

Hullender schrieb zunächst ein Programm, das die Ergebnisse des neuen Unternehmens abbilden sollte. Innerhalb von sechs Monaten wiesen Hullenders Zahlen auf beunruhigende Verluste hin – Simons' Übergang auf den Handel mit Anleihen war schiefgelaufen. Es riefen auch weiterhin Kunden an – doch diesmal nicht, um zu gratulieren, sondern weil sie wissen wollten, warum sie so viel Geld verloren.

Simons litt sehr unter diesem Rückschlag und bekam immer mehr Angst, als die Verluste größer wurden. An einem besonders harten Tag fand Hullender seinen Chef im Büro auf einem Sofa liegend vor. Hullender hatte das Gefühl, Simons wolle ihm etwas mitteilen, sich etwas von der Seele reden.

»Manchmal schaue ich mir das an und denke, ich bin nur einer, der nicht wirklich weiß, was er tut«, erklärte Simons.

Hullender war vollkommen perplex. Bis zu diesem Moment hatte Simons immer so selbstsicher gewirkt. Nun schienen ihn plötzlich Zweifel an seiner Entscheidung zu plagen, die Mathematik aufzugeben, um den Markt zu schlagen. Simons lag noch immer auf der Couch, wie bei einem Psychiater, und erzählte Hullender von Lord Jim – dem Buch, in dem es um Misserfolg und Wiedergutmachung geht. Simons war von Jim fasziniert gewesen – einem Charakter, der eine hohe Meinung von sich selbst hatte und auf Ruhm aus war, doch kläglich versagte, als es darauf ankam, und sich selbst zu einem Leben in Schande verdammte.

Da setzte sich Simons auf und sagte zu Hullender: »Er hatte aber einen wirklich schönen Tod. Jim starb ehrenhaft.«

Moment mal – dachte Simons etwa an Selbstmord?

Hullender machte sich Sorgen um seinen Chef – und um seine eigene Zukunft. Hullender wurde klar: Er hatte kein Geld, kannte niemanden an der Ostküste, und sein Chef saß da auf dem Sofa und redete vom Sterben. Hullender versuchte, Simons zu beruhigen, doch allmählich wurde die Situation peinlich.

In den nächsten Tagen überwand Simons seine depressive Stimmung und schien entschlossener denn je, ein Hightech-Handelssystem zu entwickeln, das sich auf Algorithmen – auf Schritt-für-Schritt-Anleitungen für einen Computer – stützte, statt auf menschliches Urteilsvermögen. Bis dahin hatten Simons und Baum mit primitiven Handelsmodellen gearbeitet und sich auf ihre Instinkte verlassen – ein Ansatz, der Simons in die Krise gestürzt hatte. Nun setzte er sich mit Howard Morgan zusammen, einem Technologieexperten, den er für Aktienanlagen eingestellt hatte, und teilte ihm das neue Ziel mit: den Aufbau eines hochentwickelten Handelssystems, das sich ganz und gar nach vorgegebenen Algorithmen richtete und vielleicht sogar automatisiert werden könnte.

»Ich will mir nicht ständig um den Markt Gedanken machen. Ich möchte Modelle, mit denen ich mein Geld im Schlaf verdienen kann«, erklärte Simons. »Ein richtiges System, das ohne menschliches Zutun funktioniert.«

Doch die technischen Voraussetzungen für ein vollautomatisches System waren noch nicht gegeben, wie Simons klar wurde. Dennoch wollte er verschiedene anspruchsvollere Methoden ausprobieren. Er ging davon aus, dass er jede Menge historischer Daten brauchte, damit seine Rechner über große Zeiträume nach beständigen, sich wiederholenden Kursformationen suchen konnten. Simons kaufte stapelweise Aufzeichnungen von der Weltbank und anderen Stellen, aber auch Magnetbandspulen von verschiedenen Rohstoffbörsen, von denen jede Preisinformationen über Rohstoffe, Anleihen und Währungen aus den letzten Jahrzehnten enthielt. Manche Daten reichten sogar zurück bis vor den Zweiten Weltkrieg. Altes Zeug, für das sich niemand interessierte – doch Simons hatte im Gefühl, dass es sich als wertvoll erweisen könnte.

Mit seinem 1,50 Meter großen blauweißen PDP-11/60-Rechner konnte Hullender manche der älteren Daten, die Simons anschleppte, nicht lesen, weil die Formatierung überholt war. Deshalb trug Hullender die Spulen heimlich in die nahe Zentrale von Grumman Aerospace, wo sein Freund Stan arbeitete. Gegen Mitternacht, wenn bei dem Rüstungsunternehmen nicht mehr viel los war, ließ Stan Hullender an den Supercomputer, wo dieser stundenlang Spulen konvertierte, um sie auf Simons' Computer lesbar zu machen. Währenddessen brachten sich die beiden Freunde bei einer Tasse Kaffee auf den neuesten Stand.

Um weitere Daten zu beschaffen, schickte Simons einen Mitarbeiter zum Büro der US-Notenbank Federal Reserve in Lower Manhattan und ließ ihn dort akribisch historische Zinsdaten und sonstige Informationen erfassen, die noch nicht in elektronischer Form verfügbar waren. Aktuelle Preisinformationen ließ Simons von seiner ehemaligen Stony-Brook-Sekretärin und neuen Büroleiterin Carole Alberghine zusammentragen, die die Schlusskurse maßgeblicher Währungen aufzeichnete. Jeden Morgen durchforstete Alberghine das *Wall Street Journal* und kletterte dann im Archiv des Unternehmens auf Sofas und Stühlen herum, um die verschiedenen Zahlen auf Millimeterpapier einzutragen, das von der Decke hing und an die Wände gepinnt war. (Das ging so lange, bis Alberghine bei dieser Akrobatik stürzte, sich einen Nerv einklemmte und dadurch bleibende Beeinträchtigungen erlitt. Danach heuerte Simons eine jüngere Kraft an, die über Möbel turnen und die Zahlen aktualisieren musste.)

Simons beschäftigte seine Schwägerin und andere, um Preisdaten in die von Hullender entwickelte Datenbank einzugeben, die die Kurse verfolgen und die verschiedenen Handelsstrategien auf der Grundlage mathematischer Erkenntnisse und der Intuitionen von Simons, Baum und anderen austesten sollte. Viele der von ihnen ausprobierten Taktiken beruhten auf verschiedenen Momentum-Strategien. Sie achteten aber auch auf potenzielle Korrelationen zwischen Rohstoffen. Wenn eine Währung an drei Tagen in Folge nachgab, wie wahrscheinlich war dann ein weiterer Rückgang am vierten Tag? Gaben die Goldpreise den Silberpreisen die Richtung vor? Hatten die Weizenpreise Prognosekraft für Gold- und andere Rohstoffpreise? Simons untersuchte sogar, ob sich Naturereignisse auf die Preise auswirkten. Oft konnten Hullender und sein Team keine belastbaren Korrelationen nachweisen, doch Simons trieb sie an, weiterzusuchen.

»Es gibt ein Muster. Es *muss* ein Muster geben«, beharrte er.

Schließlich entwickelte die Gruppe ein System, das Transaktionen für verschiedene Rohstoff-, Renten- und Währungsmärkte vorgeben konnte. Der einzige Computer im Büro war zwar nicht leistungsfähig genug, um sämtliche Daten zu berücksichtigen, konnte aber verschiedene zuverlässige Korrelationen ermitteln.

Da Lebendschweine ein Bestandteil des Handelssystems waren, nannte es Simons »Piggy Basket«: Schweinchenkorb. Die Gruppe hatte das System entwickelt, um große Datenmengen zu verarbeiten und Handelsempfehlungen auf der Grundlage von Instrumenten aus der linearen Algebra zu erteilen. Der Piggy Basket warf eine Zahlenreihe aus. Die Folge »0,5, 0,3, 0,2« bedeutete beispielsweise, dass das Währungsportfolio zu 50 Prozent in Yen, zu 30 Prozent in D-Mark und zu 20 Prozent in Schweizer Franken investiert sein sollte. Hatte der Piggy Basket seine Empfehlungen für rund 40 verschiedene Futures-Kontrakte ausgespuckt, setzte sich ein Mitarbeiter mit dem Maklerhaus des Unternehmens in Verbindung und erteilte auf der Grundlage der vorgegebenen Proportionen Kauf- und Verkaufsaufträge. Das System generierte automatische Handelsempfehlungen, nicht automatische Transaktionen – doch mehr konnte Simons seinerzeit nicht erreichen.

Ein paar Monate lang fuhr der Piggy Basket hohe Gewinne ein. Monemetrics setzte darauf rund 1 Million US-Dollar seiner Firmengelder. Meist hielt das Team seine Positionen etwa einen Tag und stieß sie dann ab. Durch die ersten Erfolge ermutigt, übertrug Simons mehrere weitere Millionen Dollar aus dem Limroy-Portfolio auf das Modell und erzielte sogar noch höhere Gewinne.

Doch dann geschah etwas Unerwartetes. Das Computersystem entwickelte einen ungewöhnlichen Appetit auf Kartoffeln und schichtete zwei Drittel seiner Barschaft in Futures-Kontrakte an der New York Mercantile Exchange um, die mehrere Millionen Kilo Kartoffeln aus Maine repräsentierten. Eines Tages erhielt Simons einen Anruf von den Aufsichtsführenden bei der Commodity

Futures Trading Commission. Sie monierten beunruhigt, Monemetrics sei kurz davor, den Weltmarkt für diese Kartoffeln aufzukaufen.

Simons musste sich ein Lächeln verkneifen. Ja, die Börsenaufsicht nahm ihn in die Zange, doch er musste den Herrschaften bloß klarmachen, dass er gar nicht massenweise Kartoffeln horten wollte. Er wusste ja selbst nicht, warum sein Computersystem solche Mengen orderte. Das würde man bei der CFTC doch sicher begreifen.

»Die glauben, wir wollen den Kartoffelmarkt aufkaufen!«, erklärte er Hullender amüsiert, nachdem er aufgelegt hatte.

Doch die Börsenaufsicht hatte wenig Sinn für Humor in Bezug auf solches Fehlverhalten. Sie stellte seine Kartoffelpositionen glatt, was Simons und seine Investoren Millionen kostete. Bald hatten er und Baum nicht mehr viel Vertrauen in ihr System. Sie konnten die Transaktionen verfolgen, die der Piggy Basket veranlasste, und wussten, wann sie damit Geld verdienten oder verloren. Doch *warum* das Modell bestimmte Handelsentscheidungen traf, konnten Simons und Baum nicht mit Sicherheit sagen. Vielleicht war so ein computerisiertes Handelsmodell ja doch nicht der richtige Weg, dachten sie.

1980 kündigte Hullender. Er wollte weiterstudieren. Dass er das College ohne Abschluss verlassen hatte, belastete ihn. Außerdem schämte er sich, weil er Simons nicht helfen konnte, mit seinem computerisierten Handelssystem größere Fortschritte zu erzielen. Hullender begriff die mathematischen Grundlagen nicht, die Simons und Baum heranzogen, und er fühlte sich einsam und elend. Ein paar Wochen zuvor hatte er sich im Kollegenkreis als schwul geoutet. Sie taten alles, damit er sich wohlfühlte, doch der junge Mann kam sich zunehmend deplatziert vor.

»Ich dachte einfach, in Kalifornien wären die Chancen größer, jemanden zu finden, der zu mir passte«, erzählt Hullender, der schließlich seinen Abschluss machte und für Amazon und Microsoft als Spezialist für maschinelles Lernen arbeitete. »Es gibt Wichtigeres als Geld.«

=

Hullender war fort, und der Piggy Basket funktionierte nicht richtig. Da wendeten sich Simons und Baum von prognostischen mathematischen Modellen ab und stellten sich auf einen klassischeren Handelsstil um. Sie ermittelten unterbewertete Anlagen und reagierten dabei auf spektakuläre Marktnachrichten. So investierten sie 30 Millionen US-Dollar auf verschiedenen Märkten.

Simons dachte, es könnte nützlich sein, Nachrichten aus Europa vor der Konkurrenz in Erfahrung zu bringen. Deshalb stellte er einen Stony-Brook-Studenten aus Paris ein, der einen obskuren Börsenbrief aus Frankreich lesen und übersetzen sollte, bevor das anderen gelang. Außerdem ließ sich Simons von einem Ökonomen namens Alan Greenspan beraten, der später Chef der US-Notenbank werden sollte. Irgendwann stellte Simons ein rotes Telefon in sein Büro, das klingelte, wenn wichtige Finanzmeldungen eintrafen, damit er und Baum ihre Order schneller erteilen konnten als alle anderen. Manchmal klingelte das Telefon, wenn Simons und Baum nicht da waren. Dann rannte die neue Büroleiterin Penny Alberghine, Caroles Schwägerin, los und holte sie – ob aus einem nahe gelegenen Restaurant, einem Laden oder auch mal von der Herrentoilette, an deren Türe sie trommelte, um sich bemerkbar zu machen.

»Ins Büro!«, schrie Alberghine einmal. »Weizen ist um 30 Zähler gefallen!«

Simons schlagfertiger, frecher Humor sorgte im Team für gute Laune. Er neckte Alberghine wegen ihres starken New Yorker Akzents, sie machte sich über seinen immer noch erkennbaren Bostoner Einschlag lustig. Einmal freute sich Simons, weil er für das auf einem Bankkonto geparkte Geld der Firma einen besonders hohen Zinssatz erhielt.

»Die Anleger kriegen elf und sieben *verdammte* Achtel!«, rief er aus.

Als eine junge Mitarbeiterin bei dieser unflätigen Formulierung empört nach Luft schnappte, grinste Simons.

»Ganz recht – *wirklich* eine beeindruckende Zahl.«

Ein paar Mal die Woche schaute Marilyn herein – gewöhnlich mit ihrem gemeinsamen Sohn Nicholas. Aber auch Barbara besuchte ihren Ex-Mann hin und wieder. Die Ehepartner und Kinder anderer Mitarbeiter ließen sich ebenfalls ab und zu im Büro blicken. Nachmittags setzte sich das Team im Archiv zum Tee zusammen. Dann erörterten Simons, Baum und andere die neuesten Nachrichten und diskutierten über die Konjunkturentwicklung. Simons lud seine Leute auch auf seine Jacht ein. Sie hieß *The Lord Jim* und lag im nahen Port Jefferson.

Simons saß gewöhnlich in Jeans und einem Golfhemd im Büro, schaute auf seinen Bildschirm, entwickelte neue Handelsideen, las die Nachrichten und prognostizierte die anstehende Marktrichtung – wie alle anderen auch. War Simons ganz tief in seine Gedanken versunken, hielt er eine Zigarette in der einen Hand und kaute auf seiner Wange herum. Baum hatte sein etwas kleineres Büro gleich nebenan, kümmerte sich dort um sein eigenes Depot und trug am liebsten ausgefranste Pullis, ungebügelte Hosen und abgetragene Hush Puppies. Um sein nachlassendes Sehvermögen auszugleichen, beugte er sich nah zu seinem Computer und versuchte, die Rauchfahnen von Simons' Zigaretten zu ignorieren, die durch das Büro zogen.

Mit ihrem klassischen Handelsansatz hatten sie solchen Erfolg, dass Simons, als die benachbarte Boutique schloss, das Ladenlokal anmietete und die Trennwand durchbrach. Auf der zusätzlichen Fläche wurden Büros für neue Mitarbeiter eingerichtet, darunter ein Volkswirt und andere, die Fachwissen einbrachten und eigene Transaktionen vornahmen, um die Rendite zu steigern. Gleichzeitig entwickelte Simons eine neue Leidenschaft: Er finanzierte vielversprechende Technologieunternehmen, unter anderem einen Spezialisten für elektronische Wörterbücher namens Franklin Electronic Publishers, der den ersten Computer im Taschenformat entwickelte.

1982 taufte Simons sein Unternehmen von Monemetrics in Renaissance Technologies Corporation um, um seinem wachsenden Interesse an solchen jungen Unternehmen Rechnung zu tragen. Simons sah sich selbst nicht mehr nur als Börsianer, sondern als Risikokapitalgeber. Einen großen Teil der Woche verbrachte er in seinem Büro in New York, wo er mit den Investoren seines Hedgefonds konferierte und sich um seine Technologieunternehmen kümmerte.

Simons nahm sich aber auch Zeit für seine Kinder, von denen eines besonders viel Aufmerksamkeit benötigte. Paul, Simons' zweites Kind mit Barbara, war mit einer seltenen Erbkrankheit zur Welt gekommen: ektodermaler Dysplasie. Pauls Haut, Haar und Schweißdrüsen entwickelten sich nicht richtig, er war klein für sein Alter und hatte nur wenige, missgebildete Zähne. Um seine daraus resultierende Unsicherheit zu kompensieren, bat Paul seine Eltern, ihm modische, gefragte Klamotten zu kaufen in der Hoffnung, von seinen Schulkameraden dann besser akzeptiert zu werden.

Pauls Probleme belasteten Simons, der seinen Sohn manchmal nach Trenton, New Jersey, fuhr, wo ein auf Kinder spezialisierter Zahnarzt Schönheitskorrekturen an Pauls Zähnen vornahm. Später bekam Paul von einem New Yorker Zahnarzt einen kompletten Satz Implantate, was sein Selbstwertgefühl steigerte.

Baum hatte nichts dagegen, wenn Simons vom New Yorker Büro aus arbeitete und sich um seine anderen Investments oder um seine Familie kümmerte.

Baum brauchte keine Hilfe. Er verdiente so gut mit seinen diversen Währungsgeschäften aufgrund von Intuition und Instinkt, dass es Zeitverschwendung schien, einen systematischen, »quantitativen« Handelsstil zu verfolgen. Es war schwierig und zeitaufwendig, Formeln aufzustellen, und sie brachten zwar zuverlässige, aber keine spektakulären Gewinne. Spannender und weitaus profitabler war es dagegen, zeitnah den Nachrichtenticker im Büro zu verfolgen, Zeitungsartikel zu lesen und geopolitische Ereignisse zu analysieren.

»Wieso soll ich solche Modelle entwickeln?«, fragte Baum seine Tochter Stefi. »Es ist so viel einfacher, auf dem Markt Millionen zu verdienen, als mathematische Beweise zu finden.«

Simons hatte zu großen Respekt vor Baum, um ihm vorzuschreiben, wie er seine Handelsgeschäfte betreiben sollte. Außerdem lief es gut für Baum, und die Leistungsfähigkeit der Computer des Unternehmens war ohnehin begrenzt, weshalb es kaum möglich erschien, ein automatisiertes System umzusetzen.

Baum brütete gern über Wirtschafts- und anderen Daten, schloss die Tür zu seinem Büro, legte sich auf sein grünes Sofa und dachte lange über die nächste Marktbewegung nach.

»Dann vergaß er die Zeit«, erzählt Penny Alberghine. »Er war schon eine Nummer.«

Wenn Baum wieder herauskam, platzierte er gewöhnlich Kaufaufträge. Der von Natur aus optimistische Baum kaufte gerne Anlagen und wartete dann, bis sie an Wert gewannen – ganz gleich, wie lange das dauerte. Man brauchte Mut, um Positionen zu halten, wie Baum Freunden erklärte, und er war stolz darauf, dass er sich nicht aus der Ruhe bringen ließ, wenn andere kalte Füße bekamen.

»Gibt es für mich keinen Grund, etwas zu unternehmen, dann belasse ich alles, wie es ist, und tue gar nichts«, schrieb er Verwandten, um seine Handelstaktik zu erklären.

»Die Theorie meines Vaters war, Anlagen billig zu kaufen und dann ewig zu halten«, erzählt Stefi.

Mit dieser Strategie konnte sich Baum durch Marktturbulenzen retten und von Juli 1979 bis März 1982 über 43 Millionen US-Dollar Gewinn einfahren – fast doppelt so viel wie sein ursprünglicher Anteil. 1982 fand Baum Aktien so aussichtsreich, dass er auf den alljährlichen Betriebsausflug auf Simons' Jacht verzichtete, um stattdessen den Markt zu beobachten und mehr Aktien-Futures zu kaufen. Gegen Mittag, als sich Baum widerwillig zu seinen Kollegen gesellte, fragte Simons, weshalb er so schlecht gelaunt sei.

»Ich habe nur die Hälfte von dem geschafft, was ich eigentlich erledigen wollte«, meinte Baum. »Nur, weil ich an diesem Lunch teilnehmen muss.«

Baum wäre vermutlich besser im Büro geblieben. Er hatte den historischen Boden des US-Aktienmarkts in jenem Jahr genau erwischt. Als die Kurse anzogen und sich die Gewinne häuften, kauften sich Lenny und Julia ein Jahrhundertwendehaus am Long Island Sound mit sechs Schlafzimmern. Julia fuhr noch immer einen alten Cadillac, hatte aber keine Geldsorgen mehr. Doch das Börsianerleben hatte trotz seiner wachsenden Gewinne eine negative Wirkung auf die Verfassung ihres Mannes. Der einst entspannte, optimistische Baum wurde ernst und nervös und telefonierte bis spätabends mit Simons und anderen, um zu diskutieren, wie sie auf die Nachrichten des Tages reagieren sollten.

»Er wurde ein ganz anderer Mensch«, erinnert sich Stefi.

=

Weil Baum seine Positionen gerne lange hielt, kam es schließlich zum Bruch mit Simons. Erste Spannungen gab es bereits im Herbst 1979, als beide Futures-Kontrakte auf Gold zu rund 250 Dollar pro Unze gekauft hatten. Ende des Jahres nahm die iranische Regierung 52 amerikanische Diplomaten und Staatsbürger als Geiseln und Russland marschierte in Afghanistan ein, um das kommunistische Regime des Landes zu stützen. Die dadurch bedingten geopolitischen Unsicherheiten trieben den Preis für Gold und Silber in die Höhe. Wer das Büro auf Long Island besuchte, konnte beobachten, wie der normalerweise ruhige, introvertierte Baum begeistert jubelte, wenn der Goldpreis weiter kletterte. Simons saß lächelnd daneben.

Im Januar 1980 befanden sich Gold und Silber im Höhenflug. Als Gold innerhalb von zwei heißen Wochen die 700-Dollar-Marke knackte, stieß Simons seine Position ab und sicherte sich Gewinne in Millionenhöhe. Doch wie gewöhnlich konnte sich Baum nicht trennen. Eines Tages sprach Simons mit einem Freund, der ihm beiläufig erzählte, dass seine Frau, die Juwelierin war, seinen Kleiderschrank nach goldenen Manschettenknöpfen und Krawattennadeln durchforstete, um sie zu verkaufen.

»Geht es euch finanziell so schlecht?«, fragte Simons besorgt.

»Aber nein – doch nur, weil sie sich nicht hinten anstellen muss, um das Zeug zu verkaufen«, beruhigte ihn der Freund.

»Man muss sich *anstellen*, um Gold zu verkaufen?«

Da erklärte ihm sein Freund, dass die Menschen im ganzen Land Schlange standen, um Schmuck zu verkaufen und die Preissprünge auszunutzen. Simons bekam es mit der Angst zu tun. Nahm das Angebot zu, könnte das den Goldpreis drastisch drücken.

Zurück im Büro drängte Simons Baum: »Lenny, verkauf dein Gold jetzt.«

»Nein – der Trend läuft noch.«

»Verkauf das verdammte Gold, Lenny!«

Doch Baum ignorierte Simons, was diesen zum Wahnsinn trieb. Baum hatte über 10 Millionen Dollar Gewinn verbucht, Gold war über 800 Dollar pro Unze gestiegen, und er war sicher, dass noch mehr drin war.

»Jim hat mir in den Ohren gelegen«, erzählte Baum später seiner Familie. »Aber ich sah keinen konkreten Grund und auch keine Meldung, die mich zum Handeln veranlasst hätten. Also habe ich es gelassen.«

Am 18. Januar schließlich rief Simons beim Makler seiner Firma an und drückte Baum den Hörer ans Ohr.

»Sag ihm, dass du verkaufst, Lenny!«

»Schon gut, schon gut«, grummelte Baum.

In den nächsten Monaten stieg Gold noch über 865 Dollar die Unze, und Baum beschwerte sich bitterlich darüber, wie viel Geld Simons ihn gekostet hatte. Dann platzte die Blase. Wenige Monate später lag der Goldpreis unter 500 Dollar pro Unze.

Kurz darauf stieß Baum auf einen Kolumbianer, der beim Maklerhaus E. F. Hutton arbeitete und behauptete, besonderen Einblick in den Markt für Kaffee-Futures zu haben. Als der Kolumbianer steigende Preise vorhersagte, eröffneten Baum und Simons mit die größten Positionen auf dem gesamten Markt. Unmittelbar darauf bröckelten die Kaffeepreise um 10 Prozent, was sie Millionen kostete. Wieder stieß Simons seine Positionen ab, doch Baum brachte das nicht fertig. Schließlich verlor Baum so viel, dass er Simons bitten musste, die Kaffeepositionen für ihn glattzustellen – er war dazu einfach nicht in der Lage. Rückblickend bezeichnete Baum diese Episode als »mein dümmstes Geschäft aller Zeiten«.

Baums ewiger Optimismus ging Simons allmählich an die Nieren.

»Billig kaufen konnte er gut – doch es gelang ihm nicht immer, teuer zu verkaufen«, sagte Simons später.[16]

1983 war Baum mit seiner Familie nach Bermuda gezogen, wo sie das märchenhafte Inselwetter und die vorteilhaften Steuergesetze genossen. Die Schönheit der Insel bestärkte Baum noch in seinem zuversichtlichen Naturell und seinen Bulleninstinkten. Die Inflation schien in den USA unter Kontrolle, und Notenbankchef Paul Volcker prognostizierte einen Zinsrückgang. Da kaufte Baum US-Anleihen für zig Millionen Dollar – in diesem Umfeld das ideale Investment.

Im ausgehenden Frühjahr 1984 wurde der Rentenmarkt aber von Panikverkäufen erfasst, weil die Regierung von Präsident Ronald Reagan immer mehr Anleihen auflegte und die US-Wirtschaft rasant wuchs. Als seine Verluste größer wurden, blieb Baum zunächst wie üblich gleichmütig, doch Simons hatte Angst, die Probleme könnten die Firma in den Abgrund reißen.

»Verkauf zumindest einen Teil, Lenny. Sei nicht stur«, bekniete ihn Simons.

Baums Verluste wurden immer größer. Auch eine größere Wette auf einen weiteren Anstieg des Yen ging nach hinten los, was Baum zusätzlich unter Druck brachte.

»So kann es nicht weitergehen!«, meinte Baum eines Tages mit Blick auf seinen Bildschirm.

Als Baums Positionen 40 Prozent ihres Wertes eingebüßt hatten, wurde dadurch automatisch eine Klausel in seinem Vertrag mit Simons aktiviert, die Simons zwang, alle Positionen Baums zu veräußern und ihre Handelsgemeinschaft aufzulösen – ein trauriges Ende für die jahrzehntelange Beziehung der beiden herausragenden Mathematiker.

Am Ende behielt Baum Recht. In den Folgejahren gingen Zinsen und Inflation zurück, was sich für Anleiheinhaber auszahlte. Doch da handelte Baum schon für eigene Rechnung und war mit Julia nach Princeton zurückgegangen. Die Jahre mit Simons waren so stressig gewesen, dass Baum kaum je eine Nacht durchgeschlafen hatte. Inzwischen war er ausgeruht und hatte Zeit, sich wieder der Mathematik zuzuwenden. In späteren Jahren befasste sich Baum vor allem mit Primzahlen und einem ungelösten, wohlbekannten Problem: der Riemann'schen Vermutung. Spaßeshalber reiste der durchs Land und nahm an Go-Turnieren teil. Seine nachlassende Sehkraft musste er dabei durch Gedächtnisleistung ausgleichen oder indem er sich ganz nah an das Brett stellte. Mit über

80 ging Baum die 3 Kilometer von seiner Wohnung bis zur Witherspoon Street am Gelände der Princeton University gern zu Fuß, blieb immer wieder stehen und roch an den Blumen am Wegesrand. Manchmal hielten Autofahrer an, um dem gemächlichen, gut gekleideten älteren Herrn ihre Hilfe anzubieten, doch er lehnte stets dankend ab. Baum saß stundenlang in Cafés in der Sonne und unterhielt sich mit Fremden. Familienmitglieder beobachteten gelegentlich, wie er einfühlsam heimwehkranke Erstsemester tröstete. Im Sommer 2017, nur wenige Wochen nach Abschluss seiner letzten mathematischen Abhandlung, verstarb Baum im Alter von 86 Jahren. Seine Kinder veröffentlichten den Artikel posthum.

=

Simons ließen Baums Verluste bei dem Debakel im Jahr 1984 nicht ungeschoren. Er setzte den Handel seiner Firma aus und hielt sich nach Kräften verärgerte Investoren vom Leib. Früher waren seine Mitarbeiter gern ans Telefon gegangen, wenn Simons' Freunde anriefen und wissen wollten, wie es lief. Als der Fonds täglich Millionen Dollar verlor, führte Simons eine neue Regel im Umgang mit Kunden ein: Ergebnisse wurden erst am Ende des Monats mitgeteilt.

Die Verluste hatten Simons so erschüttert, dass er daran dachte, das Handelsgeschäft ganz aufzugeben und sich auf seine wachsenden Technologieunternehmen zu konzentrieren. Simons bot seinen Kunden an, ihr Geld abzuziehen. Die meisten hatten aber noch immer Vertrauen und hofften, Simons würde einen Weg finden, wieder bessere Ergebnisse zu erzielen. Simons aber plagten Selbstzweifel.

Der Rücksetzer verursache ihm »Magenschmerzen«, beichtete er einem Freund. »Ich kann mir keinen Reim darauf machen.«

Simons musste einen anderen Ansatz finden.

KAPITEL 4

Die Wahrheit … ist zu komplex,
als dass sie mehr als Annäherungen zuließe.
John von Neumann

Jim Simons ging es schlecht.

Schließlich hatte er nicht eine erfolgreiche Universitätskarriere aufgegeben, um sich mit plötzlichen Verlusten und vergrätzten Anlegern herumzuschlagen. Simons musste eine andere Methode finden, um an den Finanzmärkten zu spekulieren. Lenny Baums Ansatz, der auf Intellekt und Instinkt beruhte, funktionierte offenbar einfach nicht. Simons erschütterte das bis ins Mark.

»Rollt der Rubel, kommt man sich vor wie ein Genie«, erzählte er einem Freund. »Verliert man, ist man der letzte Depp.«

Simons rief Charlie Freifeld an, den Investor, der mit Zuckerkontrakten ein Vermögen verdient hatte, um seinen Frust zu teilen.

»So geht das einfach nicht«, erklärte Simons genervt. »Ich muss es mathematisch angehen.«

Simons fragte sich, ob die Technik schon so weit war, dass man mit mathematischen Modellen und vorgegebenen Algorithmen handeln konnte – ohne die emotionale Achterbahnfahrt, die mit Marktwetten aufgrund von Information und Intuition einherging. Simons zählte immer noch James Ax zu seinen Mitarbeitern, einen Mathematiker, der perfekt geeignet schien, um das erste Computerhandelssystem aufzubauen. Simons beschloss, Ax großzügige Unterstützung und Ressourcen zur Verfügung zu stellen, in der Hoffnung, dass er etwas Besonderes auf die Beine stellen würde.

Eine Zeit lang schien es, als stünde eine Investmentrevolution bevor.

=

Niemand konnte sich erklären, warum James Ax immer so aggressiv war.

Einmal trat er mit dem Fuß ein Loch in eine Trennwand, ein andermal prügelte er sich mit einem anderen Mathematiker, und regelmäßig belegte er seine Kollegen mit Schimpfwörtern. Ax zettelte Streit an, wenn er fand, dass ihm zu wenig Anerkennung zuteilwurde, regte sich furchtbar auf, wenn ihn jemand enttäuschte, und schrie herum, wenn es nicht nach seinem Kopf ging.

Eigentlich gab es dafür keinen Grund. Ax war ein angesehener Mathematiker, sah gut aus und hatte einen bissigen Humor. Er war beruflich erfolgreich und bei seinen Kollegen anerkannt. Und doch gab es kaum einen Tag, an dem Ax nicht kurz vor der Explosion stand.

Ax' Begabung hatte sich früh offenbart. Er war in der Bronx geboren und hatte die Stuyvesant High School in Lower Manhattan besucht – die renommierteste öffentliche Schule in ganz New York. Später hatte er am Polytechnic Institute of Brooklyn sein Studium mit Auszeichnung beendet – eine Bildungsstätte, die sich maßgeblicher Beiträge zur Entwicklung der Mikrowellenphysik, des Radars und des Weltraumprogramms der USA rühmen konnte. Doch tief in Ax gärte ein Schmerz, den seine akademischen Leistungen nur oberflächlich übertünchten. Als er sieben Jahre alt war, hatte sein Vater die Familie verlassen, was der kleine James nie verkraftet hatte. Als Kind litt Ax ständig unter Magenschmerzen und Erschöpfung. Erst als er schon fast 20 war, diagnostizierten die Ärzte bei ihm Morbus Crohn. Daraufhin unterzog er sich verschiedenen Therapien, die ihm Linderung brachten.

1961 war Ax Doktorand an der University of California, Berkeley, in Mathematik und freundete sich mit Simons an, der dort ebenfalls an seiner Dissertation arbeitete. Ax war der Erste, der Simons und seine Frau im Krankenhaus besuchte, nachdem Barbara ihr erstes Kind zur Welt gebracht hatte. Als Mathematikprofessor an der Cornell University trug Ax zur Entwicklung einer puristischen Fachrichtung bei – der sogenannten Zahlentheorie. In dieser Zeit entwickelte er eine enge Bindung zu einem älteren Professor namens Simon Kochen, einem mathematischen Logiker. Gemeinsam versuchten die beiden Professoren, eine berühmte Vermutung zu beweisen, die der namhafte österreichische Mathematiker Emil Artin 50 Jahre zuvor formuliert hatte, was ihnen aber weder auf kurze noch auf lange Sicht gelingen wollte. Um Dampf abzulassen, verabredeten sich

Ax und Kochen allwöchentlich zu einer Pokerrunde mit Kollegen und anderen aus dem Raum Ithaca im US-Bundesstaat New York. Zunächst spielten sie zum Spaß und selten um mehr als 15 Dollar, doch am Ende ging es hart her und sie zockten um mehrere Hundert Dollar.

Ax war ein leidlich guter Spieler, doch Kochen konnte er nicht schlagen. Ax, der mit jeder verlorenen Partie wütender wurde, kam zu dem Schluss, dass sich Kochen einen entscheidenden Vorteil verschaffte, indem er seine Mimik zu deuten wusste. Das musste Ax verhindern. An einem Sommerabend traf sich die Pokerrunde, als gerade eine brutale Hitzewelle durch das Land zog. Dennoch erschien Ax mit einer dicken wollenen Skimaske, um sein Gesicht zu verbergen. Ax schwitzte stark und konnte durch den schmalen Schlitz der Maske kaum etwas sehen, verlor aber trotzdem wieder gegen Kochen. Wütend fuhr Ax nach Hause. Kochens Geheimnis sollte er nie enthüllen.

»Es war nicht sein Gesicht«, erzählt Kochen. »Jim richtete sich immer auf, wenn er ein gutes Blatt hatte.«

In den 1970er-Jahren suchte sich Ax laufend neue Rivalen und versuchte, sie zu übertreffen. Neben Poker begann er auch mit Golf und Bowling und avancierte zu einem der besten Backgammon-Spieler des Landes.

»Jim war ein ruheloser Mensch mit einem ruhelosen Geist«, beschreibt ihn Kochen.

Die meiste Energie steckte Ax aber in die Mathematik – eine Welt, die stärker von Konkurrenz geprägt ist, als viele meinen. Mathematiker interessieren sich eingangs gewöhnlich für ihr Fachgebiet, weil sie ein Faible für Zahlen, Strukturen oder Modelle haben, doch der eigentliche Reiz besteht oft darin, als Erster eine Entdeckung zu machen oder einen Durchbruch zu erzielen. Andrew Wiles, der Princeton-Mathematiker, der berühmt wurde, weil er den großen Fermat'schen Satz bewies, beschreibt Mathematik als Weg durch »ein dunkles, unerforschtes Herrenhaus«, in dem man monate-, ja, jahrelang »herumstolpern« konnte, während der Druck immer größer wurde. Mathematik gilt als Domäne der Jungen – wer mit Ende 20, Anfang 30 noch nichts Herausragendes geleistet hat, dem schwimmen allmählich die Felle davon.[17]

Obwohl Ax im Laufe seiner Karriere durchaus Erfolge verbuchte, wuchsen die Ängste und Irritationen. Eines Tages – Ax hatte sich bei Kochen gerade bitterlich darüber beschwert, dass sein Büro gleich neben der Toilette der Fakultät lag und die daraus vernehmbaren Geräusche seine Konzentration störten – trat Ax mit seinem Fuß ein klaffendes Loch in die Zwischenwand. Damit hatte er zwar zweifelsfrei nachgewiesen, wie dünn diese war, doch nun konnte er die Toilettenspülung noch lauter hören als zuvor. Um ihn zu ärgern, ließen die anderen Professoren das Loch nicht reparieren, was ihn noch mehr aufbrachte.

Als Kochen Ax besser kennenlernte und von seinen schmerzlichen Kindheitserlebnissen erfuhr, sah er seinem Kollegen vieles nach. Ax' Aggressivität entstamme einer tief sitzenden Unsicherheit, verteidigte ihn Kochen anderen gegenüber. Eigentlich sei er gar nicht so übel, und seine schlechte Laune verfliege schnell. Kochen und Ax wurden enge Freunde, ebenso wie ihre Frauen. Und schließlich fanden die beiden Mathematiker doch noch eine elegante Lösung für das mathematische Problem, mit dem sie sich so lange herumgeschlagen hatten – ein Durchbruch, der als Ax-Kochen-Theorem bekannt wurde. Dabei war ihr Ansatz in mancher Hinsicht erstaunlicher als ihr Ergebnis: Bis dahin hatte nämlich noch nie jemand die Methoden der mathematischen Logik angewendet, um ein Problem der Zahlentheorie zu lösen.

»Die Methoden, die wir verwendeten, waren unorthodox«, erklärt Kochen.

Das Theorem, das in drei innovativen Abhandlungen beschrieben wurde, trug Kochen und Ax 1967 den Colepreis für Zahlentheorie ein, der zu den höchsten Auszeichnungen auf diesem Gebiet zählt und nur alle fünf Jahre verliehen wird. Ax brachte das einige Anerkennung, und die Universität beförderte ihn 1969 zum ordentlichen Professor. Mit 29 Jahren war Ax der jüngste, der je diesen Titel an der Cornell innehatte.

Im selben Jahr bekam Ax den Anruf von Simons mit dem Angebot, der expandierenden mathematischen Fakultät in Stony Brook beizutreten. Ax war in New York geboren und aufgewachsen, fühlte sich aber zum ruhigen Ozean hingezogen – vielleicht, weil seine ersten Lebensjahre so unruhig gewesen waren. Hinzu kam, dass seine Frau Barbara die harten Winter von Ithaca leid war.

Nachdem Ax nach Stony Brook gegangen war, drohte die Cornell mit einem offiziellen Protest bei Gouverneur Rockefeller, falls Simons noch weitere Fakultätsmitglieder der Universität abwerben sollte – ein Zeichen, wie ungehalten die Eliteuni über den Verlust ihres gefeierten Mathematikers war.

Ax war noch nicht lange in Stony Brook, als er einem Kollegen erklärte, dass Mathematiker ihre Bestleistungen erbringen, bevor sie 30 werden – ein mögliches Indiz dafür, dass er unter dem Druck stand, seinen bisherigen Erfolg noch in den Schatten zu stellen. Seine Kollegen spürten Ax' Enttäuschung darüber, dass seine Arbeit mit Kochen nicht hinlänglich gewürdigt wurde. Ax' Publikationsrate schwand, und er verlegte sich auf Poker, Schachspiel und sogar aufs Angeln, um sich von der Mathematik abzulenken.

Ax zeigte deutliche Anzeichen für eine Depression und stritt viel mit seiner Frau Barbara. Wie andere Fakultätsmitglieder hatte Ax früh geheiratet, noch bevor die in diesem Jahrzehnt einsetzende Zeit der sexuellen Befreiung und der Experimente begonnen hatte. Ax ließ sich das Haar wachsen und trug plötzlich enge Jeans. Gleichzeitig kamen Gerüchte über seine Untreue auf. Andere Väter zweier Kinder hätten vielleicht um derentwillen um ihre Ehe gekämpft, doch die Vaterrolle fiel Ax nicht leicht.

»Ich mag Kinder«, sagte er mit seinem hartnäckigen Bronx-Akzent. »Sobald sie rechnen können.«

Nachdem Ax' Ehe im Streit geschieden wurde und er das Sorgerecht für seine beiden Söhne Kevin und Brian verloren hatte, sah er die Jungen nur noch selten. Er schien in dauerhafter Missstimmung zu versinken. Auf Fakultätssitzungen unterbrach er seine Kollegen so häufig, dass Leonard Charlap immer eine Glocke mitbrachte, damit er läuten konnte, wenn Ax wieder einmal jemandem ins Wort gefallen war.

»Was soll das?«, brüllte Ax eines Tages.

Als Charlap den Zweck der Glocke erklärte, stürmte Ax davon und seine Kollegen brachen in Gelächter aus.

Ein anderes Mal prügelte sich Ax mit einem jüngeren Kollegen, und die anderen konnten die Streithähne nur mit Mühe trennen. Ax' ständige Sticheleien hatten den jüngeren Professor glauben lassen, Ax würde sein Fortkommen verhindern, was für Spannungen gesorgt hatte.

»Ich hätte sterben können!«, schrie der jüngere Kollege Ax an.

Trotz der zwischenmenschlichen Dramatik hatte Ax auf seinem Fachgebiet noch immer einen solchen Ruf, dass der junge Professor Michael Fried eine ordentliche Professur an der University of Chicago ablehnte, um bei Ax in Stony Brook zu arbeiten. Ax respektierte Frieds Kompetenz und schien seinem einnehmenden Wesen zu erliegen. Fried war 1,80 Meter groß, muskulös und sportlich und kam mit seinem welligen rotbraunen Haar und dem schmalen Schnurrbart dem Bild des Machomannes, wie es Anfang der 1970er-Jahre im Land um sich griff, so nah, wie man das von einem Mathematiker nur erwarten konnte. Auf

Fakultätsveranstaltungen umschwärmten ihn die Frauen. Das fiel dem frisch geschiedenen Ax auf, wie sich Fried erinnert.

»Es war beinahe, als ob mich Ax einlud, um Frauen anzulocken«, berichtet er.

Die Freundschaft litt jedoch, als Fried argwöhnte, Ax eigne sich seine Arbeit an, ohne ihm dafür gebührende Anerkennung zuteilwerden zu lassen. Ax seinerseits meinte, Fried erweise ihm in der Gegenwart anderer Wissenschaftler nicht den angemessenen Respekt. Auf einer Sitzung zur Klärung der Beschwerden, an der Fried, Simons und eine Verwaltungskraft der Stony Brook teilnahmen, verstieg sich Ax zu einem verhängnisvollen Versprechen, das er Fried entgegenschleuderte.

»Ich werde alles tun, um deine Karriere zu ruinieren, mit lauteren und unlauteren Mitteln«, schäumte Ax.

Der schockierte Fried wusste darauf nichts zu erwidern.

»Vergiss es«, entgegnete er nur.

Dann verließ er den Raum und wechselte nie wieder ein Wort mit Ax.

=

Als Simons Ax 1978 zum ersten Mal darauf ansprach, ob er nicht in sein Investmentunternehmen einsteigen wolle, fand Ax die Finanzmärkte eigentlich eher langweilig. Doch nachdem er Simons in seinem Büro aufgesucht und Baums erste Handelsmodelle gesehen hatte, änderte er seine Meinung. Simons schilderte ihm das Investmentgeschäft als das letzte große Rätsel und versprach Ax ein eigenes Depot, wenn er die Universität verließ, um sich dem Börsenhandel zu widmen. Ax, der nach neuen Herausforderungen suchte und aus dem akademischen Trott ausbrechen wollte, stellte sich die Frage, ob er wohl den Markt schlagen konnte.

1979 wechselte Ax zu Simons in sein Büro in der Einkaufsmeile, zwischen der Pizzeria und der Modeboutique. Zunächst richtete Ax seinen Blick auf die Fundamentaldaten des Marktes: ob die Nachfrage nach Sojabohnen stieg oder schwere Unwetter das Weizenangebot verringern würden. Er erzielte damit aber keine spektakulären Renditen. Also begann er, ein Handelssystem zu entwickeln, um seine mathematischen Fähigkeiten zu nutzen. Ax durchforstete die verschiedenen Daten, die Simons und sein Team zusammengetragen hatten, und entwickelte Algorithmen, um zu prognostizieren, wohin sich die verschiedenen Währungen und Rohstoffe bewegten.

Zunächst waren seine Analysen nicht besonders originell. Ax erkannte eine leichte Aufwärtstendenz bei einer Reihe von Anlagen und prüfte, ob ihr Durchschnittskurs über die vorausgegangenen 10, 15, 20 oder 50 Tage Aufschluss über die künftige Entwicklung gab. Er ging ganz ähnlich vor wie andere, die auch als *Trendfolger* bezeichnet wurden und *gleitende Durchschnitte* untersuchten, um auf Markttrends aufzuspringen und diese so lange zu nutzen, bis sie ausliefen.

Ax' Prognosemodelle hatten durchaus Potenzial, waren aber ziemlich primitiv. Der Datenschatz, den Simons und andere angehäuft hatten, erwies sich als wenig hilfreich, was in erster Linie daran lag, dass er viele Fehler und falsche Preisinformationen enthielt. Außerdem war Ax' Handelssystem in keiner Weise automatisiert – seine Transaktionen wurden zweimal täglich per Telefon ausgeführt, jeweils morgens und bei Börsenschluss.

Um sich einen Vorsprung vor der Konkurrenz zu verschaffen, wandte sich Ax an einen ehemaligen Professor mit verborgenen Talenten, die schon bald zutage treten sollten.

=

Sandor Straus stammte aus Philadelphia, hatte 1972 in Berkeley seinen Doktor der Mathematik gemacht und war dann nach Long Island gezogen, um an der mathematischen Fakultät in Stony Brook anzufangen. Der umgängliche, gesellige Straus erfreute sich positiver Resonanz bei den Studenten und kam auch im Kreis der Kollegen gut an, die seine Leidenschaft für Mathematik und Computer teilten. Straus war überdies auch sonst ganz so, wie man sich damals einen erfolgreichen Akademiker vorstellte. Der unerschrockene Liberale hatte seine Frau Faye bei einer Antikriegsdemonstration während des Präsidentschaftswahlkampfs von Eugene McCarthy 1968 kennengelernt. Wie viele Männer an der Uni trug auch Straus eine runde John-Lennon-Brille und hatte sein langes braunes Haar zum Pferdeschwanz gebunden.

Mit der Zeit machte sich Straus jedoch Gedanken um seine Zukunft. Er spürte, dass er kein genialer Mathematiker war, und für die Fakultätspolitik hatte er überhaupt keinen Sinn. Er hatte denkbar schlechte Voraussetzungen im Wettstreit mit seinen Kollegen um die Finanzierung interessanter Projekte, und ihm war klar: Seine Aussichten auf eine unbefristete Anstellung in Stony Brook oder an einer anderen Universität mit einer angesehenen mathematischen Fakultät waren nur gering.

1976 wechselte Straus ins Rechenzentrum der Universität in Stony Brook und unterstützte dort Ax und andere Fakultätsmitglieder bei der Entwicklung von Computersimulationen. Straus verdiente keine 20 000 Dollar im Jahr, hatte wenig Chancen, weiterzukommen, und blickte in eine unsichere Zukunft.

»Sehr glücklich war ich nicht«, erzählt er.

Im Frühjahr 1980, als Hullender Monemetrics verlassen wollte, empfahl Ax der Firma, Straus als neuen Computerspezialisten einzustellen. Simons war von Straus' Referenzen beeindruckt und wollte die Lücke, die Hullender riss, unbedingt schließen. Also bot er Straus an, dessen Gehalt zu verdoppeln. Straus war hin- und hergerissen. Er war 35, und was er im Rechenzentrum verdiente, reichte kaum, um seine Frau und ihr einjähriges Kind zu ernähren. Er dachte aber, wenn er noch ein paar Jahre durchhielt, könnte er vielleicht einen Posten erreichen, der einer unbefristeten Universitätsstellung gleichkam. Straus' Vater und seine Freunde rieten ihm ebenfalls dringend davon ab, seine feste Anstellung aufzugeben, um in eine namenlose Tradingfirma einzutreten, die jederzeit pleitegehen konnte.

Doch Straus schlug den Rat in den Wind und nahm Simons' Angebot an. Er sicherte sich aber ab, indem er bei der Universität in Stony Brook nicht sofort kündigte, sondern sich ein Jahr freistellen ließ. Ax begrüßte den Neuzugang und bat ihn, ihn beim Aufbau seiner Computermodelle zu unterstützen. Ax erklärte, er wolle auf der Grundlage *technischer Analyse* in Rohstoffe, Währungen und Anleihe-Futures investieren. Dabei handelte es sich um eine traditionelle Strategie, die versucht, auf der Grundlage der Formationen, die sich in vergangenen Marktdaten herausbilden, Prognosen zu stellen. Ax wies Straus an, so viele historische Informationen wie möglich auszugraben, um seine Prognosemodelle zu optimieren.

Auf der Suche nach Preisdaten stieß Straus allerdings auf Probleme. Die damals auf dem Börsenparkett gebräuchlichen Telerate-Geräte hatten keine Schnittstellen für Investoren, über die diese Daten beziehen und analysieren konnten. (Ein paar Jahre später sollte ein arbeitsloser Unternehmer namens Michael Bloomberg mit einem Gerät in Konkurrenz treten, das diese und andere Möglichkeiten bot.)

Straus bastelte eine maßgeschneiderte Datenbank zusammen und erwarb zu diesem Zweck historische Rohstoffpreisdaten auf Magnetband von der in Indiana ansässigen Firma Dunn & Hargitt. Diese verschmolz er mit den historischen Daten, die seine Kollegen bereits zusammengetragen hatten. Aktuellere Zahlen bezog Straus in Form der Eröffnungs- und Schlusskurse jedes Börsentages sowie der Höchst- und Tiefststände. Schließlich entdeckte Straus einen Datenstrom mit *Tick*-Daten – den Schwankungen der verschiedenen Rohstoff- und anderen Futures-Transaktionen innerhalb eines Tages. Auf einem Apple-II-Rechner schrieben Straus und andere an einem Programm, um ihren wachsenden Datenschatz zu erfassen und zu speichern.

Niemand hatte Straus explizit damit beauftragt, so viele Informationen aufzutreiben. Simons und Ax erschienen die Eröffnungs- und Schlusskurse ausreichend. Sie konnten die vielen Daten, die Straus sammelte, gar nicht nutzen, und angesichts der nach wie vor begrenzten Leistungsfähigkeit der Rechner sah es nicht so aus, als würde sich das ändern. Doch Straus dachte, wenn er weiter all diese Daten sammelte, könnte das in der Zukunft nützlich sein.

Straus war richtiggehend besessen von der Ermittlung von Preisdaten, deren potenziellen Wert andere noch gar nicht erkannt hatten. Straus sammelte aber auch Informationen über Börsengeschäfte für den Fall, dass Simons' Team diese irgendwann einmal brauchen könnte. Für Straus wurde die Datenjagd zu einer Frage des persönlichen Stolzes.

Doch wenn er auf seine Datenberge schaute, beschlichen Straus Sorgen. Die Preise mancher Rohstoffe schienen sich über längere Zeit gar nicht zu bewegen. Das ergab aber keinen Sinn – 20 Minuten ohne eine einzige Transaktion? Jahre zuvor hatte es sogar eine ganz eigenartige Lücke gegeben, als in Chicago über mehrere Tage gar keine Futures gehandelt wurden, obwohl auf anderen Märkten seinerzeit Aktivitäten festzustellen waren. (Wie sich herausstellte, hatte eine Flutkatastrophe den Handel in Chicago unterbrochen.)

Diese Ungereimtheiten stießen Straus sauer auf. Er beauftragte einen Studenten damit, Computerprogramme zu schreiben, um ungewöhnliche Spitzen, Einbrüche oder Lücken in ihrer Preissammlung ausfindig zu machen. In einem winzigen fensterlosen Büro gleich neben Ax und unterhalb von Simons, der eine Wendeltreppe hinabsteigen musste, um zu Straus zu gelangen, begann dieser damit, akribisch seine Preise mit den Jahrbüchern abzugleichen, die von Rohstoffbörsen, Futures-Händlern und den Archiven des *Wall Street Journal* und anderen Zeitungen herausgegeben wurden, und auch mit anderen Quellen. Niemand hatte Straus aufgetragen, sich so viele Gedanken um die Preise zu machen, doch er hatte sich zu einem Datenpuristen entwickelt, der Daten hamsterte und bereinigte, die dem Rest der Welt herzlich egal waren.

Manche Menschen merken erst nach vielen Jahren, für welchen Beruf sie geboren sind, andere nie. Straus hatte bestimmte Begabungen, die erst jetzt zutage traten. In fast jedem anderen Investmentunternehmen oder in früheren Zeiten hätte seine Fixierung auf zutreffende Preisdaten fehl am Platz gewirkt – vielleicht sogar ein bisschen verrückt. Doch Straus sah sich als Entdecker auf der Spur unermesslicher Reichtümer, für die sich sonst niemand interessierte. Es gab auch andere Börsianer, die Daten sammelten und bereinigten, doch niemand mit solchem Eifer wie Straus. Er wurde zu einer Art Datenguru. Beflügelt durch die Herausforderungen und die Gelegenheit, traf er eine offensichtliche Karriereentscheidung.

Ich gehe nicht zurück ins Rechenzentrum.

=

Straus' Daten trugen dazu bei, Ax' Handelsergebnisse zu verbessern und, was selten genug vorkam, auch seine Laune, denn er beurteilte ihre Methoden mit mehr Zuversicht. Ax spielte nach wie vor, unter anderem in einer Racquetball-Liga und auf der Bowlingbahn. Er fuhr auch nach Las Vegas und belegte dort den dritten Platz bei der World Amateur Championship im Backgammon, was ihm nebenbei eine Erwähnung in der *New York Times* eintrug.

»Er brauchte den Wettkampf, und er musste gewinnen«, wie es der Programmierer Reggie Dugard beschreibt.

Doch für Ax war das Börsengeschäft inzwischen zu einer nicht minder faszinierenden, ebenso anregenden Herausforderung geworden. Zusammen mit Straus programmierte er vergangene Preisbewegungen in ihr Handelsmodell ein und hoffte auf einen Prognosewert für die Zukunft.

»Da ist was dran«, bestärkte Simons Ax in diesem neuen Ansatz.

Zur Unterstützung bat Simons Henry Laufer, einen weiteren angesehenen Mathematiker aus Stony Brook, ihnen einmal pro Woche einen Tag lang auszuhelfen. Laufer und Ax ergänzten sich in ihren mathematischen Kompetenzen – Ax war Zahlentheoretiker, Laufer forschte über die Funktionen komplexer Zahlen. Es sprach also Vieles für eine konstruktive Partnerschaft. Leider gab es aber persönliche Differenzen. Laufer nutzte Lenny Baums altes Büro und hatte manchmal sein Kleinkind im Autositz dabei, was Ax mit einem scheelen Blick bedachte.

Laufer führte Computersimulationen durch, um zu prüfen, ob bestimmte Strategien in ihr Handelsmodell aufgenommen werden sollten. Die Strategien beruhten oft auf der Vorstellung, dass die Preise nach einem ersten Ausschlag nach oben oder nach unten tendenziell wieder zurückzuckten. Laufer kaufte Futures-Kontrakte, wenn diese im Vergleich zum Schlusspreis des Vortages ungewöhnlich niedrig eröffneten, und verkaufte, wenn die Preise den Tag deutlich höher begonnen, als sie am Vortag geschlossen hatten. Simons nahm eigene Optimierungen an dem entstehenden System vor, bestand aber darauf, dass das Team gemeinsam arbeitete und alle Anteil am Erfolg hatten. Für Ax war das sehr viel verlangt, denn er legte großen Wert auf persönliche Anerkennung und Honorierung.

»Henry macht sich zu wichtig«, beschwerte sich Ax einmal bei Simons.

»Keine Sorge. Ich behandle euch schon beide gleich«, versuchte Simons zu beschwichtigen.

Er erreichte jedoch nichts: Ax sprach sechs Monate lang nicht mit Laufer, doch dieser war so in seine Arbeit vertieft, dass er das kaum merkte.

Im Büro verbreitete Ax Verschwörungstheorien, vor allem solche, die sich um das Kennedy-Attentat drehten. Außerdem wollte er von der Belegschaft mit »Dr. Ax« angesprochen werden, aus Respekt für seinen Titel (was alle geschlossen verweigerten). Einmal wies Ax Penny Alberghine an, einen Fahrer auf einem benachbarten Parkplatz aufzufordern, sein Fahrzeug umzuparken, weil er davon geblendet wurde. (Alberghine tat so, als hätte sie den Fahrer nicht finden können.)

»Als Mensch hatte er ganz wenig Selbstvertrauen und bekam immer alles in den falschen Hals«, erzählt Alberghine. »Ich betete ständig, dass ich ihn nur ja nicht reizte oder in Rage brachte.«

Ax und sein Team verdienten zwar gutes Geld, doch es zeichneten sich keine spektakulären Erfolge ihrer Arbeit ab. Es stand noch nicht einmal fest, ob Simons das Börsengeschäft fortführen würde. Als einem Mitarbeiter eine Stelle bei Grumman angeboten wurde, bestärkte ihn Straus in seiner Entscheidung, zu gehen. Das Rüstungsunternehmen war ein solider Arbeitgeber – und als Bonus gab es bei Vertragsunterzeichnung einen Truthahn gratis. Was gab es da noch zu überlegen?

=

1985 teilte Ax Simons überraschend mit, dass er einen Umzug plane. Er wollte gern in ein wärmeres Klima, damit er das ganze Jahr über segeln, surfen und Racquetball spielen konnte. Auch Straus wollte gern weg aus dem kalten Nordosten. Da hatte Simons kaum eine Wahl – er gestattete ihnen, das Handelsgeschäft an die Westküste zu verlegen.

Im kalifornischen Huntington Beach, 60 Kilometer von Los Angeles entfernt, gründeten Ax und Straus ein neues Unternehmen namens Axcom Limited. Simons hatte Anspruch auf 25 Prozent des Gewinns der neuen Gesellschaft und erklärte sich dafür bereit, sie beim Handel zu unterstützen und die Kommunikation mit den neuen Kunden der Firma zu übernehmen. Ax und Straus würden das Investmentmanagement verantworten und die verbleibenden 75 Prozent untereinander aufteilen. Laufer, der nicht an die Westküste ziehen wollte, ging an die Universität in Stony Brook zurück, betrieb in seiner Freizeit aber weiter Börsengeschäfte mit Simons.

Ax hatte noch einen Grund für diesen Schritt, den er aber für sich behielt: Er kämpfte nach wie vor mit depressiven Verstimmungen wegen seiner Scheidung, die er immer noch seiner Frau anlastete. Als er aus New York wegzog, verließ er seine Kinder – ganz so, wie sein eigener Vater Jahre zuvor aus seinem Leben verschwunden war. Er sollte über 15 Jahre lang nicht mehr mit seinen Söhnen sprechen.

=

Das Büro in Huntington Beach befand sich in der oberen Etage eines zweistöckigen Bürokomplexes, der einer Tochter des Ölriesen Chevron gehörte. Es war ungefähr der letzte Ort, an dem man eine revolutionäre Börsenhandelsfirma erwarten würde. Auf dem Parkplatz liefen die Ölpumpen, und der Geruch des Rohöls waberte durch das ganze Viertel. In dem Gebäude gab es keinen Aufzug, sodass Straus mit einer ganzen Mannschaft von Helfern und einer Treppenraupe einen sperrigen VAX-11/750 mit 300-Megabyte-Festplatte in das Büro hievte. Ein riesiger Gould-Superminicomputer mit 900 Megabyte Speicherplatz, so groß wie ein großer Kühlschrank, wurde von einem Lkw auf einen Gabelstapler geladen, der ihn dann über den Balkon im ersten Stock ins Büro beförderte.

1986 spekulierte Axcom mit 21 verschiedenen Futures-Kontrakten, unter anderem auf das britische Pfund, den Schweizer Franken, die D-Mark, Eurodollars und Rohstoffe wie Weizen, Mais und Zucker. Die meisten Handelsentscheidungen der Firma beruhten auf den mathematischen Formeln, die Ax und Straus entwickelt hatten, ein paar aber auch auf Ax' persönlichem Urteil. Vor Handelsbeginn an jedem Tag und kurz vor Handelsschluss am Spätnachmittag sendete ein Computerprogramm eine elektronische Nachricht an ihren externen Makler Greg Olsen, die eine Order und ein paar einfache Bedingungen enthielt. Zum Beispiel: »Verkaufen Sie 36 Kontrakte, wenn Weizen über 4,25 US-Dollar eröffnet.«

Olsen kaufte und verkaufte Futures-Kontrakte auf altmodische Weise: indem er die Börsenmakler an den verschiedenen Rohstoff- und Anleihebörsen anrief. Manchmal brachte dieses teilautomatisierte System eindrucksvolle Ergebnisse. Oft war das Team aber enttäuscht. Ein großes Problem war, dass weder Simons noch seine Leute in Huntington Beach neue Wege fanden, Geld zu verdienen oder ihre bestehenden Strategien zu verbessern, die inzwischen auch von ihren Rivalen verwendet wurden. Simons befasste sich mit möglichen Einflüssen von Sonnenflecken und Mondphasen auf die Börse, doch daraus ergaben sich kaum verlässliche Formationen. Straus' Cousin arbeitete bei dem Wetterdienst AccuWeather. Straus beauftragte ihn mit der Überprüfung bisheriger brasilianischer Wetterdaten, um festzustellen, ob sich damit die Kaffeepreise prognostizieren ließen, doch das erwies sich als Zeitverschwendung. Daten zur Anlegerstimmung und zu den Positionen anderer Futures-Spekulanten lieferten ebenfalls nur wenige verlässliche Sequenzen.

Ax widmete sich der Suche nach neuen Algorithmen, spielte aber auch viel Racquetball, lernte surfen und war generell mit seiner einsetzenden Midlife-Crisis beschäftigt. Mit seinen breiten Schultern, dem athletischen Körperbau und seinem welligen braunen Haar sah Ax aus wie ein lässiger Surfer. Dabei war er alles andere als entspannt – selbst in Kalifornien.

Ax initiierte im Büro ehrgeizige Abnehm-Wettbewerbe und war entschlossen, seine Kollegen zu schlagen. Vor dem ersten Wiegen schlang er kiloweise Wassermelone hinunter. Er ging davon aus, dass er das zusätzliche Gewicht rasch wieder loswerden könnte, weil Wassermelonen so viel Wasser enthielten. Ein anderes Mal fuhr Ax in der Hoffnung, Gewicht zu verlieren, in der Sonnenhitze wie ein Wilder auf dem Fahrrad zur Arbeit und kam so verschwitzt an, dass er versuchte, seine Unterwäsche im Büro in der Mikrowelle zu trocknen. Minuten später stand das Gerät in Flammen, und ein Mitarbeiter rannte los, um einen Feuerlöscher zu holen.

Mehrmals im Jahr flog Simons nach Kalifornien, um potenzielle Handelsansätze zu besprechen, doch seine Besuche brachten stets mehr Missstimmung als Durchbrüche. Ein Teil der Belegschaft hatte sich in Kalifornien einen gesundheitsbewussten Lebensstil angewöhnt. Simons aber rauchte immer noch Kette – drei Päckchen Merits am Tag.

»Niemand wollte mit dem Raucher im Büro sitzen«, erzählt ein damaliger Mitarbeiter. »Also gingen wir auswärts essen und versuchten, ihn möglichst vom Büro fernzuhalten.«

Nach dem Essen wollte Simons ins Büro zurück, doch dem Team graute dermaßen davor, von ihm eingenebelt zu werden, dass es Ausreden erfand, um möglichst lange wegzubleiben.

»Ach, Jim, es ist doch so schön hier draußen«, erklärte ein Kollege Simons nach einem solchen Arbeitsessen.

»Ja, bleiben wir doch einfach hier und arbeiten im Freien«, pflichtete ein anderer Axcom-Kollege bei.

Simons war einverstanden, ohne zu merken, warum die Axcom-Leute partout nicht ins Büro zurück wollten.

Schließlich beschloss Ax, dass sie einen anspruchsvolleren Handelsansatz brauchten. Sie hatten sich noch nicht an komplexerer Mathematik als Grundlage für Handelsformeln versucht – unter anderem deshalb, weil die Computer nicht leistungsfähig genug erschienen. Doch Ax dachte, nun könne man den Versuch wagen.

Ax war schon lange der Ansicht, dass die Finanzmärkte Gemeinsamkeiten mit Markov-Ketten aufwiesen – den Abfolgen von Ereignissen, bei denen das nächste Ereignis ausschließlich vom aktuellen Zustand abhängt. Bei einer Markov-Kette ist es unmöglich, jeden Schritt genau vorherzusagen, doch mit einem leistungsfähigen Modell ließen sich künftige Schritte mit gewisser Genauigkeit prognostizieren. Bei der Entwicklung ihres hypothetischen Handelsmodells am

IDA hatten Simons und Baum den Markt zehn Jahre zuvor ebenfalls als Markov-ähnlichen Prozess beschrieben.

Ax fand, es war an der Zeit, jemanden mit Erfahrung in der Entwicklung stochastischer Gleichungen hinzuziehen, um die Prognosekraft ihrer Modelle zu steigern – einen Fachmann für die größere Gleichungsfamilie, der die Markov-Ketten zuzurechnen waren. Stochastische Gleichungen modellieren *dynamische* Prozesse, die sich im Zeitverlauf entwickeln und ein hohes Maß an Unsicherheit beinhalten. Straus hatte kurz zuvor Fachliteratur gelesen, aus der hervorging, dass Handelsmodelle auf der Grundlage stochastischer Gleichungen wertvolle Werkzeuge sein könnten. Er war ebenfalls der Ansicht, dass Axcom seine mathematischen Kompetenzen ausbauen sollte.

Bald darauf erhielt René Carmona, Professor an der nahen University of California in Irvine, einen Anruf von einem Freund.

»Eine Gruppe Mathematiker, die sich mit stochastischen Differentialgleichungen befassen, sucht Unterstützung«, erzählte der Freund. »Wie gut kennst du dich damit aus?«

Der 41-jährige gebürtige Franzose Carmona, der später Professor an der Princeton University wurde, wusste nicht viel über Märkte und Investments, dafür umso mehr über stochastische Differentialgleichungen, die sein Fachgebiet waren. Diese Gleichungen können Prognosen anhand scheinbar zufälliger Daten stellen. Die Meteorologen nutzen beispielsweise in ihren Modellen stochastische Gleichungen, um einigermaßen genaue Schätzungen abzugeben. Die Mitglieder des Axcom-Teams gingen das Börsengeschäft aus mathematischer Perspektive an und wussten, dass die Finanzmärkte kompliziert waren und sich ständig weiterentwickelten, wobei ihr Verhalten zumindest auf längere Sicht schwer vorhersehbar war – ganz wie ein stochastischer Prozess.

Leicht nachvollziehbar, warum sie Ähnlichkeiten zwischen stochastischen Prozessen und Investments wahrnahmen. Zum einen glaubten Simons, Ax und Straus nicht, dass Börsenerfolg ein Zufall war – und demnach vollkommen unvorhersehbar –, wie manche Akademiker und andere ins Feld führten. Es gab zwar eindeutig zufällige Elemente, ganz ähnlich wie beim Wetter, doch Mathematiker wie Simons und Ax vertraten den Standpunkt, dass eine Wahrscheinlichkeitsverteilung Futures-Preise ebenso gut erfassen könnte wie jeden anderen stochastischen Prozess. Aus diesem Grund war Ax der Meinung, dass eine solche mathematische Darstellung ihre Handelsmodelle weiterbringen könnte. Vielleicht konnten sie ja mit Carmonas Hilfe ein Modell entwickeln, das eine Bandbreite wahrscheinlicher Ergebnisse für ihre Investments auswarf, und auf diese Weise ihre Performance optimieren.

Carmona wollte gern dazu beitragen – er war damals als Berater eines ortsansässigen Luftfahrtunternehmens tätig, und das zusätzliche Einkommen, das ihm winkte, wenn er ein paar Tage die Woche für Axcom arbeiten würde, kam ihm sehr gelegen. Außerdem faszinierte ihn die Idee, den Börsenerfolg des Unternehmens zu steigern.

»Das Ziel war, ein mathematisches Modell zu entwickeln und als Rahmen zur Ableitung bestimmter Folgen und Folgerungen heranzuziehen«, erklärt Carmona. »Es ging nicht darum, *immer* richtig zu liegen, sondern oft genug.«

Carmona war nicht sicher, ob der Ansatz zum Erfolg führen würde, ja, noch nicht einmal, ob er den weniger quantitativen Anlagestrategien überlegen sein würde, die damals viele andere einsetzten.

»Wenn ich erst mehr von der Psychologie oder den Spekulanten auf dem Börsenparkett verstand, konnten wir das vielleicht erreichen«, fasst Carmona seine damaligen Gedanken zusammen.

Zunächst versuchte Carmona, mithilfe von Straus' Daten die vorhandenen mathematischen Modelle von Axcom zu optimieren, doch er machte dabei keine maßgeblichen Fortschritte. Zwar waren Carmonas Modelle anspruchsvoller als die zuvor von Axcom verwendeten, brachten aber keine sehr viel besseren Ergebnisse. Später sollte Renaissance bei Risikomanagement und Optionspreisen ganz auf stochastische Differentialgleichungen setzen, doch vorerst fanden sie keine Möglichkeit, diese Methoden gewinnbringend zu nutzen, was Carmona frustrierte.

=

1987 plagten Carmona Schuldgefühle. Er erhielt einen Anteil an Ax' persönlichem Bonus, trug aber fast nichts zum Unternehmenserfolg bei. Er beschloss, den Sommer über Vollzeit für Axcom zu arbeiten in der Hoffnung, wenn er mehr Zeit für seine Modelle hätte, könnte das ihre Erfolgsquote steigern. Doch Carmona erreichte nur wenig, was ihn immer stärker belastete. Ax und Straus schien das nicht zu bekümmern, doch Carmona litt darunter.

»Ich nahm ihr Geld, und nichts funktionierte so richtig«, berichtet er.

Eines Tages hatte Carmona eine Idee. Axcom hatte verschiedene Ansätze zur Nutzung der eigenen Preisdaten für den Handel eingesetzt. Unter anderem stützte man sich dort auf *Ausbruchssignale*. Ebenso kamen einfache lineare Regressionen zur Anwendung, ein grundlegendes Prognosetool, auf das viele Investoren zurückgriffen und das die Beziehungen zwischen zwei Sätzen von Daten oder Variablen unter der Annahme analysiert, dass diese linear bleiben. Man stellte die Rohölpreise an der x-Achse und den Benzinpreis an der y-Achse dar, zog eine gerade *Regressionslinie* durch die Punkte der Grafik, verlängerte diese und konnte so recht gut die Preise prognostizieren, die bei einem bestimmten Ölpreis an der Tankstelle verlangt wurden.

Doch manchmal schwanken die Marktpreise stark. Ein Modell, das sich auf einfache lineare Regressionen durch Datenpunkte stützte, versagte gewöhnlich bei der Prognose von Futures-Preisen in komplexen, volatilen Märkten, die sich durch starke Schneestürme, Panikverkäufe und geopolitische Turbulenzen auszeichneten – Faktoren, die die Preise von Rohstoffen und anderen Vermögenswerten auf den Kopf stellen konnten. Parallel dazu hatte Straus Dutzende von Datensätzen mit den Schlusskursen von Rohstoffen aus verschiedenen vergangenen Zeiträumen gesammelt. Carmona beschloss: Sie brauchten Regressionen, die nicht lineare Beziehungen zwischen Marktdaten erfassen könnten.

Er schlug einen anderen Ansatz vor: Carmona wollte die von Straus angehäuften Daten durch Computer auf Beziehungen durchsuchen lassen. Vielleicht ließen sich ja in der ferneren Vergangenheit Beispiele für ähnliche Handelsbedingungen finden, die man dann daraufhin untersuchen konnte, wie die Preise reagiert hatten. Indem sie vergleichbare Szenarien ermittelten und nachverfolgten, wie sich die Preise anschließend verhalten hatten, konnten sie ein hoch entwickeltes, treffsicheres Prognosemodell erstellen, das in der Lage war, verborgene Muster zu erkennen.

Damit dieser Ansatz funktionierte, brauchte Axcom *eine Menge* Daten – noch mehr, als Straus und die anderen bereits gesammelt hatten. Um dieses Problem zu lösen, begann Straus, Daten zu *modellieren*, statt sie zu erfassen. Anders formuliert, um Lücken in den historischen Daten zu füllen, ließ er Computermodelle fundierte Annahmen dazu treffen, was fehlen könnte. So standen ihnen beispielsweise keine umfassenden Daten zu den Baumwollpreisen aus den 1940er-Jahren zur Verfügung, doch vielleicht würde es ja ausreichen, die Daten *zu erzeugen*. So, wie man Rückschlüsse auf ein fehlendes Puzzleteil ziehen konnte, indem man sich die bereits eingefügten Teile anschaute, leitete Axcom fehlende Informationen ab und fütterte sie in seine Datenbank ein.

Carmona schlug vor, das Modell Regie führen zu lassen: Es sollte all die verschiedenen Daten verarbeiten und dann Kauf- und Verkaufsentscheidungen ausspucken. Im Grunde schwebte ihm eine Frühform des maschinellen Lernens vor. Das Modell sollte Prognosen für verschiedene Rohstoffpreise generieren, die auf komplexen Formationen, Clustern und Korrelationen fußten, welche Carmona und die anderen selbst nicht richtig verstanden und mit bloßem Auge nicht erkennen konnten.

Andernorts arbeiteten Statistiker mit ähnlichen Ansätzen – sogenannte *Kernel*-Methoden –, um Muster in Datensätzen zu analysieren. Auf Long Island forschte Henry Laufer an eigenen ähnlichen Taktiken zum maschinellen Lernen, die er mit Simons und anderen zu teilen gedachte. Doch davon wusste Carmona nichts. Er schlug lediglich vor, hoch entwickelte Algorithmen einzusetzen, um Ax und Straus ein System zur Erkennung von Mustern in aktuellen Preisen zu liefern, die vergangenen ähnelten.

»Das solltet ihr einsetzen«, beschwor Carmona seine Kollegen.

Als sie Simons über den Ansatz informierten, erbleichte dieser. Die linearen Gleichungen, auf die sie sich bei der Generierung von Handelsideen und der Kapitalallokation gestützt hatten, konnte Simons verstehen. Bei Carmonas Programm war dagegen nicht klar, warum es bestimmte Ergebnisse auswarf. Seine Methode beruhte nicht auf einem Modell, das Simons und seine Kollegen auf einen Satz von Standardgleichungen reduzieren konnten, und das machte ihm Sorgen. Carmonas Ergebnisse entstanden, indem man ein Programm stundenlang laufen, die Computer Muster durchforsten und dann Transaktionen generieren ließ. Für Simons fühlte sich das ganz einfach nicht koscher an.

»Mir ist nicht wohl mit diesen Anweisungen«, erklärte Simons dem Team einmal. »Ich verstehe nicht, warum [das Programm für einen Kauf plädiert und nicht für einen Verkauf].«

Das trieb Simons mehr und mehr zur Verzweiflung.

»Das ist eine Blackbox«, rief er frustriert.

Carmona teilte Simons' Einschätzung, blieb aber stur.

»Richte dich einfach nach den Daten, Jim«, riet er. »Nicht nach mir, sondern nach den Daten.«

Ax, der sich mit Carmona angefreundet hatte, war überzeugt von dem Ansatz und machte sich bei Simons dafür stark.

»Das funktioniert, Jim«, sagte Ax zu Simons. »Und es ist auch logisch … Menschen können keine Kurse prognostizieren.«

Überlassen wir das den Rechnern, drängte Ax. Genau darauf hatte Simons doch ursprünglich gehofft. Dennoch war Simons von dem radikalen Ansatz noch nicht überzeugt. Vom Kopf her war er ganz und gar für das Konzept, sich auf Modelle zu verlassen. Doch sein Herz war noch nicht so weit, wie es schien.

»Jim wollte gern verstehen, was das Modell machte«, erinnert sich Straus. »Er war kein großer Fan des Kernel.«

Straus und seine Kollegen erzeugten und ermittelten währenddessen weitere historische Kursdaten und halfen Ax, auf der Grundlage von Carmonas Vorschlägen neue Prognosemodelle zu entwickeln. So trieben sie später unter anderem wöchentliche Aktienhandelsdaten auf, die bis in die Anfänge des 19. Jahrhundert zurückreichten – verlässliche Informationen, auf die sonst fast keiner Zugriff hatte. Damals konnte das Team mit den Daten noch gar nicht viel anfangen, doch die Möglichkeit, zu überprüfen, wie die Märkte früher auf ungewöhnliche Ereignisse reagiert hatten, sollte Simons' Team später helfen, aus Markteinbrüchen und anderen unerwarteten Vorkommnissen Kapital zu schlagen. So gelang es dem Unternehmen, die Märkte in solchen Phasen zu schlagen.

Als das Axcom-Team erste Tests mit dem Ansatz durchführte, verbesserten sich rasch die Ergebnisse. Das Unternehmen nutzte zunehmend *höherdimensionale* Kernel-Regressionsansätze, die sich für *Trendfolgemodelle* offenbar am besten eigneten – also solchen, die prognostizierten, wie lang bestimmte Investments einem Trend nachliefen.

Simons war überzeugt, dass das noch besser ging. Carmonas Ideen waren hilfreich, reichten aber noch nicht aus. Simons brachte sich telefonisch und persönlich ein in der Hoffnung, Axcoms Erfolg noch zu steigern, betätigte sich die meiste Zeit über aber als *Pool Operator*, der wohlhabende Investoren für den Fonds auftrieb und bei Laune hielt, und kümmerte sich parallel dazu um die verschiedenen Beteiligungen an Technologieunternehmen, die inzwischen rund 100 Millionen US-Dollar ausmachten, die die Firma inzwischen verwaltete.

Um die mathematischen Kapazitäten noch zu erhöhen, heuerte Simons angesehene Akademiker als Berater für die Firma an. Diese Entscheidung sollte den Boden für einen historischen Durchbruch bereiten.

KAPITEL 5

Ich glaube ganz fest, dass für alle Kleinkinder
und eine beachtliche Zahl Erwachsener
die Neugier eine stärkere Triebfeder ist als das Geld.
Elwyn Berlekamp

Die längste Zeit seines Lebens hätte die Vorstellung, Elwyn Berlekamp könne dazu beitragen, die Finanzwelt zu revolutionieren, eher wie ein schlechter Witz gewirkt.

Berlekamp war in Fort Thomas, Kentucky, aufgewachsen, am Südufer des Ohio. Er war in der Kirche aktiv gewesen, hatte sich mit mathematischen Spielen beschäftigt und Sport nach Kräften gemieden. Berlekamps Vater war Geistlicher der Evangelical and Reformed Church, heute unter dem Namen United Church of Christ bekannt – eine der größten und liberalsten protestantischen Glaubensgemeinschaften des Landes. Waldo Berlekamp war ein sanfter, teilnahmsvoller, ökumenischer Kirchenführer, der gemeinsame Gottesdienste mit verschiedenen protestantischen Kirchen und katholischen Gemeinden organisierte und durch seine fesselnden Predigten und sein charismatisches Wesen eine loyale Anhängerschaft gewann. Als die Familie wegzog, kamen zur Abschiedsparty 450 Gemeindemitglieder. Als Zeichen ihrer Zuneigung und Wertschätzung schenkten sie Waldo ein neues Auto, einen DeSoto.

Als Junge aus Fort Thomas, einem 10 000-Seelen-Vorort von Cincinnati, der stolz auf seine Abolitionistengeschichte war, entwickelte Elwyn große Vorurteile gegen die Südstaaten und lernte, seine Interessen zu verfolgen, so unpopulär diese auch sein mögen. Während seine Schulkameraden auf dem Spielplatz rauften, Bälle warfen und Ringkämpfe veranstalteten, saß der ernste, schlaksige

Berlekamp im Klassenzimmer und trat in anderen Wettbewerben an. Mit ein paar Freunden schnappte sich Berlekamp Stifte und Papier und spielte Kästchenziehen – ein jahrhundertealtes Strategiespiel, das damals im mittleren Westen der Vereinigten Staaten sehr populär war. Manche fanden das Spiel kindisch, doch es beruht auf überraschend komplexen, mathematischen Grundlagen, was Berlekamp später im Leben noch zugutekommen sollte.

»Es war eine erste Einführung in die Spieltheorie«, meint Berlekamp.

Als Berlekamp 1954 an die Fort Thomas Highlands High School wechselte, war er ein drahtiger 1,78 Meter großer junger Mann, der genau wusste, was ihm Freude machte – in der Schule und außerhalb. In der Schule waren das vor allem Mathematik und Naturwissenschaften. Seine Kameraden, die merkten, dass er außergewöhnlich intelligent war, wählten Berlekamp zum Klassensprecher. Er interessierte sich auch für andere Fächer, doch eine Leidenschaft für Literatur wurde im Keim erstickt durch eine Lehrkraft, die darauf bestand, ein halbes Halbjahr den Roman *Vom Winde verweht* zu analysieren.

Für Sport hatte Berlekamp gar nichts übrig, fühlte jedoch den Druck, mitzumachen.

»Streber waren unbeliebt, und es wurde viel Wert auf Gemeinschaftsgefühl gelegt«, erzählt er. »Also passte ich mich an und beschloss, einer Mannschaft beizutreten.«

Berlekamp rechnete sich aus, dass er im Schwimmteam die besten Chancen hatte.

»Dort fehlten Leute, also wurde ich zumindest nicht abgewiesen.«

Jeden Abend schwammen die Jungs nackt in einem Pool des YMCA-Ortsverbands, der so stark gechlort war, dass sie Stunden brauchten, sich abzuwaschen – vermutlich ein Grund dafür, dass diese Disziplin nicht so gefragt war. Vielleicht lag es aber auch am Trainer, der die Jungs die ganze Zeit über anschrie. Als der langsamste und schwächste Schwimmer bekam Berlekamp immer das meiste ab.

»Na los, Berlekamp«, blaffte der Trainer. »Komm aus der Hose!«

Dieser Spruch kam dem jungen Mann besonders dämlich vor, da er ja nackt war.

Berlekamp war langsam und schlecht in Form. Bei den wenigen Wettkämpfen, in denen er als Zweiter ins Ziel kam und eine Medaille erhielt, war nur ein Mitbewerber angetreten.

Bei einem Bundesstaatswettkampf kam es 1957 zu einer Verwechslung, sodass Berlekamp in der Staffel gegen eine Gruppe viel stärkerer Schwimmer antreten musste. Zum Glück hatten seine Mannschaftskameraden so gut vorgelegt, dass nicht einmal Berlekamp es noch vermasseln konnte. Sein Team gewann Gold – der einzige Glanzpunkt in Berlekamps Sportlerkarriere, aus dem er fürs Leben lernte.

»Man muss immer versuchen, in eine gute Mannschaft zu kommen«, meint er.

(Jahrzehnte später leitete der Schlussmann der Staffel, Jack Wadsworth Jr., der damals als Investmentbanker arbeitete, den Börsengang eines jungen Unternehmens namens Apple Computer.)

Als Berlekamp aufs College wollte, legte er vor allem auf zwei Dinge Wert: Weltrang auf akademischem Gebiet und einen möglichst geringen Stellenwert sportlicher Aktivitäten. Er hielt Sport in der Gesellschaft für überbewertet und hatte keine Lust mehr, Interesse zu heucheln.

An erster Stelle bot sich da das Massachusetts Institute of Technology an. »Als ich hörte, dass es am MIT keine Football-Mannschaft gab, wusste ich: Das war die richtige Uni für mich«, so Berlekamp.

Nach dem Umzug nach Cambridge, Massachusetts, versuchte sich Berlekamp in Physik, Wirtschaftswissenschaft, Informatik und Chemie. Als Erstsemester wurde er zur Teilnahme an einem Kurs in weiterführender Integralrechnung ausgewählt, den John Nash leitete, derselbe Spieltheoretiker und Mathematiker, der von Sylvia Nasar in ihrem Buch *Genie und Wahnsinn* unsterblich gemacht wurde. Eines Tages, Anfang 1959, stand Nash gerade an der Tafel und dozierte, als sich ein Student meldete, um eine Frage zu stellen. Nash drehte sich zu ihm um und schaute ihn unverwandt an. Nach mehrminütigem gequältem Schweigen zeigte Nash mit dem Finger auf den Studenten und beschimpfte ihn, weil er es gewagt hatte, seinen Vortrag zu unterbrechen.

»Ganz normal war er nicht«, erinnert sich Berlekamp.

Das war eines der ersten öffentlichen Anzeichen für die Geisteskrankheit, die Nash entwickelte. Ein paar Wochen später verließ Nash das MIT und wurde zur Schizophreniebehandlung ins örtliche Krankenhaus eingewiesen.

Berlekamp bestand die meisten seiner Kurse problemlos. In einem Jahr erhielt er acht Mal die Bestnote und erzielte einen Notendurchschnitt von 4,9 (auf einer Skala bis 5,0), weil er in einem geisteswissenschaftlichen Fach nur befriedigend abgeschnitten hatte. Nachdem er in seinem letzten Jahr einen prestigeträchtigen Mathematikwettbewerb gewonnen hatte, der ihm den Titel eines

Putnam Fellow eintrug, nahm Berlekamp sein Promotionsstudium am MIT auf. Im Hauptfach studierte er bei Peter Elias und Claude Shannon Elektrotechnik. Elias und Shannon waren Pioniere der Informationstheorie, dem bahnbrechenden Ansatz zur Quantifizierung, Kodierung und Übertragung von Telefonsignalen, Text, Bildern und anderen Informationen, der die Grundlage für Computer, Internet und sämtliche digitalen Medien liefern würde.

Eines Nachmittags lief Shannon im Flur an Berlekamp vorbei. Der schmale, 1,78 Meter große Professor war notorisch introvertiert. Berlekamp musste sich daher schnell etwas einfallen lassen, um auf sich aufmerksam zu machen.

»Ich bin gerade auf dem Weg in die Bibliothek, um einen Ihrer Artikel zu lesen«, platzte Berlekamp heraus.

Shannon verzog das Gesicht.

»Tun Sie das nicht – Sie haben mehr davon, wenn Sie die Dinge selbst herausfinden«, erklärte Shannon mit Nachdruck.

Dann zog er Berlekamp zur Seite, als wolle er ihm ein Geheimnis anvertrauen.

»Keine gute Zeit, um Geld an der Börse anzulegen«, sagte er.

Shannon hatte noch nicht vielen davon erzählt, doch er hatte begonnen, mathematische Formeln aufzustellen, um damit den Aktienmarkt zu schlagen. Und damals signalisierten seine Formeln, dass Vorsicht angezeigt war. Berlekamp musste sich das Lachen verbeißen. Er hatte so gut wie gar nichts auf der Bank, sodass Shannons Warnung für ihn belanglos war. Außerdem hatte Berlekamp wenig für die Finanzwelt übrig.

»Mein Eindruck war, dass die Reichen dort miteinander ihre Spielchen trieben und die Welt wenig davon hatte«, erklärt Berlekamp. »Und das glaube ich *auch jetzt noch.*«

Dass jemand, den Berlekamp bewunderte, mit Aktien handelte, war für den jungen Mann ein ziemlicher Schock.

»Damit hatte ich nicht gerechnet«, meint er.

1960 und 1962 arbeitete Berlekamp als Assistent in dem Forschungszentrum der berühmten Bell Laboratories in Murray Hill, New Jersey. Dort hatte Berlekamp mit John Larry Kelly Jr. zu tun, einem gut aussehenden Physiker mit einem breiten texanischen Akzent und vielfältigen Interessen und Gewohnheiten, die Berlekamp zunächst nicht alle zu würdigen wusste. Kelly, der im Zweiten Weltkrieg vier Jahre lang Marinepilot gewesen war, hatte eine große Flinte an seiner

Wohnzimmerwand hängen, rauchte täglich sechs Päckchen Zigaretten, war ein leidenschaftlicher Footballfan von Profi- wie Collegemannschaften und führte sogar ein neuartiges Wettsystem ein, um die Ergebnisse vorherzusagen.

Kam Kelly bei der Arbeit nicht weiter, verwendete er eine Sprache, die sein junger Assistent nicht kannte.

»Diese *verschissenen* Integrale«, rief Kelly einmal aus und stieß Berlekmap damit vor den Kopf.

Doch trotz seiner mitunter derben Art war Kelly der genialste Wissenschaftler, dem Berlekamp je begegnet war.

»Ich stellte schockiert fest, dass seine Rechnungen immer stimmten«, berichtet Berlekamp. »Ich dachte immer, Südstaatler seien dumm. Kelly hat mich eines Besseren belehrt.«

Sieben Jahre zuvor hatte Kelly einen Artikel über ein System veröffentlicht, das er entwickelt hatte, um über Netze übertragene Informationen zu analysieren – eine Strategie, die auch bei der Platzierung von Wetten funktionierte. Um seine Ideen zu veranschaulichen, dachte sich Kelly eine Methode aus, um auf der Rennbahn zu gewinnen. Kellys System versprach aussichtsreiche Wetten, wenn man nur genügend Informationen beschaffen konnte, um die veröffentlichten Quoten zu ignorieren und sich stattdessen auf zutreffendere Wahrscheinlichkeiten stützen konnte – die »echten Quoten« für jedes Rennen.

Kellys Formel beruhte auf Shannons Vorarbeit zur Informationstheorie. Berlekamp verbrachte seine Abende bei Kelly zu Hause, wo Bridge gespielt und über Wissenschaft, Mathematik und andere Dinge diskutiert wurde. Nach und nach erkannte er insofern Parallelen zwischen Pferdewetten und Aktieninvestments, als beides zum großen Teil Glückssache war. Sie sprachen auch darüber, wie zutreffende Informationen und die richtige Höhe der Einsätze Vorteile bringen konnten.

Kellys Arbeit unterstrich, wie wichtig die richtige Höhe der Einsätze war – eine Lektion, die Berlekamp im Leben noch gute Dienste leisten sollte.

»Ich interessierte mich überhaupt nicht für Geld, und da kam Kelly mit seiner Portfoliotheorie«, erzählt Berlekamp.

Mit der Zeit lernte Berlekamp die intellektuelle Herausforderung – und den finanziellen Ertrag – von Finanzgeschäften schätzen.

=

1964 geriet Berlekamp in eine Sackgasse. Eine Freundin hatte mit ihm Schluss gemacht, und er suhlte sich in Selbstmitleid. Als die University of California, Berkeley, anfragte, ob er zu einem Vorstellungsgespräch an die Westküste fliegen würde, ergriff er die Gelegenheit beim Schopf.

»Es fror und schneite, und ich brauchte Abwechslung«, erinnert er sich.

Berlekamp nahm die Stelle letztlich an und beendete seine Dissertation in Berkeley, wo er im Anschluss Juniorprofessor für Elektrotechnik wurde. Eines Tages – Berlekamp jonglierte gerade in seiner Wohnung – klopfte es von unten. Seine Geräuschkulisse störte die beiden Damen, die dort wohnten. Berlekamp entschuldigte sich und lernte dabei eine Studentin aus England kennen: Jennifer Wilson, die er 1966 heiratete.[18]

Berlekamp avancierte zum Spezialisten für die Dekodierung digitaler Informationen. Er arbeitete für die NASA und dechiffrierte Bilder, die von den Satelliten kamen, die Mars, Venus und andere Teile des Sonnensystems erforschten. Durch den Einsatz von Grundsätzen, die er bei der Analyse von Rätseln und Spielen wie Kästchenziehen entwickelt hatte, wurde Berlekamp zum Mitbegründer einer mathematischen Fachrichtung, die *kombinatorische Spieltheorie* genannt wurde. Er verfasste ein Buch mit dem Titel *Algebraic Coding Theory*, das zum Klassiker wurde. Außerdem entwickelte er einen Algorithmus, der den treffenden Namen Berlekamp-Algorithmus trug, für die Faktorisierung von Polynomen über endlichen Körpern, ein wichtiges Werkzeug in der Kryptografie und anderen Disziplinen.

Längst nicht so leicht tat sich Berlekamp mit der Campuspolitik, denn er fand sich rasch in einem wütenden Schlagabtausch zwischen den verschiedenen Fakultäten des Berkeley's College of Letters and Science wieder.

»Man machte mir zum Vorwurf, dass ich mit den falschen Leuten am Mittagstisch saß«, erinnert er sich.

Berlekamp merkte, dass es in zwischenmenschlichen Interaktionen viele Grautöne gab, die er nicht immer klar zu unterscheiden vermochte. Mathematik dagegen verlangte objektive, unvoreingenommene Antworten und Ergebnisse, die er beruhigend und erbaulich fand.

»Im Leben ist die Wahrheit vielfältig und nuanciert. So kann man alle möglichen Argumente dafür finden, ob ein Präsident oder ein Mensch großartig oder furchtbar ist«, meint er. »Ich weiß schon, warum ich Matheaufgaben so mag – es gibt darauf immer eindeutige Antworten.«

Ende der 1960er-Jahre hatte Berlekamp mit seiner Arbeit über Kodierungstheorie die Aufmerksamkeit des Institute for Defense Analyses erregt, der gemeinnützigen Körperschaft, für die auch Simons arbeitete. 1968 begann Berlekamp, vertrauliche Aufträge für das IDA zu erledigen, und verbrachte mehrere Jahre mit verschiedenen Projekten in Berkeley und Princeton. In dieser Zeit stellte ihn ein Kollege Simons vor, doch die beiden verstanden sich nicht, trotz ihrer Gemeinsamkeiten wie der Liebe zur Mathematik und der Zeit am MIT, in Berkeley und am IDA.

»Seine Mathematik war eine andere als meine«, resümiert Berlekamp. »Und Jim hatte einen unstillbaren Drang, Finanzgeschäfte zu machen und Geld zu verdienen. Er liebt Action. … Er spielte ständig Poker und betätigte sich an der Börse. Für mich war Poker immer nur eine Ablenkung und ich interessierte mich dafür so sehr wie für Baseball oder Football – also im Grunde gar nicht.«

Ungefähr um die Zeit, als Simons seine Fakultät in Stony Brook aufbaute, ging Berlekamp als Professor für Elektrotechnik und Mathematik nach Berkeley zurück. 1973 beteiligte sich Berlekamp an einem Kryptografieunternehmen und dachte, daran könnte auch Simons Interesse haben. Simons konnte zwar die erforderliche Investition von 4 Millionen US-Dollar nicht auftreiben, trat aber dem Verwaltungsrat des Unternehmens bei. Auf den Verwaltungsratssitzungen merkte Berlekamp, dass Simons gut zuhören konnte und vernünftige Empfehlungen erteilte, obwohl er durch seine häufigen Zigarettenpausen den Ablauf störte.

1985 übernahm Eastman Kodak eine von Berlekamp gegründete Firma, die sich mit Blockcodes für Weltraum- und Satellitenkommunikation befasste. Das brachte ihm zwar mehrere Millionen Dollar ein, aber auch neue Belastungen für seine Ehe.

»Meine Frau wünschte sich ein größeres Haus, ich wollte reisen«, erzählt er.

Berlekamp war entschlossen, seinen neuen Wohlstand zu bewahren, und kaufte Kommunalanleihen von erstklassiger Bonität. Im Frühjahr 1986 ging dann aber das Gerücht, der Kongress könne solchen Anlagen ihre Steuervorteile entziehen, was sie einbrechen ließ. Der Kongress tat das letztlich nicht, doch die Erfahrung lehrte Berlekamp, dass Anleger manchmal irrational agieren. Er zog in Erwägung, sein Geld in Aktien zu investieren, doch ein ehemaliger Mitbewohner aus Collegezeiten gab zu bedenken, dass die Topmanager der Unternehmen »die Aktionäre belügen«, sodass die meisten Aktien sehr riskant seien.

»Wie wäre es denn mit Rohstoffen?«, schlug der Studienfreund vor.

Berlekamp wusste, dass der Rohstoffhandel über komplexe Futures-Kontrakte lief. Der einzige Mensch aus seinem Bekanntenkreis, der sich auf diesem Gebiet auskannte, war Simons. Also rief er ihn an und bat um Rat.

Simons schien erfreut über seinen Anruf.

»Ich habe genau das Richtige für dich«, verkündete er.

Simons lud Berlekamp ein, ein paar Mal im Monat nach Huntington Beach zu kommen, um sich Börsenkenntnisse anzueignen und herauszufinden, ob sein Know-how in der statistischen Informationstheorie für Axcom von Nutzen sein konnte.

»Du solltest unbedingt hinfliegen und dich mit Jim Ax unterhalten«, bekniete Simons Berlekamp. »Er könnte jemanden wie dich brauchen.«

Früher hatte Berlekamp Börsengeschäfte mit Verachtung gestraft. Doch inzwischen faszinierte ihn die Vorstellung von einer neuen Herausforderung. 1988 besuchte er erwartungsvoll das Büro in Huntington Beach. Doch noch bevor sich Berlekamp an seinen Schreibtisch setzen konnte, tauchte ein verärgerter Ax auf.

»Wenn Simons will, dass Sie für uns arbeiten, dann muss er Sie auch bezahlen«, fuhr ihn Ax an, ohne sich vorzustellen. »*Ich* werde das nämlich nicht.«

Berlekamp war betroffen. Ax wollte ihn *möglichst schnell* loswerden. Doch Berlekamp war extra von Berkeley hergeflogen und wollte nicht unverrichteter Dinge umkehren und nach Hause fahren. Er beschloss, noch ein bisschen zu bleiben und Ax möglichst aus dem Weg zu gehen – so ähnlich wie George Costanza in der klassischen *Seinfeld*-Episode, in der er nach seiner Entlassung einfach wieder zur Arbeit kommt.

Bald erfuhr Berlekamp, dass Ax und Simons mitten in einem erbitterten, schon länger schwelenden Streit darum steckten, wer die wachsenden Kosten von Axcom tragen sollte, was Simons Berlekamp tunlichst verschwiegen hatte.

Trotz des intellektuellen Potenzials und der Hilfe, die Carmona und andere leisteten, konzentrierte sich Axcoms Modell in aller Regel auf zwei einfache, konventionelle Handelsstrategien: Manchmal *jagte es den Preisen hinterher,* indem es verschiedene Rohstoffe kaufte, die auf- oder abwärts tendierten, in der Annahme, der Trend werde weiterlaufen. In anderen Fällen setzte das Modell darauf, dass eine Preisbewegung auslief und sich umkehren würde – eine sogenannte *Trendwendestrategie*.

Ax hatte dank Straus' wachsender Sammlung bereinigter historischer Daten Zugriff auf mehr Preisinformationen als seine Rivalen. Da sich die Preise oft ähnlich entwickelten wie in der Vergangenheit, konnte die Firma anhand dieser Daten genauer bestimmen, wann die Wahrscheinlichkeit hoch war, dass sich der Trend fortsetzte, und wann er nachließ. Rechner waren inzwischen leistungsfähiger und billiger, sodass das Team komplexere Handelsmodelle entwickeln konnte, darunter auch Carmonas Kernel-Methoden – die frühe auf maschinellem Lernen beruhende Strategie, die Simons solche Magenschmerzen bereitet hatte. Mit diesen Vorteilen im Rücken erzielte Axcom im Schnitt jährliche Gewinne von rund 20 Prozent – und damit mehr als die meisten Konkurrenten.

Trotzdem waren Simons die Renditen nie hoch genug. Noch größer wurde der Druck, weil ständig neue Rivalen auf der Bildfläche erschienen. Ein altgedienter Analyst von Merrill Lynch namens John Murphy hatte ein Buch mit dem Titel *Technische Analyse der Finanzmärkte* geschrieben, das in einfachen Worten erklärte, wie man Preistrends erkennen und darauf setzen konnte.

Einzusteigen, wenn die Preise stiegen, und zu verkaufen, wenn sie fielen, entsprach nicht der gängigen akademischen Theorie, die empfahl, zu kaufen, wenn Anlagen billiger wurden, und Gewinne zu sichern, wenn die Bewertungen hoch waren. Diesen *wertorientierten* Anlagestil wählten Warren Buffett und andere namhafte Investoren. Doch verschiedene aggressive Spekulanten wie der Hedgefondsmanager Paul Tudor Jones bedienten sich ähnlicher *Trendfolgestrategien* wie Simons' Team. Simons brauchte neue Ansätze, um der Meute eine Nasenlänge voraus zu bleiben.

Da brachte Berlekamp seine Überlegungen ins Spiel. Er erklärte Ax, dass die Handelsmodelle von Axcom die Transaktionen offenbar nicht richtig dimensionierten. Sie sollten für höhere Beträge kaufen und verkaufen, wenn ihr Modell auf größere Gewinnchancen hinwies, wandte Berlekamp ein, wie er es von Kelly gelernt hatte.

»Wir sollten aufsatteln«, sagte Berlekamp einmal.

Doch Ax ging nicht darauf ein.

»Das kommt schon noch«, entgegnete er halbherzig.

Berlekamp sah auch noch andere Probleme in den betrieblichen Abläufen bei Axcom. Das Unternehmen handelte mit Gold, Silber, Kupfer und weiteren Metallen, aber auch mit Schweinen und anderen Fleischsorten sowie Getreide und sonstigen Rohstoffen. Ihre Kauf- und Verkaufsorder wurden aber immer noch per E-Mail-Anweisung an ihren Makler Greg Olsen zu Eröffnung und

Schluss jedes Handelstages übermittelt, und Axcom hielt seine Positionen oft über Wochen oder gar über Monate.

Das sei ein gefährliches Prozedere, befand Berlekamp, weil die Märkte schwanken können. Dass das Unternehmen selten handelte, hinderte es daran, neue Chancen zu nutzen, wenn sie sich ergaben, und führte in längeren Abwärtsphasen zu Verlusten. Berlekamp drängte Ax, kleinere, kurzfristige Chancen zu nutzen – rasch ein- und wieder auszusteigen. Ax ließ ihn erneut auflaufen und berief sich diesmal auf die mit häufigem Handel verbundenen Kosten. Außerdem seien Straus' Intraday-Preisdaten fehlerhaft – er hatte sie noch nicht vollständig »bereinigt« –, weshalb sie kein zuverlässiges Modell für kurzfristige Transaktionen liefern könnten.

Ax gab Berlekamp ein paar Researchaufträge, doch jedes Mal, wenn Berlekamp nach Huntington Beach kam, stellte er fest, dass Ax die meisten seiner Empfehlungen ignorierte – er bezeichnete sie als »Flickschusterei – oder nicht richtig umsetzte. Ax hatte Berlekamp nicht gebeten, vorbeizuschauen und seine Ansichten zu äußern, und er wollte nicht auf die Theorien und Vorschläge eines Professors eingehen, der noch kaum etwas vom Börsengeschäft verstand.

Offenbar brauchte Ax nicht viel Hilfe. Im Vorjahr, 1987, hatte Axcom zweistellige Renditen erzielt und den Crash vom Oktober erfolgreich vermieden, der den Dow Jones Industrial Average an einem Tag 22,6 Prozent gekostet hatte. Ax hatte das Handelsmodell ignoriert und vorausschauend Eurodollar-Futures gekauft, die in die Höhe schossen, als die Aktienkurse auf Talfahrt gingen, sodass Axcom anderweitige Verluste auffangen konnte.

Es sprach sich allmählich herum, dass Simons Mathegenies beschäftigte, die sich an einer neuen Strategie versuchten. Ein paar Privatanleger zeigten Interesse daran, in Axcom zu investieren, darunter Edward Thorp, der Pionier unter den quantitativen Spekulanten. Thorp vereinbarte einen Termin mit Simons in New York, sagte ihn aber wieder ab, nachdem er genauere Erkundigungen eingezogen hatte. Dabei waren es nicht etwa Simons' Strategien, die ihn abschreckten.

»Ich hatte gehört, dass Simons Kettenraucher war und seine Büros einem begehbaren Aschenbecher glichen«, erklärte Thorp, der nach Newport Beach in Kalifornien gezogen war.

Die Kunden hatten auch noch andere Probleme mit Axcom. Manche hatten kein Vertrauen in Simons' Risikokapitalabenteuer und wollten nicht in einen Fonds investieren, der solche Investitionen vornahm. Um solche Investoren bei der Stange zu halten, schloss Simons den Limroy-Fonds im März 1988 und stieß die Venture-Investitionen ab, um zusammen mit Ax einen Offshore-Hedgefonds aufzulegen, der sich ganz dem Börsengeschäft widmete. Sie nannten ihn Medallion, zu Ehren der prestigeträchtigen Mathematikpreise, die sie erhalten hatten. In nur sechs Monaten geriet der Medallion-Fonds in Schieflage. Manche der Verluste waren einer Veränderung von Ax' Fokus zuzuschreiben.

=

Nach seinem Umzug nach Kalifornien hatte Ax im nahen Huntington ein Haus mit Bootssteg in einer ruhigen Gegend gemietet. Bis zum Büro waren es von dort knapp 8 Kilometer über den Pacific Coast Highway. Schon bald suchte Ax nach etwas noch abgelegenerem und mietete schließlich ein Anwesen am Meer in Malibu.

Ax hatte sich in der Gesellschaft anderer nie so richtig wohl gefühlt, und am allerwenigsten im Kollegenkreis. Nun sonderte er sich immer mehr von allen ab und kümmerte sich aus der Ferne um fast ein Dutzend Mitarbeiter im Büro in Huntington. Dort ließ er sich nur einmal die Woche blicken. Manchmal flog Berlekamp zu einem Termin ein und musste feststellen, dass Ax in Malibu geblieben war. Nachdem Ax eine Steuerberaterin namens Frances geheiratet hatte, hatte er noch weniger Lust, ins Büro zu fahren, um sich mit dem Team zu treffen. Manchmal rief er an und erteilte Aufträge, die rein gar nichts mit ihren Algorithmen und Prognosemodellen zu tun hatten.

»Also gut, welche Frühstücksflocken soll ich besorgen?«, soll ein Mitarbeiter einmal am Telefon zu Ax gesagt haben.

Je mehr sich Ax zurückzog, desto schlechter wurden die Ergebnisse von Axcom.

»Es wurde nicht so intensiv analysiert«, berichtet Carmona. »Wenn der Chef nicht da ist, verändert sich die Dynamik.«

Berlekamp formulierte das folgendermaßen: »Ax war ein fähiger Mathematiker, aber ein unfähiger Researchmanager.«

Auf der Suche nach noch mehr Abgeschiedenheit kaufte Ax ein spektakuläres Haus auf einer Klippe in Pacific Palisades mit Blick auf die Santa Monica Mountains. Carmona fuhr einmal die Woche hinaus, um Ax Lebensmittel, Bücher und andere notwendige Dinge zu bringen. Dann lieferten sie sich jedes Mal erbitterte Paddle-Tennis-Matches und Carmona hörte sich geduldig Ax' neueste Verschwörungstheorien an. Unter seinen Kollegen galt Ax allmählich als eine Art Eremit. Ihre Theorie: Ax wohnte so gern direkt an der Küste, weil er dann zumindest auf einer Seite nicht mit Menschen konfrontiert war. Nachdem sich ein Mitarbeiter bereitgefunden hatte, in Ax' Garten eine Salzlecke anzulegen, um Rehe und andere Tiere anzulocken, stand Ax stundenlang am Fenster und beobachtete die Szene.

Einen Teil des Portfolios verwaltete Ax nach seinem Instinkt und wandte sich dabei vom Handel auf der Grundlage der ausgeklügelten Modelle ab, die er mit Straus entwickelt hatte – ganz ähnlich wie Baum Jahre zuvor mehr und mehr zum klassischen Trading überging und Simons Carmonas »Kernels« zunächst unheimlich waren. Offenbar waren noch nicht einmal Mathematikprofessoren für rein quantitative Investments gemacht. Ax fand heraus, dass die *New York Times* für die Westküste in der Stadt Torrance gedruckt wurde, die keine 65 Kilometer entfernt war. Er sorgte dafür, dass ihm sein Exemplar der Ausgabe für den nächsten Tag kurz nach Mitternacht nach Hause geliefert wurde. Daraufhin nahm Ax Transaktionen auf nachts geöffneten internationalen Märkten vor und richtete sich dabei nach Äußerungen von Regierungsvertretern und anderen, die er in der Zeitung gelesen hatte. Er hoffte, der Konkurrenz dadurch einen Schritt voraus zu sein. Außerdem ließ er in seinem Haus überall riesige Bildschirme anbringen, um die Nachrichten zu verfolgen und über eine Videoverbindung, die er eingerichtet hatte, mit Kollegen zu kommunizieren.

»Er wurde ganz technologiebesessen«, beschreibt es Berlekamp.

Ax fuhr einen weißen Jaguar, spielte viel Racquetball und strampelte auf seinem Mountainbike durch die nahe gelegenen Berge. Einmal stürzte er dabei kopfüber und musste am Gehirn notoperiert werden. In der ersten Jahreshälfte 1988 erzielte die Firma weiter kräftige Gewinne, doch im Anschluss kam es zu Verlusten. Ax war zuversichtlich, dass sie sich in Kürze davon erholen würden, doch Simons machte sich Sorgen. Bald lagen er und Ax wieder im Streit. Ax wollte die Computer der Firma aufrüsten, damit das Handelssystem schneller laufen konnte. Die Kosten dafür wollte er aber keinesfalls übernehmen. Simons war ebenfalls nicht bereit, Schecks auszustellen. Die Spannungen verschärften sich und Ax warf Simons vor, sich aus der Verantwortung zu stehlen.

»Das soll alles Simons bezahlen«, erklärte Ax einem Kollegen, als eine Rechnung einging.

Im Frühjahr 1989 betrachtete Ax Berlekamp inzwischen mit mehr Respekt. Wie er selbst war Berlekamp nicht nur ein Mathematiker von Weltrang, sondern dachte gleichermaßen wettbewerbsorientiert. Berlekamps Handelsempfehlungen setzte Ax aber immer noch nicht um. Er merkte jedoch, dass er in der Zwickmühle steckte. Und es gab sonst nur wenige, bei denen er sich über Simons beschweren konnte.

»Ich stemme das gesamte Börsengeschäft, und er betreut nur die Investoren«, beklagte sich Ax bei Berlekamp, der sich um Anteilnahme bemühte.

Einmal kam Berlekamp, als Ax in trüber Stimmung war. Ihr Fonds verlor seit Monaten Geld und war seit Mitte des Vorjahres um fast 30 Prozent ins Minus gerutscht – ein vernichtender Schlag. Axcoms Positionen in Sojabohnen-Futures hatten massiv an Wert verloren, nachdem der Versuch eines italienischen Konzerns, den Markt aufzukaufen, gescheitert war und die Preise in freien Fall gerieten. Auch die Konkurrenz durch andere Trendfolger wirkte sich aus.

Ax präsentierte Berlekamp einen Brief von Simons' Buchhalter Mark Silber, in dem er Axcom anwies, den gesamten Handel des Unternehmens auf der Grundlage der unzuverlässigen längerfristigen Prognosesignale einzustellen, bis Ax und sein Team einen Plan vorlegen konnten, wie sich das Handelsgeschäft umgestalten und verbessern ließ. Simons wollte Axcom nur kurzfristige Geschäfte gestatten, auf die lediglich 10 Prozent der gesamten Tätigkeit entfielen.

Ax war außer sich. Für den Handel war er zuständig. Simons sollte sich gefälligst um die Investoren kümmern.

»Wie kann er mir den Handel verbieten?« Ax wurde laut. »Er *kann* mir den Laden doch nicht einfach dicht machen!«

Ax war weiterhin überzeugt davon, dass sich die Wertentwicklung des Fonds schon erholen würde. Trendfolgestrategien verlangen von einem Investor, auch einmal schwierige Zeiten zu überstehen, wenn die Trends nachlassen oder kein Trend festzustellen ist, weil bald ein neuer bevorsteht. Simons' Handelsstopp verstieß gegen ihren Gesellschaftsvertrag. Ax wollte Simons verklagen.

»Er kommandiert mich schon viel zu lange herum!«, schimpfte Ax.

Berlekamp versuchte, Ax zu beruhigen. Ein Prozess sei keine so gute Idee, erklärte Berlekamp. Er werde viel Geld kosten, sich ewig hinziehen und am Ende vielleicht nicht nach Wunsch ausgehen. Außerdem hatte Simons ein gutes Argument: Technisch handelte Axcom für eine Gesellschaft, die Simons beherrschte – von Rechts wegen konnte er daher über die Zukunft des Unternehmens bestimmen.

Was Ax nicht wusste: Simons stand selbst unter Druck. Bei ihm riefen alte Freunde und Investoren an, weil sie schlaflose Nächte hatten. Manche verkrafteten das nicht und zogen ihr Geld ab. Im Gespräch mit Straus und anderen aus dem Büro war Simons kurz angebunden. Sie wussten ja alle, dass sich die Verluste mehrten, und die Stimmung in der Firma verschlechterte sich.

Simons kam zu dem Schluss, dass Ax' Strategien zu einfach waren. Er erklärte Ax, sie könnten die Kunden nur am Abspringen hindern und das Unternehmen retten, wenn sie die langfristigen Geschäfte einschränkten, auf die sämtliche Verluste entfielen, und den Investoren versicherten, sie würden neue, bessere Taktiken entwickeln.

Das wollte Ax nicht hören. In Huntington Beach warb er um Unterstützung bei seinen Kollegen – ohne großen Erfolg allerdings. Straus erklärte ihm, er wolle nicht Partei ergreifen und fühle sich unwohl mitten in einem eskalierenden Konflikt, der sein Unternehmen und seine Karriere gefährde. Ax wurde wütend.

»Wie kannst du so illoyal sein!«, schrie er Straus an.

Straus wusste darauf nichts zu sagen.

»Ich saß da und kam mir dumm vor«, erzählt er.

Über zehn Jahre lang hatte Simons diverse Händler finanziert und einen neuen Investmentansatz gesucht. Sehr weit gekommen war er damit nicht. Baum war abgesprungen, Henry Laufer ließ sich nur selten blicken, und nun lag sein Fonds mit Ax und Straus mit 20 Millionen US-Dollar im Minus, und die Verluste wuchsen. Simons verbrachte mehr Zeit mit seinen verschiedenen Nebengeschäften als mit dem eigentlichen Handel. Er war nicht mit ganzem Herzen beim Börsengeschäft. Straus und seine Kollegen befürchteten, Simons könne das Unternehmen schließen.

»Es war nicht klar, ob Jim noch Vertrauen hatte«, berichtet er. »Und es war auch nicht klar, ob wir das durchstehen würden oder einpacken konnten.«

Wenn er abends nach Hause kam, machten sich Straus und seine Frau aufs Schlimmste gefasst, überlegten, wo sie sparen konnten, und rechneten zusammen, was sie an Vermögen besaßen, während ihre beiden kleinen Kindern nebenan spielten. Sie besprachen, wo sie hingehen könnten, wenn Simons Axcom schloss und das Börsengeschäft aufgab.

Im Büro setzte sich das Hickhack zwischen Simons und Ax fort. Straus hörte, wie Ax Simons und Silber am Telefon anschrie. Es wurde einfach zu viel.

»Ich nehme Urlaub«, erklärte Straus Ax schließlich. »Findet eine Lösung.«

=

Im Sommer 1989 sah Ax keinen Ausweg mehr. Er beschäftigte zweitklassige Anwälte, die für ein Erfolgshonorar arbeiteten, Simons dagegen New Yorker Spitzenjuristen. Es zeichnete sich ab, dass Simons einen Rechtsstreit gewinnen würde.

Da kam Berlekamp eines Tages mit einem Vorschlag zu Ax.

»Wie wäre es, wenn ich Ihnen Ihren Anteil an der Firma abkaufe?«

Insgeheim war sich Berlekamp immer sicherer, dass er das Ruder bei Axcom herumreißen könnte. Bisher verbrachte er nur einen oder zwei Tage pro Monat in der Firma, und er fragte sich, wie es dieser wohl ergehen würde, wenn er sich ganz der Optimierung des Handelssystems widmen würde. Niemand wusste bisher, wie man ein Computersystem entwickeln konnte, das hohe Gewinne einbrachte. Vielleicht konnte Berlekamp dazu beitragen.

»Mich faszinierte die intellektuelle Leistung«, erklärt er.

Ax sah für sich keine bessere Option. Also erklärte er sich einverstanden, Berlekamp den Großteil seiner Axcom-Anteile zu übertragen. Als der Verkauf abgeschlossen war, gehörten Berlekamp 40 Prozent des Unternehmens, Straus und Simons jeweils 25 Prozent, und Ax hielt noch 10 Prozent.

Ax verkroch sich monatelang in seinem Haus und sprach außer mit seiner Frau nur mit wenigen Menschen. Irgendwann setzte dann langsam eine erstaunliche Veränderung ein. Ax zog mit seiner Frau nach San Diego, lernte endlich, die Dinge etwas lockerer zu sehen, schrieb Gedichte und belegte Kurse im Drehbuchschreiben. Er verfasste sogar einen Science-Fiction-Thriller namens *Bots*.

Im Internet las Ax einen wissenschaftlichen Artikel von Simon Kochen über Quantenmechanik und beschloss, wieder Kontakt zu seinem ehemaligen Kollegen zu suchen, der nach wie vor in Princeton lehrte. Bald arbeiteten sie gemeinsam an wissenschaftlichen Abhandlungen über mathematische Aspekte der Quantenmechanik.[19]

Doch Ax empfand eine gewisse Leere in seinem Leben. Er fand heraus, wo sich sein jüngerer Sohn Brian aufhielt. Eines Tages griff er zum Telefon und rief Brian in seinem Wohnheim an der Brown University in Providence, Rhode Island, an. Sie hatten seit über 15 Jahren nicht miteinander gesprochen.

»Hallo«, sagte er vorsichtig. »Hier ist James Ax.«

Sie redeten stundenlang. Es war das erste einer Reihe langer, intensiver Gespräche zwischen Ax und seinen beiden Söhnen. Ax zeigte Reue, dass er seine Söhne im Stich gelassen hatte, und sah ein, was seine Aggressivität Schlimmes angerichtet hatte. Die Jungen verziehen Ax und wollten gern wieder einen Vater in ihrem Leben haben. Mit der Zeit entwickelte sich eine enge Bindung zwischen Ax und seinen Söhnen. 2003 wurde Ax Großvater. Er traf wieder mit seiner Exfrau Barbara zusammen, und sie fanden zu einer eigenen, unwahrscheinlichen Freundschaft.

Drei Jahre später, im Alter von 69 Jahren, starb Ax an Darmkrebs. Auf seinen Grabstein ließen seine Söhne eine Formel einmeißeln, die das Ax-Kochen-Theorem repräsentierte.

KAPITEL 6

Wissenschaftler sind in erster Linie Menschen.
Decken sich die Wünsche nicht mit den Daten,
ist die Emotion manchmal stärker als die Evidenz.
Brian Keating, Kosmologe, *Losing the Nobel Prize*

Im Sommer 1989 übernahm Elwyn Berlekamp den Medallion-Fonds – gerade als das Investmentgeschäft richtig in Fahrt kam.

Zehn Jahre zuvor hatten Finanzunternehmen nur einen Anteil von 10 Prozent am gesamten US-Gewinn. Inzwischen peilten sie das doppelte an – in einer Zeit, die sich durch Gier und Maßlosigkeit auszeichnete, wie aus Romanen wie *Ein starker Abgang* oder dem Madonna-Song »Material Girl« ersichtlich.

Der unstillbare Hunger von Spekulanten, Bankern und Investoren auf Finanznachrichten, die den Markt beeinflussen würden und nicht öffentlich verfügbar waren – der sogenannte *Informationsvorsprung* – heizte die Gewinne der Wall Street an. Tipps zu bevorstehenden Übernahmeangeboten, Ertragszahlen und neuen Produkten waren die Währung im zwielichtigen Reich der Reagan-Ära. Junk-Bond-König Michael Milken verdiente von 1983 bis 1987 mehr als eine Milliarde Dollar, um dann im Zuge von Ermittlungen über Insidergeschäfte wegen Verstößen gegen das Wertpapierrecht im Gefängnis zu landen. Andere wanderten hinterher, darunter auch der Investmentbanker Martin Siegel und der Spekulant Ivan Boesky, der Übernahmeinformationen gegen Aktentaschen tauschte, die mit Zigtausenden ordentlich gebündelten 100-Dollar-Scheinen gefüllt waren.[20] 1989 war es Gordon Gekko, Protagonist des Films *Wall Street*, der den Takt angab für die aggressiven, arroganten Branchenprofis, die regelmäßig versuchten, sich unlautere Vorteile zu verschaffen.

In dieser testosterongetränkten Phase war Berlekamp eine Ausnahmeerscheinung: ein Akademiker, der wenig auf skandalträchtige Gerüchte oder heiße Tipps gab. Er wusste meist gar nicht, wie die verschiedenen Unternehmen ihr Geld verdienten, und er wollte es auch nicht wissen.

Der bald 49-jährige Berlekamp wies auch äußerlich wenig Ähnlichkeit mit den Masters of the Universe auf, die an der Wall Street immer üppigere Gewinne einfuhren. Berlekamp legte inzwischen Wert auf körperliche Fitness, probierte verschiedene extreme und bedenkliche Diäten aus und fuhr bis zur Erschöpfung Fahrrad. Irgendwann war er so abgemagert, dass sich seine Kollegen Sorgen machten. Berlekamp hatte schütteres Haar, trug eine Brille und einen gepflegten graumelierten Bart, griff selten zur Krawatte und hatte immer fünf mehrfarbige BIC-Schreiber in der Tasche.

Selbst unter den Computer-Nerds, die in manchen Nischen der Geschäftswelt gewisse Prominenz erlangten, stach Berlekamp hervor. Als er 1989 zu einer Konferenz nach Carmel in Kalifornien fuhr, um mehr darüber zu erfahren, wie Rechner prognosekräftigere Modelle entwickeln konnten, schien er der zerstreuteste Professor von allen zu sein.

»Elwyn wirkte leicht aufgelöst, sein ungebügeltes Hemd hing aus der Hose, und seine Augen wanderten hin und her, wenn er scharf nachdachte«, erinnert sich Langdon Wheeler, der Berlekamp auf dieser Konferenz kennenlernte und ihm später zum Freund wurde. »Aber er war so klug, dass ich über seine Eigenheiten hinwegsah und von ihm lernen wollte.«

Im Büro von Axcom formulierte Berlekamp oft so umständlich, dass sich die anderen Mitarbeiter die Haare rauften. Berlekamp sagte einmal, in einem Gespräch übernehme er gern 80 Prozent der Konversation. Wer ihn kannte, fand diesen Schätzwert eher konservativ. Doch Berlekamps Reputation als Mathematiker trug ihm Respekt ein, und seine Zuversicht, dass der Medallion-Fonds seinen Anlageerfolg steigern könnte, erweckte Optimismus. Berlekamps erste Maßnahme war, die Firma etwas näher an seinen Wohnsitz in Berkeley zu verlegen, was Straus und dessen Frau befürworteten. Im September 1989 mietete Straus Büroräume auf der achten Etage des historischen elfstöckigen Wells Fargo Building an, des ersten Hochhauses der Stadt, das nur wenige Gehminuten vom Gelände der UC Berkeley entfernt war. Der Festnetzanschluss in dem Büro konnte die genauen Preise nicht schnell genug übermitteln, deshalb bediente sich die Belegschaft eines Satellitenreceivers auf dem Tribune Tower im nahen

Oakland, um minutengenaue Futures-Preise zu übertragen. Einen Monat später wurde die Bucht von San Francisco vom Loma-Prieta-Erdbeben erschüttert, bei dem 63 Menschen zu Tode kamen. Axcoms neues Büro hatte nur wenig abbekommen, doch Regale und Schreibtische waren zusammengebrochen und Bücher und Geräte beschädigt worden. Zudem war der Satellitenreceiver herabgestürzt – kein sehr verheißungsvoller Anfang für ein Börsenunternehmen, das dringend zu alter Form zurückfinden wollte.

Doch das Team machte sich unverdrossen an die Arbeit. Berlekamp konzentrierte sich auf die Umsetzung der vielversprechendsten Empfehlungen, die Ax tunlichst ignoriert hatte. Simons, nach den monatelangen Querelen mit Ax erschöpft, sprach sich dafür aus.

»Gehen wir auf Nummer sicher«, sagte Berlekamp zu Simons.

Ax hatte sich nicht auf eine schneller getaktete kurzfristige Trading-Strategie umstellen wollen – unter anderem, weil er fürchtete, die durch einen dynamischeren, höherfrequenten Ansatz anfallenden Maklerprovisionen und anderen Kosten könnten potenzielle Gewinne aufzehren. Ax hatte auch Bedenken geäußert, der rasche Handel würde die Preise so in die Höhe treiben, dass es potenzielle Gewinne dezimieren könne – ein Kostenfaktor, der auch als *Slippage* bezeichnet wurde, und den der Medallion-Fonds nicht hundertprozentig genau beziffern konnte.

Das waren berechtigte Einwände, die an der Wall Street zu einer ungeschriebenen Regel geführt hatten: nicht zu viel handeln. Abgesehen von den Kosten brachten kurzfristige Bewegungen in aller Regel nur winzige Gewinne, die Investoren selten in Begeisterung versetzten. Wozu also so hart arbeiten und so viel handeln, wenn das Gewinnpotenzial begrenzt war?

»Wie bei Baseball, Mutterschaft und Apfelkuchen gab es darüber einfach keine Diskussion«, erklärte Berlekamp.

Doch Berlekamp hatte nie an der Wall Street gearbeitet und war von Haus aus skeptisch, was überlieferte Dogmen anging, die von Leuten aufgestellt worden waren, deren Analysen nicht besonders fundiert waren. Er sprach sich für mehr kurzfristige Transaktionen aus. Zu viele der langfristigen Engagements der Firma waren Blindgänger gewesen, während die kurzfristigen Geschäfte dem Medallion-Fonds die größten Gewinne beschert hatten – dank der Arbeit von Ax, Carmona und anderen. Es schien folgerichtig, auf diesen Erfolg aufzubauen. Berlekamp lag auch beim Timing richtig – damals waren die meisten von Straus'

Intraday-Daten bereinigt, was die Entwicklung neuer Ideen für kurzfristige Geschäfte erleichterte.

Ihr Ziel blieb dasselbe: Historische Preisdaten durchforsten, um Sequenzen aufzuspüren, die sich unter der Annahme wiederholen könnten, dass sich die Anleger künftig ähnlich verhalten. Simons' Team sah in diesem Ansatz Parallelen zum *technischen Handel*. Das Establishment an der Wall Street betrachtete diese Herangehensweise eher als schwarze Kunst, doch Berlekamp und seine Kollegen waren von den Erfolgschancen überzeugt, wenn man differenziert und wissenschaftlich genug an die Sache heranging. Das galt allerdings nur, wenn sie sich bei ihren Spekulationen auf kurzfristige Veränderungen fokussieren würden, nicht auf längerfristige Trends.

Berlekamp argumentierte weiter, dass bei weniger häufigen Käufen und Verkäufen die Folgen jeder einzelnen Bewegung ungleich größer seien. Lag man mehrere Male falsch, war das für das Portfolio möglicherweise verhängnisvoll. Eine große Zahl von Transaktionen, von denen jede einzelne keine so große Rolle spielte, verminderte dagegen das Gesamtrisiko des Portfolios.

Berlekamp und seine Kollegen hofften, der Medallion-Fonds könne einem Spielcasino gleichen. Wie im Casino, wo täglich so viele Einsätze angenommen wurden, dass man nur von etwas mehr als der Hälfte profitieren musste, wollte das Axcom-Team seinen Fonds so intensiv handeln lassen, dass er satte Gewinne einfahren konnte, wenn nur knapp über 50 Prozent der einzelnen Geschäfte Profit abwarfen. Schon ein geringer statistischer Vorsprung würde dem Gesetz der großen Zahlen zufolge zu ihren Gunsten wirken – genau wie im Spielcasino.

»Wer häufig handelt, muss nur in 51 Prozent aller Fälle richtig liegen«, räsonierte Berlekamp mit einem Kollegen. »Wir brauchen dann nur einen kleineren Vorsprung bei jeder Transaktion.«

Als sie ihre Daten auf kurzfristige Handelsstrategien hin abklopften, die man dem Handelsmodell des Medallion-Fonds hinzufügen konnte, bemerkten sie bestimmte verblüffende Kuriositäten des Marktes. Die Kurse mancher Anlagen fielen oft kurz vor der Veröffentlichung wichtiger Konjunkturberichte und zogen kurz danach wieder an, doch sie gaben nicht *immer* vor dem Erscheinen der Berichte nach und tendierten im Anschluss nicht *jedes Mal* prompt aufwärts. Aus unerklärlichen Gründen lag dieses Muster bei den statistischen Arbeitsmarktdaten des US-Arbeitsministeriums und verschiedenen anderen veröffentlichten Daten nicht vor. Die vorhandenen Daten lieferten jedoch ausreichende Indizien dafür, wann dieses Phänomen am wahrscheinlichsten auftreten würde. Also erteilte das Modell kurz vor der Bekanntgabe der Wirtschaftsdaten Kaufempfehlungen und unmittelbar danach Verkaufsempfehlungen.

Doch das reichte Berlekamp noch nicht. Er rief Henry Laufer an, der sich bereiterklärt hatte, Simons mehr Zeit zur Verfügung zu stellen, um ihm zu helfen, den Medallion-Fonds nach Ax' Ausstieg wieder auf Kurs zu bringen. Laufer saß mit mehreren wissenschaftlichen Assistenten aus dem Einzugsbereich der Stony Brook im Keller von Simons' Büro auf Long Island und versuchte, das Handelsmodell des Medallion-Fonds auf Vordermann zu bringen – genau wie Berlekamp und Straus in Berkeley.

Bei der Analyse von Straus' Daten entdeckte Laufer bestimmte wiederkehrende Handelssequenzen, die vom jeweiligen Wochentag abhingen. So entwickelten sich die Preise an einem Montag häufig wie am Freitag, während sich vorausgegangene Trends an Dienstagen oft *umkehrten*. Laufer fand auch heraus, wie sich aus dem Handelsgeschehen am Vortag Rückschlüsse auf die Entwicklungen des nächsten Tages ziehen ließen. Das bezeichnete er als den *24-Stunden-Effekt*. So begann das Medallion-Modell, am Freitag gegen Abend zu kaufen, wenn ein eindeutiger Aufwärtstrend vorlag, um dann zeitig am Montag zu verkaufen und den sogenannten *Wochenendeffekt* auszunutzen.

Simons und seine Analysten hielten nicht viel davon, eigene intuitive Handelsideen vorzuschlagen und auf die Probe zu stellen. Sie ließen sich von den Daten auf Anomalien hinweisen, die Chancen signalisierten. Sie sahen auch keinen Sinn darin, sich darüber Gedanken zu machen, warum es bestimmte Phänomene gab. Es kam ihnen nur darauf an, dass diese häufig genug auftraten, um sie in ihr aktualisiertes Handelssystem aufzunehmen und durch Tests auszuschließen, dass es sich um statistische Ausreißer handelte.

Theorien entwickelten sie aber schon. Berlekamp und andere stellten die These auf, dass die *Locals*, also die Parketthändler, die Rohstoffe und Anleihen kaufen oder verkaufen, damit der Markt in Gang blieb, am Ende einer Börsenwoche gern wenig oder gar keine Futures-Kontrakte hielten. Schließlich konnten übers Wochenende schlechte Nachrichten eingehen, sodass sie am Ende mit Verlusten dastünden. Ebenso schienen die Broker an den Rohstoffbörsen ihre Futures-Positionen offenbar vor der Bekanntgabe von Konjunkturberichten zu verringern. Sie wollten dadurch wohl vermeiden, dass ihre Positionen durch unerwartete Meldungen größeren Schaden nehmen könnten.

Nach dem Wochenende beziehungsweise der Veröffentlichung der betreffenden Daten nahmen solche Händler ihre Positionen rasch wieder ein, sodass sich die Preise erholten. Das Medallion-System kaufte, wenn diese Makler ihre Bestände abstießen, und verkaufte ihnen die Positionen wieder, sobald sie die Risiken erneut verkraftbar fanden.

»Wir sind quasi im Versicherungsgeschäft tätig«, erklärte Berlekamp Straus.

Auch bestimmte Eigenheiten der Devisenmärkte boten weiter reizvolle Chancen. Besonders aussichtsreich war der Handel mit der D-Mark. Zog diese Währung an, war die Wahrscheinlichkeit überraschend groß, dass sie auch am nächsten Tag weiter kletterte. Gab sie nach, fiel sie am Folgetag oft erneut. Ganz gleich ob das Team die Korrelationen von Monat zu Monat, Woche zu Woche, Tag zu Tag oder auch von Stunde zu Stunde heranzog – die Trends bei der D-Mark zeigten sich ungewöhnlich beständig und dauerten oft länger als erwartet.

Wirft man eine Münze, liegt die Wahrscheinlichkeit, dass zweimal hintereinander Kopf erscheint, bei 25 Prozent. Es besteht aber keine Korrelation zwischen einem Wurf und dem nächsten. Bei den Kursbewegungen der D-Mark stellten Straus, Laufer und Berlekamp jedoch eine Korrelation zwischen zwei aufeinanderfolgenden Zeiträumen von immerhin 20 Prozent fest. Das bedeutete, der Ablauf wiederholte sich in mehr als 50 Prozent der Fälle. Zum Vergleich: Bei anderen Währungen lag die Korrelation zwischen konsekutiven Zeiträumen bei 10 Prozent, für Gold bei 7 Prozent, für Schweine und andere Rohstoffe bei 4 Prozent und für Aktien bei 1 Prozent.

»Der Zeitrahmen spielt offenbar keine Rolle«, erklärte Berlekamp einem Kollegen eines Tages überrascht. »Die statistische Anomalie bleibt die gleiche.«

Korrelationen zwischen aufeinanderfolgenden Perioden sollte es eigentlich nicht so oft geben. Diese Ansicht vertraten damals zumindest die meisten Ökonomen, die Verfechter der Hypothese vom *effizienten Markt* waren. Danach ist es unmöglich, den Markt zu schlagen, indem man Preisunregelmäßigkeiten ausnutzt, denn diese dürfte es eigentlich nicht geben. Sobald sie festgestellt werden, sollten die Anleger einschreiten, um sie auszugleichen, so die Wissenschaftler.

Die Sequenzen, die im Handel mit der D-Mark zu beobachten waren – und sogar noch ausgeprägtere Korrelationen beim Yen –, waren so unerwartet, dass das Team gern wissen wollte, wie es dazu kam. Straus stieß auf wissenschaftliche Artikel, die behaupteten, dass die Zentralbanken in aller Welt abrupte Wechselkursänderungen, die Volkswirtschaften aus dem Tritt bringen können, nicht mögen, und deshalb intervenieren, um stärkere Ausschläge in die eine oder andere Richtung zu dämpfen. Aus der Langsamkeit, mit der große Unternehmen wie Eastman Kodak geschäftliche Entscheidungen trafen, zog Berlekamp den Schluss, dass sich die wirtschaftlichen Triebkräfte, die Wechselkursveränderungen zugrunde lagen, wohl über viele Monate entfalten.

»Die Menschen halten länger an ihren Gewohnheiten fest, als sie sollten«, erklärt er.

Die Wechselkursbewegungen waren ein Bestandteil der wachsenden Palette an *handelbaren Effekten* des Medallion-Fonds, wie sie in dem eigenen Jargon sagten, der sich herausbildete. Berlekamp, Laufer und Straus brüteten monatelang über ihren Daten. Sie saßen stundenlang vor ihren Rechnern und untersuchten, wie die Kurse auf Zigtausende von Marktentwicklungen reagierten. Simons meldete sich täglich persönlich oder telefonisch, teilte ihnen seine Ideen dazu mit, wie sich das Handelssystem verbessern ließ, und animierte das Team dazu, sich darauf zu konzentrieren, was er als »subtile Anomalien« bezeichnete, die andere übersahen.

Neben den wiederkehrenden Abfolgen, die folgerichtig erschienen, entdeckte das von Berlekamp, Straus und Laufer entwickelte System kaum wahrnehmbare Formationen auf verschiedenen Märkten, für die es keine Erklärung zu geben schien. Solche Trends und Anomalien waren mitunter so schnell wieder verschwunden, dass sie die meisten Investoren gar nicht bemerkten. Sie waren dermaßen flüchtig, dass sie das Team als *Geister* bezeichnete. Dennoch traten sie so häufig auf, dass es lohnend schien, sie in den Mix von Handelsideen aufzunehmen. Simons war zu der Ansicht gelangt, dass es nicht darauf ankam, *warum* eine Taktik funktionierte. Hauptsache, sie tat es.

Bei ihrer Arbeit an der Ermittlung historischen Marktverhaltens hatten die Analysten einen großen Vorteil: Ihnen standen genauere Preisdaten zur Verfügung als der Konkurrenz. Straus hatte über Jahre die *Tick*-Daten erfasst, die Aufschluss gaben über das innertägliche Handelsvolumen und die Preisinformationen für verschiedene Futures, obwohl die meisten Investoren solche kleinteiligen Informationen ignorierten. Bis 1989 stützte sich auch Axcom wie die meisten anderen Investoren generell auf Eröffnungs- und Schlussdaten. Bis dahin waren die Intraday-Daten, die Straus gesammelt hatte, mehr oder weniger nutzlos gewesen. Doch mithilfe der moderneren, leistungsfähigeren MIPS-Computer (Million Instructions per Second) in den neuen Büros konnte das Unternehmen sämtliche Preisdaten in Straus' Sammlung rasch analysieren und Tausende statistisch signifikanter Beobachtungen über die Handelsdaten generieren, um zuvor unerkannte Preisformationen zu offenbaren.

»Wir merkten, dass wir Intraday-Daten gespeichert hatten«, erzählt Straus. »Sie waren weder hundertprozentig bereinigt noch lückenlos«, doch verlässlicher und umfangreicher als alles, was von anderen bisher eingesetzt wurde.

=

Ende 1989, nach sechs Monaten Arbeit, waren Berlekamp und seine Kollegen ziemlich sicher, dass ihr umgestaltetes Handelssystem – mit Schwerpunkt auf den Märkten für Rohstoffe, Währungen und Anleihen – Erfolg versprach. Manche ihrer Anomalien und Trends dauerten Tage, andere nur Stunden oder gar Minuten, doch Berlekamp und Laufer waren zuversichtlich, dass ihr aufgerüstetes System daraus Kapital schlagen konnte. Die Ermittlung verlässlicher Trends bei Aktien fiel dem Team schwer, doch das schien unerheblich. Auf anderen Märkten hatten sie genügend Eigenheiten entdeckt, auf die sie setzen konnten.

Manche der von ihnen ermittelten Handelssignale waren weder besonders neu noch besonders raffiniert. Doch sie waren von vielen Spekulanten ignoriert worden. Entweder traten die Phänomene nur mit kaum mehr als 50-prozentiger Wahrscheinlichkeit auf oder sie brachten offenbar nicht genug Gewinn, um die Transaktionskosten aufzufangen. Also gingen die Investoren darüber hinweg und suchten nach aussichtsreicheren Chancen – wie Fischer, die die Guppys in ihren Netzen ignorieren in der Hoffnung auf einen besseren Fang. Doch mit der richtigen Handelsfrequenz würde es sich lohnen, auch all die Guppys zu behalten, die sie fingen, meinte das Medallion-Team.

Ende 1989 setzte die Firma ihren neuen Ansatz mit den 27 Millionen US-Dollar um, die Simons noch verwaltete. Die Ergebnisse stellten sich nahezu unverzüglich ein und verblüfften praktisch jeden im Büro. Sie handelten so viel wie nie zuvor, strichen die durchschnittliche Haltedauer des Medallion-Fonds von eineinhalb Wochen auf nur eineinhalb Tage zusammen und verbuchten fast jeden Tag Gewinne.

Doch nahezu ebenso schnell ergaben sich Probleme. Sobald der Medallion-Fonds kanadische Dollar handelte, schien er Geld zu verlieren. Nahezu jede Transaktion schlug fehl. Das war nicht nachvollziehbar – dem Modell zufolge sollte der Medallion-Fonds daran verdienen. Doch er verlor immer wieder, Tag für Tag.

Eines Tages wandte sich Berlekamp frustriert an Simons, der einen Parketthändler an der Chicago Board of Trade anrief, um dessen Meinung zu ihren Problemen einzuholen.

»Aber weißt du denn das nicht, Jim?«, lachte der Händler. »Diese Kerle sind Betrüger.«

Nur drei Händler an dem Börsenplatz fokussierten sich auf Futures auf den kanadischen Dollar, und sie arbeiteten zusammen, um Kunden zu übervorteilen, die so naiv waren, mit ihnen Geschäfte zu machen. Platzierte Simons' Team eine Kauforder, informierten sich die Broker gegenseitig und kauften unverzüglich für eigene Rechnung Kontrakte auf den kanadischen Dollar, was den Preis ein klein wenig in die Höhe trieb, um sie dann an Simons zu verkaufen und die Differenz als Gewinn einzustreichen. Wollte der Medallion-Fonds verkaufen, gingen sie entsprechend andersherum vor. Die winzigen Preisdifferenzen reichten aus, um den kanadischen Dollar in jedem Fall zum Verlustgeschäft zu machen. Das war einer der ältesten Tricks der Wall Street, doch Berlekamp und seinen akademischen Mitstreitern war diese Praxis unbekannt. Unverzüglich nahm Simons Kontrakte auf den kanadischen Dollar aus dem Handelssystem des Medallion-Fonds heraus.

Ein paar Monate später, Anfang 1990, hatte Simons noch beunruhigendere Neuigkeiten für Berlekamp.

»Es heißt, bei Stotler kriselt es.« In Simons' Stimme schwang die Angst mit.

Berlekamp war fassungslos. Ausnahmslos alle Positionen des Medallion-Fonds lagen in Depots der Stotler Group, einer Rohstoffhandelsfirma, die von Karsten Mahlmann geleitet wurde, dem obersten gewählten Vertreter der Chicago Board of Trade. Berlekamp und andere hatten Stotler für das sicherste und zuverlässigste Maklerhaus in Chicago gehalten. Ging Stotler pleite, würde ihr Depot eingefroren. In den Wochen, die es vermutlich dauern würde, alles zu klären, würden Futures-Kontrakte im Wert von zig Millionen Dollar in der Luft hängen, was verheerende Verluste nach sich ziehen dürfte. Straus erfuhr über seine Börsenkontakte im Vertrauen, dass Stotler hoch verschuldet war, was für zusätzliche Nervosität sorgte.

Das war jedoch nur ein Gerücht. Sämtliche Transaktionen und Depots auf andere Makler zu übertragen, wäre lästig, zeitaufwendig und teuer für den Medallion-Fonds, bei dem sich das Blatt gerade zu wenden schien. Stotler zählte seit Langem zu den einflussreichsten und renommiertesten Unternehmen in der Branche, was dafür sprach, dass es einen Rückschlag verkraften konnte. Berlekamp erklärte Simons, er sei nicht sicher, was zu tun war.

Simons konnte diese Unentschlossenheit nicht nachvollziehen.

»Elwyn, wenn man Rauch riecht, nimmt man die Beine in die Hand!«, drängte er.

Straus schloss das Maklerdepot und suchte sich andere Geschäftspartner. Monate später trat Mahlmann bei Stotler und der Chicago Board of Trade zurück. Zwei Tage später stellte das Unternehmen Konkursantrag. Später legten ihm die Aufsichtsbehörden Betrug zur Last.

Simons und seine Firma waren gerade noch einmal davongekommen.

=

1990 gelang Simons' Team fast alles, was es anpackte. Es war, als hätten sie nach jahrzehntelangem Experimentieren endlich die ersehnte Zauberformel entdeckt. Statt nur bei Eröffnung und Schluss des Börsentages handelten Berlekamp, Laufer und Straus nun auch mittags. Ihr System beruhte überwiegend auf kurzfristigen Bewegungen. Langfristige Transaktionen machten nur 10 Prozent des Geschäfts aus.

An einem Tag verbuchte Axcom mehr als 1 Million Dollar Gewinn – zum ersten Mal in der Firmengeschichte. Simons belohnte das Team mit Champagner, ganz wie damals beim IDA, als auch die Korken knallten, wenn ein heikles Problem gelöst war. Derartige Eintagesgewinne stellten sich bald mit solcher Regelmäßigkeit ein, dass ein bisschen zu viel getrunken wurde. Simons erteilte Weisung, dass erst Champagner ausgeschenkt werden sollte, wenn der Tagesertrag über 3 Prozent lag. Das Team war dennoch oft genug beschwipst.

Trotz des Erfolgs genoss der Ansatz der Gruppe außerhalb des eigenen Büros wenig Ansehen. Als Berlekamp die Geschäftsmethoden seines Unternehmens Studenten auf dem Berkeley-Campus erklärte, machten sich manche darüber lustig.

»Wir galten als Spinner, die lächerliche Ideen hatten«, berichtet Berlekamp.

Seine Professorenkollegen waren so höflich, weder Kritik noch Skepsis zu äußern – zumindest in seinem Beisein. Doch Berlekamp wusste, was sie dachten.

»Die Kollegen mieden es, sich dazu zu äußern«, erzählt er.

Simons waren die Zweifler egal. Die Gewinne bestärkten ihn in seiner Überzeugung, dass ein automatisiertes Handelssystem den Markt schlagen konnte.

»Das ist eine echte Chance«, erklärte er Berlekamp mit wachsender Begeisterung.

1990 verbuchte der Medallion-Fonds 55,9 Prozent Gewinn – eine drastische Verbesserung gegenüber dem Vorjahr, als er 4 Prozent verloren hatte. Besonders imposant waren die Gewinne, weil sie sich nach Abzug der hohen Gebühren verstanden, die der Fonds in Rechnung stellte. Sie betrugen 5 Prozent* des gesamten verwalteten Vermögens und 20 Prozent sämtlicher vom Fonds generierter Gewinne.

Noch ein Jahr zuvor hatte Simons ebenso viel mit seinen anderen Geschäften zu tun gehabt wie mit dem Hedgefonds. Jetzt war er überzeugt, dass das Team endlich einer richtig großen Sache auf der Spur war, und er wollte mehr Anteil daran haben. Simons rief Berlekamp ständig an, fast jeden Tag.

Anfang August desselben Jahres, nachdem der Irak in Kuwait einmarschiert war, setzten Gold- und Ölpreise zum Höhenflug an. Simons rief Berlekamp an und animierte ihn, dem System Gold- und Öl-Futures beizumischen.

»Elwyn, hast du dir die Goldpreise angesehen?«

Wie sich herausstellte, machte Simons immer noch eigene Börsengeschäfte anhand von Chartformationen bei verschiedenen Rohstoffen. Er wollte die optimistischen Erkenntnisse teilen, die er zu verschiedenen Gold-Investments gewonnen hatte.

Berlekamp hörte sich den Rat wie gewöhnlich höflich an, erklärte Simons aber dann, man solle das Geschäft lieber dem System überlassen und nicht an den Algorithmen herumschrauben, die sie so mühevoll perfektioniert hatten.

»Na gut, dann mach eben weiter, wie gehabt«, gab Simons nach.

Doch etwas später, als Gold noch höher kletterte, hängte er sich prompt wieder ans Telefon: »Elwyn, der Preis ist noch gestiegen!«

Berlekamp verstand die Welt nicht mehr. Es war doch Simons gewesen, der unbedingt ein computerisiertes Handelssystem ganz ohne menschliche Einmi-

* Die Managementgebühr von 5 Prozent war 1988 festgelegt worden, als Straus Simons erklärte, er benötige rund 800 000 US-Dollar für das Computersystem des Unternehmens und andere Betriebskosten – eine Zahl, die 5 Prozent der damals verwalteten 16 Millionen US-Dollar entsprach. Simons schien die Gebühr angemessen, und er behielt sie bei, als das Unternehmen wuchs.

schung entwickeln wollte. Es war Simons gewesen, der sich auf wissenschaftliche Methoden stützen wollte, auf das Austesten übersehener Anomalien statt auf primitive Charts oder Bauchgefühle. Berlekamp, Laufer und das übrige Team hatten alles getan, um den Faktor Mensch möglichst aus dem Handelsgeschäft auszuklammern. Und jetzt kam Simons daher, sagte, er habe bei Gold ein gutes Gefühl, und wollte das System manipulieren?

»Jim glaubte, dass der Fonds systematisch verwaltet werden sollte, doch wenn er Zeit übrig hatte – fünf oder zehn Stunden pro Woche –, handelte er mit Gold oder Kupfer und bildete sich ein, etwas daraus zu lernen«, erzählt Berlekamp.

Wie schon Baum und Ax reagierte auch Simons unwillkürlich auf Nachrichten.

Doch Berlekamp wehrte sich.

»Wie schon gesagt, Jim, wir passen unsere Positionen nicht an«, erklärte er Simons schließlich genervt.

Berlekamp legte auf und sagte zu einem Kollegen: »*Das System* bestimmt, was wir handeln.«

Simons veranlasste nie selbst größere Transaktionen, doch als der Golfkrieg begann, brachte er Berlekamp dazu, ein paar Kaufoptionen auf Öl zu kaufen als »Versicherung« für den Fall, dass die Rohölpreise weiter stiegen. Außerdem fuhr er das Engagement des Fonds insgesamt um ein Drittel zurück, als die Kampfhandlungen im Nahen Osten nicht abflauten.

Simons fand, er müsse seinen Kunden diese Anpassungen erklären.

»Um mit drastischen, plötzlichen Veränderungen umzugehen, müssen wir uns immer noch auf menschliches Urteilsvermögen und manuelle Interventionen stützen«, erläuterte er in jenem Monat in einem Brief.

Simons bombardierte Berlekamp weiter mit Anrufen, was diesem zunehmend auf die Nerven fiel.

»An einem Tag rief er mich vier Mal an«, berichtet er. »Das war lästig.«

Kurz darauf war Simons wieder in der Leitung – diesmal, um Berlekamp mitzuteilen, dass er das Analystenteam nach Long Island holen wollte. Simons hatte Laufer wieder als Vollzeitmitarbeiter für das Team gewonnen und wollte sich stärker ins Handelsgeschäft einbringen. Auf Long Island, so Simons' Ansicht, könnten sie alle zusammen sein. Doch Berlekamp und Straus sahen das anders.

Im weiteren Jahresverlauf begann Simons, Berlekamp vorzuhalten, dass der Fonds, der inzwischen knapp 40 Millionen US-Dollar verwaltete, eigentlich viel besser dastehen sollte. Simons war von den jüngsten Justierungen am Modell begeistert und überzeugt, dass der Medallion-Fonds kurz vor einem echten Durchbruch stand.

»Arbeiten wir am System«, erklärte Simons eines Tages. »Dann sollten wir nächstes Jahr auf 80 Prozent kommen.«

Berlekamp traute seinen Ohren kaum.

»Jim, in mancher Hinsicht hatten wir einfach großes Glück«, wandte Berlekamp ein, um Simons Überschwang zu bremsen.

Nach dem Telefonat schüttelte Berlekamp frustriert den Kopf. Der Medallion-Fonds verbuchte bereits atemberaubende Gewinne. Er bezweifelte, dass der Hedgefonds diese Serie im selben Tempo fortsetzen konnte – von einer Steigerung der Performance ganz zu schweigen.

Doch Simons stellte immer neue Forderungen. Er wollte das Team vergrößern, weitere Satellitenschüsseln für das Dach kaufen und Geld für andere Infrastruktur ausgeben, die es ihnen ermöglichen würde, das computerisierte Handelssystem des Medallion-Fonds aufzurüsten. Und Berlekamp sollte zumindest einen Teil der Kosten übernehmen.

Berlekamp litt unter dem Druck. Er arbeitete nach wie vor Teilzeit als Professor in Berkeley, und das machte ihm mehr Spaß denn je – vermutlich, weil ihm dabei nicht ständig jemand über die Schulter schaute.

»Ständig hatte ich Jim am Telefon – da fühlte ich mich an der Uni einfach wohler«, erklärt Berlekamp.

Irgendwann reichte es. Er rief Simons an und machte ihm ein Angebot.

»Jim, wenn du meinst, dass wir 80 Prozent schaffen können, während ich von 30 Prozent ausgehe, dann ist die Firma in deinen Augen offensichtlich weitaus mehr wert als in meinen«, sagte Berlekamp. »Warum kaufst du mir meinen Anteil dann nicht ab?«

Genau das tat Simons. Im Dezember 1990 wurde Axcom aufgelöst. Simons zahlte Berlekamp bar aus und Straus und Ax tauschten ihre Axcom-Anteile gegen eine Beteiligung an Renaissance, der künftigen Verwaltungsgesellschaft des Medallion-Fonds. Berlekamp ging nach Berkeley zurück, um zu lehren und sich wieder ganz der mathematischen Forschungsarbeit zu widmen. Seine Axcom-Anteile verkaufte er für das Sechsfache dessen, was er nur 16 Monate zuvor dafür gezahlt hatte – ein großartiges Geschäft, wie er fand.

»Dass wir erst noch richtig durchstarten würden, hätte ich nie gedacht«, gibt Berlekamp zu.

Später gründete Berlekamp seine eigene Investmentfirma, Berkeley Quantitative, die ebenfalls mit Futures-Kontrakten handelte und zwischenzeitlich mehr als 200 Millionen US-Dollar verwaltete. Nach mittelmäßigen Ergebnissen wurde sie 2012 geschlossen.

»Mich trieb immer eher die Neugier um«, meint Berlekamp. »Jim dagegen ging es in erster Linie ums Geld.«

Im Frühjahr 2019 starb Berlekamp 78-jährig an den Komplikationen einer Lungenfibrose.

=

Berlekamp, Ax und Baum hatten der Firma den Rücken gekehrt, doch Simons kümmerte das wenig. Er war überzeugt, eine bombensichere Methode entwickelt zu haben, um *systematisch* zu investieren und Computer und Algorithmen für den Handel mit Rohstoffen, Anleihen und Währungen einzusetzen – in einer Weise, die als wissenschaftlichere, anspruchsvollere Variante technischer Handelsstrategien angesehen werden konnte und die Ermittlung übersehener Muster auf dem Markt beinhaltete.

Doch Simons war Mathematiker, und seine Kenntnisse der Investmentgeschichte waren begrenzt. Ihm war nicht bewusst, dass sein Ansatz nicht ganz so originell war, wie er dachte. Ebenso wenig war er sich darüber im Klaren, wie viele Spekulanten mit ähnlichen Methoden schon grandios gescheitert waren. Manche Börsianer, die ähnliche Taktiken einsetzten, waren ihm überdies um einiges voraus.

Um die Finanzmärkte wirklich in den Griff zu kriegen, würde Simons eine ganze Reihe gewaltiger Hürden überwinden müssen, von denen er gar nicht wusste, dass sie ihm im Wege standen.

KAPITEL 7

Was Jim Simons Ende 1990 so begeistert hatte, war eine klare Erkenntnis: Historische Formationen können die Grundlage für Computermodelle bilden, die in der Lage sind, übersehene laufende Markttrends zu erkennen, und es ermöglichen, aus der Vergangenheit auf die Zukunft zu schließen. Das glaubte Simons schon lange, doch seine jüngsten spektakulären Gewinne überzeugten ihn davon, dass der Ansatz tatsächlich funktionierte.

Doch dem Studium der Finanzgeschichte hatte Simons nur wenig Zeit gewidmet. Andernfalls wäre ihm vielleicht aufgegangen, dass seine Herangehensweise gar nicht so neuartig war. Seit Jahrhunderten arbeiteten Spekulanten bereits in unterschiedlicher Form mit Mustererkennung und stützten sich auf Methoden, die der von Renaissance herangezogenen nicht unähnlich waren. Dass viele dieser schillernden Charaktere kläglich versagt hatten oder schlichtweg Scharlatane waren, verhieß nichts Gutes für Simons.

Simons' Investmentstil ging zurück bis ins alte Babylon, als Händler bereits die Preise für Gerste, Datteln und andere Feldfrüchte auf Tontafeln aufzeichneten und hofften, ihre künftige Entwicklung vorauszusagen. Mitte des 16. Jahrhunderts gewann ein deutscher Händler aus Nürnberg namens Christopher Kurz Ansehen, weil er angeblich in der Lage war, auf 20 Tage die Preise für Zimt, Pfeffer und andere Gewürze vorherzusagen. Wie seinerzeit große Teile der Gesellschaft verließ sich Kurz auf astrologische Zeichen, versuchte aber auch, seine Signale rückzuvergleichen und daraus glaubwürdige Grundsätze abzuleiten wie den, dass sich die Preise oft in lang anhaltenden Trends bewegen.

Im 18. Jahrhundert erfand der japanische Reishändler und Spekulant Munehisa Homma, auch »Gott der Märkte« genannt, eine Charttechnik, um das Niveau von Eröffnungspreisen, Hochs, Tiefs und Schlusspreisen an den Reisbörsen des Landes über bestimmte Zeiträume grafisch darzustellen. Hommas Diagramme, darunter die klassische *Candlestick*-Formation, resultierten in einer frühen, einigermaßen hoch entwickelten Handelsstrategie auf der Grundlage der Rückkehr zum Mittelwert (Mean-Reversion-Effekt). Homma behauptete, die Märkte würden von Gefühlen geleitet, und »Spekulanten sollten lernen, Verluste rasch mitzunehmen und Gewinne laufen zu lassen« – Taktiken, wie sie Futures-Händler später übernahmen.[21]

In den 1830er-Jahren verkauften britische Ökonomen Investoren ausgeklügelte Preischarts. Noch im selben Jahrhundert betrachtete ein amerikanischer Journalist namens Charles Dow, der den Dow Jones Industrial Average entwickelte und an der Gründung des *Wall Street Journal* mitwirkte, verschiedene Markthypothesen unter streng mathematischen Gesichtspunkten, woraus die moderne technische Analyse entstand. Diese stützt sich auf die grafische Darstellung bestimmter Preistrends, Handelsvolumina und sonstiger Faktoren.

Anfang des 20. Jahrhunderts fand der Finanzprognostiker William D. Gann trotz seiner fragwürdigen Vorgeschichte eine fanatische Gefolgschaft. Es heißt, Gann sei als Sohn einer armen Baptistenfamilie auf einer Baumwollfarm in Texas zur Welt gekommen. Er habe die Schule abgebrochen, um seiner Familie bei der Feldarbeit zu helfen, und seine Finanzbildung habe er sich im örtlichen Baumwolllager angeeignet. Schließlich sei Gann nach New York gekommen, habe dort 1908 ein Maklerhaus eröffnet und sich durch die geschickte Deutung von Kurscharts einen Ruf erworben, weil er es verstand, Zyklen und Rückgänge sauber zu ermitteln und zu prognostizieren.

Gann richtete sich dabei nach einem Bibelwort aus dem Buch Prediger: »Was geschehen ist, wird wieder geschehen …: Es gibt nichts Neues unter der Sonne.« Gann deutete diesen Satz so, dass der Schlüssel zum Börsenerfolg in historischen Bezugspunkten lag. Ganns Popularität wuchs, was zum Teil der Behauptung geschuldet war, er habe innerhalb eines Monats aus 130 Dollar 12 000 Dollar gemacht. Seine treuen Anhänger schreiben Gann zu, dass er von der Weltwirtschaftskrise bis zum Angriff auf Pearl Harbour alles korrekt vorhergesagt habe. Gann kam zu dem Schluss, dass das Leben in all seinen Facetten einer universellen Naturordnung unterlag, die er als *Vibrationsgesetz* bezeichnete – und das geometrische Sequenzen und Winkel verwendet werden konnten, um Marktbewegungen vorherzusagen. Die *Gann-Analyse* ist bis heute ein einigermaßen populärer Teilbereich der Charttechnik.

Dabei gab es nie eindeutige Nachweise für Ganns Investmenterfolg, und seine Fans übersahen gern, dass ihm auch kolossale Fehler passierten. So hatte

Gann beispielsweise 1936 gesagt: »Ich bin mir sicher, dass der Dow Jones Industrial Average nie wieder bei 386 notiert«. Dass der Dow dieses Niveau nie wieder erreichen würde, war eine Prognose, die sich nicht aufrechterhalten ließ. Dass Gann acht Bücher und einen täglichen Investment-Newsletter schrieb, aber dennoch nur wenig Genaueres über seinen Handelsansatz mitteilte und nach Aussage mancher bei seinem Tod nur über ein Nettovermögen von 100 000 US-Dollar verfügte, wirft weitere Fragen auf.[22]

»Er war so eine Art Finanzastrologe«, folgert Andrew Lo, Professor an der MIT Sloan School of Management.

Jahrzehnte später avancierte Gerald Tsai Jr. unter anderem mit technischer Analyse in den turbulenten ausgehenden 1960er-Jahren zu einem der einflussreichsten Investoren. Tsai erlangte bei Fidelity Investments gewissen Ruhm, wo er mit Momentum-Aktien ein Vermögen machte und zum ersten Growth-Fondsmanager avancierte. Später gründete Tsai selbst ein Unternehmen, den Manhattan Fund, der seinerzeit sehr hochgejubelt wurde. Tsai richtete sich eine Einsatzzentrale ein, in der er mit gleitenden und rotierenden Charts Hunderte von Mittelwerten, Kennzahlen und Oszillatoren verfolgte. Die Temperatur in diesem Raum hielt er bei kühlen 13 Grad. So wollte er dafür sorgen, dass seine drei Vollzeitkräfte, die die Zahlen aktualisieren sollten, stets mit ganzer Aufmerksamkeit bei der Sache waren.

In der Baisse von 1969/70 ging der Manhattan Fund unter. Seine Performance und seine Methoden wurden der Lächerlichkeit preisgegeben. Tsai selbst hatte ihn damals längst an eine Versicherungsgesellschaft verkauft und war eifrig damit beschäftigt, aus dem Finanzdienstleister Primerica einen Baustein des einflussreichen Bankkonzerns zu machen, aus dem später die Citigroup entstand.[23]

Im Laufe der Zeit wurden Charttechniker zur Zielscheibe für Spott und Hohn. Ihre Strategien galten bestenfalls als simpel und bequem, schlimmstenfalls als Voodoo. Trotz des Gespötts setzen nach wie vor viele Investoren Charttechnik ein, verfolgen *Kopf-Schulter-Formationen* und andere häufige Konfigurationen und Muster. Auch manche führenden modernen Börsianer wie Stanley Druckenmiller konsultieren Charts, um vorhandene Investmentthesen zu bestätigen. Professor Lo und andere bezeichnen die technische Analyse als »Vorreiter« quantitativer Investmentmethoden. Ihre Methoden wurden aber nie unabhängig und eingehend geprüft, und die meisten ihrer Regeln entstammten einer geheimnisvollen Kombination aus menschlicher Mustererkennung und rational klingenden Faustregeln, was Zweifel an ihrer Wirksamkeit weckte.[24]

Wie andere Charttechniker vor ihm praktizierte auch Simons eine Form der Formationsanalyse und durchsuchte die Marktdaten nach aussagekräftigen Abfolgen und Korrelationen. Er erhoffte sich jedoch mehr Glück als seine Vorgänger, weil er die Sache etwas wissenschaftlicher anging. Simons stimmte mit Berlekamp überein, dass sich technische Indikatoren besser für kurzfristige Transaktionen eigneten als für langfristige Anlagen. Simons hoffte außerdem, dass strenge Tests und ausgeklügelte Prognosemodelle, die auf statistischer Analyse beruhten und nicht auf der persönlichen Betrachtung von Kurscharts, ihn vor dem Schicksal früherer Charttechniker bewahren würden, die mit Pauken und Trompeten untergegangen waren.

Simons übersah dabei jedoch, dass andere eifrig an ähnlichen Strategien bastelten, manche ebenfalls mit leistungsfähigen Rechnern und mathematischen Algorithmen. Verschiedene dieser Spekulanten hatten bereits viel erreicht, was bedeutete, dass Simons aufholen musste.

Tatsächlich waren Investoren seit den Anfangstagen des Computerzeitalters schon mit dem Versuch befasst, die Rätsel der Märkte mithilfe von Rechnern zu lösen. Bereits 1965 war in der Zeitschrift *Barron's* die Rede vom »unermesslichen« Nutzen, den Computer den Anlegern bringen könnten, und davon, wie die Maschinen Analysten von »monotonen Arbeiten« erlösen und ihnen »mehr Spielraum für kreative Tätigkeit« geben könnten. Etwa zur selben Zeit hieß es im *Wall Street Journal*, dass Computer eine große Zahl von Aktien praktisch ohne Zeitverlust ordnen und filtern konnten. In *The Money Game*, dem Finanzbuch-Klassiker dieser Epoche, macht sich Autor George Goodman unter dem Pseudonym Adam Smith über die »Computerleute« lustig, die die Wall Street eroberten.

Zwar griff ein Teil der Investmentwelt im Anlagegeschäft und bei anderen Aufgaben auf Unterstützung durch Maschinen zurück, doch die Technik war noch nicht so weit, dass auch nur etwas komplexere statistische Analysen durchgeführt werden konnten. Ebenso wenig bestand Bedarf an höher entwickelten Modellen, denn das Finanzwesen war damals nicht sehr mathematisch. Dennoch gelang es einem Chicagoer Händler namens Richard Dennis, ein Handelssystem zu entwickeln, das sich nach bestimmten vorgegebenen Regeln richtete, um Emotionen und irrationelle Entscheidungen herauszunehmen – nicht unähnlich dem Ansatz, den Simons so spannend fand. Während das Team von Renaissance in den 1980er-Jahren an der Optimierung seines Modells arbeitete, hörte es immer wieder von Dennis' Erfolgen. Er war erst 26 Jahre alt, doch auf dem Parkett der Chicago Board of Trade bereits eine wichtige Größe. Dennis trug eine Brille mit dickem Goldgestell, sein Bauch hing ihm über den Gürtel, und sein dünnes, krisseliges Haar fiel ihm »wie die Ohren eines Beagles um den Kopf«, wie es damals ein Journalist formulierte.

Dennis hatte so viel Vertrauen in sein Trendfolgesystem, dass er die Regeln festschrieb und an rund 20 Börsenneulinge weitergab, die er »Schildkröten« nannte. Er stattete sie mit Geld aus und ließ sie loslegen in der Hoffnung, einen längeren Streit mit einem Freund zu gewinnen. Er wollte nachweisen, dass seine Taktik so narrensicher war, dass damit selbst Laien zu Marktexperten werden konnten. Manche der Schildkröten waren sehr erfolgreich. Dennis selbst soll 1986 80 Millionen US-Dollar verdient haben und verwaltete ein Jahr darauf 100 Millionen US-Dollar. 1987 brachten ihn jedoch die Marktturbulenzen zu Fall – seinerzeit das neueste Beispiel für einen Spekulanten, der ähnlich vorging wie Simons und damit Schiffbruch erlitt. Als sein Geld zur Hälfte verbrannt war, zog sich Dennis von der Börse zurück und konzentrierte sich auf liberale politische Anliegen, unter anderem auf die Legalisierung von Marihuana.

»Die Börse ist nicht alles im Leben«, erklärte er damals in einem Interview.[25] In den 1980er-Jahren warben die Investmentfirmen der Wall Street und der Londoner City Fachleute für angewandte Mathematik und ehemalige Physiker an. Ihnen wurde gewöhnlich aufgetragen, Modelle zu entwickeln, um komplexe Derivate und hypothekenunterlegte Produkte zu bewerten, Risiken zu analysieren und Investmentpositionen zu *hedgen* – also abzusichern. Diese Praktiken fielen unter den Oberbegriff *Finanztechnik*.

Es dauerte eine ganze Weile, bis der Finanzindustrie ein Spitzname für diejenigen einfallen wollte, die solche mathematischen Modelle entwickelten und realisierten. Von allen, für die die Raketentechnik der fortschrittlichste Zweig der Wissenschaft war, wurden sie zunächst als *Raketenwissenschaftler* bezeichnet, wie Emanuel Derman berichtet, der an der Columbia University einen Doktortitel in theoretischer Physik erwarb, bevor er in ein Wall-Street-Unternehmen eintrat. Später wurden solche Spezialisten dann *Quants* genannt – die Kurzform für Fachleute für quantitatives Finanzwesen. Derman erinnert sich, dass dieser

Begriff in den Chefetagen von Banken und Investmentfirmen, wo viele noch mit ihren mangelnden Computerkenntnissen kokettierten, jahrelang abfällig verwendet wurde. Als er 1985 zu Goldman Sachs kam, so Derman, sei ihm »sofort aufgefallen, dass es peinlich war, sich mit Zahlen auszukennen ... wenn sich zwei Erwachsene in Gegenwart von Börsianern, Verkäufern oder Bankern einvernehmlich über Mathematik, UNIX oder C unterhielten, galt das als schlechter Stil.«

»Andere wandten dann ihren Blick ab«, schreibt Derman in seiner Autobiografie *My Life as a Quant.*[26]

Es gab gute Gründe, den »Computerleuten« skeptisch zu begegnen. Zum einen erfüllten ihre raffinierten Sicherungsgeschäfte nicht immer ihren Zweck. Am 19. Oktober 1987 stürzte der Dow Jones Industrial Average um 23 Prozent – der größte Tagesverlust aller Zeiten. Der Einbruch wurde der verbreiteten Einführung der *Portfolioversicherung* zugeschrieben – einer Absicherungsstrategie, bei der die Computer der Investoren beim ersten Anzeichen eines Rückgangs Aktienindex-Futures verkauften, um sich vor schlimmeren Folgen zu schützen. Durch die Verkäufe kamen die Kurse aber natürlich noch stärker ins Rutschen, was immer noch mehr computerisierte Verkäufe auslöste und letztlich den freien Fall.

Ein Vierteljahrhundert später beschrieb das der legendäre Finanzkolumnist der *New York Times* Floyd Norris als »Anfang der Zerstörung der Märkte durch dumme Computer. Oder, um den Computern nicht Unrecht zu tun, durch Computer, die von fehlbaren Menschen programmiert wurden und denen Menschen vertrauten, die die Grenzen der Computerprogramme nicht begriffen. Als die Computer kamen, verabschiedete sich das menschliche Urteilsvermögen.«

In den 1980er-Jahren behauptete Professor Benoit Mandelbrot – der nachgewiesen hatte, dass bestimmte gezackte mathematische Formen, die sogenannten *Fraktale*, Unregelmäßigkeiten nachahmen, wie sie in der Natur vorkommen –, dass auch die Finanzmärkte Fraktalmuster aufweisen. Dieser Theorie zufolge kommt es auf den Märkten häufiger zu unerwarteten Ereignissen, als gemeinhin angenommen – ein weiterer Grund, an den ausgefeilten Modellen zu zweifeln, die hochleistungsfähige Rechner hervorbrachten. Mandelbrots Arbeit bestätigte den vom Spekulanten zum Autor mutierten Nassim Nicholas Taleb und andere in ihrer Ansicht, dass vielverwendete mathematische Instrumente und Risikomodelle nicht in der Lage seien, Anleger hinlänglich auf massive und höchst unvorhersehbare Abweichungen von bisherigen Mustern vorzubereiten – Abweichungen, wie sie häufiger auftreten, als die meisten Modelle vermuten lassen.

Zum Teil aufgrund dieser Bedenken durften diejenigen, die an Modellen und Geräten herumbastelten, in aller Regel nicht selbst handeln oder investieren. Sie wurden vielmehr eingestellt, um den Spekulanten und anderen wichtigen Personen in den Banken und Investmentfirmen zur Hand – und dabei möglichst aus dem Weg – zu gehen. In den 1970er-Jahren entwickelte ein Wirtschaftsprofessor aus Berkeley namens Barr Rosenberg quantitative Modelle, um die Faktoren zu verfolgen, die Aktien beeinflussen. Statt durch eigene Börsengeschäfte ein Vermögen zu verdienen, verkaufte Rosenberg Computerprogramme, um anderen Anlegern zu helfen, das Verhalten von Aktien vorherzusagen.

Edward Thorp war der erste moderne Mathematiker, der quantitative Strategien einsetzte, um größere Geldbeträge zu investieren. Thorp war Akademiker und hatte mit Claude Shannon zusammengearbeitet, dem Vater der Informationstheorie. Er hatte auch das proportionale Wettsystem von John Kelly übernommen, dem texanischen Wissenschaftler, der Elwyn Berlekamp beeinflusst hatte. Zunächst nutzte Thorp seine Talente beim Glücksspiel und wurde bekannt durch satte Gewinne und durch seinen Bestseller *Beat the Dealer.* Das Buch beschrieb Thorps Überzeugung von systematischen, regelgestützten Glücksspieltaktiken. Darin stand aber auch seine Erkenntnis, dass sich Spieler bei Glücksspielen die Veränderung von Wahrscheinlichkeiten zunutze machen können.

1964 wandte Thorp seine Aufmerksamkeit der Wall Street zu, dem größten Kasino überhaupt. Nachdem er Bücher über technische Analyse gelesen hatte – aber auch das bahnbrechende Werk *Die Geheimnisse der Wertpapieranalyse* von Benjamin Graham und David Dodd, das den Boden für fundamental orientierte Investmentstrategien bereitete – war Thorp »überrascht und ermutigt, weil so viele Menschen so wenig wussten«, wie er in seiner Autobiografie *Ein Mann für alle Märkte*[27] schreibt.

Thorp nahm Aktienoptionsscheine ins Visier, die ihrem Inhaber die Möglichkeit geben, Aktien zu einem bestimmten Kurs zu kaufen. Er entwickelte eine Formel, um den »richtigen« Preis eines Optionsscheins zu bestimmen, sodass er Fehlbewertungen auf dem Markt sofort erkennen konnte. Thorp programmierte einen Hewlett-Packard 9830 und kaufte anhand seiner mathematischen Formel billig Optionsscheine, mit denen er gegen teure wettete – eine Taktik, die sein Portfolio vor Ausschlägen des breiteren Markts schützte.

In den 1970er-Jahren arbeitete Thorp den Managern des Hedgefonds Princeton/Newport Partners zu, verbuchte ordentliche Gewinne und zog Investoren von Rang und Namen an – darunter der Schauspieler Paul Newman, der Hollywood-Produzent Robert Evans und der Drehbuchautor Charles Kaufman. Thorps Firma stützte sich bei ihren Spekulationen auf computererzeugte Algorithmen und ökonomische Modelle und verbrauchte so viel Strom, dass es in dem Büro in Südkalifornien stets glühend heiß war.

Thorps Börsenformel war beeinflusst von der Dissertation des französischen Mathematikers Louis Bachelier, der im Jahr 1900 eine Theorie zur Optionspreisbildung an der Pariser Aktienbörse entwickelte hatte – unter Einsatz von Gleichungen, die denen ähnelten, welche Albert Einstein verwendete, um die Brown'sche Bewegung von Pollenpartikeln zu beschreiben. Bacheliers Arbeit, die die unregelmäßige Bewegung der Aktienkurse beschrieb, war jahrzehntelang unbeachtet geblieben, doch Thorp und andere erkannten ihre Bedeutung für das moderne Investmentgeschäft.

1974 schaffte es Thorp auf die Titelseite des *Wall Street Journal*. Der Artikel trug die Überschrift: »Computerformeln sind das Geheimnis des Börsenerfolgs eines Mannes«. Ein Jahr darauf wuchs sein Vermögen stetig, und er fuhr in einem neuen roten Porsche 911S vor. Für Thorp waren Computermodelle für den Handel mit Optionsscheinen, Optionen, Wandelanleihen und anderen sogenannten Derivaten der einzige vernünftige Investmentansatz.

»Ein Modell ist eine vereinfachte Version der Wirklichkeit, ähnlich wie einem ein Stadtplan zeigt, wie man von einem Teil der Stadt in einen anderen kommt«, schreibt er. Und »wenn man die richtigen fand, konnte man die Gesetze verwenden, um vorherzusagen, was in neuen Situationen passieren würde.«

Skeptiker rümpften die Nase. Einer erklärte dem *Journal*, »die Investmentwelt sei in Wirklichkeit zu kompliziert, um sich auf ein Modell reduzieren zu lassen«. Doch Ende der 1980er-Jahre stand Thorps Fonds bei knapp 300 Millionen US-Dollar, was die damals von Simons' Medallion-Fonds verwalteten 25 Millionen US-Dollar bei Weitem in den Schatten stellte. Doch Princeton/Newport wurde in den Börsenskandal um Junk-Bond-König Michael Milken im nahen Los Angeles hineingezogen, was Thorps Hoffnung, zu einer Investmentgröße zu werden, jäh zunichtemachte.

Thorp wurde zwar nie ein Fehlverhalten zur Last gelegt, und der Staat ließ alle Vorwürfe im Zusammenhang mit der Tätigkeit von Princeton/Newport letztlich fallen, doch die negative Publicity durch die Ermittlungen legte seinen Fonds lahm, und er wurde Ende 1988 geschlossen. Diesen Ausgang bezeichnet Thorp als »traumatisch«. Während seines 19-jährigen Bestehens wies der Hedgefonds jährliche Gewinne von durchschnittlich 15 Prozent (nach den verschiedenen, den Anlegern berechneten Gebühren) aus und damit mehr als der Markt in diesem Zeitraum.

Hätte der Staatsapparat nicht quergeschossen, wären wir Milliardäre, meint Thorp.

=

Gerry Bamberger dachte Anfang der 1980er-Jahre nicht viel über Wohlstand oder Prominenz nach. Der hochgewachsene, schlanke Informatikabsolvent der Columbia University lieferte den Aktienhändlern von Morgan Stanley analytische und technische Unterstützung als unterschätztes Rädchen in der Maschinerie der Investmentbank. Wollten die Händler für Kunden große Aktienpakete kaufen oder verkaufen, beispielsweise Coca-Cola-Papiere für ein paar Millionen Dollar, sicherten sie sich ab, indem sie einen ähnlichen Titel in der gleichen Größenordnung verkauften, Pepsi zum Beispiel. So etwas wird gemeinhin als *Pair Trading* bezeichnet. Bamberger entwickelte Software zum Aktualisieren der Ergebnisse, die die Händler von Morgen Stanley erzielten. Diese waren allerdings von der Vorstellung, sich vom hauseigenen Computernerd helfen zu lassen, ganz und gar nicht angetan.

Als Bamberger beobachtete, wie die Händler große *Aktienblöcke* kauften, fiel ihm auf, dass die Kurse oft höher stiegen als eigentlich erwartbar. Stießen die Morgan-Stanley-Händler Aktienblöcke ab, galt das umgekehrt. Jedes Mal veränderte die jeweilige Transaktion den Abstand oder *Spread* zwischen der betreffenden Aktie und dem anderen Unternehmen, mit dem sie gepaart wurde, selbst wenn es auf dem Markt nichts Neues gab. So konnte beispielsweise eine Verkaufsorder für einen größeren Posten Coca-Cola-Aktien den Kurs dieses Titels um ein oder zwei Prozentpunkte drücken, ohne dass sich Pepsi erkennbar bewegte. Sobald der Effekt des Verkaufs nachließ, normalisierte sich der Spread zwischen den beiden Aktien wieder – verständlicherweise, denn der einzige Grund für den Rückgang bei Coca-Cola war ja das Eingreifen von Morgan Stanley gewesen.

Bamberger sah darin eine Chance. Legte die Bank eine Datenbank an, die die historischen Kursdaten verschiedener Aktienpaarungen aufzeichnete, konnte sie ganz einfach davon profitieren, indem sie darauf setzte, dass die Preisspannen nach solchen Blockgeschäften oder anderen ungewöhnlichen Transaktionen wieder auf ihr bisheriges Niveau zurückkehrten. Bamberger konnte seine Vorgesetzten überzeugen. Sie statteten ihn mit einer halben Million Dollar und einem kleinen Team aus. Bamberger machte sich daran, Computerprogramme zu entwickeln, die die »vorübergehenden Kursbewegungen« von Aktienpaarungen ausnutzten. Bamberger war orthodoxer Jude, starker Raucher und hatte einen trockenen Humor. Zum Mittagessen brachte er sich jeden Tag ein Thunfischsandwich in einer braunen Tüte mit. 1985 setzte er seine Strategie jeweils mit sechs oder sieben Aktien gleichzeitig um, verwaltete 30 Millionen US-Dollar und fuhr für Morgan Stanley Gewinne ein.[28]

Nun verhalten sich große bürokratische Unternehmen aber eben wie große bürokratische Unternehmen. Aus diesem Grund setzte Morgan Stanley Bamberger einen neuen Chef vor die Nase, Nunzio Tartaglia. Das nahm Bamberger übel, und er kündigte. (Er wechselte zu Ed Thorps Hedgefonds, ging dort ganz ähnlich vor und setzte sich als Millionär zur Ruhe.)

Der kleine, drahtige Astrophysiker Tartaglia managte die Handelsgruppe von Morgan Stanley ganz anders als sein Vorgänger. Der in Brooklyn geborene Tartaglia war an der Wall Street zu Hause und mit Vorsicht zu genießen. Kam ein neuer Kollege auf ihn zu, um sich vorzustellen, schnitt ihm Tartaglia sofort das Wort ab.

»Glauben Sie ja nicht, Sie könnten mir etwas vormachen. Ich komme nämlich von hier«, erklärte Tartaglia und zeigte mit dem Finger durch das nächste Fenster auf die Straßen von New York.[29]

Tartaglia taufte seine Gruppe in Automated Proprietary Trading, kurz APT, um und verlegte sie in einen 12 Meter langen Raum im 18. Stock der Zentrale von Morgan Stanley in einem Wolkenkratzer mitten in Manhattan. Er automatisierte das System stärker, und 1987 brachte es jedes Jahr 50 Millionen US-Dollar Gewinn. Die Teammitglieder hatten keine Ahnung von den Aktien, mit denen sie handelten, und das brauchten sie auch gar nicht – ihre Strategie bestand darin, einfach darauf zu setzen, dass die bisherigen Beziehungen zwischen den Titeln wiederhergestellt wurden. Das war im Grunde eine Erweiterung der uralten Börsenweisheit »billig kaufen, teuer verkaufen«, nur jetzt unter Einsatz von Computerprogrammen und blitzschnellem Handel.

Neuzugänge wie der ehemalige Informatikprofessor David Shaw von der Columbia University und der Mathematiker Robert Frey trieben die Gewinne weiter in die Höhe. Die Händler von Morgan Stanley gehörten zu den ersten, die sich einer Strategie bedienten, die als *statistische Arbitrage* – kurz Stat Arb – bezeichnet wurde. Darunter sind grundsätzlich viele gleichzeitige Transaktionen zu verstehen, die größtenteils nicht mit dem Gesamtmarkt korrelieren, sondern aus statistischen Anomalien oder anderem Marktverhalten Kapital schlagen sollen. So ordnete die Software des Teams Aktien beispielsweise nach ihren Gewinnen oder Verlusten der vorausgegangenen Wochen. Die zehn Spitzenreiter einer Branche verkaufte APT dann *leer*, wettete also dagegen, die zehn Schlusslichter kaufte das Team dagegen in der Erwartung, dass sich die vorliegenden Handelsmuster umkehren würden. Das war natürlich nicht immer der Fall, doch setzte man die Strategie oft genug ein, brachte sie im Jahr 20 Prozent Gewinn – vermutlich, weil die Anleger auf gute wie schlechte Nachrichten zunächst meist überreagieren, um sich dann zu beruhigen, wodurch die historischen Beziehungen zwischen Aktien wiederhergestellt werden.

1988 zählte APT zu den größten und verschwiegensten Handelsteams der Welt und kaufte und verkaufte jeden Tag Aktien im Wert von 900 Millionen US-Dollar. Im selben Jahr erlitt die Abteilung aber schwere Verluste. Daraufhin strich Morgan Stanley das Kapital von APT auf ein Drittel zusammen. Die Chefetage hatte sich nie so richtig wohl gefühlt bei dem Gedanken, auf Computermodelle zu vertrauen, und die Erfolge von Tartaglias Team hatten auch Neidgefühle geweckt. Bald musste Tartaglia seinen Hut nehmen, und die Gruppe wurde aufgelöst.

Erst viele Jahre später stellte sich heraus, dass Morgan Stanley verschiedene der lukrativsten Handelsstrategien in der Finanzgeschichte ungenutzt ließ.

=

Schon als vom Ende der APT-Gruppe noch keine Rede war, hatte Robert Frey erste Bedenken. Sein Chef Tartaglia kam nicht gut mit seinen Vorgesetzten aus, was vermuten ließ, dass sich die Bank von dem Team trennen könnte, sobald sich Verluste einstellten. Doch das war nicht alles. Der schwerfällige Frey, der hinkte, weil er sich bei einem Sturz in jungen Jahren Bein und Hüfte gebrochen hatte, war überzeugt, dass Konkurrenten herausgefunden hatten, welche Strategien die

Gruppe einsetzte. Thorps Fonds ging bereits ähnlich vor, und Frey vermutete, dass andere nachziehen würden. Er brauchte eine neue Taktik.

Frey schlug vor, die Kursbewegungen verschiedener Aktien zu zerlegen und festzustellen, welche unabhängigen Variablen diese Bewegungen auslösten. So konnte etwa ein Kurssprung von Exxon auf viele verschiedene Faktoren zurückzuführen sein, beispielsweise auf Veränderungen der Ölpreise, des Dollarkurses, der Dynamik des Gesamtmarkts und andere. Ein Kursgewinn von Procter & Gamble konnte vor allem der soliden Bilanz des Unternehmens zuzurechnen sein, und einer wachsenden Nachfrage nach sicheren Aktien, da Anleger hoch verschuldete Unternehmen immer argwöhnischer betrachteten. War das so, könnte es angezeigt sein, Aktiengruppen mit starken Bilanzen zu verkaufen und Unternehmen mit höherer Schuldenlast zu kaufen, wenn die Daten darauf hinwiesen, dass der Wertentwicklungsabstand zwischen den Gruppen die historische Bandbreite verlassen hatte. Damals dachten auch ein paar andere Investoren und Akademiker über *Factor Investing* nach, doch Frey fragte sich, ob er sich durch den Einsatz computergestützter Statistik und anderer mathematischer Methoden bei der Isolierung der eigentlichen Auslöser von Kursbewegungen nicht einen Vorsprung verschaffen könnte.

Bei den Topmanagern von Morgan Stanley stießen Frey und seine Kollegen jedoch nicht auf größeres Interesse an ihrem innovativen Faktoransatz.

»Ich solle keinen Staub aufwirbeln, hieß es«, erinnert sich Frey.

Frey kündigte, wandte sich an Jim Simons und gründete mit dessen finanzieller Unterstützung ein neues Unternehmen: Kepler Financial Management. Frey und ein paar andere stellten Dutzende kleiner Computer auf, um auf seine Strategie zur statistischen Arbitrage zu setzen. Prompt kam ein Drohbrief von Morgan Stanleys Anwälten. Frey hatte zwar nichts gestohlen, doch sein Ansatz war im Zuge seiner Arbeit für Morgan Stanley entwickelt worden. Frey hatte aber Glück. Ihm fiel ein, dass Tartaglia ihm wie allen anderen in seiner Gruppe untersagt hatte, die Vertraulichkeitsvereinbarungen und Wettbewerbsklauseln der Bank zu unterzeichnen. Tartaglia hatte sich die Option offen lassen wollen, mit seinem Team zur Konkurrenz zu gehen, wenn ihre Boni je enttäuschend ausfallen sollten. Infolgedessen hatten Morgan Stanley juristisch wenig Handhabe, Frey von seinen Geschäften abzuhalten. Beklommen ignorierte dieser die fortgesetzten Drohungen von Morgan Stanley und nahm den Handel auf.

=

1990 setzte Simons große Hoffnungen darauf, dass Frey und Kepler mit ihren Aktiengeschäften erfolgreich sein könnten. Noch begeisterter aber war er von seinem Medallion-Fonds und dessen quantitativen Strategien für die Anleihen-, Rohstoff- und Währungsmärkte. Die Konkurrenz schlief aber nicht. Manche Rivalen bedienten sich bereits ähnlicher Handelsstrategien. Seinen größten Konkurrenten sah Simons in David Shaw, der ebenfalls aus der APT-Gruppe von Morgan Stanley ausgeschieden war. Nachdem er der Bank 1988 den Rücken gekehrt hatte, bekam der 36-jährige Shaw, der seinen Doktor an der Stanford University gemacht hatte, ein Angebot von Goldman Sachs. Er war aber nicht sicher, ob er es annehmen wollte. Shaw wandte sich um Rat an den Hedgefondsmanager Donald Sussman, der mit ihm auf dem Long Island Sound segeln ging. Aus einem Tag auf Sussmans 13,5-Meter-Schlup wurden drei, und die beiden diskutierten immer noch darüber, was Shaw tun sollte.

»Ich glaube, ich kann technische Hilfsmittel einsetzen, um mit Wertpapieren zu handeln«, erklärte Shaw Sussman.

Sussman schlug Shaw vor, einen eigenen Hedgefonds aufzulegen, statt zu Goldman Sachs zu gehen. Als Startkapital wollte er ihm 28 Millionen US-Dollar zur Verfügung stellen. Shaw ließ sich überzeugen und gründete D. E. Shaw in einem Büro eine Etage über der kommunistischen Buchhandlung Revolution Books im seinerzeit noch wilderen Teil des Union Square in Manhattan. Als Erstes kaufte Shaw sich zwei superschnelle, teure Sun-Microsystems-Computer.

»Er brauchte Ferraris«, berichtet Sussman. »Wir kauften ihm Ferraris.«[30]

Der Supercomputerexperte Shaw warb promovierte Mathematiker und Naturwissenschaftler an, denen sein wissenschaftlicher Börsenansatz entgegenkam. Außerdem stellte er brillante Köpfe aus verschiedenen Disziplinen ein. Besonders interessierte er sich für Absolventen, die im Hauptfach Englisch und Philosophie studiert hatten, doch er beschäftigte auch einen Schachmeister, Stand-up-Comedians, etablierte Autoren, einen Olympia-Fechter, einen Posaunenspieler und einen Spezialisten für Abbrucharbeiten.

»Wir wollten niemanden mit vorgefassten Meinungen«, erinnert sich ein Mitarbeiter der ersten Stunde.[31]

Anders als in den hektischen Handelsabteilungen der meisten Wall-Street-Unternehmen ging es in Shaws Büro ruhig und nüchtern zu. Besucher fühlten sich an den Lesesaal der Kongressbibliothek erinnert, obwohl die Mitarbeiter Jeans und T-Shirts trugen. Das Internet steckte damals noch in den Kinderschuhen. E-Mails wurden nur von Wissenschaftlern versendet. Shaw schwärmte einem seiner Programmierer aber schon von den Möglichkeiten der neuen Ära vor.

»Ich glaube, die Menschen werden im Internet einkaufen«, erzählte Shaw einem Kollegen. »Und sie werden nicht nur kaufen, sondern danach … sagen ›die Pfeife ist gut‹ oder ›die Pfeife taugt nichts‹ und Bewertungen schreiben.«

Ein Programmierer, Jeffrey Bezos, arbeitete noch ein paar Jahre lang für Shaw, packte dann seine Sachen in einen Umzugslaster und fuhr nach Seattle, mit seiner damaligen Frau MacKenzie am Steuer. Bezos selbst arbeitete unterwegs an seinem Laptop am Businessplan für sein Unternehmen Amazon.com. (Er wollte es eigentlich erst »Cadabra« nennen, entschied sich dann aber anders, weil das zu viele mit »Kadaver« verwechselten.)[32]

Sobald er die Motoren seiner Ferraris gestartet hatte, begann Shaws Hedgefonds, Geld zu drucken. Bald verwaltete er mehrere hundert Millionen Dollar, handelte mit verschiedenen aktienbezogenen Anlagen und beschäftigte über hundert Mitarbeiter.

Jim Simons wusste nicht genau, was für Fortschritte Shaw und andere erzielten. Er wusste aber, wenn er etwas Besonderes auf die Beine stellen wollte, um auf diejenigen aufzuschließen, die ihm voraus waren, brauchte er Hilfe. Simons rief Sussman an, den Finanzier, der David Shaw die Schützenhilfe zur Gründung seines eigenen Hedgefonds geleistet hatte, und hoffte auf ähnliche Impulse.

KAPITEL 8

Jim Simons' Herz schlug schneller, als er sich der Sixth Avenue näherte.

Es war ein schwüler Sommernachmittag, doch Simons trug Jackett und Krawatte. Er wollte Eindruck machen. Schließlich hatte er etwas ganz Bestimmtes vor. 1991 setzten David Shaw und ein paar andere Jungunternehmer im Aktienhandel Computermodelle ein. Die paar etablierten Wall-Street-Börsianer, die von dem Ansatz wussten, spöttelten jedoch meist darüber. Sich auf undurchschaubare Algorithmen zu stützen, wie es Simons tat, erschien aberwitzig, ja, regelrecht gefährlich. Manche bezeichneten das als *Blackbox*-Investing, weil es schwer zu erklären war und vermutlich schwerwiegende Risiken kaschierte. Auf die altmodische Weise wurden gewaltige Summen verdient, indem man gründliches Research mit geschulten Instinkten verbrämte. Wer brauchte da Simons und seine verstiegenen Computer?

In einem Büro in einem Wolkenkratzer mitten in Manhattan wurde Simons von Donald Sussman erwartet. Der 45-Jährige stammte aus Miami und war an der Wall Street so eine Art Ketzer. Vor mehr als 20 Jahren, im Grundstudium an der Columbia University, ließ sich Sussman freistellen, um in einem kleinen Maklerhaus zu arbeiten. Dort stolperte er über eine obskure Strategie zum Handel mit Wandelanleihen, besonders komplexen Anlagen. Sussman überredete seine Chefs, 2000 US-Dollar für einen elektronischen Rechner der ersten Generation lockerzumachen, damit er schnell feststellen konnte, welche Anleihen besonders aussichtsreich waren. Mithilfe des Rechners erwirtschaftete Sussman für die Firma Millionen. Und dieser warme Regen öffnete ihm die Augen für die potenziellen Vorteile der Technologie.

Mittlerweile leitete der 1,90 Meter große, breitschultrige, schnauzbärtige Sussman einen Fonds namens Paloma Partners, der Shaws rasch wachsendes Hedgefondsunternehmen D. E. Shaw finanziert hatte. Sussman vermutete, dass Mathematiker und Wissenschaftler eines Tages den größten Börsenhändlern Konkurrenz machen oder gar den Rang ablaufen konnten, ganz gleich, wie die gängige Branchenmeinung lautete. Es wurde gemunkelt, er sei bereit zu weiteren Investitionen in den computergestützten Handel, weshalb Simons auf Sussmans Unterstützung hoffte.

Simons hatte eine vielversprechende akademische Karriere aufgegeben, um in der Investmentwelt etwas Besonderes zu erreichen. Doch nach zehn Jahren in der Branche verwaltete er kaum mehr als 45 Millionen US-Dollar – gerade einmal ein Viertel des Vermögens von Shaws Firma. Der Termin konnte viel bewirken – mit Sussman im Rücken konnte Renaissance Leute einstellen, technisch aufrüsten und an der Wall Street zum Faktor werden.

Sussman war einer der ersten gewesen, die in Simons' Fonds investiert hatten, hatte aber Verluste gemacht und sein Kapital abgezogen. Nach dieser Erfahrung stand er seinem Besucher womöglich skeptisch gegenüber. Simons' Handelsalgorithmen waren jedoch unlängst auf Vordermann gebracht worden, und er strotzte vor Selbstvertrauen. Er betrat Sussmans Bürohaus, nur einen Block von der Carnegie Hall entfernt, fuhr im Aufzug in den 30. Stock und fand sich in einem geräumigen Konferenzraum mit Panaromablick über den Central Park und einem großen Whiteboard wieder, auf das die Quants unter den Besuchern ihre Gleichungen kritzeln konnten.

Als Sussman Simons über einen langen, schmalen Holztisch hinweg kommen sah, musste er unwillkürlich schmunzeln. Sein Gast trug einen Bart, hatte schütteres, ergrauendes Haar und glich so gar nicht den meisten Besuchern, die sich regelmäßig in seinem Büro einfanden, um ihn um Geld zu bitten. Simons' Krawatte saß schief und er trug ein Tweedjackett, wie man es an der Wall Street selten zu Gesicht bekam. Er war allein, ohne die übliche Entourage aus Betreuern und Beratern. Simons entsprach genau dem Typus des kopflastigen Investors, dem Sussman gern unter die Arme griff.

»Er sah aus wie ein Professor«, erinnert sich Sussman.

Da begann Simons mit seinem Vortrag und berichtete, wie sein Medallion-Hedgefonds seinen Ansatz verfeinert hätte. Selbstsicher und ohne Umschweife schilderte Simons über eine Stunde lang die Leistung, die Risiken und die Volatilität seiner Firma und beschrieb grob sein neues kurzfristiges Modell.

»Jetzt bin ich wirklich am Ziel«, schwärmte er. »Wir hatten einen Durchbruch.«

Er bat Sussman, 10 Millionen US-Dollar in seinen Hedgefonds zu investieren, und zeigte sich überzeugt, dass er hohe Gewinne erzielen und aus Renaissance eine maßgebende Investmentfirma machen konnte.

»Ich hatte eine Erleuchtung«, erklärte Simons. »Ich kann das in der richtigen Größenordnung schaffen.«

Sussman hörte geduldig zu. Er war beeindruckt. Doch er würde Simons keinesfalls Geld in die Hand drücken. Im Stillen sorgte sich Sussman um potenzielle Interessenkonflikte, weil er die einzige Kapitalquelle für Shaws Hedgefonds war. Er half Shaws Firma ja sogar dabei, Akademiker und Händler einzustellen, um ihren Vorsprung vor Simons und anderen aufstrebenden quantitativen Händlern auszubauen. Wenn Sussman Geld übrig hätte, so seine Überlegung, sollte er es vermutlich in D. E. Shaw investieren. Außerdem verbuchte Shaw 40 Prozent Gewinn im Jahr. Renaissance' Aussicht auf ähnliche Erfolge erschien dürftig.

»Wie kann ich in ein Unternehmen investieren, dass mir theoretisch Konkurrenz macht?«, fragte Sussman Simons. »Sorry, aber ich habe ja schon David.«

Sie erhoben sich, verabschiedeten sich und versicherten einander, in Verbindung zu bleiben. Als sich Simons zum Gehen wandte, bemerkte Sussman einen Anflug von Enttäuschung auf seinem Gesicht.

Bei anderen potenziellen Geldgebern hatte Simons kaum mehr Glück. Sie sagten es ihm nicht ins Gesicht, doch die meisten hielten es für absurd, sich auf computererzeugte Handelsmodelle zu verlassen. Nicht minder unverschämt fanden sie seine Gebühren. Insbesondere mussten sich die Investoren verpflichten, jedes Jahr 5 Prozent des für sie verwalteten Kapitals an Simons abzuführen – deutlich mehr als die 2 Prozent, die die meisten anderen Hedgefonds verlangten.

»Ich zahle die Gebühren doch ebenfalls«, erklärte Simons einem potenziellen Investor und verwies darauf, dass er selbst in den Medallion-Fonds investiere. »Warum also nicht auch Sie?«

Doch mit dieser Logik kam Simons nicht sehr weit. Schließlich flossen die von ihm gezahlten Gebühren seiner eigenen Firma zu, was sein Argument unglaubwürdig machte. Besonders hinderlich für Simons war aber der Umstand, dass sein Fonds noch nicht einmal zwei Jahre lang eindrucksvolle Gewinne vorweisen konnte.

Die Letzte, die ihm eine Abfuhr erteilen sollte, war eine Wall-Street-Veteranin namens Anita Rival, die sich mit Simons in dessen Büro in Manhattan traf.

»Er wollte mir nicht sagen, wie die Computermodelle funktionierten«, erinnert sie sich. »Man verstand ja gar nicht, was er da machte.«

Bei Renaissance wurde gemunkelt, dass auch die Commodities Corporation – ein Unternehmen, das vorherrschende Hedgefonds lanciert hatte, die von rohstofffokussierten Tradern wie Paul Tudor Jones, Louis Bacon und Bruce Kovner geführt wurden – Simons' Fonds nicht finanzieren wollte.

»Die Branche war der Ansicht: ›Das sind ein paar Mathematiker mit Computern. … Was verstehen die schon vom Geschäft?‹«, so ein Freund von Simons. »Sie können keine Erfolgsbilanz vorweisen … es bestand die Gefahr, dass sie sich in die Pleite manövrieren würden.«

Doch Simons hatte immer noch sein Handelssystem und verwaltete mittlerweile etwas mehr als 70 Millionen US-Dollar, nachdem er 1991 39 Prozent Gewinn verbucht hatte. Wenn er einen Weg finden konnte, seine Gewinnsträhne fortzusetzen oder den Ertrag des Medallion-Fonds noch zu steigern, dann würden die Investoren ihre Meinung schon noch ändern, da war er sich sicher. Berlekamp, Ax und Baum waren da allerdings längst ihrer Wege gegangen. Straus war für den Handel des Unternehmens zuständig, für die Datenerfassung und andere Aufgaben, doch als Analyst nicht in der Lage, verborgene Handelssignale zu erkennen. Angesichts der wachsenden Konkurrenz würde der Medallion-Fonds neue Möglichkeiten suchen müssen, Gewinne zu erzielen. Hilfesuchend wandte sich Simons an Henry Laufer, einen Mathematiker, der seinen Riecher für kreative Lösungen bereits bewiesen hatte.

=

Laufer konnte sich keines prestigeträchtigen Mathematikpreises rühmen, wie er Simons und Ax verliehen worden war, und nach ihm war auch kein bekannter Algorithmus benannt wie nach Lenny Baum oder Elwyn Berlekamp. Dennoch waren auch Laufer Erfolge und Anerkennung nicht versagt geblieben. Und er sollte sich als bester der bisherigen Partner von Simons erweisen.

Laufer hatte sein Studium am New Yorker City College und später an der Princeton University jeweils in zwei Jahren absolviert und Beachtung für die Fortschritte erlangt, die er bei einem hartnäckigen Problem auf dem Gebiet der Mathematik erzielt hatte, das sich mit den Funktionen komplexer Variablen beschäftigte, sowie für die Entdeckung neuer Beispiele für *Einbettungen*, also Strukturen innerhalb anderer mathematischer Strukturen.

Als er 1971 an die mathematische Fakultät in Stony Brook wechselte, konzentrierte sich Laufer auf komplexe Variablen und algebraische Geometrie. Damit kam er ab von den klassischen Bereichen komplexer Analysen, um Erkenntnisse über eher zeitgemäße Probleme zu gewinnen. Im Hörsaal lebte Laufer auf und erfreute sich großer Beliebtheit bei den Studenten. Als Privatmensch war er eher zurückhaltend. Freunde aus der Highschool erinnern sich an einen introvertierten Bücherwurm, der immer mit einem Rechenschieber herumlief. In der ersten Zeit in Stony Brook erzählte Laufer im Kollegenkreis, dass er gern heiraten wolle, und nutzte jede Gelegenheit, um die richtige Frau zu finden. Einmal war er mit seinem Mathematikerkollegen Leonard Charlap beim Skilaufen und schlug vor, doch in die Hotelbar hinunterzugehen, »um ein paar Mädels kennenzulernen«.

Charlap schaute seinen Freund an und lachte nur.

»Henry, dafür bist du einfach nicht der Typ«, meinte Charlap, der wusste, dass sich Laufer niemals trauen würde, Frauen in einer Hotelbar anzusprechen.

»Er war ein netter jüdischer Junge«, erinnert sich Charlap.

Schließlich traf – und heiratete – Laufer Marsha Zlatin, die in Stony Brook Sprachtherapie lehrte. Sie teilte Laufers liberale politische Ansichten. Marsha war ein sehr positiver Mensch. Ganz gleich vor welchen Herausforderungen sie stand, wenn man sie fragte, ging es ihr meist »prima«. Auch nachdem sie mehrere Fehlgeburten erlitten hatte, ließ sie sich zum Erstaunen von Freunden nicht unterkriegen und bekam schließlich gesunde Kinder. Später machte sie ihren Doktor in Sprachtherapie.

Marshas Lebenseinstellung schien auf Laufer abzufärben. Unter Kollegen galt er als ausgesprochen kooperativ. Dass er sich sehr für das Investmentgeschäft interessierte, blieb ihnen nicht verborgen. Es kam für sie daher nicht vollkommen unerwartet, als er 1992 wieder ganz bei Simons einstieg. Enttäuscht waren sie dennoch.

Wenn Wissenschaftler sich aufs Börsengeschäft verlegen, werden sie oft nervös und hibbelig und sorgen sich um jede Marktbewegung – wie es Baum erging, als er bei Simons anfing. Der damals 46-jährige Laufer reagierte anders. Dass er mehr verdiente, nahm ihm die Sorge um die Kosten für das Studium seiner Töchter, wie Freunde berichteten. Außerdem schien Laufer die intellektuelle Herausforderung zu genießen, die mit der Entwicklung gewinnbringender Handelsformeln verbunden war.

Für Simons war Laufers Umgänglichkeit nach jahrelangen Kämpfen mit den komplizierten Persönlichkeiten von Baum, Ax und Berlekamp eine willkommene Erleichterung. Simons wurde zum Aushängeschild von Renaissance, warb um Investoren, suchte fähigen Nachwuchs, übernahm die Notfallplanung und skizzierte eine Strategie, wie sein Team auf die unlängst soliden Gewinne aufbauen konnte. Währenddessen leitete Laufer das Research im neuen Büro in Stony Brook, und Straus übernahm den Handel in Berkeley.

Laufer traf frühzeitig eine Entscheidung, die sich als außerordentlich wertvoll erweisen sollte: Der Medallion-Fonds würde nur ein einziges Handelsmodell einsetzen, statt für unterschiedliche Anlagen und Marktbedingungen mehrere Modelle vorzuhalten – ein Stil, wie ihn die meisten quantitativen Firmen pflegten. Die Arbeit mit mehreren Handelsmodellen war zwar einfacher und leichter durchführbar, wie Laufer einräumte. Doch er vertrat die Ansicht, dass ein einziges Modell Straus' gewaltigen Preisdatenschatz nutzen und anlageklassenübergreifend Korrelationen, Chancen und andere Signale ermitteln konnte. Stärker fokussierte Einzelmodelle leiden dagegen mitunter darunter, dass zu wenig Daten vorliegen.

Nicht minder bedeutsam: Laufer sah, dass es ein einziges stabiles Modell auf der Grundlage gewisser zentraler Annahmen zum Verhalten von Preisen und Märkten erleichtern würde, später noch neue Investments hinzuzufügen. Man konnte sogar Anlagen beimischen, für die relativ wenig Handelsdaten vorlagen, wenn sie als anderen Anlagen ähnlich anzusehen waren, mit denen der Medallion-Fonds handelte und für die ihm viele Daten vorlagen. Laufer gab unumwunden zu, dass es problematisch war, verschiedene Anlagen wie beispielsweise einen Währungs-Futures-Kontrakt und einen US-Rohstoffkontrakt zu kombinieren. Doch, so argumentierte er, wenn sie erst herausgefunden hätten, wie sich solche Verwerfungen »glätten« ließen, würde das eine Modell bessere Handelsergebnisse liefern.

Laufer verbrachte viele Stunden an seinem Schreibtisch, um das Modell zu verfeinern. Mittags quetschte sich das Team gewöhnlich in Laufers klappriges Lincoln Town Car und fuhr in ein Lokal in der Nähe, wo weiter diskutiert wurde. Es dauerte nicht lange, bis ein neuer Marktansatz gefunden war.

Straus und andere hatten jede Menge Dateien zusammengestellt, die die Preise Dutzender Rohstoffe, Anleihen und Währungen über mehrere Jahrzehnte enthielten. Um die Verarbeitung zu erleichtern, hatten sie die Handelswoche in zehn Segmente unterteilt – fünf Nachtsitzungen, wenn Aktien auf ausländischen Märkten gehandelt wurden und fünf Tagessitzungen. Im Grunde halbierten sie den Börsentag, sodass das Team in den verschiedenen Segmenten nach wiederkehrenden Formationen und Sequenzen suchen konnte. Morgens, mittags und abends wurden dann Order platziert.

Simons fragte sich, ob sich diese Datenfülle nicht noch besser analysieren ließ. Vielleicht könnte das Team ja, wenn man den Tag in kleinere Segmente unterteilte, Intraday-Preisdaten auf Informationen abklopfen und neue, bisher unentdeckte Muster aufspüren. Laufer splittete den Tag zunächst in zwei Hälften, dann in Viertel und gelangte schließlich zu dem Schluss, dass Fünf-Minuten-*Balken* die ideale Zerlegungseinheit darstellten. Eine wesentliche Voraussetzung dafür: Straus hatte mittlerweile Zugriff auf mehr Rechenleistung, was es Laufer erleichterte, kleine Portionen historischer Daten zu vergleichen. Fiel der 188. Fünf-Minuten-Balken auf dem Markt für Kakao-Futures regelmäßig an Tagen, wenn die Investoren nervös wurden, während sich der 199. Balken gewöhnlich erholte? Vielleicht war bei Balken 50 auf dem Goldmarkt auch an solchen Tagen reges Kaufinteresse zu beobachten, an denen bei den Anlegern die Inflationsangst umging, während Balken 63 oft Schwäche zeigte?

Laufers Fünf-Minuten-Balken ermöglichten es dem Team, neue Trends, Auffälligkeiten und andere Phänomene zu erkennen – in ihrem Jargon *nichtzufällige Trading-Effekte*. Straus und andere führten Tests durch, um sicherzugehen, dass eine zu tiefe Verzettelung in den Daten nicht zu irreführenden Handelsstrategien geführt hatte, doch viele der neuen Signale erschienen verlässlich.

Es war, als hätte das Medallion-Team eine neue Brille aufgesetzt, die ihm einen klareren Blick auf den Markt ermöglichte. Dabei stellten sie bald fest: Bestimmte Handelsbänder zu Bewegungen am Freitagmorgen sagten mit unheimlicher Treffsicherheit voraus, wie sich andere Bänder am Nachmittag desselben Tages gegen Börsenschluss entwickelten. Außerdem ergab sich aus Laufers Arbeit: Wenn die Märkte am Ende des Tages aufwärts tendierten, lohnte es sich oft, kurz vor Handelsschluss Futures-Kontrakte zu kaufen und sie bei Eröffnung am nächsten Tag wieder auf den Markt zu werfen.

Das Team entdeckte eine Prognosewirkung im Zusammenhang mit der Volatilität, aber auch eine Reihe von *Kombieffekten*, darunter die Tendenz bestimmter Anlagepaarungen – wie Gold und Silber oder Heizöl und Rohöl –, sich zu bestimmten Zeiten am Handelstag in Relation zu anderen in dieselbe Richtung zu bewegen. Es war nicht unmittelbar ersichtlich, warum manche der neuen Handelssignale funktionierten, doch sofern ihre *P*- beziehungsweise Wahrscheinlichkeitswerte unter 0,01 lagen – was bedeutete, dass sie statistisch signifikant erschienen, aber die Wahrscheinlichkeit gering war, dass es sich um statistische Schimären handelte –, wurden sie ins System aufgenommen.

Doch es reichte bei Weitem nicht, mit einer Reihe profitabler Investmentideen zu hantieren, wie Simons klar wurde.

»Wie setzen wir richtig darauf?«, fragte er Laufer und die anderen im Team.

Simons forderte sie auch auf, noch ein anderes verzwicktes Problem zu lösen: Wie viel Geld sollten sie angesichts der verschiedenen potenziellen Transaktionen, die sie erarbeitet hatten, und der begrenzten Mittel, die der Medallion-Fonds verwaltete, jeweils in die einzelnen Positionen investieren? Und auf welche Bewegungen sollten sie setzen – mit welchen Prioritäten? Laufer begann mit der Arbeit an einem Computerprogramm, um die optimalen Transaktionen über den Tag zu ermitteln. Simons bezeichnete das bald als seinen *Wettalgorithmus*. Laufer beschloss, ihn »dynamisch« zu gestalten. Er sollte sich ständig anpassen und auf Echtzeitanalysen stützen, um den Positionsmix des Fonds anhand der Wahrscheinlichkeiten künftiger Marktentwicklungen anzupassen – eine Frühform maschinellen Lernens.

Auf der Fahrt nach Stony Brook mit einem Medallion-Investor konnte Simons seine Aufregung kaum verhehlen.

»Unser System lebt. Es modifiziert sich ständig«, erklärte er. »Wir sollten tatsächlich in der Lage sein, es auszuweiten.«

Aus nur rund einem Dutzend Beschäftigten musste Simons eine komplette Belegschaft aufbauen, wenn er D. E. Shaw einholen und es mit den einflussreichsten Akteuren der Branche aufnehmen wollte. Eines Tages stellte sich ein Doktorand der Stony Brook namens Kresimir Penavic vor. Er wartete gerade auf sein Vorstellungsgespräch bei Laufer, als Simons, in abgetragenen Hosen und Slippern, die Zigarette in der Hand, einen Blick auf den neuen Bewerber warf.

»Sie sind an der Stony Brook?«, fragte er Penavic, der bejahend nickte. »Und was machen Sie dort?«

Der 1,98 Meter große Penavic, der nicht wusste, wer dieser neugierige Kerl war, beschrieb, womit er sich im Grundstudium der angewandten Mathematik beschäftigt hatte.

Simons blieb unbeeindruckt.

»Das ist triviales Zeug«, meinte er geringschätzig. Etwas Vernichtenderes konnte man einem Mathematiker kaum sagen.

Doch Penavic ließ sich nicht aus der Ruhe bringen und erzählte Simons von einem weiteren Artikel, den er über ein ungelöstes algebraisches Problem geschrieben hatte.

»Dieses Problem ist *nicht* trivial«, trumpfte er auf.

»Es ist *wohl* trivial«, entgegnete Simons mit einer wegwerfenden Handbewegung, die Penavic den Zigarettenrauch ins Gesicht trieb.

Der junge Mann lief rot an. Da ging ein Grinsen über Simons' Gesicht, als hätte er Penavic einen gelungenen Streich gespielt.

»Aber Sie gefallen mir«, erklärte Simons.

Kurz darauf wurde Penavic eingestellt.

Etwa zur selben Zeit stieß Nick Patterson zu dem Analystenteam – obwohl er zunächst diverse Vorbehalte hatte. Er wurde nämlich den Verdacht nicht los, dass Simons ein Betrüger war. Nicht nur, weil der Medallion-Fonds 1992 im dritten Jahr in Folge einen Jahresertrag von über 33 Prozent verbuchte, als sich Laufers kurzfristige Taktiken auszahlten. Auch nicht nur wegen der exorbitanten Gebühren, die der Fonds seinen Kunden berechnete, oder der 100 Millionen US-Dollar, die er angeblich verwaltete. Sondern vor allem wegen der *Art und Weise*, wie Simons die angeblichen Gewinne erzielte – indem er sich auf ein Computermodell stützte, das er und seine Mitarbeiter selbst nicht richtig verstanden.

Auch das Büro erschien Patterson irgendwie unseriös. Simons hatte die Analyseabteilung von Renaissance im obersten Stock eines Wohnhauses aus dem 19. Jahrhundert an der baumgesäumten North Country Road in einem Wohngebiet von Stony Brook untergebracht. In dem Haus drängten sich neun Leute, die alle für verschiedene von Simons finanzierte Unternehmen tätig waren, darunter ein paar seiner Risikokapitalbeteiligungen. Im Erdgeschoss saßen ein paar Aktienhändler. Keiner wusste so genau, was die anderen taten, und Simons war selbst nicht jeden Tag anwesend.

Es war dort so beengt, dass Patterson gar keinen richtigen Arbeitsplatz hatte. Schließlich schob er sich einfach einen Stuhl und einen Schreibtisch in eine ungenutzte Ecke von Simons' Büro. Simons verbrachte die halbe Woche im New Yorker Büro und erklärte Patterson, er habe kein Problem damit.

Patterson wusste um Simons' Leistungen als Mathematiker und Codeknacker, blieb aber dennoch misstrauisch.

»Auch Mathematiker können Schwindler sein«, so Patterson. »Mit Hedgefonds kann man gut Geld waschen.«

Einen ganzen Monat lang notierte sich Patterson heimlich die Schlusskurse, die der Medallion-Fonds für die verschiedenen Anlagen in seinem Portfolio verwendete, und glich sie sorgfältig, Zeile um Zeile, mit den Angaben im *Wall Street Journal* ab, um zu prüfen, ob sie übereinstimmten.*

Erst nachdem Patterson Simons' Zahlen geprüft hatte, widmete er seine mathematischen Fähigkeiten erleichtert ganz der Sache. Patterson hatte Jahre gebraucht, um zu merken, dass ihm Mathematik wirklich Freude bereitete. Vorher war sie für ihn nur ein Hilfsmittel gewesen, das er zum Selbstschutz verwendete. Er litt nämlich von Geburt an an einer Fehlbildung des Gesichts. Seine linke Gesichtshälfte war entstellt, und er war auf dem linken Auge blind.[33] Patterson war Einzelkind, wuchs in Bayswater in der Londoner Innenstadt auf und besuchte ein katholisches Internat, auf dem er gnadenlos gemobbt wurde. Seine Eltern durfte er nur einmal die Woche sprechen und war nach britischer Manier entschlossen, die Ohren steifzuhalten. Zu diesem Zweck nutzte er seine intellektuellen Fähigkeiten.

»Ich entwickelte mich zum Schulgenie, das es an jeder englischen Schule gab«, erinnert sich Patterson. »Ich galt als eigenartig, aber nützlich, also ließen sie mich in Ruhe.«

Zur Mathematik fühlte sich Patterson hauptsächlich deshalb hingezogen, weil er unbedingt der Beste sein wollte und mit Freude feststellte, dass es ein Gebiet gab, auf dem ihm keiner das Wasser reichen konnte. Erst im Alter von 16 Jahren merkte Patterson, dass ihm das Fach als solches lag. Ein paar Jahre später, nach seinem Abschluss an der University of Cambridge, nahm Patterson eine Stelle an, für die er kommerzielle Computerprogramme schreiben musste. Er erwies sich als Naturtalent, was ihm einen Vorsprung vor vielen anderen Mathematikern verschaffte, von denen die wenigsten programmieren konnten.

Als guter Schachspieler verbrachte Patterson einen Großteil seiner Freizeit in einem Londoner Café, das Schachbretter vermietete und hitzige Partien für seine Gäste organisierte. Patterson gewann gewöhnlich gegen Spieler, die viel älter waren als er. Später merkte er, dass das Café nur eine Fassade war – es gab

* Pattersons Paranoia war begründeter, als ihm selbst klar war. Etwa zur selben Zeit arbeitete nämlich ein anderer Investor aus Long Island, Bernard Madoff, am größten Schneeballsystem aller Zeiten.

dort eine geheime Treppe, die in die illegale Spielhölle eines ortsbekannten Kriminellen hinaufführte, wo mit hohen Einsätzen gepokert wurde. Patterson verschaffte sich Zutritt, und es stellte sich schnell heraus, dass er auch ein brillanter Pokerspieler war. Er kam mit Taschen voller Geld nach Hause. Dem Betreiber fielen Pattersons Fähigkeiten auf, und er machte ihm ein Angebot, dass er für unwiderstehlich hielt: Wenn du dafür sorgst, dass der Schachbetrieb da unten gut läuft, beteilige ich dich am Gewinn, und ich übernehme alle Verluste.

Für Patterson war das absolut risikolos, doch er lehnte trotzdem ab. Der Ganove erklärte ihm, das sei ein großer Fehler.

»Bist du verrückt? Mit *Mathematik* kannst du doch keinen Pfifferling verdienen«, höhnte er.

Diese Erfahrung lehrte Patterson, Geschäften, bei denen es um Geld ging, grundsätzlich zu misstrauen, selbst wenn sie legal wirkten. Unter anderem aus diesem Grund begegnete er Simons Jahre später zunächst so skeptisch.

Nach Abschluss seines weiterführenden Studiums war Patterson erfolgreich als Kryptologe für die britische Regierung tätig. Er entwickelte statistische Modelle zur Entschlüsselung abgefangener Nachrichten und zur Verschlüsselung geheimer Botschaften in einer Einheit, die im Zweiten Weltkrieg Ruhm erlangte, als Alan Turing deutsche Geheimcodes knackte und dadurch berühmt wurde. Patterson bediente sich des ebenso einfachen wie tiefgründigen Satz von Bayes, welcher besagt, dass sich gewonnene Erkenntnisse dadurch optimieren lassen, dass man ursprüngliche Überzeugungen durch neue, objektive Informationen ergänzt.

Es gelang Patterson, ein seit Längerem bestehendes Problem auf diesem Fachgebiet zu lösen, indem er in den Daten ein Muster erkannte, das andere übersehen hatten. Er erlangte dadurch eine solche Bedeutung, dass verschiedene für die Alliierten bestimmte streng geheime Unterlagen mit dem Hinweis versehen wurden: »Nur für US-Augen und für Nick Patterson.«

»Das hatte was von James Bond«, berichtet er.

Als mehrere Jahre später neue Entgeltgruppen eingeführt wurden, die die Verwaltungskräfte der Einheit höher einstuften als die Kryptologen, war Patterson außer sich.

»Es war gar nicht das Geld, es war die Herabwürdigung«, erzählt Patterson, der seiner Frau sagte, er würde lieber Busfahrer werden als weiter für die Gruppe zu arbeiten. »Ich musste da einfach raus.«

Patterson wechselte an das Institute for Defense Analyses, wo er Simons und Baum kennenlernte. Als er auf die 50 zuging, beschlich ihn die Unruhe.

»Meinem Vater ging es mit Ende 50 gar nicht gut. Das machte mir Sorgen«, erinnert sich Patterson, der damals zwei Kinder hatte, die beide aufs College wollten. »Ich hatte nicht genug Geld, und ich wollte nicht, dass es mir ähnlich erging wie meinem Vater.«

Als ein leitender Kollege die Genehmigung bekam, zu einer Amateurfunkkonferenz nach Russland zu reisen, merkte Patterson, dass der Kalte Krieg zu Ende ging. Er musste etwas tun, und zwar schnell.

Ich werde meinen Job verlieren!

Glücklicherweise meldete sich da aus heiterem Himmel Simons mit einem dringenden Anliegen bei ihm.

»Wir müssen uns unterhalten«, erklärte er. »Würdest du für mich arbeiten?«

Für Patterson war der Wechsel zu Renaissance interessant. Simons' Gruppe analysierte riesige Mengen chaotischer komplizierter Preisdaten, um künftige Preise zu prognostizieren. Patterson dachte, seine angeborene Skepsis könnte sich als nützlich erweisen, um echte Signale von zufälligen Marktfluktuationen zu unterscheiden. Außerdem würden ihm auch seine Programmierkenntnisse gut zupasskommen, dachte er. Hinzu kam, dass Patterson anders als viele andere der rund ein Dutzend Renaissance-Mitarbeiter zumindest ab und zu den Wirtschaftsteil der Zeitung las und ein bisschen Ahnung von Finanzen hatte.

»Ich hielt mich für ziemlich fortschrittlich, weil ich einen Indexfonds besaß«, erzählt er.

Patterson rechnete damit, dass die Welt »extrem mathematisch werden« würde, und er wusste, dass sich die Rechenleistung exponentiell steigerte. Er ging davon aus, dass Simons eine Chance hatte, das Investmentgeschäft durch den Einsatz hochkarätiger Mathematik und Statistik zu revolutionieren.

»Noch 50 Jahre zuvor hätten wir nichts ausrichten können, doch damals war genau der richtige Zeitpunkt«, meint er.

Nachdem er einen Computer in die Ecke von Simons' Büro geschleppt und befunden hatte, dass Renaissance vermutlich doch seriös war, unterstützte Patterson Laufer bei der Arbeit an einem hartnäckigen Problem. Gewinnbringende Handelsideen waren nämlich nur die halbe Miete. Die Transaktionen zum Kauf und Verkauf von Anlagen können sich so auf die Preise auswirken, dass die Gewinne aufgezehrt werden. Daher bringt es nichts, zu wissen, dass die Kupferpreise von 3,00 Dollar pro Kontrakt auf 3,10 Doller anziehen werden, wenn man durch die eigenen Kauftransaktionen den Preis auf 3,05 Dollar in die Höhe treibt, noch bevor man sie abschließen kann – vielleicht weil die Händler den Preis anheben oder Konkurrenten ebenfalls Käufe vornehmen –, wodurch sich der potenzielle Gewinn halbiert.

Simons' Team hatte diese Transaktionskosten, die es auch als *Slippage* bezeichnete, von Anfang an im Auge gehabt. Die Mitarbeiter verglichen ihre Transaktionen regelmäßig mit einem Modell, das nachvollzog, wie viel Gewinn oder Verlust die Firma gemacht *hätte*, wenn die leidigen Handelskosten nicht wären. Die Gruppe gab der Differenz zwischen den Preisen, die ihr gestellt wurden, und den Abschlüssen, die ihr Modell ohne die ärgerlichen Kosten theoretisch gemacht hätte, einen Namen: *der Teufel.*

Zunächst konnte man nur raten, wie groß dieser Teufel wirklich war. Doch als Straus immer mehr Daten gesammelt hatte und seine Rechner immer leistungsfähiger wurden, schrieben Laufer und Patterson erste Programme, die nachprüften, wie weit ihre Transaktionen von der Idealform abwichen, bei der sich die Handelskosten kaum auf die Performance des Fonds auswirkten. Als Patterson zu Renaissance stieß, konnte das Unternehmen eine Simulation laufen lassen, die diese Handelskosten von den erhaltenen Preisen abzog, und so unverzüglich isolieren, wie viel Geld ihnen durch die Lappen ging.

Um den Abstand zu verkleinern, entwickelten Laufer und Patterson komplexe Ansätze zur Zuweisung der Transaktionen an verschiedene Futures-Börsen, um den Markteffekt der einzelnen Geschäfte zu verringern. Dadurch konnte der Medallion-Fonds besser bestimmen, auf welche Anlagen er setzen sollte – ein enormer Vorteil beim Vorstoß auf neue Märkte und Investments. Sie nahmen deutsche, britische und italienische Anleihen ins Portfolio auf, und später auch Zinskontrakte aus London und schließlich Futures auf den Nikkei Stock Average, japanische Staatsanleihen und anderes mehr.

Der Fonds erhöhte ferner seine Handelsfrequenz. Zunächst wurden fünfmal täglich Order an ein Händlerteam übermittelt, schließlich 16-mal am Tag. Der Effekt auf die Preise wurde dadurch verringert, dass man sich auf besonders umsatzstarke Phasen konzentrierte. Noch mussten die Händler des Medallion-Fonds zum Telefon greifen, um Geschäfte abzuschließen, doch der Fonds war auf Kurs zu schnellerem Handel.

=

Zu diesem Zeitpunkt hatten sich Simons und seine Kollegen noch wenig Gedanken darüber gemacht, *warum* ihre wachsende Sammlung von Algorithmen die Preise so treffsicher prognostizierte. Sie waren Wissenschaftler und Mathematiker, keine Analysten oder Ökonomen. Generierten bestimmte Signale statistisch signifikante Ergebnisse, dann reichte das aus, um sie in das Handelsmodell aufzunehmen.

»Ich weiß auch nicht, warum die Planeten um die Sonne kreisen«, erklärte Simons einem Kollegen und wollte damit sagen, dass man sich nicht zu sehr damit zu beschäftigen brauchte, warum die Muster auf dem Markt existierten. »Das heißt aber noch lange nicht, dass ich das nicht vorhersagen kann.«

Dabei häuften sich die Erträge so schnell, dass es schon beinahe absurd war. Der Medallion-Fonds legte im Juni 1994 über 25 Prozent zu und visierte im selben Jahr einen sprunghaften Anstieg auf 71 Prozent an, was selbst Simons als »schlichtweg erstaunlich« bezeichnete. Noch beeindruckender war allerdings, dass die Gewinne in einem Jahr erzielt wurden, in dem die US-Notenbank die Anleger wiederholt mit Zinserhöhungen überraschte, was vielen Investoren empfindliche Verluste bescherte.

Das Renaissance-Team war von Haus aus neugierig, und viele seiner Investoren ebenso. Sie fragten sich unwillkürlich, was da vor sich ging. Wenn sich der Medallion-Fonds als großer Gewinner der meisten seiner Geschäfte herauskristallisierte, wer stand dann auf der anderen Seite und verbuchte ständig Verluste?

Simons kam mit der Zeit zu dem Schluss, dass die Verlierer eher nicht unter den Marktteilnehmern zu suchen waren, die selten handeln, wie Buy-and-hold-Einzelanleger, auch nicht unter den »Finanzchefs multinationaler Konzerne«, die ihr Fremdwährungsportfolio nach Bedarf des Unternehmens immer mal wieder anpassten, wie Simons seinen Investoren mitteilte.

Stattdessen schien Renaissance die Schwächen und Fehler anderer – großer wie kleiner – Spekulanten auszunutzen.

»Leichtere Beute ist vielleicht eher der Manager eines globalen Hedgefonds, der regelmäßig versucht, die Richtung des französischen Rentenmarkts vorwegzunehmen«, stellte Simons fest.

Laufer hatte eine etwas andere Erklärung für ihre dynamische Ertragsentwicklung. Als Patterson mit der Frage zu ihm kam, woher denn das Geld käme, das sie einnahmen, verwies Laufer auf eine andere Gruppe von Tradern, die sowohl für ihre exzessive Aktivität als auch für ihr übersteigertes Selbstvertrauen bei der Prognose der Marktrichtung berüchtigt waren.

»Von einem Haufen Zahnärzte«, meinte Laufer.

Laufers Erklärung mag sich nichtssagend anhören, doch seine Einschätzung ist ebenso wie Simons' Ansicht als fundiert, ja, vielleicht sogar bahnbrechend zu werten. Damals waren die meisten Akademiker überzeugt, dass die Märkte von Haus aus effizient waren. Das hieß, dass es keine verlässlichen Methoden geben konnte, den Marktertrag zu übertreffen, und dass die Finanzentscheidungen Einzelner im Großen und Ganzen rational waren. Simons und seine Kollegen ahnten, dass sich die Professoren irrten. Sie gingen davon aus, dass Investoren zu kognitiven Verzerrungen neigten, wie sie Panik, Blasen, Boom- und Bustphasen auslösten.

Simons konnte das nicht wissen, doch es bildete sich eine neue wirtschaftswissenschaftliche Richtung heraus, die bestätigen sollte, was er instinktiv annahm. In den 1970er-Jahren hatten die israelischen Psychologen Amos Tversky und Daniel Kahneman untersucht, wie Menschen Entscheidungen treffen, und nachgewiesen, wie sehr die meisten zu Irrationalität neigen. Später zog der Wirtschaftswissenschaftler Richard Thaler Erkenntnisse aus der Psychologie heran, um Anomalien im Anlegerverhalten zu erklären, was die Entwicklung des Fachgebiets der *Verhaltensökonomie* auslöste, die die kognitiven Verzerrungen von Einzelnen und Investoren erforschte. Unter den festgestellten Verzerrungen waren: die *Verlustaversion*, die besagte, dass die von Verlusten verursachten negativen Empfindungen doppelt so stark waren wie die Freude über Gewinne; die *Verankerung*, also die Verzerrung des Urteilsvermögens durch eine vorab erteilte Information oder eine erste Erfahrung; und der *Besitztumseffekt*, also dass Anleger den bereits in ihren Portfolios befindlichen Besitztümern ungleich mehr Wert beimessen.

Kahneman und Thaler erhielten für ihre Arbeit den Nobelpreis. Es bildete sich ein Konsens heraus, dem zufolge Anleger nicht so rational handeln, wie zuvor angenommen, und immer wieder ähnliche Fehler begehen. Investoren reagieren übermäßig auf Stress und treffen emotionale Entscheidungen. Tatsächlich ist es kein Zufall, dass der Medallion-Fonds seine größten Gewinne in Phasen registrierte, in denen es an den Finanzmärkten extrem turbulent zuging – ein Phänomen, das sich noch über Jahrzehnte fortsetzen sollte.

Wie die meisten Investoren wurde auch Simons nervös, wenn sein Fonds unruhige Zeiten erlebte. In wenigen Einzelfällen reagierte er, indem er die Positionen des Unternehmens insgesamt zurückfuhr. Überwiegend setzte Simons jedoch stets Vertrauen in sein Handelsmodell und dachte daran, wie wenig Erfolg er damit gehabt hatte, nach seinen Instinkten zu investieren. Er sicherte zu, das Modell nicht auszuhebeln in der Hoffnung, dadurch zu gewährleisten, dass weder die Erträge des Medallion-Fonds noch die Emotionen seiner Mitarbeiter bei Renaissance Einfluss auf das Geschehen im Fonds nahmen.

»Unsere G und V sind keine Eingabedaten«, meint Patterson und verwendet die Kurzform der Trader für Gewinne und Verluste. »Wir mögen mittelmäßige Trader sein, doch unser System hat nie Krach mit seiner Freundin – und so etwas löst Marktformationen aus.«

Simons hatte sich nicht einem statistikgestützten Ansatz zugewandt, weil er von der Arbeit eines Ökonomen oder Psychologen beeinflusst war. Er hatte sich auch nicht ans Programmieren von Algorithmen gemacht, um Verzerrungen bei Anlegern zu meiden oder auszunutzen. Nach und nach gelangten Simons und seine Leute aber zu der Überzeugung, dass solche Fehler und Überreaktionen zumindest teilweise für ihre Gewinne verantwortlich waren, und dass ihr in der Entwicklung befindliches System wie kein anderes in der Lage schien, die gängigen Fehler anderer Trader auszunutzen.

»Im Grunde modellieren wir menschliches Verhalten«, so Researchfachmann Penavic. »Unter großer Belastung sind Menschen am vorhersehbarsten – sie reagieren dann instinktiv und panisch. Wir gingen im Grunde nur davon aus, dass die menschlichen Akteure genauso reagieren würden, wie sie schon immer reagiert haben … wir lernten, uns dieses Verhalten zunutze zu machen.«

=

Schließlich blieben die Gewinne des Medallion-Fonds auch in Investorenkreisen nicht unbemerkt. Ein Jahr zuvor, 1993, hatte die in London ansässige Investmentgesellschaft GAM Holding, die das Vermögen wohlhabender Kunden verwaltet und zu den ersten zählte, die in Hedgefonds investierten – Renaissance rund 25 Millionen US-Dollar anvertraut. Damals wollten Simons und sein Team schon nichts mehr darüber preisgeben, wie ihr Fonds arbeitete, damit die Konkurrenz nichts spitzbekam. Das brachte die GAM-Manager, die gewöhnlich genau wissen wollten, wie ein Fonds funktioniert, in eine schwierige Lage. Sie konnten zwar bestätigen, dass Renaissance ordnungsgemäß geprüft worden war und dass das Geld ihrer Investoren sicher war, doch durchschauen, wie der Medallion-Fonds so hohe Gewinne erzielte, konnte GAM nicht. Die Ergebnisse, die Simons' Fonds vorlegte, begeisterten die Chefetage von GAM, doch wie alle Kunden machte man sich auch dort Gedanken um das eigene Kapital.

»Ich lebte ständig in Angst, dass irgendetwas schiefgehen könnte«, erzählt David McCarthy, der für die Überwachung der GAM-Anlage in den Medallion-Fonds zuständig war.

Schon bald würde sich zeigen, wo Simons' Probleme lagen.

=

Simons vollzog eine Kehrtwendung. Ende 1993 verwaltete der Medallion-Fonds 280 Millionen US-Dollar, und Simons befürchtete, die Gewinne könnten unter Druck geraten, wenn der Fonds zu groß wurde und durch seine Transaktionen die Preise bei Käufen in die Höhe trieb und bei Verkäufen drückte. Simons beschloss, den Fonds für Neukunden zu schließen.

Simons' Team gab immer weniger Auskunft. Kunden wurden an eine Telefonnummer in Manhattan verwiesen, unter der sie die jüngsten Ergebnisse vom Band laufen lassen konnten, oder aufgefordert, sich an die Anwälte von Renaissance zu wenden, falls sie ausführlichere Informationen brauchten. Dadurch sollte es Konkurrenten erschwert werden, mehr über die Tätigkeit des Fonds herauszufinden.

»Durch unsere guten Ergebnisse sind wir sehr bekannt geworden. Das könnte unser größtes Problem werden«, schrieb Simons in einem Brief an seine Kunden. »Außenwirkung sorgt für Konkurrenz, und bei allem gebührenden Respekt vor der unternehmerischen Freiheit – je weniger davon, desto besser für uns.«

Simons bekniete seine Investoren, möglichst wenig über den Fondsbetrieb zu verraten.

»Zurückhaltung ist unsere einzige Möglichkeit, uns zu verteidigen«, beschwor er sie.

Dieser von äußerster Diskretion geprägte Ansatz schadete dem Unternehmen mitunter. Im Winter 1995 ging bei einem Wissenschaftler, der am Relativistic Heavy Ion Collider des Brookhaven National Laboratory arbeitete und Michael

Botlo hieß, ein Anruf eines Renaissance-Managers ein. Dieser wollte wissen, ob Botlo an einem Job interessiert sei.

Durch einen Schneesturm steuerte Botlo seinen verbeulten Mazda-Kombi zum neuen Büro von Renaissance in einem Hightechinkubator ganz in der Nähe eines Krankenhauses und einer Kneipe am Campus von Stony Brook. Botlo betrat das Büro, schüttelte den Schnee ab und fand die kleinen, schäbigen, in Beige und Türkis gehaltenen Räumlichkeiten wenig imposant. Als sich Botlo zum Gespräch mit Patterson und anderen Mitarbeitern setzte, gaben sie nicht ein Detail ihres Handelsansatzes preis und redeten stattdessen viel über das schlechte Wetter, was Botlo frustrierte.

Genug geplänkelt, dachte er.

Botlo erfuhr immerhin, dass bei Renaissance eine jahrzehntealte Programmiersprache namens Perl zum Einsatz kam, nicht Sprachen wie C++, die große Wall-Street-Handelshäuser einsetzten, was ihn noch skeptischer stimmte. (In Wirklichkeit verwendete Renaissance Perl für das Rechnungswesen und andere Abläufe, nicht für den Handel, doch diese Information wollte keiner einem Besucher mitteilen.)

»Die kamen mir vor wie vier Bastler in einer Garage. Sie wirkten nicht gerade wie versierte Informatiker, und wie sie vorgingen, erschien mir nicht sehr systematisch – ein paar Typen, die mit ihren Computern herumspielten«, erzählt Botlo. »Nicht so berauschend.«

Ein paar Tage später schrieb Botlo an Patterson: »Ich habe mich entschieden, das Geschäft professionell anzugehen, und fange bei Morgan Stanley an.«

Autsch.

1995 meldete sich bei Simons telefonisch ein Vertreter des großen Maklerhauses PaineWebber. Er bekundete Interesse an einer Übernahme von Renaissance. Endlich, nach jahrelanger Plackerei und unverhältnismäßigen Gewinnen, nahmen die Großen der Wall Street Simons' Pioniermethoden zur Kenntnis. Der Zahltag war in Sicht.

Simons schickte Patterson, um mit ein paar PaineWebber-Managern zu sprechen. Der merkte jedoch schnell, dass das Maklerunternehmen weder von Simons' revolutionärer Strategie überzeugt war, noch Interesse an seinen hervorragenden Mitarbeitern hatte. Die Leute von PaineWebber waren lediglich hinter der Kundenliste des Hedgefonds her, weil sie sich über die gewaltigen Gebühren wunderten, die sie für Anlagen bei Simons zahlen mussten. Sobald sie Zugang zu den Kunden von Renaissance hatten, würden die PaineWebber-Leute die Firma ausweiden und versuchen, den betuchten Renaissance-Kunden ihre eigenen Produkte zu verkaufen. Die Gespräche verliefen im Sand. Der eine oder andere bei Renaissance fand das bitter. Das Establishment traute dem Computerhandel nach wie vor nicht. Der fühlte sich einfach falsch an – und riskant.

»In ihren Augen waren die Algorithmen im Grunde unsinnig«, meint Patterson.

=

Doch die Gewinnsträhne des Medallion-Fonds hielt an. Er erzielte hohe Erträge aus dem Geschäft mit Futures-Kontrakten und verwaltete 600 Millionen US-Dollar. Simons war allerdings überzeugt, dass der Hedgefonds ernsthaft in der Klemme steckte. Laufers Modelle, die mit überraschender Treffsicherheit die Auswirkungen des Fonds auf den Markt maßen, ergaben, dass die Erträge des Medallion-Fonds sinken würden, wenn er noch mehr Geld verwaltete. Manche Rohstoffmärkte, etwa für Getreide, waren schlicht zu klein, als dass sie noch weitere Käufe und Verkäufe durch den Fonds verkraften konnten, ohne dass sich das auf die Preise auswirken würde. Auch den weiteren Möglichkeiten des Medallion-Fonds auf den größeren Renten- und Währungsmärkten waren Grenzen gesetzt.

Es war inzwischen in aller Munde, dass der Medallion-Fonds ein gutes Händchen für aussichtsreiche Wetten hatte, und davon profitierten zwielichtige Trader. Bei einem Besuch in Chicago ertappte ein Mitarbeiter an den Pits* für Eurodollar-Futures einen Mann, der die Medallion-Transaktionen verfolgte. Der Spion signalisierte mit Gesten, ob der Medallion-Fonds kaufte oder verkaufte, sodass ein Komplize einsteigen konnte, noch bevor Simons' Fonds tätig wurde, was dessen Profit minderte. Andere hatten offenbar auf Karteikarten stehen, wann der Medallion-Fonds gewöhnlich Transaktionen vornahm. Auf dem Parkett hatte Simons' Team sogar einen Spitznamen: »die Scheichs«, woraus ihre Bedeutung auf manchen Rohstoffmärkten hervorging. Renaissance passte die eigene Tätigkeit so

* An der Chicago Board of Trade gibt es verschiedene Pits. Es handelt sich hierbei um meist achteckige, stufenweise in den Boden des Börsensaals eingelassene und dem Handel eines bestimmten Instrumentes gewidmete Handelsbereiche. Durch ihre einmalige Architektur erlauben es die Pits, einander während der Handelszeiten zu sehen und zu hören. [Anm. d. Red.]

an, dass sie schwerer nachvollziehbar und vorhersehbar war, doch das war nur ein weiteres Indiz dafür, dass das Unternehmen für verschiedene Finanzmärkte zu groß wurde.

Simons hatte auch Sorge, dass seine Signale schwächer werden könnten, wenn Mitbewerber ähnliche Strategien einsetzten.

»Es gibt immer ein Leck im System«, räumte Simons in seinem ersten Interview mit einem Reporter ein. »Wir müssen der Konkurrenz weiter voraus bleiben.«[34]

Im Unternehmen sahen manche darin kein großes Problem. Na gut, wenn die Kapitalbeschränkungen bedeuteten, dass der Medallion-Fonds nicht der größte oder erfolgreichste Hedgefonds werden konnte, dann war das eben so. Wenn sie den Fonds ungefähr auf seiner aktuellen Größe hielten, würden sie alle auch so märchenhaft reich und erfolgreich.

»Warum halten wir den Fonds nicht einfach bei 600 Millionen US-Dollar?«, fragte Straus Simons. So konnte der Medallion-Fonds im Jahr 200 Millionen Dollar Gewinn erzielen, und das war mehr als genug, um seine Mitarbeiter glücklich zu machen.

»Nein«, entgegnete Simons. »Wir können mehr.«

Simons bestand darauf, Wachstumsmöglichkeiten für den Fonds zu finden, was manche Mitarbeiter frustrierte.

»Ein Imperator braucht eben ein Imperium«, ätzte jemand im Kollegenkreis.

Robert Frey, der Ex-Quant von Morgan Stanley, der bei Kepler arbeitete, dem gesonderten Aktienhandelsunternehmen, das von Simons finanziert wurde, interpretierte Simons' stures Drängen auf Wachstum beim Medallion-Fonds etwas freundlicher. Simons sei eben entschlossen, etwas ganz Besonderes zu erreichen – vielleicht sogar als Pionier für einen ganz neuen Handelsansatz.

»Jim geht es darum, etwas zu bewegen«, meint Frey. »Er wollte seinem Leben schon immer Bedeutung verleihen. … Wenn er einen Fonds auflegte, dann wollte er auch der Beste sein.«

Frey hat noch eine andere Theorie darüber, warum Simons den Fonds unbedingt vergrößern wollte.

»Jim sah darin seine Chance, Milliardär zu werden«, meint Frey.

Simons war seit jeher von zwei allgegenwärtigen Motiven angetrieben worden: Er wollte beweisen, dass er in der Lage war, große Probleme zu lösen, und er wollte eine Menge Geld verdienen. Seine Freunde verstanden diesen Drang, immer noch mehr Reichtum anzuhäufen, nie so richtig, doch er war immer da und hörte nie auf.

Es gab für Simons nur eine Möglichkeit, den Medallion-Fonds weiter anwachsen zu lassen, ohne dass es seinem Ertrag schadete: ihn auf Aktienanlagen auszuweiten. Weil die Aktienmärkte tief und liquide sind, würde auch eine ganz andere Größenordnung den Gewinn nicht beeinträchtigen. Es gab nur einen Haken: Simons und sein Team hatten lange nicht herausfinden können, wie sie auf den Aktienmärkten Geld verdienen konnten. Frey arbeitete noch an seinen Handelsstrategien bei Kepler, doch die Ergebnisse waren unspektakulär, was den Druck auf Simons erhöhte.

In der Hoffnung, die Wertentwicklung des Fonds aufrechtzuerhalten und die betriebliche Effizienz zu verbessern, beschloss Simons, alle seine Aktivitäten auf Long Island zusammenzulegen und dafür zehn langjährige Mitarbeiter in Nordkalifornien zu entwurzeln, Sandor Straus eingeschlossen. Der hatte einen Sohn auf der Highschool und wollte nicht umziehen. Straus erklärte, er wolle nicht nach Long Island, und fand es nicht gut, dass Simons seine kalifornischen Kollegen zur Umsiedlung zwang. Straus leitete das Handelsgeschäft, war der letzte Angehörige des ursprünglichen Unternehmens und ein Schlüsselfaktor für dessen Erfolg. Straus war an Renaissance beteiligt und forderte eine Abstimmung aller Mitinhaber über den Umzug ans andere Ende des Landes. Dabei wurde er überstimmt, was ihn noch mehr ergrimmte.

1996 verkaufte er seine Anteile an Renaissance und kündigte – ein neuer Schlag für Simons. Später zwang Simons Straus und andere nicht beim Medallion-Fonds Beschäftigte, ihr Geld aus diesem abzuziehen. Straus hätte sich auf Sonderrechte berufen könnten, die es ihm erlaubt hätten, unbegrenzt in den Fonds zu investieren, dachte aber, er könne ja in Fonds investieren, die ähnliche Aussichten boten.

»Ich dachte, wir wären ein Fonds von vielen«, erklärt er. »Hätte ich vermutet, dass es da ein geheimes Alleinstellungsmerkmal gab, hätte ich dafür gesorgt, dass ich weiter im Medallion-Fonds investieren könnte.«

=

Als sich Simons und sein Team bemühten, eine neue Richtung zu finden und Straus' Weggang zu verkraften, stieß er bei seinen alten Freunden in Mathematikerkreisen auf wenig Anteilnahme. Sie verstanden nach wie vor nicht, weshalb er so viel Zeit und Energie auf die Finanzmärkte verwendete. Wie sie das sahen, verschwendete er ein Talent, wie es in einer Generation nur einmal vorkam, auf einen frivolen Zeitvertreib. An einem Wochenende, nachdem Simons Stony Brook den Rücken gekehrt hatte, besuchte ihn nachmittags der namhafte Topologe Dennis Sullivan von der Stony Brook zu Hause und erlebte mit, wie Simons eine Geburtstagsparty für seinen Sohn Nathaniel veranstaltete – Simons' drittes gemeinsames Kind mit Barbara. Als Simons Wasserpistolen verteilte und dann fröhlich mit den Kindern herumtobte, verdrehte Sullivan die Augen.

»Das ärgerte mich«, erklärt Sullivan. »Mathematik ist etwas Heiliges, und Jim war ein ernstzunehmender Mathematiker, der die schwierigsten Probleme lösen konnte. … Seine Entscheidungen enttäuschten mich.«

Dann wieder sah man Simons mit Nicholas herumalbern, seinem ersten Kind mit Marilyn. Dieser war so umgänglich wie sein Vater und hatte auch seinen mitunter boshaften Sinn für Humor geerbt.

Sullivans Ansichten änderten sich, als er Simons näher kennenlernte, Zeit bei ihm zu Hause verbrachte und mitbekam, wie aufmerksam sich Simons um seine alternden Eltern kümmerte, die häufig aus Boston zu Besuch kamen. Sullivan würdigte auch die Aufmerksamkeit, die Simons seinen Kindern schenkte – vor allem Paul, der weiter mit seinem Geburtsfehler kämpfte. Mit 17 hatte er einen epileptischen Anfall erlitten und nahm im Anschluss Medikamente, um weitere Anfälle zu verhindern.

Jim und Barbara nahmen an ihrem Sohn wachsendes Selbstvertrauen wahr. Sein Leben lang hatte sich Paul bemüht, seinen Körper zu kräftigen und jeden Tag Klimmzüge und Liegestütze gemacht. Er hatte sich auch zu einem guten Skifahrer entwickelt und zu einem ausdauernden Radfahrer. Als Freigeist zeigte Paul wenig Interesse an Mathematik oder Börsengeschäften. Im Erwachsenenalter ging er wandern, skifahren und spielte mit seinem Hund Avalon. Außerdem entwickelte er eine enge Beziehung zu einer jungen Frau aus dem Ort. Besonders gern radelte Paul durch die ruhige, verschlafene Gegend bei Mill Pond in Stony Brook. Dort war er oft stundenlang auf dem Fahrrad unterwegs.

Im September 1996, nach seinem 34. Geburtstag, zog sich Paul ein Trikot und Shorts über, sprang auf sein erstklassiges Fahrrad und unternahm eine flotte Tour durch die Old Field Road in Setauket, nicht weit von dem Ort, wo er als Junge gelebt hatte. Wie aus dem Nichts tauchte da eine ältere Dame in ihrem

Auto auf, die rückwärts aus ihrer Einfahrt fahren wollte und den jungen Mann auf dem Fahrrad übersah. Sie fuhr Paul an. Er geriet unter die Räder und war sofort tot – ein unvorhersehbarer tragischer Unfall. Ein paar Tage später erlitt die Fahrerin, die nach dem Unfall unter Schock stand, einen Herzinfarkt und verstarb ebenfalls.

Jim und Barbara waren am Boden zerstört. Danach war Simons wochenlang nicht ganz er selbst. Er suchte Unterstützung bei seiner Familie und ließ Arbeit und andere Aktivitäten links liegen. Seine Kollegen konnten nicht sagen, ob Simons diesen Schicksalsschlag überhaupt verkraften würde oder wie lange das dauern konnte.

»Darüber kommt man niemals hinweg«, meint Barbara. »Man lernt lediglich, damit zu leben.«

Als Simons endlich wieder zur Arbeit kam, spürten seine Freunde, dass er Ablenkung brauchte. Er fokussierte sich erneut auf die enttäuschenden Versuche seines Teams, den Aktienhandel zu meistern – seine letzte Chance, sein Unternehmen zu Einfluss zu verhelfen. Eine Zeit lang schien es, als verschwende Simons seine Zeit.

KAPITEL 9

Noch nie hat jemand wegen einer Zahl eine Entscheidung getroffen.
Die Menschen brauchen eine Geschichte.
Daniel Kahneman, Ökonom

Offenbar hatte Jim Simons die perfekte Methode für den Handel mit Rohstoffen, Währungen und Anleihen gefunden: mathematische Prognosemodelle.

Doch Simons wusste: Wenn Renaissance Technologies wirklich Bedeutung erlangen sollte, musste er es schaffen, mit seinen Computern am Aktienmarkt Geld zu verdienen.

Warum sich Simons Erfolgschancen ausrechnete, war nicht klar. Die frühen 1990er-Jahre war ein goldenes Zeitalter für *fundamental orientierte* Investoren – also solche, die wie Warren Buffett mit Unternehmen sprachen und Jahresberichte, Finanzdokumente und Abschlüsse analysierten. Solche Investoren setzten auf Instinkt, Intelligenz und Erfahrung. Dabei ging es nur um Grips, nicht um Rechenleistung. Mit dem Aktiengeschäft schien Simons überfordert.

Ein Musterbeispiel für den fundamentalen Ansatz lieferte Peter Lynch. Von 1977 bis 1990 verhalf Lynchs vorausschauende Aktienauswahl dem Magellan-Fonds von Fidelity Investments zu solchem Wachstum, dass aus einer kleinen 100-Millionen-US-Dollar-Klitsche ein 16-Milliarden-Schwergewicht wurde – mit einem durchschnittlichen Jahresgewinn von 29 Prozent. Damit schnitt er in elf der betreffenden Jahre besser ab als der Markt. Lynch ignorierte frühere, bisher vernachlässigte Kursformationen – womit sich Simons obsessiv beschäftigte –, und erklärte, ein Anleger könne den Markt einfach dadurch schlagen, dass er sich an die Unternehmen hielt, von denen er am meisten verstand. »Wissen, was man im Portfolio hat«, lautete seine Devise.

Auf der Suche nach Aktien mit einer *Geschichte*, deren Gewinne seiner Überzeugung nach in die Höhe schießen würden, erzielte Lynch einen durchschlagenden Erfolg mit Dunkin' Donuts, der in Fidelitys Heimatstaat Massachusetts äußerst beliebten Donutkette. Er kaufte die Aktie unter anderem deshalb, weil sich das Unternehmen »keine Sorgen um Billigimporte aus Korea« machen musste. Ein andermal kaufte sich seine Frau Carolyn ein Paar L'eggs – eine Strumpfhosenmarke, die in einer unverwechselbaren eiförmigen Plastikverpackung in Super- und Drogeriemärkten an der Kasse angeboten wurde. Carolyn war begeistert von L'eggs. Ihr Mann daher ebenfalls – und beschloss, die Aktien ihres Herstellers Hanes zu kaufen, obwohl die meisten Strumpfwaren damals in Kaufhäusern und Modeboutiquen verkauft wurden, nicht in Drogeriemärkten.

»Ich habe ein bisschen recherchiert«, erklärte Lynch später. »Dabei habe ich festgestellt, dass die Durchschnittsfrau einmal die Woche in den Supermarkt oder einen Drogeriemarkt geht, aber nur alle sechs Wochen in ein Geschäft für Damenmode oder ins Kaufhaus. Und alle hochwertigen Strumpfwaren, alle guten Strumpfhosen werden in Kaufhäusern vertrieben. In den Supermärkten gibt es nur Schrott.«

Als ein Konkurrenzprodukt eingeführt wurde, kaufte Lynch 48 Paar davon und bat seine Mitarbeiterinnen, sie auszuprobieren. Das Ergebnis: Qualitativ konnten sie mit seinen L'eggs nicht mithalten. Mit der Zeit erzielte Lynch mit Hanes einen Gewinn, der sich auf das Zehnfache des ursprünglichen Anlagebetrags belief.

Lynchs wichtigstes Handwerkszeug war sein Telefon – nicht sein Computer. Er sprach regelmäßig – telefonisch oder persönlich – mit einem Zirkel gut platzierter Führungskräfte und bat sie um aktuelle Informationen über ihre Unternehmen, Konkurrenten, Zulieferer, Kunden und mehr. Damals war dieses Vorgehen legal, wenngleich kleinere Anleger keinen Zugang zu manchen Informationen hatten.

»Der Computer verrät Ihnen nicht, [ob ein Trend in der Wirtschaft] einen Monat oder ein Jahr dauert«, erklärte Lynch.[35]

1990 hatte jeder Hundertste Amerikaner den Magellan-Fonds im Depot, und Lynchs Buch *Der Börse einen Schritt voraus* verkaufte sich über eine Million Mal und regte Anleger dazu an, überall die Augen nach Aktien offenzuhalten, »vom Supermarkt bis zum Arbeitsplatz«. Mit zunehmender Dominanz in der Investmentfondsbranche begann Fidelity, junge Analysten loszuschicken, um jedes Jahr Hunderte von Unternehmen zu besuchen. Lynchs Nachfolger, darunter auch Jeffrey Vinik, nutzten diese Besuche, um sich vollkommen legal einen persönlichen Informationsvorsprung vor der Konkurrenz zu verschaffen.

»Vinik forderte uns auf, uns auf der Fahrt vom und zum Flughafen mit den Taxifahrern zu unterhalten, um ein Gespür für die Wirtschaft vor Ort oder das Unternehmen zu bekommen, das wir besuchen sollten«, erinnert sich J. Dennis Jean-Jacques, damals Analyst bei Fidelity. »Wir sollten auch in der Kantine essen … oder in einem Restaurant in der Nähe, damit wir dort die Bedienung nach dem Unternehmen gegenüber fragen konnten.«

Während Lynch und Vinik in Boston hohe Gewinn einfuhren, arbeitete Bill Gross am anderen Ende des Landes – an der Küste von Newport Beach in Kalifornien. Dort baute er für ein Unternehmen namens Pacific Investment Management Company, kurz PIMCO, ein Anleihenimperium auf. Gross, der sich sein Studium an der Business School am Blackjack-Tisch finanziert hatte, nachdem er Ed Thorps Buch über Glücksspiel gelesen hatte, konnte besonders treffsicher die Entwicklung der globalen Zinsen vorhersagen. In der Finanzwelt machte er sich einen Namen mit klugen, originellen Marktbeobachtungen und mit einem einzigartigen Blick. Gross trug immer offene Maßhemden, die Krawatte locker um den Hals geschlungen – ein Stil, den er sich angewöhnte, weil ihm nach ausgiebigen Kraft- und Yogaübungen zu heiß war, um mit fest gebundener Krawatte im Büro zu sitzen.

Wie Simons analysierte auch Gross seine Anlagen mit einem mathematischen Ansatz, verbrämte seine Formeln allerdings mit einer gehörigen Portion Intuition und Intelligenz. 1995 entpuppte sich Gross als echter Marktkenner, nachdem er mit hohen Summen auf fallende Zinsen gesetzt und mit seinem Rentenfonds 20 Prozent Gewinn verbucht hatte. Der Fonds entwickelte sich daraufhin zum größten seiner Gattung. Die Anleger krönten ihn zum »Bondkönig«, ein Name, der an Gross kleben bleiben sollte, da er auf den Fremdkapitalmärkten längere Zeit den Ton angab.

Ungefähr zur selben Zeit machten auch sogenannte Makro-Investoren Schlagzeilen und lehrten Spitzenpolitiker weltweit mit ihrem eigenen Stil das Fürchten. Anstelle vieler tausend Einzelwetten erzielten diese Trader wie Simons den Löwenanteil ihrer Gewinne aus einer begrenzten Zahl kühner Entscheidungen, mit denen sie globalen politischen und wirtschaftlichen Entwicklungen vorgriffen.

Ein aufgehender Stern am Börsenhimmel war damals Stanley Druckenmiller. Der Pittsburgher mit seinem dichten Haarschopf, der sein Doktorandenstudium der Wirtschaftswissenschaft abgebrochen hatte, war bereits ein erfolgreicher Fondsmanager, als er George Soros' milliardenschweren Hedgefonds übernahm: den Quantum Fund. Der seinerzeit 35-jährige Druckenmiller traf seine Anlageentscheidungen, nachdem er gründlich die Nachrichten durchforstet und die Wirtschaftsstatistiken und andere Informationen studiert hatte, um seine Transaktionen schon weit im Vorfeld maßgeblicher globaler Ereignisse vorzunehmen.

Schon nach sechs Monaten bereute Soros, dass er Druckenmiller eingestellt hatte. Während Druckenmiller im Flieger nach Pittsburgh saß, veräußerte Soros dessen Bondpositionen ohne vorherige Rücksprache, weil er befürchtete, damit Geld zu verlieren. Als Druckenmiller nach der Landung davon erfuhr, ging er zur nächsten Telefonzelle und kündigte.[36]

Etwas später – beide waren wieder im Büro, die Wogen hatten sich geglättet und man hatte sich beieinander entschuldigt – erklärte Soros, er werde sechs Monate lang nach Europa gehen und in dieser Trennungsphase sehen, ob Druckenmillers anfängliche Verluststrähne nur darauf zurückzuführen sei, dass »zu viele Köche im Brei herumrühren oder doch darauf, dass du es nicht draufhast«.

Monate später öffnete sich die Berliner Mauer, die West- und Ostdeutschland getrennt hatte, und fiel schließlich ganz. Die Welt jubelte, doch die Anleger befürchteten, die westdeutsche Wirtschaft und ihre Währung, die D-Mark, könnten durch die Wiedervereinigung mit dem weit ärmeren Ostdeutschland gelähmt werden. Druckenmiller erschien das nicht logisch: Ein Zustrom billiger Arbeitskräfte dürfte die deutsche Wirtschaft wohl eher beflügeln, statt ihr zu schaden, und die Bundesbank sollte in der Lage sein, ihre Währung zu stützen, um die Inflation in Schach zu halten.

»Ich war der festen Überzeugung, dass die Deutschen inflationsbesessen sind«, erinnert sich Druckenmiller und verweist darauf, dass die galoppierende Inflation nach dem Ersten Weltkrieg dem Aufstieg Adolf Hitlers den Weg geebnet hatte. »Sie würden die Währung nicht abrutschen lassen.«

Als Soros aus dem Weg war, wettete Druckenmiller mit hohen Einsätzen auf die D-Mark, was dem Quantum Fund 1990 einen Gewinn von fast 30 Prozent eintrug. Zwei Jahre später – Soros war zurück in New York, und die Beziehungen zwischen den beiden Männern hatten sich inzwischen verbessert – betrat Druckenmiller Soros' weitläufiges Büro im Stadtzentrum, um ihm seinen nächsten großen Coup anzukündigen: Er wollte eine bestehende Position, mit der er auf einen Rückgang des britischen Pfunds spekulierte, nach und nach ausbauen. Druckenmiller erklärte Soros, die Behörden des Landes ständen kurz davor, aus dem Europäischen Wechselkursmechanismus auszuscheren und einen Wertverlust des Pfunds zuzulassen, um Großbritannien aus der Rezession zu holen. Druckenmiller gab zu, dass seine Sicht der Dinge unpopulär war, äußerte sich jedoch zuversichtlich, dass sich dieses Szenario realisieren werde.

Von Soros kam kein Wort. Auf seinem Gesicht zeichnete sich Verwirrung ab.

Soros sah ihn an, »als wäre ich ein Idiot«, erinnert sich Druckenmiller.

»Das ist nicht logisch«, widersprach Soros.

Doch Soros gab Druckenmiller keine Gelegenheit, seine These zu verteidigen.

»Solche Trades gibt es nur etwa alle 20 Jahre«, schnitt er ihm das Wort ab.

Und forderte ihn auf, die Einsätze zu erhöhen.

Der Quantum Fund nahm Leerverkäufe im britischen Pfund für 10 Milliarden US-Dollar vor. Konkurrenten, die das mitbekamen oder zu ähnlichen Schlussfolgerungen gelangt waren, taten es ihm nach, was nicht nur das Pfund unter Druck setzte, sondern auch die britischen Währungshüter. Am 16. September 1992 gab es die britische Regierung auf, das Pfund zu stützen. Die Währung wertete um 20 Prozent ab. Druckenmiller und Soros verdienten in nur 24 Stunden 1 Milliarde US-Dollar. Der Fonds verbuchte 1993 über 60 Prozent Gewinn und verwaltete bald mehr als 8 Milliarden US-Dollar Anlegergeld, was alles, wovon Simons träumte, weit in den Schatten stellte. Über zehn Jahre lang galt die Transaktion als größte aller Zeiten und belegte, was möglich war, wenn man den richtigen Riecher hatte und darauf vertraute.

Eines war offensichtlich: Der sicherste Weg, an der Börse hohe Gewinne herauszuholen, war, sich über die Unternehmen zu informieren und Konjunkturtrends zu analysieren. Dass jemand mithilfe von Computern diese mit allen Wassern gewaschenen Profis in den Schatten stellen könnte, erschien wenig wahrscheinlich.

Jim Simons, der nach wie vor Mühe hatte, mit Aktien Gewinne zu erzielen, musste daran nicht erinnert werden. Kepler Financial, die vom ehemaligen Morgan-Stanley-Mathematiker und Computerspezialisten Robert Frey gegründete Firma, die Simons so finanziert hatte, kam gerade über die Runden. Mit den Strategien zur statistischen Arbitrage, die Frey und andere bei Morgan Stanley eingesetzt hatten, indem sie eine kleine Gruppe marktübergreifender Faktoren ermittelten, die Aktienbewegungen am besten erklärten, erzielten sie immer bessere Ergebnisse. So richtet sich die Kursentwicklung von United Airlines beispielsweise danach, wie stark die Aktie auf die Gesamtmarktrendite, Veränderungen des Ölpreises, Zinsbewegungen und andere Faktoren reagiert. Die Richtung einer anderen Aktie wie Walmart wird von denselben ursächlichen Faktoren beeinflusst, wobei der Einzelhandelsriese ganz anders auf die einzelnen Faktoren reagiert.

Keplers Dreh war, diesen Ansatz auf die statistische Arbitrage anzuwenden – Aktien zu kaufen, die im Vergleich noch nicht so stark gestiegen waren, wie nach der bisherigen Rendite dieser verschiedenen zugrunde liegenden Faktoren zu erwarten, und parallel dazu unterdurchschnittliche Titel leerzuverkaufen beziehungsweise gegen sie zu wetten. Legten beispielsweise die Aktien von Apple Computer und Starbucks in einem Aufwärtstrend jeweils 10 Prozent zu, doch Apple hatte sich in solchen Phasen bisher immer besser entwickelt als Starbucks, dann würde Kepler Apple kaufen und Starbucks leerverkaufen. Anhand von Zeitreihenanalysen und anderen statistischen Methoden suchten Frey und ein Kollege nach *Tradingfehlern*, nach Verhaltensweisen, die sich durch historische Daten zu den maßgeblichen Faktoren nicht vollständig erklären ließen, in der Annahme, dass sich solche Abweichungen mit der Zeit zurückbilden würden.

Weil Frey auf Beziehungen und relative Unterschiede zwischen Aktiengruppen setzte, nicht auf direkte Kursgewinne oder -verluste von Einzeltiteln, musste er nicht prognostizieren, wohin die Kurse tendierten, was grundsätzlich ein schwieriges Unterfangen war. Ihn und seine Kollegen interessierte im Grunde auch nicht, wohin sich der Gesamtmarkt entwickelte. Das Kepler-Portfolio war daher *marktneutral*, also relativ immun gegen Aktienmarktbewegungen. Freys Modelle fokussierten sich im Regelfall nur darauf, ob sich Beziehungen zwischen Aktiengruppen im historischen Vergleich normalisierten – eine Strategie, die auf die Rückkehr zum Mittelwert setzte. Mit dem Aufbau eines Portfolios aus solchen Investments sollte die Volatilität des Fonds gedämpft werden, was ihm eine hohe Sharpe-Ratio eintrug. Die nach dem Ökonomen William F. Sharpe benannte Kennzahl wird gemeinhin herangezogen, um den Ertrag unter Berücksichtigung des Portfoliorisikos zu messen. Eine hohe Sharpe-Ratio lässt auf eine kräftige und stabile bisherige Wertentwicklung schließen.

Keplers Hedgefonds, der später in Nova umbenannt wurde, erzielte mittelmäßige Ergebnisse, was die Kunden enttäuschte. Ein paar sprangen ab. Der Fonds wurde dem Medallion-Fonds einverleibt. Frey setzte seine Arbeit fort, allerdings meist ohne spektakuläre Erfolge.

Das Problem war nicht, dass Freys System keine rentablen Strategien ermitteln konnte. Es gelang ihm sogar ungewöhnlich gut, profitable Transaktionen ausfindig zu machen und die Bewegung von Aktiengruppen zu prognostizieren. Bloß verblassten die Gewinne des Teams allzu oft gegenüber den von ihrem Modell prognostizierten. Frey war wie ein Koch: Er hatte ein hervorragendes Rezept, bereitete eine Reihe denkwürdiger Gerichte zu, ließ sie dann aber auf dem Weg zum Tisch fallen.

Ein paar Renaissance-Mitarbeiter verloren allmählich die Geduld, als sie zusehen mussten, wie Frey und seine Kollegen viel Wind um nichts veranstalteten. Laufer, Patterson und die anderen hatten ein ausgeklügeltes System zum Kauf und Verkauf verschiedener Rohstoffe und anderer Investments entwickelt. Es enthielt einen Wettalgorithmus, der die Positionen an die Wahrscheinlichkeitsbandbreiten künftiger Marktbewegungen anpasste. So etwas hatte Freys Team für Aktien nicht. Die Renaissance-Leute monierten, sein Handelssystem reagiere anscheinend zu empfindlich auf winzige Marktschwankungen. Manchmal kaufte es Aktien und verkaufte sie wieder, bevor sie noch eine Chance hatten, zuzulegen, weil das System von einem plötzlichen Kursausschlag irritiert wurde. Auf dem Markt gab es zu viele Störgeräusche, als dass Freys System seine Signale wahrnehmen konnte.

Es bedurfte zweier Sonderlinge, um Simons dieses Problem vom Hals zu schaffen. Einer von ihnen sprach nicht, der andere konnte kaum stillsitzen.

=

Als Nick Patterson Anfang der 1990er-Jahre mit Henry Laufer daran arbeitete, die Prognosemodelle des Medallion-Fonds zu verbessern, befasste er sich nebenbei mit einer Aufgabe, die ihn genauso zu faszinieren schien wie die Entdeckung übersehener Preistrends: die Anwerbung fähiger Mitarbeiter für das wachsende Renaissance-Team. Um die Computersysteme des Unternehmens auf Vordermann zu bringen, trug Patterson beispielsweise dazu bei, dass Jacqueline Rosinsky als erste Systemadministratorin eingestellt wurde. Rosinsky, deren Mann eine

Karriere als Wirtschaftsprüfer an den Nagel gehängt hatte, um Captain der New Yorker Feuerwehr zu werden, sollte später den Bereich Informationstechnologie und andere Bereiche leiten. (Noch später sollten Frauen die Rechts- und andere Abteilungen übernehmen, doch bis sie im Analyse-, Daten- oder Handelsbereich des Unternehmens eine maßgebliche Rolle spielten, sollte es noch eine ganze Weile dauern.*)

Patterson hatte ganz bestimmte Anforderungen an seine Bewerber. Sie mussten natürlich superintelligent sein und Leistungsnachweise erbringen, etwa wissenschaftliche Artikel oder Auszeichnungen, im Idealfall auf den Gebieten, die für die Arbeit von Renaissance besonders von Belang waren. Von typischen Wall-Street-Leuten ließ Patterson die Finger. Er hatte im Grunde nichts gegen sie, war aber überzeugt, dass andere Bewerber interessanter waren.

»Über Geld können sie bei uns alles lernen«, erklärt Patterson. »Aber Intelligenz lässt sich nicht beibringen.«

Wie Patterson einem Kollegen darlegte, galt außerdem: Wer eine Bank oder einen Hedgefonds verließ, um zu Renaissance zu wechseln, wäre sicher eher geneigt, irgendwann zur Konkurrenz zu gehen, wenn sich Gelegenheit bot, als jemand, der mit der Investmentwelt nicht so vertraut war. Das war entscheidend, denn Simons bestand darauf, dass in der Firma mit offenen Karten gespielt wurde: Jeder gab den anderen Einblick in die eigene Arbeit. Simons musste darauf vertrauen können, dass seine Mitarbeiter nicht mit diesen Informationen zur Konkurrenz gingen.

Ein letzter Punkt ließ Patterson besonders aufhorchen: wenn ein potenzieller Bewerber in seinem derzeitigen Job unglücklich war.

»Mir sagten helle Köpfe zu, die vermutlich unzufrieden waren«, meint Patterson.

Als er eines Morgens in der Zeitung las, dass IBM die Kosten senkte, wurde Patterson hellhörig. Er wusste von den Errungenschaften der Spracherkennungsgruppe des Computerriesen und fand, ihre Arbeit ähnele der Tätigkeit von Renaissance. Anfang 1993 schrieb Patterson Peter Brown und Robert Mercer an – jeden für sich. Die beiden waren die stellvertretenden Leiter dieser Gruppe.

---

* Das Unternehmen hatte kein Problem damit, Frauen einzustellen. Wie andere Börsenfirmen auch erhielt Renaissance aber nur wenig Bewerbungen von Wissenschaftlerinnen oder Mathematikerinnen. Simons und andere rissen sich aber auch kein Bein aus, um Frauen oder Vertreter von Minderheiten anzuwerben.

Er lud sie zu einem Besuch im Büro von Renaissance ein, um über potenzielle Beschäftigungsmöglichkeiten zu sprechen.

Brown und Mercer reagierten beide gleich – sie warfen Pattersons Brief in den nächsten Papierkorb. Nach familiären Umbrüchen überlegten sie es sich aber anders und schufen damit die Voraussetzungen für drastische Veränderungen in Jim Simons' Unternehmen und der ganzen Welt.

=

Robert Mercers lebenslange Leidenschaft hatte ursprünglich sein Vater angefacht.

Thomas Mercer war ein brillanter Wissenschaftler mit trockenem Humor, der aus Victoria, British Columbia, stammte. Später sollte er zum globalen Experten für Aerosole avancieren, die winzigen Partikel in der Atmosphäre, die sowohl zur Luftverschmutzung beitragen als auch die Erde abkühlen, indem sie die Sonneneinstrahlung blockieren. Thomas arbeitete über zehn Jahre lang als Professor für Strahlungsbiologie und Biophysik an der University of Rochester, bevor er Abteilungsleiter einer Stiftung zur Heilung von Atemwegserkrankungen in Albuquerque, New Mexico, wurde. Dort kam 1946 Robert zur Welt, als ältestes von Thomas' drei Kindern.

Seine Mutter, Virginia Mercer, begeisterte sich für Theater und Kunst, doch Robert hatten es die Computer angetan. Das begann in dem Moment, als Thomas Robert die Magnettrommel und die Lochkarten eines IBM 650 zeigte, eines der ersten massenproduzierten Computer. Nachdem Thomas seinem Sohn erklärt hatte, was im Inneren des Computers vorging, entwickelte der Zehnjährige bereits eigene Programme, die ein dickes Heft füllten. Diese Kladde trug Bob jahrelang mit sich herum, ehe er Zugriff auf einen echten Computer bekam.

Auf der Sandia High School und an der University of New Mexico war Mercer ein schlaksiger, unauffälliger Brillenträger, der dem Schach-, Auto- und Russischklub der jeweiligen Einrichtung angehörte. In Mathematik lebte er jedoch auf. Auf einem Foto im *Albuquerque Journal*, das erschien, nachdem er mit zwei Klassenkameraden 1964 den ersten Platz bei einem landesweiten Mathematikwettbewerb errungen hatte, lächelt er stolz und einnehmend in die Kamera.[37]

Nach seinem Highschoolabschluss verbrachte Mercer drei Wochen im National Youth Science Camp in den Bergen West Virginias. Dort entdeckte Mercer einen einsamen Computer, einen gespendeten IBM 1620, der fünfzig zehnstellige Multiplikationen pro Sekunde schaffte und von den meisten Teilnehmern mit Nichtachtung gestraft wurde. Im Sommer die ganze Zeit über drin zu sitzen, fanden sie offenbar nicht so prickelnd wie Mercer. Also konnte er am Computer sitzen, solange er wollte, und lernte die Programmiersprache Fortran, die in erster Linie für Wissenschaftler entwickelt wurde. In jenem Sommer besuchte Neil Armstrong das Ferienlager – fünf Jahre, bevor er als erster Mensch den Mond betrat. Er erzählte den Feriengästen, dass Astronauten die neueste Computertechnik verwendeten, die zum Teil nur so groß war wie ein Streichholz. Mercer saß da und lauschte mit offenem Mund.

»Das konnte ich mir überhaupt nicht vorstellen«, erinnerte er sich später.

Während er an der University of New Mexico Physik, Chemie und Mathematik studierte, arbeitete er nebenher in einer Waffenfabrik auf der 13 Kilometer entfernten Kirtland Air Force Base – nur, um beim Programmieren des Supercomputers des Stützpunkts zu helfen. Wie der Geruch von frisch gemähtem Außenfeldgras oder ein gepflegtes Wurfmal das Herz eines Baseballspielers höher schlagen ließ, erfreute sich Mercer an allem, was er im Computerlabor von Kirtland sah und roch.

»Ich liebte einfach alles an Computern«, erklärte Mercer später. »Ich liebte die Einsamkeit des nächtlichen Computerlabors, den Geruch der klimatisierten Luft. Ich liebte das Geräusch der brummenden Diskettenlaufwerke und der ratternden Drucker.«

Diese Begeisterung für ein Computerlabor mochte etwas ungewöhnlich oder gar eigenartig für einen jungen Mann sein, doch damals, Mitte der 1960er-Jahre, standen diese Maschinen für unerforschtes Terrain und neue Möglichkeiten. Es entwickelte sich eine Subkultur junger Computerspezialisten, Wissenschaftler und Hobbyakteure, die bis spät in die Nacht *programmierten*, also dem Computer Anweisungen erteilten, damit er Probleme lösen oder bestimmte automatisierte Aufgaben ausführen konnte. Die Anweisungen wurden durch Algorithmen gegeben, die eine Reihe logischer Schritt-für-Schritt-Abläufe auslösten.

Die Programmierer, clevere junge Männer und Frauen, waren Rebellen einer Gegenkultur. Sie erforschten kühn die Zukunft, während sich ihre Altersgenossen den flüchtigen Vergnügungen der Gegenwart widmeten, und entwickelten einen Geist und eine Energie, die die Welt auf Jahrzehnte hinaus verändern sollten.

»Wir litten gesellschaftlich und psychisch darunter, Recht zu haben«, erzählt Aaron Brown, ein Mitglied der neu entstehenden Programmierer-Community, der zu einer Leitfigur in der Welt der Quant-Händler werden sollte.

Als Rekrut dieses Kults verbrachte Mercer den Sommer am Zentralrechner des Labors und schrieb an einem Programm, das die von Kernfusionsbomben erzeugten elektromagnetischen Felder berechnete. Mit der Zeit gelang es Mercer, das Programm ums Hundertfache zu beschleunigen – eine echte Leistung. Mercer war voller Tatendrang und Begeisterung am Werk, doch seine Vorgesetzten schien nicht zu interessieren, was er geschafft hatte. Statt die alten Berechnungen mit der neuen, höheren Geschwindigkeit laufen zu lassen, wiesen sie Mercer an, hundert Mal so große Rechenoperationen durchzuführen. Mercer kam es so vor, als würdigten sie die Steigerung der Geschwindigkeit gar nicht – eine Haltung, die die Weltsicht des jungen Mannes prägen sollte.

»Für mich war das der Beleg dafür, dass bei staatlich finanzierter Forschung das oberste Ziel nicht darin besteht, Antworten zu finden, sondern darin, das Computerbudget auszuschöpfen«, formulierte es Mercer später.

Er wurde zynisch und empfand staatliche Stellen als arrogant und ineffizient. Noch Jahre später vertrat Mercer die Ansicht, dass jeder Einzelne autark sein und nach Möglichkeit auf staatliche Unterstützung verzichten sollte.

Die Erfahrung dieses Sommers »hat bewirkt, dass ich staatlich finanzierte Forschung seither immer voreingenommen beurteile«, erklärte Mercer.[38]

Nachdem Mercer an der University of Illinois in Informatik promovierte, ging er 1972 zu IBM, obwohl er von der Qualität der Computer des Unternehmens nicht viel hielt. Ein anderer Teil des Unternehmens hatte aber sein Interesse erregt. Mercer hatte sich bereiterklärt, das Thomas J. Watson Research Center im New Yorker Vorort Yorktown Heights zu besuchen, und beeindruckt festgestellt, dass engagierte IBM-Leute dort versuchten, zukunftsträchtige Innovationen für das Unternehmen voranzutreiben.

Mercer trat in das Team ein und arbeitete dort in der neu gebildeten Spracherkennungsgruppe. Später gesellte sich ein junger, aufgeschlossener Mathematiker zu ihm, der es eilig hatte, große Dinge zu vollbringen.

=

Als Heranwachsender hatte Peter Brown miterlebt, wie sein Vater gleich mehrere geschäftliche Probleme bewältigen musste. 1972 – Peter war damals 17 Jahre alt – kamen Henry Brown und sein Partner auf die Idee, die Ersparnisse einzelner Anleger zusammenzulegen, um relativ sichere, aber höher verzinste Anleihen zu kaufen. Sie hatten damit den ersten Geldmarktfonds der Welt eingerichtet. Henrys Fonds bot höhere Zinsen als herkömmliche Spareinlagen, doch nur wenige Anleger interessierten sich dafür. Peter half seinem Vater, Briefe an Hunderte potenzieller Kunden einzutüten und abzuschicken in der Hoffnung, Interesse an dem neuartigen Fonds zu wecken. Henry arbeitete in jenem Jahr sieben Tage die Woche, nahm sich nur den Weihnachtstag frei, lebte von Erdnussbutter-Sandwiches und nahm eine zweite Hypothek auf, um sein Unternehmen zu finanzieren, während seine Frau Betsey als Familientherapeutin arbeitete.

»Wir wurden von einer Mischung aus Hunger und reiner Gier getrieben«, erklärte Henry dem *Wall Street Journal*.[39]

Ein Glücksfall war für ihn im Folgejahr ein Artikel der *New York Times* über den noch jungen Fonds. Prompt gingen erste Anfragen von Kunden ein, und schon bald verwalteten Henry und sein Partner in ihrem Reserve Primary Fund 100 Millionen US-Dollar. Der Fonds wuchs weiter und erreichte ein Milliardenvolumen, doch Henry schied 1985 aus, um mit Betsey den Bauernhof der Familie Brown in einem kleinen Dorf in Virginia zu übernehmen, wo er auf 200 Hektar Vieh züchtete. Außerdem nahm er erfolgreich an Tribock-Wettbewerben teil: Mit seinem mechanischen Katapult konnte er einen 4 Kilogramm schweren Kürbis 300 Meter weit schleudern. An ihrem neuen Wohnort wurde Betsey Bürgerrechtsaktivistin und engagierte sich politisch im Ortsverband der Demokraten.

Doch Henry beschäftigte nach wie vor hauptsächlich sein Unternehmen. Über zehn Jahre lang stritt er mit seinem Expartner Bruce Bent, dem Henry vorwarf, sich nicht an die Vereinbarung gehalten zu haben, seine Hälfte der Firma zu kaufen. Schließlich strengte Henry einen Prozess an und warf Bent vor, sich bei der Leitung des Fonds überhöhte Honorare zuzubilligen. Letzten Endes einigten sich die Männer, und Brown verkaufte Bent seine Hälfte 1999. (2008 sollte der Fonds unter anderem durch Schuldtitel der Investmentbank Lehman Brothers so viel Geld verlieren, dass seine Krise im gesamten Finanzsystem Angst und Schrecken auslöste.)

Seine Familie war zwar vermögend, doch Freunden zufolge plagten Peter immer mal wieder finanzielle Sorgen – vielleicht aufgrund der früheren Probleme seines Vaters oder der langwierigen Auseinandersetzung mit dessen Partner. Seinen eigenen Ehrgeiz richtete Peter auf Naturwissenschaft und Mathematik. Nach seinem ersten Studienabschluss in Mathematik an der Harvard University arbeitete Brown für eine Abteilung von Exxon, die Möglichkeiten suchte, gesprochene Sprache in Computertext umzusetzen – eine Frühform der Spracherkennungstechnologie. Später machte er noch seinen Doktor in Informatik an der Carnegie Mellon University in Pittsburgh.

1984 wechselte der damals 29-jährige Brown zur Sprachgruppe von IBM, wo Mercer und andere an der Entwicklung einer Software zur Transkription gesprochener Sprache arbeiteten. Die gängige Meinung in dieser jahrzehntealten Disziplin war, dass nur Linguisten und Phonetiker, die Computern Satzbau- und Grammatikregeln beibrachten, eine Aussicht hätten, Computer so weit zu bringen, dass sie Sprache erkennen konnten.

Brown, Mercer und ihre Mathematiker- und Naturwissenschaftlerkollegen, darunter auch der hochkarätige Leiter der Gruppe, Fred Jelinek, betrachteten Sprache ganz anders als die Traditionalisten. So besteht an jeder Stelle eines Satzes eine bestimmte Wahrscheinlichkeit, was wohl als Nächstes folgen könnte. Diese lässt sich auf der Grundlage bisher gebräuchlicher Sätze schätzen. So ist die Wahrscheinlichkeit höher, dass auf das Wort »Apfel« in einem Satz »Kuchen« folgt, als ein Wort wie »ihn« oder »der«. Ähnliche Wahrscheinlichkeiten gebe es auch für die Aussprache, behauptete das IBM-Team.

Dessen Ziel war es, seine Computer mit so vielen Daten aus Sprachaufnahmen und schriftlichen Texten zu füttern, dass sie ein probabilistisches, statistisches Modell mit der Fähigkeit entwickeln konnten, wahrscheinliche Wortfolgen auf der Grundlage von Lautfolgen zu prognostizieren. Ihr Programm würde zwar nicht unbedingt *verstehen*, was es transkribierte, aber trotzdem lernen, Sprache zu verschriften.

Mathematisch betrachteten Brown, Mercer und die anderen Mitglieder von Jelineks Team Laute als Ergebnis einer Sequenz, bei der jeder einzelne Schritt zufällig ist, aber dennoch vom vorausgegangenen Schritt abhängt – ein Hidden-Markov-Modell. Die Aufgabe eines Spracherkennungssystems war, einen Satz wahrgenommener Laute herzunehmen, die Wahrscheinlichkeiten zu berechnen und die »verborgenen« Wortabfolgen möglichst genau zu erraten, die diese Laute hervorbringen konnten. Zu diesem Zweck setzten die IBM-Forscher den Baum-Welch-Algorithmus ein – zu dessen Entwicklern Jim Simons' erster Tradingpartner Lenny Baum gehörte –, um die verschiedenen Sprachwahrscheinlichkeiten zu ermitteln. Statt manuell statisches Wissen über die Funktionen von Sprache einzuprogrammieren, schufen sie ein Programm, das aus Daten *lernte*.

Brown, Mercer und die übrigen stützten sich dabei auf Bayes'sche Mathematik, die aus der statistischen Regel hervorgegangen war, die Reverend Thomas Bayes im 18. Jahrhundert aufgestellt hatte. Bayesianer ordnen jeder Vermutung einen bestimmten Wahrscheinlichkeitsgrad zu und aktualisieren ihre optimalen Schätzungen, wenn sie neue Informationen erhalten. Das Geniale an Bayes'scher Statistik ist, dass sich eine Bandbreite an Möglichkeiten laufend einengt. Denken Sie beispielsweise an einen Spamfilter, der nicht genau sagen kann, ob eine E-Mail ein Schadprogramm enthält, aber dennoch wirksam sein kann, indem er aufgrund dessen, was er aus zuvor als »unerwünscht« eingestuften E-Mails lernt, jeder eingehenden Nachricht eine Wahrscheinlichkeit zuordnet. (Dieser Ansatz war gar nicht so eigenartig, wie das scheinen mag. Linguisten zufolge raten Menschen im Gespräch, welche Wörter als Nächstes kommen, und aktualisieren dabei fortlaufend ihre Erwartungen.)

Das IBM-Team war charakterlich ebenso einzigartig wie methodisch. Das galt vor allem für Mercer. Der große, sportliche Mercer hielt sich mit dem Sprungseil fit. In jüngeren Jahren hatte er eine Zeit lang Ähnlichkeit mit dem Schauspieler Ryan Reynolds. Mehr hatte Mercer an Hollywood-Glamour nicht zu bieten. Er eignete sich einen lakonischen, effizienten Interaktionsstil an, sagte nie ein Wort zu viel und sprach überhaupt nur, wenn er es für absolut notwendig hielt – eine Eigenheit, die manche seiner Wissenschaftlerkollegen durchaus zu schätzen wussten. Manchmal rief Mercer »Ich hab's!«, wenn er eine schwierige Rechnung gelöst hatte, doch generell war er zufrieden, den ganzen Tag lang vor sich hin zu summen oder zu pfeifen – meist klassische Melodien. Mercer trank weder Kaffee noch Tee oder Alkohol. Er hielt sich meist an Coca-Cola. Wenn er sich richtig ärgerte, was selten vorkam, schrie er: »Schwachmist«, was seine Kollegen als Mischung aus »Bockmist« und »Schwachsinn« deuteten.

Mercer hatte so lange Arme, dass ihm seine Frau Hemden mit verlängerten Ärmeln nähte – in ausgefallenen Farben und Mustern. In einem Jahr kam Jelinek zur Halloween-Party als Mercer verkleidet – in einem Hemd mit unglaublich langen Ärmeln. Mercer lachte mit seinen Kollegen darüber.

Simons als Student.

Simons (links) macht sich mit seinen Freunden auf den Weg nach Buenos Aires.

Simons (links) mit Lee Neuwirth und Jack Ferguson, Mitarbeiter bei der IDA.

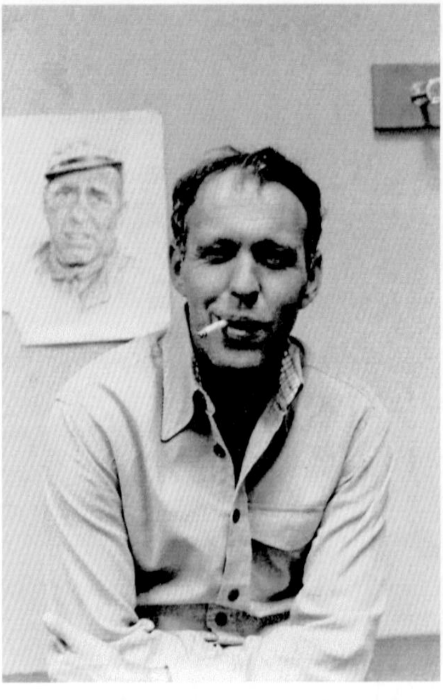

Simons war unter seinen Freunden für seinen Humor und eine vorübergehende Ähnlichkeit mit Humphrey Bogart bekannt.

Die ursprünglichen Büros von Renaissance, in der Nähe einer Damenkleider-Boutique, eines Pizzarestaurants und des Bahnhofs Stony Brook.

Lenny Baum wurde trotz seines nachlassenden Sehvermögens zu einem passionierten Go-Spieler.

James Ax war brillant, gut aussehend – und häufig wütend.

Später zog Ax nach San Diego.

Elwyn Berlekamp half Simons in einer entscheidenden Phase.

Bob Mercer (links) und Peter Brown waren für die entscheidenden Durchbrüche von Renaissance verantwortlich.

MIT FREUNDLICHER GENEHMIGUNG DES *WALL STREET JOURNAL* UND JENNY STRASBURG

Bob und Rebekah Mercer spielten eine aktive Rolle bei der Unterstützung von Donald Trumps Präsidentschaftsbestrebungen.

Simons und seine Frau, Marilyn, mit den renommierten Akademikern Shiing-Shen Chern (sitzend) und Chen Ning Yang.

Simons hält einen Vortrag über Mathematik.

Simons mit seinem Lieblingslemuren bei einer Veranstaltung in Stony Brook.

Jim und Marilyn Simons.

Mercer kam morgens um 6 Uhr ins Büro und traf sich um 11.15 Uhr mit Brown und anderen Kollegen zum Mittagessen. Er aß praktisch jeden Tag dasselbe: ein Erdnussbutter-Gelee- oder ein Thunfisch-Sandwich in einer wiederverwendbaren Tupperdose oder einer gebrauchten braunen Papiertüte. Seine Forscherkollegen werteten das als Zeichen für Sparsamkeit. Hatte Mercer sein Sandwich aufgegessen, riss er eine Tüte Chips auf, ordnete sie auf dem Tisch der Größe nach und aß dann erst die zerbrochenen und dann die übrigen, von klein nach groß.

Freitagnachmittags traf sich das Team zu Limonade, Tee, Plätzchen und Kuchen. Im Gespräch beklagten sich die Wissenschaftler manchmal über die unterdurchschnittliche Bezahlung bei IBM. Ein andermal gab Mercer Abschnitte aus einem etymologischen Wörterbuch zum Besten, die er besonders amüsant fand. Ab und zu machte er eine Aussage, die dazu angetan schien, die anderen am Tisch zu provozieren. So erklärte er einmal, er glaube, er werde ewig leben.

Brown war lebhafter – aufgeschlossen und dynamisch, mit dichten braunen Locken und einem unwiderstehlichen Charme. Anders als Mercer fand Brown in der Gruppe gute Freunde. Ein paar Teammitglieder schätzten seinen hinterhältigen Humor.

Während sich die Gruppe bemühte, bei der Verarbeitung natürlicher Sprache voranzukommen, zeigte sich Brown ungeduldig. Sein Unmut richtete sich besonders auf einen Praktikanten namens Phil Resnik. Der Student der University of Pennsylvania, der bereits an der Harvard University einen Bachelor-Abschluss in Informatik erworben hatte, sollte später in Akademikerkreisen hohes Ansehen genießen. Er hoffte, mathematische Taktik mit linguistischen Prinzipien zusammenzubringen. Brown hatte wenig Sinn für Resniks Ansatz, machte sich über seinen jüngeren Kollegen lustig und stürzte sich förmlich auf seine Fehler.

Eines Tages – Resnik stand gerade an einem Whiteboard im Büro und arbeitete an einem Problem – bekam ein Dutzend IBM-Mitarbeiter mit, wie Brown hinging, Resnik den Stift aus der Hand nahm und höhnte: »Das ist doch Kindergarteninformatik!«

Verlegen setzte sich Resnik wieder.

Ein anderes Mal bezeichnete Brown Resnik als »nutzlos« und als »Vollidioten«.

Brown dachte sich für viele jüngere Kollegen beleidigende Spitznamen aus, wie sich andere aus der Gruppe erinnern. Meredith Goldsmith, die einzige Frau in der Gruppe, nannte er beispielsweise »Merry Death« oder auch »Jennifer«, wie ein ehemaliges Mitglied der Gruppe geheißen hatte. Meist rief er sie aber »kleine Miss Meredith«, ein Titel, den die frischgebackene Yale-Absolventin besonders herablassend fand.

Mercer und Brown fungierten für Goldsmith als Mentoren, was sie würdigte. Doch Mercer teilte ihr auch mit, dass er fand, Frauen gehörten nicht in die Arbeitswelt, sondern ins Haus und sollten sich um die Kinder kümmern.

Brown, dessen Frau das New Yorker Gesundheitsamt leitete, betrachtete sich als progressiv. Er schätzte Goldsmiths Beiträge und sagte ihr, sie sei wie eine Tochter für ihn. Trotzdem ließ er zu, dass in der Gruppe unanständige Witze gerissen wurden.

»Sie haben die ganze Zeit über schmutzige Witze erzählt. Das war wie ein Sport«, erinnert sie sich.

Goldsmith kündigte später – zum Teil, weil sie sich in der Gruppe nicht wohlfühlte.

»In gewissem Sinne waren sie mir gegenüber nett und sexistisch zugleich«, erzählt Goldsmith. »Ich fühlte mich definitiv zum Objekt degradiert und nicht ernstgenommen.«

Brown meinte die Beleidigungen nicht persönlich. Zumindest redeten sich die Mitglieder der Gruppe das ein. Und er war nicht der einzige, der Freude daran hatte, auf anderen herumzuhacken oder sich über sie lustig zu machen. Die Kultur in der Gruppe war hart und rücksichtslos, was unter anderem auf Jelineks bissigen Charakter zurückging. Wenn ein Forscher eine Idee vorbrachte, taten die Kollegen ihr Möglichstes, um sie herunterzumachen, und wurden dabei durchaus auch persönlich. Das Hickhack ging so lange, bis ein Konsens über den Nutzen des Vorschlags erreicht war. Der Gruppe gehörte ein Zwillingspaar an, Stephen und Vincent Della Pietra. Die beiden hatten zunächst in Princeton Physik studiert und promovierten dann in Harvard in Physik. Sie attackierten sich am schärfsten und rannten eifrig zum Whiteboard, um einander vorzuführen. Es waren mit harten Bandagen geschlagene intellektuelle Schlachten, die da ausgetragen wurden. Außerhalb des Forschungslabors hätte ein solches Verhalten als unhöflich und anstößig gegolten, doch viele von Jelineks Mitarbeitern nahmen es in aller Regel nicht persönlich. »Wir rissen einander in Stücke«, erinnert sich David Magerman, ein Praktikant im IBM-Sprachenteam. »Und dann spielten wir zusammen Tennis.«

Neben einer besonderen Begabung für ebenso gemeine wie einfallsreiche Spitznamen tat sich Brown durch ungewöhnliche kommerzielle Instinkte hervor – vielleicht der Einfluss seines Vaters. Brown drängte IBM, die Vorstöße des Teams zu nutzen, um Kunden neue Produkte zu verkaufen, etwa einen Bonitätsbewertungsdienst. Er versuchte sogar, das Management dazu zu bringen, sie ein paar Milliarden Dollar der Pensionsfondsanlagen von IBM mit ihrem statistischen Ansatz verwalten zu lassen, kam damit aber nicht durch.

»Wie viel Investmenterfahrung haben sie denn?«, fragte ein IBM-Manager Brown der Erinnerung eines Kollegen zufolge.

»Keine«, entgegnete Brown.

Einmal erfuhr Brown von einem Informatikerteam unter Leitung eines ehemaligen Carnegie-Mellon-Kommilitonen, das einen Computer zum Schachspielen programmierte. Er versuchte, IBM dazu zu überreden, das ganze Team vom Fleck weg einzustellen. An einem Wintertag kam Brown in der Herrentoilette von IBM mit Abe Peled ins Gespräch, einem leitenden IBM-Forschungsmanager. Sie unterhielten sich über die exorbitanten Kosten der Fernsehwerbespots beim bevorstehenden Super Bowl. Brown erklärte, er könne dem Unternehmen für weit weniger Geld zu Außenwirkung verhelfen – sie sollten nur das Carnegie-Mellon-Team anwerben und sich die Publicity sichern, die ein Sieg ihrer Maschine über einen Schachweltmeister einbringen würde. Außerdem könnten die Teammitglieder zur Forschung von IBM beitragen, wie Brown ins Feld führte.

Der Führungsriege von IBM gefiel der Gedanke, und sie warben das Team an – mitsamt seinem Deep-Thought-Programm. Doch als der Computer Schachpartien gewann und Aufmerksamkeit erregte, wurden Beschwerden laut. Es stellte sich nämlich heraus, dass der Name des Schachcomputers bei manchen so ganz andere Assoziationen auslöste – nämlich mit dem berühmten Pornofilm *Deep Throat* aus dem Jahr 1972, eines Vorreiters des sogenannten Porno Chic (mehr dazu in meinem nächsten Buch). IBM wurde klar, dass da ein echtes Problem vorlag, als die Frau eines Mitglieds des Schachteams, die an einem katholischen College unterrichtete, mit der Schulleiterin sprach. Die ältliche Nonne erwähnte immer wieder das erstaunliche »Deep Throat«-Programm von IBM.

IBM veranstaltete einen Wettbewerb, um der Schachmaschine einen neuen Namen zu geben. Gewählt wurde Browns Vorschlag, Deep Blue, eine Anspielung auf IBMs traditionellen Spitznamen Big Blue. Ein paar Jahre später, 1997, sollten Millionen am Fernsehschirm verfolgen, wie Deep Blue den Schachweltmeister Garry Kasparov besiegte – ein Zeichen dafür, dass das Computerzeitalter tatsächlich begonnen hatte.[40]

Brown, Mercer und das restliche Team machten Fortschritte dabei, Rechnern beizubringen, Sprache zu transkribieren. Später merkte Brown, dass probabilistische mathematische Modelle auch für Übersetzungen verwendet werden konnten. Anhand von Daten, die unter anderem Tausende Seiten von Sitzungsberichten des kanadischen Parlaments umfassten, unternahm das IBM-Team Vorstöße zur Übersetzung von Texten von einer in eine andere Sprache. Das dort Erreichte bildete das Fundament für eine Revolution in der Computerlinguistik und der Sprachverarbeitung und spielte eine Rolle für künftige Spracherkennungsentwicklungen wie Amazons Alexa, Apples Siri, Google Translate, Sprachsynthesizer und mehr.

Trotz dieser Fortschritte waren die Forscher enttäuscht, weil es bei IBM keinen klaren Plan dafür gab, die Gruppe ihre Fortschritte kommerziell verwerten zu lassen. Wochen nachdem sie Pattersons Brief in den Mülleimer geworfen hatten, mussten Brown und Mercer neu überdenken, welche Richtung sie ihrem Leben geben wollten.

An einem späten Wintertag 1993 hatten Mercers Mutter und seine Schwester im Südosten Pennsylvanias einen Autounfall. Ein anderer Fahrer kam bei Eisglätte ins Rutschen und stieß mit ihrem Auto zusammen. Mercers Mutter kam dabei zu Tode, seine Schwester wurde verletzt. An Ostern, 20 Tage später, erlag Mercers Vater einer fortschreitenden Krankheit. Als Patterson ein paar Monate später anrief, um nachzuhaken, weshalb er auf seinen Brief keine Antwort erhalten hatte, begann Mercer, ernsthaft über einen Wechsel nachzudenken. Mercers dritte Tochter war gerade ans College gegangen, und seine Familie lebte in einem bescheidenen, in zwei Ebenen aufgeteilten Haus nicht weit von einer hässlichen Stromleitung. Sein Mittagessen aus einer gebrauchten Papiertüte zu essen, verlor allmählich seinen Charme.

»Kommen Sie doch einfach mal her, und wir unterhalten uns«, drängte Patterson. »Was haben Sie denn zu verlieren?«

Mercer erzählte einem Kollegen, er bezweifle, dass Hedgefonds einen positiven Beitrag zur Gesellschaft leisteten. Ein anderer IBM-Mitarbeiter sagte, wer versuche, an der Börse Gewinne zu machen, habe »keine Chance«, weil die Märkte so effizient seien. Doch Mercer kam ziemlich beeindruckt von seinem Besuch zurück. Die Büros von Renaissance in einem Hightechinkubator auf dem Stony-Brook-Campus waren eher ernüchternd. Doch sie waren ja auch ursprünglich als Chemielabor konzipiert worden, mit winzigen Fenstern ganz oben an der Wand. Der Raumgestaltung nach war eher Wissenschaft der Schwerpunkt von Simons' Firma, nicht Finanzen – und das sprach Mercer an.

Brown seinerseits hatte von Simons gehört, doch dessen Leistungen sagten ihm wenig. Immerhin kam Simons aus der Geometrie und damit aus einer ganz anderen Fachrichtung. Doch als Brown erfuhr, dass Simons ursprünglicher Partner Lenny Baum gewesen war, der Miterfinder des Baum-Welch-Algorithmus, auf den sich das Sprachteam von IBM stützte, wuchs seine Begeisterung. Seine Frau Margaret hatte damals gerade ihr erstes Kind zur Welt gebracht, und er hatte eigene finanzielle Sorgen.

»Ich sah unsere neugeborene Tochter an und dachte an Bob, der Mühe hatte, die Rechnungen für das College zu bezahlen. Es erschien mir zunehmend sinnvoll, ein paar Jahre lang in der Investmentbranche zu arbeiten«, erzählte Brown später einer Gruppe von Wissenschaftlern.

Simons bot Brown und Mercer das Doppelte ihres bisherigen Gehalts, und so stiegen sie 1993 schließlich ein – gerade als in der Firma die Spannungen zunahmen, weil man den Aktienhandel einfach nicht in den Griff bekam. Manche Analysten und andere drängten Simons, es gar nicht weiter zu versuchen. Frey und sein Team hatten schon so viel Zeit darauf verwendet und noch immer nichts vorzuweisen, meinten die Kritiker.

»Wir verschwenden unsere Zeit«, sagte einer in der Kantine von Renaissance zu Frey. »Müssen wir das denn unbedingt tun?«

»Aber wir machen doch Fortschritte«, beharrte Frey.

Aus dem Futures-Team kamen Stimmen, Frey sollte sein Aktien-Research aufgeben und lieber an ihren Projekten mitarbeiten. Doch Simons ergriff öffentlich und privat Partei für Frey. Er erklärte, er sei sich sicher, dass Team würde Möglichkeiten finden, im Aktienhandel hohe Gewinne zu realisieren – genau wie es Laufer, Patterson und anderen mit ihrem florierenden Futures-Trading-Geschäft gelungen war.

»Lassen wir ihnen noch ein bisschen Zeit«, erklärte Simons einem Skeptiker.

Zu anderen Gelegenheiten versuchte er, Freys Selbstvertrauen aufzubauen.

»Du leistest gute Arbeit«, sagte er zu Frey. »Lass dich nicht beirren.«

Brown und Mercer verfolgten die Anstrengungen des Aktienteams mit besonderem Interesse. Als sie von IBM gekommen waren, wurden sie zunächst getrennt. Mercer sollte in der Futures-Gruppe arbeiten, während Brown Frey bei der Aktienauswahl unterstützte. Simons hoffte, sie so besser in sein Unternehmen zu integrieren – wie Kinder, die man in unterschiedliche Klassen steckt, damit sie nicht nur zusammen klüngeln. Doch Brown und Mercer trafen sich in ihrer Freizeit und überlegten, wie sich Simons' Dilemma lösen ließe. Sie glaubten, eine potenzielle Lösung gefunden zu haben. Doch um einen echten Durchbruch zu erzielen, brauchten sie die Hilfe eines weiteren unkonventionellen IBM-Mannes.

KAPITEL 10

An einem frischen Herbstmorgen im Jahr 1994 schloss David Magerman weit vor Sonnenaufgang die Tür seiner Bostoner Wohnung hinter sich.

Er sprang in seinen silbernen Toyota Corolla, kurbelte die Fenster ein Stück herunter und machte sich auf den Weg nach Süden. Der 26-Jährige fuhr über drei Stunden auf der Interstate 95 und setzte dann mit der Fähre zur Spitze von Long Island über, um rechtzeitig vor 10 Uhr zum Vorstellungsgespräch im Büro von Renaissance Technologies in Stony Brook zu erscheinen.

Magerman schien der ideale Kandidat für die Position. Jim Simons, Henry Laufer, Nick Patterson und andere Mitarbeiter waren angesehene Mathematiker und Theoretiker, doch Renaissance entwickelte neuerdings komplexere Modelle für den Computerhandel, und nur wenige Mitarbeiter waren herausragende Programmierer. Das aber war Magermans Spezialität. Er hatte einen produktiven Einsatz bei IBM hinter sich, wo er Peter Brown und Bob Mercer kennengelernt hatte, und es war Brown gewesen, der ihn zu diesem morgendlichen Besuch eingeladen hatte. Magerman rechnete daher damit, dass alles gut laufen würde.

Das war aber nicht der Fall. Magerman kam nach der frühen langen Fahrt erschöpft an und bereute es, sich das Geld für den Flug von Boston gespart zu haben. Die Renaissance-Leute nahmen ihn sofort in die Zange und stellten ihm etliche schwierige Fragen und Aufgaben, um seine Kenntnisse in Mathematik und anderen Fachgebieten zu prüfen. Simons hielt sich zurück und verschaffte Magerman eine kurze Verschnaufpause, doch einer seiner Analysten quetschte Magerman über einen obskuren wissenschaftlichen Artikel aus und ließ ihn an einem großen Whiteboard eine schwierige Aufgabe lösen. Ganz fair schien das nicht: Bei der Abhandlung handelte es sich um die eigene unbeachtete Dissertation des Mannes. Dennoch erwartete er von Magerman, das Thema zu beherrschen.

Magerman nahm die Tests ziemlich persönlich, war unsicher, wieso er hier aufgefordert wurde, sich zu beweisen, und kaschierte seine Nervosität, indem er selbstsicherer auftrat, als er sich fühlte. Am Ende gelangte Simons' Team zu dem Schluss, dass Magerman die nötige Reife für den Job fehlte. Sein Äußeres verstärkte noch den jugendlichen Eindruck: Der rotblonde, kräftige Magerman mit seinem Kindergesicht und seinen rosigen Wangen wirkte ganz wie ein übergroßer Junge.

Brown setzte sich für Magerman ein und verbürgte sich für dessen Programmierkenntnisse. Mercer leistete ihm ebenfalls Schützenhilfe. Beide gingen davon aus, dass die Computerprogramme des Medallion-Fonds größer und komplexer werden würden, und fanden daher, dass der Hedgefonds dringend mehr Feuerkraft benötigte.

»Du bist dir sicher?«, wurde Brown von einem Kollegen gefragt. »Weißt du bestimmt, dass er gut ist?«

»Ihr könnt uns vertrauen«, versicherte Brown.

Als Magerman später Interesse an der Stelle bekundete, hielt ihn Brown zunächst hin und tat so, als sei Renaissance nicht mehr interessiert. Diese Finte versetzte Magerman tagelang in Unruhe. Schließlich unterbreitete ihm Brown ein offizielles Angebot. Magerman trat im Sommer 1995 ins Unternehmen ein – entschlossen, alles in seiner Macht Stehende zu tun, um die Zweifler eines Besseren zu belehren. Bis dahin hatte Magerman sein Leben lang immer wieder versucht, es Autoritätspersonen recht zu machen – gewöhnlich mit durchwachsenen Ergebnissen. Als Heranwachsender hatte Magerman ein angespanntes Verhältnis zu seinem Vater Melvin, einem Taxifahrer aus Brooklyn, den das Pech verfolgte. Weil er sich in New York keine eigene Taxiplakette leisten konnte, zog Melvin mit der ganzen Familie nach Kendall in Florida um, knapp 23 Kilometer südwestlich von Miami. Davids verzweifelte Proteste wurden ignoriert. (Am Abend vor ihrer Abreise rannte der Achtjährige in seiner Wut von zu Hause weg. Er kam bis zum Haus gegenüber, wo er den Nachmittag bei Nachbarn verbrachte, bis ihn seine Eltern abholten.)

Mehrere Jahre lang fuhr Melvin Taxi und versteckte im ganzen Haus Bargeld in Maxwell-House-Kaffeedosen, weil er vorhatte, mit seinem Schwager und der Hilfe eines reichen Gönners ein örtliches Taxiunternehmen zu kaufen. Am Tag vor der entscheidenden Unterschrift starb der Geldgeber an einem Herzinfarkt. Melvins große Pläne waren geplatzt. Der Zeit seines Lebens von Stimmungstiefs geplagte Melvin rutschte tiefer in die Depression und konnte nicht mehr Taxi fahren. Fortan kassierte er die Mieten in der Wohnwagensiedlung seines Schwagers, während sich sein psychischer Zustand immer weiter verschlechterte. Er entfremdete sich von David und dessen Schwester, die beide eine enge Beziehung zu ihrer Mutter Sheila hatten, Büroleiterin in einer Steuerkanzlei.

Die Familie Magerman wohnte in einem zur unteren Mittelschicht zählenden Viertel, in dem eine Mischung aus jungen Familien, Kriminellen und verkrachten Existenzen lebte. Gleich gegenüber hausten Drogenhändler, die zu jeder Tages- und Nachtzeit Besuch bekamen, und ein Waffennarr, der gern auf Vögel schoss, die mit schöner Regelmäßigkeit im Magerman'schen Vorgarten landeten.

In seiner Jugend gelang es David meist, Ärger aus dem Weg zu gehen. Um sein Taschengeld aufzubessern, verkaufte er am Straßenrand Blumen und in der Schule Süßigkeiten. Mit seinem Vater kaufte er im örtlichen Supermarkt Schokoriegel und andere Süßwaren, die er seinen Klassenkameraden dann aus einer Reisetasche zu etwas höheren Preisen weiterverkaufte. Das illegale Geschäft florierte, bis sein Konkurrent, ein muskulöser russischstämmiger Mitschüler, aufflog und David als Rädelsführer anschwärzte. Der Schuldirektor, der David bereits als Unruhestifter auf dem Kieker hatte, schloss ihn vom Unterricht aus. Als David mit anderen Missetätern seine Strafe in der Bücherei absaß, wie in dem Jugendfilm *The Breakfast Club*, machte ihm eine attraktive Klassenkameradin das Angebot, ihr beim Kokainschmuggeln in Miami zur Hand zu gehen. (Ob sie wusste, dass David verknackt worden war, weil er Schokoriegel verhökert hatte – eine Erfahrung, die ihm im Kokaingeschäft wenig nutzen würde –, ist nicht überliefert.) David lehnte höflich ab und schützte vor, dass er zur Beförderung ja nur ein Fahrrad habe.

David konzentrierte sich ganz auf den Lernstoff und genoss das uneingeschränkte Lob von Lehrern, Eltern und anderen – vor allem, nachdem er bei Schulwettbewerben Preise einheimste. David nahm an einem örtlichen Programm für besonders begabte Schüler teil und lernte an der Volkshochschule programmieren. Nach der siebten Klasse bekam er ein Stipendium für eine private Mittelschule, zu der er 45 Minuten mit dem Bus fahren musste. Dort lernte er Latein und übersprang in Mathematik zwei Klassenstufen.

Außerhalb des Klassenzimmers kam sich David vor wie ein Fremdkörper. Er fühlte sich unsicher, weil sein familiärer wirtschaftlicher Hintergrund vor allem im Vergleich zu seinen neuen Klassenkameraden so schwach war, und schwor sich, eines Tages reich zu werden. Am Ende verbrachte er viele Stunden am Tag im Computerlabor der Schule.

»Dort versteckten sich die Nerds vor den Football-Spielern«, erzählt er.

Zu Hause ließ Mathegenie Melvin, der nie die Chance gehabt hatte, seine Fähigkeiten zu nutzen, seinen Frust an seinem Sohn aus. Nachdem Melvin David sein Übergewicht vorgehalten hatte, wurde der junge Mann zum Langstreckenläufer und hungerte sich über einen Sommer so herunter, dass es an Magersucht grenzte, in der Hoffnung auf Lob von seinem Vater. Später eiferte er seinem Trainer nach und nahm an Langstreckenläufen teil, obwohl ihn sein Körper im Training gewöhnlich nach 20 Kilometern im Stich ließ.

»Ein Trainer konnte mich immer leicht motivieren«, erinnert sich Magerman.

Er heischte weiter um Anerkennung von allen Autoritäten in seinem Leben und suchte nach neuen Vaterfiguren, entwickelte dabei aber eine unerklärliche Neigung, Streit zu suchen – auch wenn es ihn gar nichts anging.

»Ich musste die Dinge einfach richtigstellen und für Gerechtigkeit kämpfen, auch wenn ich dabei manchmal aus einer Mücke einen Elefanten machte«, räumt Magerman rückblickend ein. »Ich hatte ganz eindeutig einen Messiaskomplex.«

In einem Highschooljahr erfuhr Magerman, dass am zweiten Abend des Passahfestes eine Sportveranstaltung angesetzt war. Da mobilisierte er die örtlichen Rabbis, um zu erreichen, dass sie abgesagt wurde. Seine enttäuschten Mannschaftskameraden verstanden nicht, warum das Magerman so wichtig war. Im Grunde wusste er das selbst nicht so genau.

»Ich war ein mittelmäßiger Läufer und eigentlich gar nicht religiös. Ich glaube, wir haben nicht einmal einen zweiten Sederabend gefeiert«, meint Magerman dazu. »Es war einfach doof.«

In seinem Abschlussjahr kündigten Magerman und ein paar Freunde an, sie würden für das zweite Halbjahr an eine Schule in Israel gehen. Ein Grund dafür war, dass der Direktor ihrer Highschool ihn ausdrücklich davor gewarnt hatte. Magerman war offenbar auf der Suche nach Struktur in seinem Leben. In Jerusalem lernte der junge Mann religiöse Bücher auswendig, beschäftigte sich mit Geschichte und eignete sich religiöse Praktiken an. Er aalte sich in der Anerkennung seiner Lehrer und des Schulleiters.

Vor seinem Aufbruch nach Israel deponierte Magerman seine College-Essays und -anträge bei seiner Mutter in Florida, damit sie sie an die verschiedenen Schulen schicken konnte. Im selben Frühjahr bekam Magerman eine Zulassung für die University of Pennsylvania, wurde jedoch von allen anderen Eliteunis abgelehnt, was ihn überraschte und enttäuschte. Jahre später, als Magerman die Wohnung seiner Mutter auflöste, fiel ihm eine Kopie seiner Bewerbung bei der Harvard University in die Hände. Da stellte er fest, dass seine Mutter seinen Aufsatz überarbeitet hatte, ebenso die für die meisten anderen Unis. Sie hatte alle Verweise auf Israel und Judentum herausgenommen, weil sie befürchtet hatte, dass Antisemitismus die Unis davon abhalten könnte, ihn aufzunehmen. Aus unerfindlichen Gründen war sie der Ansicht gewesen, Penn sei eine jüdische Universität, und hatte diesen einen Aufsatz daher unangetastet gelassen.

An der Penn blühte Magerman auf – auch, weil er ein neues Anliegen gefunden hatte: Er wollte den anderen Unis beweisen, dass es ein Fehler gewesen war, ihn nicht zu nehmen. In seinen Hauptfächern, Informatik und Mathematik, schnitt er hervorragend ab. Er wurde als Assistent für einen Computerlinguistikkurs ausgewählt und genoss die Aufmerksamkeit und Anerkennung in vollen Zügen, die ihm das in Studentenkreisen einbrachte – vor allem bei den Kommilitoninnen. Auch mit seiner Abschlussarbeit erregte er Aufsehen. Endlich war der große, liebenswerte, wenn auch unsichere Teddybär Magerman in seinem Element.

Seine Doktorarbeit an der Stanford University befasste sich mit genau dem Problem, mit dem Brown, Mercer und andere IBM-Forscher kämpften: wie Computer mithilfe von Statistik und Wahrscheinlichkeit Sprache analysieren und übersetzen konnten. 1992 bot IBM Magerman eine Praktikumsstelle an. Da hatte er sich schon ein etwas dickeres Fell zugelegt und kam in der gnadenlosen Ellbogenkultur der Gruppe gut zurecht. Schließlich erhielt Magerman bei IBM eine Vollzeitstelle. In anderen Lebensbereichen war er allerdings weniger erfolgreich. In seiner Gruppe hatte er Interesse an einer jungen Dame namens Jennifer gezeigt, jedoch umgehend eine Abfuhr kassiert.

»Sie wollte nichts mit mir zu tun haben«, weiß er noch.

Das war wahrscheinlich auch besser so, denn wie sich herausstellen sollte, war Jennifer, auch Jenji genannt, die älteste Tochter von Bob Mercer.

Als Magerman 1995 zu Renaissance kam, war Simons' Firma noch lange keine maßgebliche Größe in der Investmentwelt. Die Firmenzentrale sollte ein innovatives Start-up beherbergen, doch das trostlose Gebäude in Krankenhausnähe erinnerte eher an eine im Niedergang befindliche Versicherungsgesellschaft. Simons' rund 30 Mitarbeiter saßen in tristen Arbeitsnischen und unscheinbaren Büros. Die kahlen Wände waren in hässlichem Schmutzigweiß gestrichen, und die Möbel sahen aus wie der Sperrmüll einer Bürovermietung. Wenn es warm genug war, lief Simons in Bermudashorts und offenen Sandalen herum, was den Eindruck noch verstärkte, dass der Hedgefonds für den großen Wurf noch nicht bereit war.

Außerdem hatte das Büro, jedenfalls für Magerman, etwas vage Einschüchterndes. Das lag zum Teil schlicht am Format seiner Kollegen – im übertragenen Sinne ebenso wie physisch. Fast alle waren über 1,80 Meter groß und überragten Magerman mit seinen 1,65 Meter, was in dem Junggesellen neue Unsicherheit weckte. Auch hatte Magerman in der Gegend weder Freunde noch Verwandte. Er freute sich entsprechend, als ihn Mercers Frau Diana zu einem Kinobesuch mit der Familie einlud, gekrönt von einem Dessert in einer »Friendly's«-Filiale. Magerman schloss sich den Mercers auch an weiteren Abenden gerne an, was ihm das Einleben erleichterte.

Magerman merkte schnell, dass Renaissance ein ernstes Problem hatte. Freys Aktienhandelssystem hatte sich als Windei erwiesen und verbuchte 1994 fast 5 Prozent Verlust. Freys Modell hatte durchaus etwas Geniales – seine auf statistischer Arbitrage beruhenden Transaktionen sahen auf dem Papier gut aus und hätten *eigentlich* hohe Gewinne einbringen müssen. Das war aber nicht so – zumindest längst nicht in dem Umfang, den die Simulationen des Modells vermuten ließen. Es war, als habe man eindeutige Hinweise auf eine Goldader entdeckt, die sich tief in einem Berg befand, fand aber keine zuverlässige Möglichkeit, das Gold auch zu fördern.

Bei Sitzungen schüttelte Simons manchmal den Kopf und wirkte enttäuscht von dem System, das sie »Nova« nannten – nach Freys Firma, die in Renaissance aufgegangen war.

»Es läuft nur gerade so«, erklärte Simons eines Tages.

Mercer, der weiter nebenbei mit Brown zusammenarbeitete und an ihrer eigenen Version eines Aktienhandelsmodells herumbastelte, diagnostizierte das Kernproblem. Freudig lief er durch die Flure und zitierte das Sprichwort: »Man soll den Tag nicht vor dem Abend loben.«

Mit diesen dürren Worten bestätigte Mercer, dass Freys Handelssystem brillante Handelsideen ausspuckte. Doch bei deren Umsetzung lief etwas schief und verhinderte, dass das System richtig Gewinn machen konnte. Simons und Frey beschlossen irgendwann, dass es für Frey das Beste wäre, sich auf ein anderes Projekt des Unternehmens zu verlegen.

»Ich war einfach nicht der richtige Mann, um dafür zu sorgen, dass die Züge pünktlich fuhren«, gesteht er freimütig.

Etwa um dieselbe Zeit holte sich Mercer von Simons die Erlaubnis, zu Brown ins Aktien-Research zu wechseln. Für Simons war das die letzte Chance, aus seiner Firma etwas Besonderes zu machen und sie zu vergrößern.

»Leute, lasst uns Geld verdienen«, meinte Simons auf einer der wöchentlichen Sitzungen. Offenbar verlor er allmählich die Geduld.

Die Wiedervereinigung von Brown und Mercer schlug ein neues Kapitel in einer ungewöhnlichen Partnerschaft zweier Wissenschaftler mit ausgeprägten charakterlichen Eigenheiten auf, die erstaunlich gut zusammenarbeiteten. Brown war derb, streitlustig, stur, laut und voller Tatendrang. Mercer war wortkarg und zeigte selten Gefühle – wie ein Pokerspieler. Doch zusammen funktionierten sie – wie Yin und Yang.

Jahre zuvor, als Brown gerade seine Doktorarbeit abschloss, verriet er mehr darüber, wie sehr er auf seinen undurchschaubaren Kollegen baute.

»Es ist immer wieder vorgekommen, dass ich auf eine Idee kam und merkte, dass mich Bob schon Monate zuvor dazu gedrängt hatte, es so zu versuchen«, schrieb Brown in seiner Einleitung. »Es war, als deckte ich Schritt für Schritt eine Art Masterplan auf.«

Auf Branchenkonferenzen während ihrer Anstellung bei IBM saßen Brown und Mercer manchmal weit vom Podium entfernt, vertieft in ihre intensiven Schachpartien, und ignorierten die laufenden Vorträge, bis sie mit ihrer Präsentation an der Reihe waren. Sie entwickelten einen bestimmten Arbeitsstil – Brown skizzierte rasch Entwürfe ihrer Forschungsarbeit und gab sie an Mercer weiter. Dieser konnte besser schreiben und überarbeitete sie dann langsam und durchdacht.

Brown und Mercer stürzten sich auf ihre neue Aufgabe, Freys Modell auf Vordermann zu bringen. Sie arbeiteten bis in die Nacht und gingen auch zusammen nach Hause. Unter der Woche teilten sie sich eine Wohnung im Dachgeschoss des Hauses einer ortsansässigen älteren Dame. Am Wochenende fuhren sie heim zu ihren Familien. Mit der Zeit entdeckten Brown und Mercer, wie sich Simons' Aktienhandelssystem verbessern ließ. Es zeigte sich, dass Freys Modell

Vorschläge machte, die in der Praxis nicht durchführbar oder schlicht unmöglich waren. So galten für den Nova-Fonds beispielsweise von den Maklerhäusern vorgegebene Obergrenzen für die Höhe des einsetzbaren Fremdkapitals – also den *Leverage*-Effekt. Überschritt die Hebelung des Nova eine bestimmte Schwelle, verkleinerten Frey und seine Mitarbeiter das Portfolio manuell, um innerhalb der einzuhaltenden Grenzen zu bleiben, wodurch die Empfehlungen ihres Modells ausgehebelt wurden.

In anderen Fällen wählte Freys Modell Transaktionen aus, die zwar reizvoll erschienen, aber nicht zum Abschluss kommen konnten. So wies es Nova an, manche Aktien leerzuverkaufen, also gegen sie zu wetten, owohl sie gar nicht zum Verkauf zur Verfügung standen, sodass Frey die Empfehlungen ignorieren musste.

Dass angestrebte Trades nicht zum Abschluss gelangten, hatte aber nicht nur zur Folge, dass die Performance litt. Das faktorbezogene Handelssystem generierte eine Reihe komplizierter, miteinander verflochtener Transaktionen, von denen jede einzelne notwendig war, um Gewinne zu erzielen und dabei die Risiken in vernünftigen Grenzen zu halten. Beim Futures-Handel war das viel einfacher: Kam eine Transaktion nicht zustande, hatte das kaum Folgen. Bei Freys Aktienhandelssystem dagegen bestand die Gefahr, dass schon ein paar nicht ausgeführte Schritte das gesamte Portfolio anfälliger für Marktbewegungen machten und damit insgesamt zu destabilisieren drohten. Außerdem wuchsen sich verpasste Trades manchmal zu größeren, systemischen Problemen aus, die die Treffsicherheit des ganzen Modells gefährdeten. Schon kleine Fehlgriffe verursachten große Probleme, die Frey und sein Team mit der Mitte der 1990er-Jahre verfügbaren Technik und ihren eigenen unzulänglichen Kenntnissen in der Softwareentwicklung nicht in den Griff bekommen konnten.

»Es war fast so, als müsse man für Hunderte von Gleichungen gleichzeitig eine gemeinsame Lösung finden«, beschreibt es Frey.

Brown und Mercer versuchten es mit einem anderen Ansatz. Sie beschlossen, die nötigen Grenzwerte und Einschränkungen in ein einziges Handelssystem einzuprogrammieren, das automatisch mit allen potenziellen Komplikationen fertigwerden könnte. Als Informatiker, die bei IBM und anderswo jahrelang im großen Stil Softwareprojekte entwickelt hatten, verfügten Brown und Mercer über die Programmiervoraussetzungen, um so ein einheitliches automatisiertes System für den Aktienhandel aufzubauen. Freys bisheriges System war Stück um

Stück programmiert worden, was es erschwerte, das ganze Portfolio so zu vereinheitlichen, dass alle Handelsvoraussetzungen erfüllt werden konnten.

»Die Leute bei Renaissance … wussten im Grunde nicht, wie man große Systeme aufbaute«, erklärte Mercer später.[41]

Brown und Mercer gingen diese Herausforderung an wie eine Matheaufgabe – genauso, wie sie es bei IBM mit der Spracherkennung gehandhabt hatten. Ihre Eingabedaten waren die Handelskosten des Fonds, die verschiedenen Hebeleffekte, die Risikoparameter und diverse weitere Grenzwerte und Anforderungen. Unter Berücksichtigung all dieser Faktoren gestalteten sie das System so, dass es Lösungen fand und ein Idealportfolio zusammenstellte, indem es den ganzen Tag optimale Entscheidungen traf, um die Erträge zu maximieren.

Der große Vorteil dieses Ansatzes: Indem sie all ihre Handelssignale und Portfolioanforderungen in einem monolithischen Modell zusammenfassten, konnte Renaissance neue Signale problemlos testen und hinzufügen und wusste sofort, ob die mit einer potenziellen neuen Strategie erzielten Gewinne voraussichtlich höher ausfallen würden als die verursachten Kosten. Außerdem schufen sie ein System, das *adaptiv* war, also in der Lage, dazuzulernen und sich selbst anzupassen – ganz wie Henry Laufers Handelssystem für Futures. Wurden die von dem Modell empfohlenen Transaktionen aus irgendwelchen Gründen nicht ausgeführt, korrigierte es sich selbst und suchte automatisch nach Kauf- oder Verkaufsaufträgen, die das Portfolio wieder richtig einnorden würden. Auf diese Weise sollte das Problem gelöst werden, das Freys Modell gelähmt hatte. Das System lief in einer Schleife mehrmals pro Stunde und führte einen Optimierungsprozess durch, der Tausende potenzieller Transaktionen abwog, bevor er elektronische Handelsanweisungen erteilte. Die Konkurrenz hatte keine Modelle, die sich selbst optimierten. Nun verfügte Renaissance über eine Geheimwaffe, die sich für den künftigen Erfolg des Fonds als entscheidend erweisen konnte.

Brown und Mercer entwickelten schließlich ein ausgeklügeltes Aktienhandelssystem, das über eine halbe Million Programmzeilen enthielt. Zum Vergleich: Bei Freys altem System waren es nur ein paar Zigtausend Zeilen gewesen. In das neue System waren alle nötigen Einschränkungen und Anforderungen einprogrammiert. In vieler Hinsicht war es genau so ein automatisiertes Trading-System, wie es sich Simons Jahre zuvor erträumt hatte. Weil die Aktiengeschäfte des Nova-Fonds nun nicht mehr so stark auf Marktschwankungen reagierten, hielt er die Aktien etwas länger – im Schnitt rund zwei Tage.

Vor allem aber behielten Brown und Mercer das Prognosemodell bei, das Frey auf der Grundlage seiner bei Morgan Stanley gesammelten Erfahrungen entwickelt hatte. Es ermittelte nach wie vor genügend gewinnbringende Transaktionen, um ordentlich zu verdienen – gewöhnlich dadurch, dass es auf eine Normalisierung von Kursen setzte, die aus dem Ruder gelaufen waren. Über die Jahre ergänzte Renaissance diese grundlegende Strategie durch verschiedene Kniffe, doch über zehn Jahre lang waren diese gegenüber den zentralen Prognosesignalen für die Rückkehr zum Mittelwert *zweitrangig*.

Ein Kollege bringt das sauber auf den Punkt: »Wir verdienen an den Reaktionen anderer auf Kursbewegungen.«

Browns und Mercers neues, verbessertes Handelssystem wurde 1995 umgesetzt – für Simons und andere eine willkommene Erleichterung. Simons machte Brown und Mercer kurz darauf zu Teilhabern von Renaissance, und sie stiegen ins Management auf, das *Punkte* beziehungsweise einen prozentualen Anteil am Gewinn des Unternehmens erhielt – wie alle übrigen leitenden Teammitglieder.

Doch Simons war vorschnell gewesen, wie sich herausstellen sollte. Es wurde bald klar, dass das neue Aktienhandelssystem keine größeren Beträge verkraften konnte, was den ursprünglichen Zweck von Simons' Vorstoß auf den Aktienmarkt konterkarierte. Renaissance investierte kümmerliche 35 Millionen US-Dollar in Aktien. Wurde höher gehandelt, verpufften die Gewinne – ganz ähnlich wie vor ein paar Jahren mit Freys Modell. Schlimmer noch, Brown und Mercer konnten nicht herausfinden, warum ihr System so viele Probleme hatte.

Weil sie Unterstützung brauchten, suchten sie sich nach und nach ihr Team von IBM wieder zusammen, indem sie neue fähige Mitarbeiter einstellten wie die Della-Pietra-Zwillinge und später Magerman, der sich nur zu gern als Retter in der Not erwiesen hätte.

=

Sobald Magerman bei Renaissance angefangen hatte, konzentrierte er sich ganz auf die Problemlösung – und darauf, die Anerkennung seiner neuen Kollegen zu gewinnen. Irgendwann überzeugte Magerman die Belegschaft, dass sie C++ lernen mussten, eine universelle Computersprache, die, wie er hartnäckig behauptete, viel besser war als C und andere von dem Hedgefonds eingesetzte Sprachen.

»C ist *dermaßen* 80er«, erklärte Magerman einem Kollegen.

Es stimmte zwar, dass C++ überlegen war, doch die Umstellung war nicht so dringend nötig, wie er es dargestellt hatte – vor allem nicht an diesem Punkt. Magerman, der ein C++-Experte war, hatte noch andere Gründe dafür. Er wollte für seine Teamkollegen unentbehrlich sein. Und seine Strategie ging auf. Das Unternehmen stellte sich auf C++ um, und es dauerte nicht lange, da baten Mathematiker und andere Magerman um Hilfe – Tag und Nacht.

»Ich wurde ihr Liebling«, erinnert er sich.

In seiner Freizeit lernte Magerman sämtliche Aktienhandelstaktiken der Firma und verschlang alles, was er in Erfahrung bringen konnte. Brown, der einen Instinkt für die Bedürfnisse seiner Mitarbeiter hatte, zeigte sich beeindruckt. Er spürte, er konnte Magerman zu noch engagierterem Einsatz motivieren, wenn er ihn nur hoch genug lobte.

»Ich hätte nicht gedacht, dass du das so schnell schaffst«, erklärte ihm Brown eines Tages. Er sprach seine Bewunderung aus, dass Magerman sich in so kurzer Zeit so fundierte Kenntnisse über das Aktienhandelssystem angeeignet hatte, und Magerman strahlte vor Stolz.

Magerman merkte wohl, dass er von Brown manipuliert wurde, doch die Komplimente gingen ihm trotzdem hinunter wie Öl, und er wollte unbedingt weitere Möglichkeiten finden, sich nützlich zu machen. Noch bei IBM hatte Magerman ein sogenanntes *Script* entwickelt, eine kurze Liste mit Anweisungen, um Speicher und Ressourcen der Firmencomputer zu überwachen, damit er und andere die leistungsfähigen, unausgelasteten Geräte der Geschäftsleitung in Beschlag nehmen konnten, um sich an externen Programmierwettbewerben oder sonstigen eigenmächtigen Aktivitäten zu beteiligen. Magerman, der einen genialen Weg gefunden hatte, seine Spuren zu verwischen, nannte sein Programm Joshua – nach dem mit künstlicher Intelligenz begabten Computer aus dem Hackerfilm *WarGames – Kriegsspiele* von 1983.

Schließlich wurde Magerman von einem erbosten IBM-Topmanager ertappt, der erklärte, sein Gerät sei im Rahmen eines hochgeheimen Regierungsauftrags gekauft worden und könne streng vertrauliche Informationen enthalten. Er drohte Magerman mit einer Anzeige bei den nationalen Strafverfolgungsbehörden.

»Woher hätte ich das wissen sollen?«, antwortete Magerman und bezog sich dabei auf die geheime Beziehung des Unternehmens zur Regierung.

Magerman führte seine Hacking-Aktivitäten jedoch fort. Er und seine Kollegen sorgten lediglich dafür, den Rechner des vergrätzten Managers auszusparen und stattdessen die Rechner anderer anzuzapfen, wenn sie zusätzliche Rechenleistung benötigten.

Bei Renaissance schrieb Magerman erneut ein solches Überwachungstool. Zwar gab es bei dem Hedgefonds keine so unausgelasteten Rechner wie bei IBM, doch Magerman dachte, sein Programm könne zumindest auf längere Sicht nützlich sein. In erster Linie aber ging er so vor, weil er nicht aus seiner Haut konnte.

»Ich wollte der unverzichtbarste Mitarbeiter im Unternehmen sein«, erklärt er.

Magerman trickste den Systemadministrator von Renaissance aus und richtete ein Hintertürchen ein, um sein Überwachungssystem zu starten. Dann lehnte er sich zufrieden in seinem Stuhl zurück und wartete darauf, dass man ihn dafür belobigte. Mit Magermans Hochgefühl war es aber schnell vorbei, als plötzlich Kollegen alarmiert aufschrien. Magerman klappte die Kinnlade herunter, als er auf seinen Bildschirm schaute – sein unautorisiertes Überwachungsprogramm hatte ein Computervirus freigesetzt, der die Renaissance-Rechner infizierte – mitten am Handelstag, was alle möglichen Researcharbeiten gefährdete. Während das Team versuchte, der Krise Herr zu werden, gab ein betretener Magerman zu, für das Chaos verantwortlich zu sein.

Die Belegschaft war außer sich – das Aktienteam erzielte nicht nur keinen Gewinn, jetzt brachte die dämliche Gruppe auch noch das Netzwerk zum Absturz!

Rot vor Zorn rannte Brown zu Magerman hinüber und sprang ihm förmlich ins Gesicht.

»Wir sind hier nicht bei IBM!«, brüllte Brown. »Hier geht es um echtes Geld! Wenn du uns mit deinen dummen Aktionen ins Handwerk pfuschst, ruinierst du alles!«

Magerman war erst ein paar Wochen dabei und stand plötzlich im Abseits. Er fürchtete um seinen Job und fragte sich, ob er bei Renaissance noch eine Zukunft hatte.

»Sozial war das ein Riesenfehler«, erklärt er.

Der Patzer hätte zu keinem ungünstigeren Zeitpunkt passieren können. Das neue Aktienhandelssystem von Brown und Mercer kämpfte mit einer empfindlichen, unerklärlichen Verluststrähne. Irgendetwas lief schief, und keiner konnte sagen, was es war. Mitarbeiter des Futures-Teams, das weiter Gewinne einfuhr, munkelten, die Probleme seien auf die Neulinge zurückzuführen, die eben »bloß etwas von Computern verstanden«. Das konnte selbst bei Renaissance eine Herabwürdigung sein, wie sich zeigte.

Öffentlich bekundete Simons sein Vertrauen und ermutigte sein Team, weiterzumachen.

»Wir müssen am Ball bleiben«, erklärte er auf einer Sitzung der Gruppe im Sommer 1995. Selbst in Shorts und Sandalen flößte er noch Ehrfurcht ein.

Insgeheim fragte sich Simons aber, ob er seine Zeit verschwendete. Vielleicht würde sein Team nie einen Zugang zu Aktien finden, und Renaissance war eben dazu ausersehen, ein vergleichsweise kleines Futures-Handelsunternehmen zu bleiben. Zu diesem Schluss waren Laufer, Patterson und die anderen Mitglieder der Futures-Gruppe längst gekommen.

»Wir hatten das ja schon jahrelang mitangesehen«, so Patterson. »Wenn es nach mir gegangen wäre, wäre es gut möglich gewesen, dass ich damals den Stecker gezogen hätte.«

Simons war nach wie vor ein unverbesserlicher Optimist. Doch selbst er fand, dass es reichte. Er stellte Brown und Mercer ein Ultimatum: Wenn euer System in sechs Monaten nicht läuft, drehe ich euch den Hahn zu. Brown schlug sich die Nächte um die Ohren, um eine Lösung zu finden. Er kampierte auf einem Klappbett, das in sein Büro eingebaut war. Mercer verbrachte nicht ganz so viel Zeit im Büro, arbeitete jedoch nicht weniger engagiert. Dennoch kamen sie dem Problem nicht auf die Spur. Wenn nur kleinere Summen im Spiel waren, verbuchte das Handelssystem beträchtliche Gewinne. Doch sobald Simons den Hebel ansetzte und die Transaktionen größer wurden, verflüchtigte sich der Ertrag. Den Simulationen zufolge, die Brown und Mercer durchführten, sollten sie auch mit größeren Beträgen Geld verdienen, doch die Geschäfte, die das System ausführte, brachten Verluste – ganz ähnlich wie Freys Transaktionen Jahre zuvor.

Mercer wirkte ruhig und gelassen, doch Browns Nerven wurden dünn, als um ihn herum die Angst umging.

»Jedes Mal, wenn wir zwei oder drei Tage am Stück ins Minus gerieten, fühlte sich das an wie der Anfang vom Ende«, erzählt ein Teammitglied.

Magerman beobachtete, wie der Frust größer wurde, und versuchte nach Kräften, zur Lösung beizutragen. Als Retter in der Not konnte er die Gunst seiner Vorgesetzten vielleicht zurückgewinnen, obwohl er sich zuvor eine kostspielige Panne geleistet hatte. Magerman war damals schlau genug, nicht von sich aus seine Hilfe anzubieten. Doch insgeheim brütete er Tag und Nacht über Programmzeilen. Die Wohnung, in der Magerman damals lebte, war ein einziges Chaos – der Herd funktionierte nicht, der Kühlschrank war gewöhnlich gähnend leer. Er lebte daher quasi im Büro und versuchte nach Kräften, zu helfen.

Eines frühen Abends, seine Augen tränten schon, weil er stundenlang auf seinen Computerbildschirm gestarrt hatte, fiel Magerman etwas auf: Eine Zeile des Simulationscodes, der für das Handelssystem von Brown und Mercer eingesetzt wurde, zeigte den Standard & Poor's 500 auf ungewöhnlich niedrigem Niveau. Dieser Testcode griff offenbar auf eine Zahl aus dem Jahr 1991 zu, die in etwa der Hälfte des aktuellen Werts entsprach. Mercer hatte sie als statischen Wert eingegeben statt als Variable, die sich bei jeder Marktbewegung anpasste.

Als Magerman den Fehler korrigiert und die Zahl aktualisierte, offenbarte sich an einer anderen Stelle im Code ein zweites Problem – ein algebraischer Fehler. Magerman saß fast die ganze Nacht daran, dachte aber, ihn ebenfalls beseitigt zu haben. Nun konnten die Algorithmen des Simulators endlich ein ideales Portfolio zur Ausführung durch das Nova-System empfehlen, und auch die Höhe des Fremdkapitals, das zur Hebelung der Aktienpositionen eingesetzt werden sollte. Das resultierende Portfolio schien – zumindest Magermans Berechnungen zufolge – hohe Gewinne abzuwerfen.

Außer sich vor Aufregung rannte er zu Brown und erzählte ihm, was er entdeckt hatte. Brown bedachte seinen atemlosen Kollegen mit einem zutiefst skeptischen Blick, ließ ihn aber ausreden. Auch dann hielt sich Browns Begeisterung noch in Grenzen. Immerhin hatte Mercer die Systemprogramme geschrieben. Jeder wusste, dass er kaum je Fehler machte, und schon gar keine mathematischen. Geknickt trollte sich Magerman. Sein Fehltritt hatte ihn zum Ärgernis gestempelt, nicht zum potenziellen Retter.

Weil er nichts mehr zu verlieren hatte, wandte sich Magerman mit seinen Ergebnissen an Mercer, der sich ebenfalls bereit erklärte, sie sich anzusehen. An seinem Schreibtisch beugte sich Mercer über seinen Rechner und prüfte geduldig, Zeile für Zeile, den alten Code und verglich ihn mit Magermans neu geschriebenem. Langsam breitete sich ein Lächeln über sein Gesicht. Mercer griff nach Papier und Stift und schrieb an einer Formel. Er überprüfte Magermans Arbeit. Nachdem er 15 Minuten lang geschrieben hatte, legte er seinen Stift zur Seite und sah auf.

»Sie haben Recht«, erklärte Mercer Magerman.

Mercer gelang es dann, Brown davon zu überzeugen, dass Magerman auf dem richtigen Weg war. Doch als Brown und Mercer den anderen von dem Problem erzählten, dass sie entdeckt hatten, und von der Lösung, stießen sie auf Unglauben. Manche lachten sie sogar aus. Ein junger Programmierer sollte das Problem behoben haben? Derselbe Kerl, der Wochen nach seiner Einstellung das System zum Absturz gebracht hatte?

Brown und Mercer ließen sich von den Zweiflern nicht beirren, starteten das System mit Simons' Rückendeckung neu und arbeiteten die Optimierungen und Korrekturen ein. Unverzüglich stellten sich Gewinne ein, die die Skeptiker eines Besseren belehrten. Die lange Verlustphase war vorbei. Endlich bekam Magerman die ersehnte Anerkennung und den hochgeschätzten Schulterklopfer von Brown.

»Großartig«, strahlte Simons auf der wöchentlichen Sitzung. »Weiter so.« Für Magerman und die Firma schien ein neues Zeitalter anzubrechen.

KAPITEL 11

Im Sommer 1997 tigerte Jim Simons voll nervöser Energie durch die Flure.

Er spürte, dass etwas ganz Besonderes für sie im Busch sein könnte. Inzwischen verwaltete sein Medallion-Hedgefonds über 900 Millionen US-Dollar, überwiegend in Form von Futures-Kontrakten auf Rohstoffe, Währungen, Anleihen und Aktienindizes. Henry Laufers Gruppe, die all diese Investments handelte, hatte einen guten Lauf. Laufers Hauptstrategien – die Käufe an den verheißungsvollsten Tagen der Woche sowie zu den idealen Tageszeiten beinhalteten – waren nach wie vor gewinnträchtig. Außerdem hatte Simons' Team seine Fähigkeiten zur Skizzierung von Zwei-Tages-Verläufen für verschiedene Anlagen perfektioniert.

Mittlerweile war Simons überzeugt, dass Peter Brown und Bob Mercer mit ihrem zehnköpfigen Team bei ihrer Strategie zur statistischen Arbitrage eine Kurve genommen hatten, was Simons eine willkommene Ablenkung verschaffte, der noch mit der nicht enden wollenden Trauer um seinen im Vorjahr verstorbenen Sohn kämpfte. Obwohl der Aktienhandel nur ein paar Millionen Dollar im Monat einbrachte, reichte das, um Simons zu veranlassen, den Nova-Fonds mit dem Medallion-Fonds zu einem Hedgefonds zu verschmelzen, der mit fast allen Anlagen handelte.

Den Schlüssel zum Markterfolg hatten Simons und sein Team aber noch nicht gefunden. 1997 verbuchte der Medallion-Fonds 21 Prozent Gewinn. Das war etwas weniger als die im Jahr zuvor erzielten 32 Prozent und die 1995 erwirtschafteten über 38 Prozent, von dem Sprung auf 71 Prozent von 1994 ganz zu schweigen. Das Handelssystem hatte nach wie vor seine Schwierigkeiten. Einmal führte ein Dateneingabefehler dazu, dass der Fonds fünf Mal so viele Weizen-Futures kaufte wie ursprünglich beabsichtigt. Dadurch stiegen die Preise. Als sie am nächsten Tag vorsichtig das *Wall Street Journal* aufschlugen, lasen die Teammitglieder, dass die Analysten den Preissprung Ängsten vor einer schlechten Weizenernte zuschrieben, und nicht dem Vertipper bei Renaissance.

Wenig später trug Patterson zur Einführung eines neuen Modells für den Handel mit Aktienoptionen bei, doch zu Simons' Enttäuschung brachte es nur bescheidene Gewinne.

»Nick, dein Optionssystem braucht Hilfe«, wendete Simons auf einer Sitzung ein. »Das muss besser werden.«

Simons verwies auf die hohen stetigen Gewinne, die ein anderer Investor mit seinem wachsenden Unternehmen im Handel mit Aktienoptionen erzielte: Bernard L. Madoff Investment Securities.

»Schau dir doch an, wie Madoff das macht«, musste sich Patterson von Simons sagen lassen.

Die Kritik wurmte Patterson, der scharf zurückschoss: »Vielleicht solltest du Bernie anheuern.« (Ein paar Jahre später erregten Madoffs außerordentliche Ergebnisse Simons' Misstrauen, und er zog das Geld ab, das er in Madoffs Fonds investiert hatte. 2008 sollte Madoff zugeben, dass er das größte Schneeballsystem in der Geschichte betrieben hatte.)

Weil ihn die nachlassenden Gewinne nervös machten, schlug Simons etwas Neues vor. Jedes Jahr werden Zigtausende von Fachleuten begutachtete Forschungspapiere aus Fachgebieten wie Wirtschaftswissenschaft, Finanzwesen und Psychologie veröffentlicht. Viele davon befassen sich genauer mit der Funktionsweise der Finanzmärkte und zeigen auf, wie sich überdimensionale Gewinne erzielen lassen. Dennoch landen sie auf dem Müllhaufen der Geschichte. Simons beschloss, dass Brown, Mercer und anderen leitenden Mitarbeitern jede Woche drei solcher Abhandlungen zugeteilt werden sollten. Diese sollten sie dann lesen, sich Gedanken darüber machen und sich darüber austauschen – wie ein Buchklub für Quants, nur mit einer Leidenschaft für Geld statt für Sex oder Mord.

Nachdem sie mehrere Hundert solcher Artikel gelesen hatten, gaben Simons und seine Kollegen auf. Die taktischen Ansätze hörten sich verführerisch an, doch wenn die Analysten des Medallion-Fonds die Wirksamkeit der von den Akademikern vorgeschlagenen Strategien prüften, entwickelten sich die Handelsempfehlungen gewöhnlich nicht nach Wunsch. Die Lektüre so vieler enttäuschender Abhandlungen bekräftigte einen gewissen in der Firma vorherrschenden Zynismus im Hinblick auf die Fähigkeit, Finanzmarktbewegungen vorherzusagen.

»Wenn Sie das nächste Mal hören, wie ein Finanzexperte erklärt, dass der Markt aus diesem oder jenem Grund gestiegen ist, dann denken Sie daran: Das ist alles Quatsch«, sollte Brown später sagen.

=

Wenn er die wöchentlichen Besprechungen leitete, mit seinen Angestellten sprach oder mit Laufer, Brown und Mercer in ihren beengten Büros im Hightechinkubator von Stony Brook zusammensaß, betonte Simons stets mehrere Prinzipien, an die er sich schon lange hielt. Viele davon hatte er sich frühzeitig in seiner Karriere als Codeknacker beim IDA und während seiner jahrelangen Zusammenarbeit mit begabten Mathematikern an der Stony Brook University angeeignet. Nun wendete er sie durchgängig bei Renaissance an.

Einer seiner wichtigsten Grundsätze: Wissenschaftler und Mathematiker müssen interagieren, diskutieren und Ideen austauschen, um optimale Ergebnisse zu erzielen. Simons' Prinzip mochte selbstverständlich erscheinen, war jedoch in gewisser Hinsicht radikal. Viele der klügsten Köpfe bei Renaissance hatten im Zuge ihres Werdegangs bereits Erfolge erzielt und Anerkennung erfahren, indem sie für sich geforscht hatten, statt im Team zu arbeiten. Tatsächlich fällt es talentierten Quants oft am schwersten, mit anderen zu arbeiten. (Ein klassischer Witz aus der Branche: Ein extrovertierter Mathematiker ist einer, der im Gespräch auf *deine* Schuhe schaut, statt auf seine eigenen.)

Konkurrenzunternehmen lösten dieses Problem oft, indem sie Analysten und anderen gestatteten, in Silos zu arbeiten – oft in Konkurrenz zueinander. Simons bestand auf einem anderen Ansatz – der Medallion-Fonds sollte ein einheitliches, monolithisches Handelssystem bekommen. Alle Mitarbeiter hatten freien Zugriff auf jede Zeile Quellcode, der ihren gewinnbringenden Algorithmen zugrunde lag. Er stand lesbar im Klartext im internen Netzwerk des Unternehmens. Es gab keine Codeabschnitte, die nur der obersten Führungsriege zugänglich waren. Jeder konnte experimentelle Änderungen vornehmen, um das Handelssystem zu optimieren. Simons hoffte, seine Forscher würden Ideen austauschen, statt sich eigenen Projekten zu widmen. (Eine Zeit lang hatten sogar die Sekretärinnen der Firma Zugang zum Quellcode, doch das erwies sich letztlich als unpraktisch.)

Simons schuf eine Unternehmenskultur, die sich durch ungewöhnliche Offenheit auszeichnete. Mitarbeiter kamen unaufgefordert in die Büros von

Kollegen, machten Vorschläge und initiierten Kooperationen. Kamen sie nicht weiter, tauschten sie sich aus und baten um Hilfe, statt sich neuen Projekten zuzuwenden. So wurde gewährleistet, dass vielversprechende Ideen nicht »verschwendet« wurden, wie es Simons formulierte. Die Gruppen setzten sich regelmäßig zusammen, diskutierten ihre Fortschritte bis in alle Einzelheiten, und beantworteten Simons prüfende Fragen. Die meisten Mitarbeiter aßen zusammen Mittag, bestellten sich Mahlzeiten in örtlichen Restaurants und quetschten sich dann in den kleinen Pausenraum. Einmal im Jahr zahlte Simons seinen Mitarbeitern mit Ehepartnern einen Aufenthalt an einem exotischen Urlaubsziel, um den Kameradschaftsgeist zu stärken. Der Druck aus dem Kollegenkreis wurde zum entscheidenden Motivationswerkzeug. Analysten, Programmierer und andere wendeten viel Zeit für die Arbeit an Präsentationen auf. Sie wollten einander unbedingt beeindrucken – oder sich zumindest vor den Kollegen keine Blöße geben. Das trieb sie an, schwierige Probleme energisch in Angriff zu nehmen und einfallsreiche Lösungsansätze zu entwickeln.

»Wer nicht vorankam, spürte Druck«, erzählt Frey. »Das beeinflusste das Selbstwertgefühl.«

Simons versuchte, seine Belegschaft durch die Vergütungsstrukturen auf den Erfolg des gesamten Unternehmens zu fokussieren. Alle sechs Monate erhielten die Beschäftigten einen Bonus – aber nur, wenn der Medallion-Fonds ein bestimmtes Gewinnniveau überschritt. Einen Teil des Geldes zahlte die Firma über mehrere Jahre verteilt aus, um Mitarbeiter zu binden. Ganz gleich, ob ein Mitarbeiter neue Signale entdeckte, Daten bereinigte oder weniger spektakuläre Aufgaben erfüllte – wenn er sich besonders hervortat und es dem Medallion-Fonds gutging, wurde er mit Bonuspunkten belohnt, die für einen Prozentsatz am Gewinnpool von Renaissance standen und auf eindeutigen, verständlichen Formeln beruhten.

»Jeder kannte seine Formel vom ersten Tag des Jahres an. Sie war für alle gleich, lediglich ein paar Koeffizienten unterschieden sich, je nach der Position«, erläutert Glen Whitney, einer der Topmanager der Infrastruktur von Renaissance. »Wer einen fetteren Bonus wollte, musste, so gut er konnte, dafür sorgen, dass der Fonds höhere Erträge erwirtschaftete: einen Prognosewert ausfindig machen, einen Fehler korrigieren, dafür sorgen, dass der Code schneller lief, der Dame ein paar Türen weiter, die eine tolle Idee hat, Kaffee bringen, was auch immer …

der Bonus richtete sich danach, wie gut sich der Fonds entwickelte – nicht danach, ob dem Chef Ihre Krawatte gefiel.«

Simons beteiligte seine Führungskräfte am Unternehmen. Ein Anteil von 10 Prozent ging an Laufer und später gingen auch beträchtliche Anteile an Brown, Mercer und Mark Silber, inzwischen Finanzchef des Unternehmens, und andere. Dadurch verringerte sich Simons eigener Anteil auf knapp über 50 Prozent. Weitere leistungsstarke Mitarbeiter konnten Eigentumsanteile an der Firma erwerben. Und sie konnten in den Medallion-Fonds investieren – womöglich die interessanteste Vergünstigung überhaupt.

Simons ging gewaltige Risiken ein. Herausragende Analysten und andere mussten in einer flachen Organisation, die alle rundum großzügig behandelte und es erschwerte, sich besonders hervorzutun, Frustgefühle entwickeln. Und der uneingeschränkte Zugriff auf den Systemcode ermöglichte es Mitarbeitern, zur Konkurrenz zu gehen und dort aus den Geheimnissen von Renaissance Kapital zu schlagen. Doch weil so viele seiner Leute Doktoren aus der akademischen Welt waren, denen die Wall Street eher fremd war, hielt Simons das Überläuferrisiko für verhältnismäßig gering. Zusätzlich verringert wurde es durch lebenslang geltende Geheimhaltungsvereinbarungen sowie vertraglich festgelegte Wettbewerbsverbote. (Erst später sollten sie feststellen, dass sich durch solche Vereinbarungen nicht ausschließen ließ, dass sich Mitarbeiter mit dem geistigen Eigentum der Firma davonmachten.)

Abgesehen von ein paar Händlern der alten Schule, die die Transaktionen ausführten, spielte das Geld für viele Renaissance-Leute nur eine untergeordnete Rolle. Als der gefeierte Informatiker Peter Weinberger 1996 zum Vorstellungsgespräch antrat, stand er auf dem Parkplatz und versuchte, sich dort ein Bild von den Analysten zu machen, auf die er gleich treffen würde. Er musste unwillkürlich schmunzeln.

»Da stand ein Haufen Schrottlauben«, erinnert er sich. »Saturns, Corollas und Camrys.«

Manche Mitarbeiter wussten gar nicht, ob der Fonds an einem bestimmten Tag Gewinne oder Verluste einfuhr. Ein paar hatten keine Ahnung, wo sie auf der Website von Renaissance nach den Angaben zur monatlichen Wertentwicklung suchen sollten. Diese unbedarften Zeitgenossen gingen in den wenigen Phasen, in denen der Medallion-Fonds Verluste erlitt, unbeschwert durchs Leben, was solchen Kollegen sauer aufstieß, die sich der Probleme stärker bewusst waren.

Manchen Mitarbeitern schien ihr wachsender Wohlstand eher peinlich. Bei einem Gespräch im Pausenraum fragte 1997 einer der Analysten seine Kollegen, wer von ihnen erster Klasse flog. Es wurde still am Tisch. Offenbar nicht ein einziger. Schließlich meldete sich verlegen ein Mathematiker.

»Ich schon«, gestand er und fühlte sich zu einer Erklärung genötigt. »Meine Frau besteht darauf.«

Trotz der eindrucksvollen Gewinne des Medallion-Fonds war es nicht immer einfach, neue Mitarbeiter zu gewinnen. Nur wenige Bewerber hatten zuvor vom Medallion-Fonds gehört. Und wer in die Firma einstieg, musste auf persönliche Anerkennung verzichten, um an Projekten mitzuwirken, die nie öffentlich Aufsehen erregen oder Anklang finden würden – ein Konzept, das den meisten Akademikern fremd war. Um fähigen Bewerbern ihre Stellenangebote schmackhaft zu machen, hoben Simons, Nick Patterson und andere die positiven Aspekte ihrer Tätigkeit hervor. Viele Wissenschaftler und Mathematiker sind beispielsweise die geborenen Tüftler. Deshalb schilderten ihnen die Renaissance-Führungskräfte, wie befriedigend es war, heikle Trading-Probleme zu lösen. Andere sprachen der Kameradschaftsgeist und die Dynamik eines Hedgefonds an. Akademiker arbeiten manchmal jahrelang an wissenschaftlichen Abhandlungen. Simons dagegen wollte schon innerhalb von Wochen, wenn nicht gar Tagen, Ergebnisse sehen. Diese Dringlichkeit hatte ihren Reiz. Es herrschte eine zwanglose und intellektuelle, aber dennoch angespannte Atmosphäre. Ein Besucher verglich das mit einer »unaufhörlichen Prüfungswoche«.[42]

Bei IBM hatte Mercer an der Spracherkennungswelt gestört, dass Wissenschaftler so tun konnten, als hätten sie Fortschritte erzielt, indem sie einsetzten, was er als »Taschenspielertricks« bezeichnete. Bei Renaissance konnten er und seine Kollegen niemandem ein X für ein U vormachen.

»Am Ende hat man Geld auf der Bank, oder eben nicht«, erklärte Mercer der Wissenschaftsautorin Sharon McGrayne. »Man muss sich nicht fragen, ob man erfolgreich war … das ist einfach sehr befriedigend.«[43]

Vorstellungsgespräche hatten Ad-hoc-Charakter. Man sprach über bisherige Erfolge, ging auf komplexe Probleme im Zusammenhang mit der Wahrscheinlichkeitstheorie und anderen Fachgebieten ein und versuchte, herauszufinden, ob der Bewerber ins Unternehmen passen könnte. Die Kandidaten wurden gewöhnlich von einem halben Dutzend Renaissance-Leuten jeweils 45 Minuten lang in die Mangel genommen und dann gebeten, vor der gesamten Belegschaft einen Vortrag über ihre wissenschaftliche Forschungsarbeit zu halten. Simons und Patterson interessierten sich in aller Regel besonders für versierte Akademiker, die schon Etliches erreicht hatten, oder aber für frisch gebackene Doktoren, deren Dissertationen sie für bemerkenswert hielten. Auch namhafte Interessenten mussten sich einem Programmiertest unterziehen – eine Grundvoraussetzung, die klarmachte, dass von jedem erwartet wurde, Computer zu programmieren und Aufgaben zu übernehmen, die in anderen Firmen als untergeordnet galten. Außerdem mussten alle miteinander auskommen.

»Die Chemie muss stimmen«, erklärt ein derzeitiger Topmanager. »Das ist, als würde man in eine Familie aufgenommen.«

=

1997 hatten sich die Medallion-Leute auf ein dreistufiges Verfahren geeinigt, um statistisch signifikante Gewinnerzielungsstrategien zu finden – das, was sie als ihre Handels*signale* bezeichneten: die Ermittlung anomaler Muster in historischen Preisdaten, die Bestätigung, dass es sich dabei um statistisch signifikante, längerfristig bestehende Anomalien handelte, nicht um zufällige, und die Überprüfung, ob sich das festgestellte Preisverhalten logisch erklären ließ.

Eine Zeit lang setzten sie dabei vor allem auf solche Formationen, die die Analysten von Renaissance verstehen konnten. Die meisten ergaben sich aus Beziehungen zwischen Preis, Volumen und anderen Marktdaten und stützten sich auf das bisherige Verhalten von Anlegern oder anderen Faktoren. Eine Strategie, die beständig Erfolge brachte, waren Wetten auf die Rückbildung von Preisausschlägen. Wie sich herausstellte, folgte bei 60 Prozent aller Investments auf einen plötzlichen großen Preisanstieg oder -rückgang eine zumindest partielle Gegenreaktion. Die Gewinne aus solchen »Retracements« verhalfen dem Medallion-Fonds vor allem in volatilen Märkten zu Gewinnen, wenn die Preise ausschlugen, um sich dann wieder zurückzuentwickeln.

1997 war jedoch mehr als die Hälfte der Handelssignale, die Simons' Team aufspürte, *nicht intuitiv* – also solche, die nicht zur Gänze durchschaubar waren. Die meisten Quant-Firmen ignorieren Signale, wenn sie keine vernünftige Hypothese aufstellen können, um sie zu erklären. Doch Simons und seine Kollegen zeigten seit jeher wenig Lust, zu viel Zeit mit der Forschung nach den Ursachen von Marktphänomenen zuzubringen. Entsprachen ihre Signale verschiedenen

Maßstäben für die statistische Stärke, hatten sie kein Problem, darauf zu setzen. Nur von den allerabsurdesten Ideen ließen sie die Finger.

»Volumen, geteilt durch eine drei Tage zuvor erfolgte Preisänderung – ja, das war etwas für uns«, erklärt ein Renaissance-Topmanager. »Nicht jedoch abstruse Dinge wie Überrenditen von Aktientickern, die mit dem Buchstaben A begannen.«

Dabei suchten sie nicht *gezielt* nach Transaktionen, die nicht nachvollziehbar waren. Sie stützten sich schlicht auf die statistisch validen Strategien, die sie finden konnten. Wiederkehrende Muster, für die es keine offensichtliche logische Erklärung gab, hatten einen zusätzlichen Vorteil: Die Wahrscheinlichkeit, dass sie von Konkurrenten entdeckt und verwendet wurden, war geringer, denn die meisten Mitbewerber hatten an solchen Trades kein Interesse.

»Starke Signale, für die es logische Erklärungen gab, wären längst ausgeschlachtet worden«, erklärte Brown. »Es gibt jedoch Signale, die nicht erklärlich, aber trotzdem vorhanden sind – und ziemlich stark obendrein.«[44]

Entschied man sich für Strategien, die nicht logisch nachvollziehbar waren, barg das allerdings eine offensichtliche Gefahr: Die zugrunde liegenden Formationen konnten die Folge bedeutungsloser Zufälle sein. Wer lange genug Daten durchforstet, stößt häufig auf Transaktionen, die offenbar astronomische Gewinne gebracht hatten, jedoch ein reines Zufallsprodukt waren. Quants bezeichnen diesen fehlerbehafteten Ansatz als *Data Overfitting* oder Überanpassung. Um zu verdeutlichen, dass es heller Wahnsinn ist, sich auf Signale zu verlassen, die jeder Logik entbehren, sollte Quant-Investor David Leinweber später feststellen, dass sich der Ertrag US-amerikanischer Aktien mit 99-prozentiger Treffsicherheit prognostizieren ließ, indem man die Daten für die jährliche Butterproduktion in Bangladesch, die Käseproduktion in den USA und die Schafspopulation in Bangladesch und den USA zusammenahm.[45]

Die von den Renaissance-Analysten gewählte Lösung war oft, solche verwunderlichen Signale zwar in ihr Handelssystem aufzunehmen, doch zumindest vorerst nur begrenzte Beträge darauf zu setzen, während sie versuchten, die Ursachen dieser Anomalien etwas genauer zu ergründen. Mit der Zeit stießen sie häufig auf logische Erklärungen, was dem Medallion-Fonds einen Vorsprung vor den Firmen verschaffte, die das Phänomen rundheraus verworfen hatten. Letztlich einigte man sich auf eine Kombination aus erklärlichen Signalen, überraschenden Transaktionen mit starken statistischen Ergebnissen und ein paar bizarren Signalen, die aber so verlässlich wirkten, dass man sie nicht ignorieren konnte.

»Wir fragen: ›Entspricht das einem Verhaltensaspekt, der logisch erscheint?‹«, erklärte Simons ein paar Jahre später.[46]

Wie die Astronomen leistungsfähige Computer einsetzten, um laufend die Galaxie auf ungewöhnliche Erscheinungen abzutasten, programmierten die Wissenschaftler von Renaissance ihre Rechner für die Überwachung der Finanzmärkte: Sie analysierten, bis sie übersehene Formationen und Anomalien aufspürten. Ließen sich diese bestätigen, legte das Unternehmen fest, wie viel Geld in die entsprechenden Transaktionen investiert werden sollte. Dann wurden die Signale ins System eingegeben, und der Rest blieb dem Rechner überlassen – ohne weiteres menschliches Zutun. Damals stützte sich der Medallion-Fonds immer mehr auf Strategien, die sich das System selbst beigebracht hatte – also eine Form des maschinellen Lernens. Die ausreichend mit Daten angefütterten Computer waren so programmiert, dass sie eigene Antworten ausspuckten. Brachte eine Strategie beständig Gewinn, wurde ihr beispielsweise automatisch mehr Geld zugewiesen, ohne dass jemand diese Veränderung genehmigen musste oder auch nur mitbekam.

=

Bei Simons erregten die Aussichten seines Teams für statistische Arbitrage wachsende Begeisterung, obwohl es bislang nur kleinere Beträge verwaltete. Seine steigende Zuversicht für Renaissance veranlasste ihn, mit dem Unternehmen in einen nahe gelegenen einstöckigen Holz-Glas-Komplex umzuziehen, in dem jedes Büro einen entspannenden, idyllischen Blick in den nahen Wald bot. In der neuen Firmenzentrale gab es ein Fitnessstudio, Tennisplätze mit Flutlichtanlage, eine Bibliothek mit einem offenen Kamin und einen großen Hörsaal mit freiliegenden Balken, in dem Simons alle zwei Wochen Seminare mit externen Wissenschaftlern abhielt, die gewöhnlich wenig mit der Finanzwelt zu tun hatten. Die Handelsabteilung mit ihren rund 20 Mitarbeitern war nicht größer als ein Konferenzzimmer, doch die Cafeteria und die Aufenthaltsbereiche waren sehr großzügig gestaltet. Dort konnten sich Mitarbeiter zusammensetzen, miteinander reden, diskutieren und Whiteboards mit Formeln und Diagrammen füllen.

Als die Ergebnisse der auf Aktienhandel spezialisierten Stat-Arb-Gruppe besser wurden, traten Brown und Mercer im Büro mit neuem Selbstbewusstsein auf, und sie umwarben ehemalige Kollegen von IBM, um sie für das Team zu gewinnen. »Hast du nicht Lust, deine Zelte abzubrechen und in unser auf technischen Handel spezialisiertes Unternehmen einzutreten?«, fragte Brown per E-Mail einen IBM-Mitarbeiter.

Bald arbeiteten ein halbes Dutzend ehemalige IBMler für die Firma, darunter auch die Della-Pietra-Zwillinge. Den beiden Brüdern – die für ihre riesige Nussknackersammlung bekannt waren, und für Stephens Beharren, dass sein Name in Gruppenmails stets vor dem seines Bruders genannt werden musste – gelang es, das Tempo in Teilen des Aktienhandelssystems zu steigern, das auf mehreren Programmen, einem Computernetzwerk und Hunderttausenden Codezeilen beruhte.

Der engagierte, tatendurstige Brown eilte von Meeting zu Meeting und sauste so rasant mit dem Einrad durch die Gänge, dass er seine Kollegen beinahe über den Haufen fuhr. Nachts arbeitete Brown stundenlang an einem Rechner in der Nähe des Klappbetts in seinem Büro und legte sich hin, wenn er müde wurde. Einmal saß er bis in die Nacht an einem komplizierten Projekt – trotz der späten Stunde voller manischer Energie. Als Brown nach dem Hörer griff, um einen Mitarbeiter mit einer dringenden Frage zu Hause anzurufen, bremste ihn ein Kollege, bevor er die Nummer wählen konnte.

»Peter, du kannst ihn jetzt nicht anrufen«, erklärte er. »Es ist *zwei Uhr morgens.*«

Brown schien nicht gleich zu verstehen, sodass sein Kollege nachlegen musste.

»Er verdient nicht genug, um nachts um zwei Fragen zu beantworten.«

»Schön, dann erhöhen wir eben sein Gehalt«, entgegnete Brown. »Aber anrufen *müssen* wir ihn!«

Browns Ehefrau, Margaret Hamburg, hatte sechs Jahre lang das New Yorker Gesundheitsamt geleitet und neben anderen Initiativen ein Nadelaustauschprogramm ins Leben gerufen, um die Übertragung von HIV einzudämmen. 1997 zog Hamburg mit ihren Kindern nach Washington, wo sie eine leitende Position im US-Gesundheitsministerium übernahm und später die Leitung der US-Bundesbehörde für Lebens- und Arzneimittelüberwachung. Am Wochenende flog Brown zu seiner Familie nach Washington, doch unter der Woche schien er nur noch mehr Zeit im Büro zu verbringen, was die anderen Mitglieder der Gruppe unter Druck setzte, sich ebenso zu engagieren.

»Wenn ich nicht bei meiner Familie sein kann, arbeite ich einfach gern«, erklärte Brown einem Freund, den er mit einem Termin für ein gemeinsames Abendessen wochenlang vertröstet hatte.

Der analytische, emotionslose Mercer war der natürliche Gegenpol zu seinem hibbeligen Partner. Mercer arbeitete hart, ging jedoch gern um 18 Uhr nach Hause. Sein Leben verlief auch außerhalb des Büros dramatisch. Ein paar Jahre zuvor hatte Mercers jüngste Tochter Heather Sue ihren Vater überredet, sie zu einem nahe gelegenen Football-Feld zu begleiten und einen Spiel-Football am Boden zu halten, damit sie üben konnte, danach zu treten.

»Ich dachte, irgendwann würde sie schon die Lust daran verlieren«, erzählte er einem Reporter.[47]

Doch Heather Sue belehrte ihren Vater eines Besseren. Sie war so gut, dass sie Kicker an ihrer Highschool wurde und sich später an der Duke University einschrieb, wo sie einen Platz im Footballteam bekam – als erste Frau in der obersten Football-Liga. Im Folgejahr wurde Heather Sue von ihrem Trainer hinausgedrängt, der später einräumte, es sei ihm unangenehm gewesen, von Trainern anderer Mannschaften aufgezogen zu werden, weil er einen weiblichen Kicker einsetzte. Nach ihrem Abschluss 1998 verklagte Heather Sue die Duke University wegen Diskriminierung und erhielt 2 Millionen US-Dollar Strafschadensersatz.

Im Büro zeigte Mercer ganz neue Züge. Beim gemeinsamen Mittagessen mieden die meisten Kollegen kontroverse Themen. Nicht so Mercer. In Arbeitssitzungen sagte Mercer manchmal kein Wort, doch bei diesen Mahlzeiten zeigte er sich ungewöhnlich gesprächig. Manche seiner Äußerungen – wie sein Eintreten für den Goldstandard oder seine Vorliebe für *More Guns, Less Crime*, das Buch von John R. Lott Jr., in dem dieser behauptet, mehr Waffenbesitz verringere die Kriminalität – verrieten konservative Überzeugungen. Andere waren eher bilderstürmerisch.

»Benzin ist so teuer … wir sollten dringend etwas dagegen tun«, sagte Mercer eines Tages.

Mercer stichelte gern unter seinen Kollegen, von denen viele liberal beziehungsweise libertär waren, und äußerte überraschende Ansichten, die immer radikaler wurden.

»Clinton gehört in den Knast«, erklärte Mercer einmal beim Mittagessen. Er meinte Präsident Bill Clinton, der im Zusammenhang mit seiner Beziehung zu Monica Lewinsky, einer Praktikantin im Weißen Haus, 1998 des Meineids und der Behinderung der Justiz bezichtigt wurde. Mercer bezeichnete Clinton als »Vergewaltiger« und »Mörder« und zitierte wiederholt eine Verschwörungstheorie, der zufolge der Präsident an einem geheimen Drogenhandelsring mit der CIA beteiligt war.

Mercers Kollegen rückten mehrheitlich von ihm ab, weil sie ungern in hitzige Diskussionen verwickelt werden wollten. Andere wie Patterson dagegen, ebenfalls ein Politikjunkie, blieben am Tisch sitzen und gaben Mercer Kontra. Patterson konnte nicht fassen, dass ein intelligenter Wissenschaftler Ansichten vertrat, die auf so schwachen Füßen standen.

Doch mit der Zeit sollte Mercer seinen Kollegen immer mehr Grund zur Verwunderung liefern.

=

Mitte der 1990er-Jahre war das Internetzeitalter in vollem Gange, und im Silicon Valley ging es hoch her. An der Wall Street stellten Investmentbanken und Handelshäuser inzwischen eigene Computerprofis ein, hochkarätige Wissenschaftler und Doktoren der Mathematik, weil sie endlich überzeugt waren, dass sich mit quantitativen Strategien Geld verdienen ließ. Doch Simons und sein Team tauchten auf dem Radarschirm der Branche dennoch nach wie vor kaum auf. Dahinter steckte durchaus eine Absicht: Simons wies seine Leute an, ihre Taktik für sich zu behalten. Er befürchtete, sonst könnte die Konkurrenz ihre erfolgreichsten Methoden übernehmen.

»Bei der NSA gibt es für undichte Stellen bis zu 25 Jahre Haft«, erklärte Simons seinen Mitarbeitern gern mit drohendem Unterton. »Wir können euch leider nur feuern.«

Browns permanentes Anhalten der Belegschaft und der Investoren zur Verschwiegenheit grenzte ans Manische. Einmal kam ein Vertreter einer großen japanischen Versicherungsgesellschaft zu Besuch und stellte ein Aufnahmegerät auf den Tisch des Besprechungszimmers, weil er das Gespräch im Anschluss noch einmal in Ruhe abhören und sicherstellen wollte, dass in der Übersetzung nichts verloren ging. Als Brown ins Zimmer kam und das Gerät sah, erlitt er beinahe einen Nervenzusammenbruch.

»Da steht ein Rekorder auf dem Tisch!«, rief er laut, was den Gast und den Kundenbetreuer von Renaissance gleichermaßen befremdete.

In höchster Aufregung zerrte Brown seinen Kollegen vor die Tür.

»Ich will nicht, dass unser Gespräch mitgeschnitten wird!«, brüllte er und wirkte beinahe verängstigt.

Der verlegene Kundenbetreuer musste den Besucher höflich bitten, sein Gerät abzuschalten.

Damit schossen Simons und sein Team ein bisschen übers Ziel hinaus. Damals kümmerte es keinen, was sie vorhatten. Seine beiden größten Konkurrenten, Long-Term Capital Management und D. E. Shaw, zogen die volle Aufmerksamkeit des Anlegerpublikums auf sich.

Auch Long-Term Capital Management – gegründet von John Meriwether, selbst ehemaliger Mathematiklehrer – stellte Professoren wie Eric Rosenfeld ein, einen am MIT ausgebildeten Doktor und Computerfreak, sowie Robert C. Merton und Myron Scholes von Harvard, die später den Nobelpreis erhalten sollten. Das überwiegend introvertierte und ausnahmslos intellektuelle Team lud historische Anleihekurse herunter, spürte übersehene Beziehungen auf und entwickelte Computermodelle, die das künftige Verhalten prognostizierten.

Wie Renaissance interessierte auch die Gruppe um Meriwether nicht, wohin der Markt allgemein oder auch einzelne Investments tendierten. Die Modelle von LTCM ermittelten Preisanomalien, oft zwischen ähnlichen Anlagen. Dann setzte der Hedgefonds aus Greenwich, Connecticut, darauf, dass sich die Unregelmäßigkeiten zurückbildeten und verflüchtigten. Zu LTCMs bevorzugten Transaktionen gehörte der Kauf von Anleihen, die unter ihr historisches Niveau gefallen waren. Gleichzeitig wurden ähnliche Anleihen leerverkauft, die überbewertet wirkten. Dann wartete LTCM, bis sich die Kurse der Anleihen wieder annäherten, wovon das Unternehmen profitierte. LTCM hebelte seine Positionen stark mit Fremdkapital, um die Gewinne zu vergrößern. Die Banken stellten das Geld dafür gern zur Verfügung, was zum Teil daran lag, dass der Hedgefonds große, riskante Transaktionen mied und stattdessen auf tausend kleine, sicher scheinende Trades setzte.

Die von LTCMs All-Star-Team aus Genies faszinierten Investoren steckten jede Menge Geld in den Fonds. Nach seiner Auflegung im Jahr 1994 stieg LTCM in den ersten drei Jahren im Schnitt um fast 50 Prozent und verwaltete im Sommer 1997 an die 7 Milliarden US-Dollar. Simons' Medallion-Fonds nahm sich dagegen jämmerlich klein aus. Nachdem die Konkurrenz zunehmend auf Arbitrage setzte, verlegte sich Meriwethers Team auf neuere Strategien – auch solche, mit denen es wenig Erfahrung hatte, wie den Handel mit Aktien von Fusionskandidaten und mit dänischen Hypotheken.

Nach dem alljährlichen Golfausflug im Sommer 1997 teilten die Partner von LTCM mit, dass die Investoren etwa die Hälfte ihres Geldes abziehen mussten. Der Grund: Die LTCM-Führung stellte eine Verringerung der Chancen auf dem Markt fest. Das gefiel den Kunden ganz und gar nicht. Sie flehten Meriwether und seine Kollegen an: Bitte, behaltet unser Geld!

Doch die Modelle von LTCM waren nicht auf die Schockereignisse vorbereitet, die im Sommer 1998 eintraten – unter anderem die effektive Zahlungsunfähigkeit Russlands und eine resultierende Panik auf den globalen Märkten. Als die Investoren aus allen riskanten Investments flüchteten, reagierten die Preise aller möglicher Anlagen sehr unerwartet. Nach Berechnungen von LTCM war ein Tagesverlust von über 35 Millionen US-Dollar unwahrscheinlich, doch an *einem* Freitag im August desselben Jahres büßte der Hedgefonds 553 Millionen US-Dollar ein. Innerhalb weniger Wochen hatten sich Milliarden in Luft aufgelöst.

Meriwether und seine Kollegen riefen Investoren an und versuchten, Kapital aufzutreiben, weil sie sicher waren, dass die Preise auf historische Normalwerte zurückfinden würden, wie ihre Modelle prognostizierten. Doch die Realität holte sie ein, als Meriwether seinen Freund Vinny Mattone besuchte. Der Börsenveteran kleidete sich am liebsten in schwarze Seidenhemden, wog rund 130 Kilo, trug eine goldene Kette und einen Ring am kleinen Finger.

»Wo steht ihr?«, fragte Mattone geradeheraus.

»Wir sind runter auf die Hälfte«, gab Meriwether zurück.

»Dann seid ihr erledigt«, entgegnete Mattone dem geschockten Meriwether. »Wenn ihr schon um die Hälfte runter seid, dann rechnen sich die Leute aus, dass ihr auch noch weiter fallen könntet. Sie werden den Markt gegen euch wenden. … Ihr seid *erledigt.*«[48]

Und so war es. Als das Eigenkapital von LTCM unter 1 Milliarde US-Dollar fiel und der Fremdkapitalanteil explodierte, schritt die US-Notenbank Fed ein, weil sie befürchtete, ein Zusammenbruch des Fonds würde das ganze Finanzsystem mitreißen. Auf Veranlassung der Fed übernahm den Fonds ein Bankenkonsortium. Innerhalb weniger Monate hatten Meriwether und seine Kollegen fast 2 Milliarden US-Dollar Privatvermögen eingebüßt – Schandflecke auf ihrer Karriere, die sie nie wieder loswerden sollten.

Das Fiasko verdarb den Investoren generell den Appetit auf den Einsatz von Computermodellen zum systematischen Handel.

»Der Reputation des quantitativen Investierens als solcher wurde langfristiger Schaden zugefügt«, urteilte die Zeitschrift *Business Week* einen Monat später. »Selbst wenn die Quants noch diesen Herbst wieder zurückkommen, werden viele Mühe haben, zu behaupten, sie könnten zuverlässig Gewinne mit niedriger Volatilität erzielen.«[49]

D. E. Shaw spürte von den Problemen offenbar wenig. 1998 beschäftigte der vom ehemaligen Informatikprofessor der Columbia University David Shaw gegründete und von Investor Donald Sussman finanzierte Hedgefonds inzwischen mehrere Hundert Mitarbeiter. Auf der Grundlage seiner Strategien zur statistischen Arbitrage auf dem Aktienmarkt, die Shaw bei Morgan Stanley entwickelt hatte, konnte sein Unternehmen seit seiner Gründung im Schnitt mit 18 Prozent Ertrag pro Jahr aufwarten. An manchen Tagen entfielen rund 5 Prozent des gesamten Handels an der New Yorker Börse auf den Fonds. Sein Portfolio war marktneutral, also immun gegen das Auf und Ab des Gesamtmarkts.

Bei der Anwerbung neuer Mitarbeiter ging D. E. Shaw anders vor als Renaissance. Neben konkreten technischen Fragen zum Fachgebiet des Bewerbers stellte das Unternehmen potenziellen Beschäftigten Denkaufgaben, situative Rechenaufgaben und Wahrscheinlichkeitsaufgaben wie das berühmte Monty-Hall-Problem, eine Denksportaufgabe, die auf die alte Fernsehserie *Let's Make a Deal* zurückging. Die Mitarbeiter, von denen viele Fans der britischen Science-Fiction-Serie *Doctor Who* waren, kleideten sich lässig und brachen damit mit den starren Wall-Street-Konventionen.

1996 erklärte eine Titelgeschichte der Zeitschrift *Fortune* D. E. Shaw zur »faszinierendsten und undurchsichtigsten Kraft an der Wall Street … zum ultimativen Quant-Laden, einer Hochburg von Mathematikern, Informatikern und anderen Anhängern der quantitativen Analyse«. Mit zunehmendem Wachstum von Shaw und anderen Quant-Firmen musste sich die New York Stock Exchange automatisieren. Es entstand eine elektronische Börse, und schließlich wurden Aktien in Pennyschritten gehandelt, wodurch die Handelskosten für alle Investoren sanken.

Shaw verbrachte immer mehr Zeit außerhalb des Büros und beriet Vizepräsident Al Gore und Präsident Bill Clinton in Fragen der Technologiepolitik. Seine Firma nahm auch neue Unterfangen in Angriff: Sie führte den ersten kostenlosen

E-Mail-Dienst Juno ein und begründete ein Joint Venture mit der BankAmerica Corporation, um 1,4 Milliarden US-Dollar aufzunehmen. Einen Teil dieses Geldes verwendete der Hedgefonds von D. E. Shaw als Hebel für ein 20 Milliarden US-Dollar schweres Anleihenportfolio, aber auch für weitere Neugründungen wie eine Internetbank.[50] Shaw hatte reichlich Geld, stellte über 600 Mitarbeiter ein und brachte sie in modernsten Büros in New York, Tokio, London, San Francisco, Boston und einer Niederlassung im indischen Hyderabad unter, mit einem Atrium voller Skulpturen.

Dann kamen die Marktturbulenzen vom Herbst 1998. Innerhalb von Monaten hatte D. E. Shaw mit seinem Bondportfolio über 200 Millionen US-Dollar Verlust erlitten, musste 25 Prozent seiner Leute entlassen und sein Geschäft zurückfahren. D. E. Shaw erholte sich und wurde wieder zum Faktor an der Börse, doch dessen Krise und die gewaltigen Verluste von LTCM erteilten Simons und Renaissance eine Lehre fürs Leben.

=

Patterson und andere analysierten die plötzlichen Rückschläge ihrer Rivalen genau. Der Medallion-Fonds legte 1998 42 Prozent zu. Er profitierte, als andere Investoren im Herbst in Panik verfielen, doch Patterson musste Sorge tragen, dass sein Unternehmen nicht die gleichen Fehler machte wie LTCM. Patterson wusste, dass Renaissance nicht so viel Geld aufnahm wie Meriwethers Firma. Außerdem mussten die Transaktionen von LTCM in einem bestimmten Zeitraum funktionieren, was für die von Simons favorisierten Geschäfte nicht galt. Zudem beschäftigte Renaissance Mathematiker und Informatiker, keine Wirtschaftswissenschaftler – ein weiterer Faktor, der das Unternehmen von LTCM unterschied.

Dennoch gab es genügend Parallelen, um Ursachenforschung angezeigt erscheinen zu lassen. Für Patterson und seine Kollegen bestätigte der Zusammenbruch von LTCM die bisherige Renaissance-Devise: Man sollte grundsätzlich nicht zu viel Vertrauen in Handelsmodelle setzen. Sicher, das System des Unternehmens schien zu funktionieren, doch alle Formeln sind fehlbar. Diese Schlussfolgerung bestärkte den Fonds in seinem Risikomanagementansatz. Griff eine Strategie nicht oder stieg die Marktvolatilität sprunghaft an, verringerte das Renaissance-System Positionen und Risiken im Regelfall automatisch. So fuhr der Medallion-Fonds beispielsweise seinen Futures-Handel im Herbst 1998 um

25 Prozent zurück. Versagten bei LTCM Strategien, erhöhte das Unternehmen dagegen die Einsätze, statt einen Rückzieher zu machen.

»Der Kardinalfehler von LTCM: Dort glaubte man an den absoluten Realitätsanspruch der eigenen Modelle«, meint Patterson. »Wir gingen nie davon aus, dass unsere Modelle die Wirklichkeit wiedergaben – lediglich gewisse Aspekte davon.«

D. E. Shaw und LTCM waren zudem auf Märkte abgedriftet, die die jeweiligen Unternehmen nicht richtig kannten oder mit denen sie wenig Erfahrung hatten – dänische Hypotheken! Onlinebanking! Für Simons' Team war das eine Mahnung, unbedingt den eigenen Ansatz zu verfeinern und keine neuen Geschäftsfelder zu erschließen.

=

Ungeachtet der vielen Arbeit, die Brown, Mercer und andere in ihr System gesteckt hatten, trug der Aktienhandel 1998 nach wie vor nur rund 10 Prozent zum Unternehmensgewinn bei. Renaissance wurde von Henry Laufers Futures-Trades getragen, obwohl Simons das Aktienteam drängte, seine Leistungen zu verbessern. Wieder wollte David Magerman der Held sein, der die Wende herbeiführte.

Es war Magerman gelungen, den Computerfehler zu ermitteln und zu beheben, der verhindert hatte, dass Browns und Mercers Aktienhandelssystem Gewinne erzielte. Daraufhin war ihm mehr Verantwortung übertragen worden. Er entwickelte sich zum Architekten der Software, die der Medallion-Fonds für seine *Produktion* verwendete – also die eigentlichen Aktiengeschäfte. Inzwischen überwachte er sämtliche Veränderungen am System, war ein entscheidender Akteur bei allen Verbesserungen und Chef eines ganzen Dutzends promovierter Mitarbeiter.

Magerman hatte eindeutig einen guten Lauf. Er verdiente viel, doch was noch besser war: Seine Arbeit trug ihm das ersehnte Lob von Brown, Mercer und Simons ein. Magerman nutzte sein steigendes Einkommen, um seine Garderobe aufzuwerten. Er gewöhnte sich sogar an, Hosenträger zu tragen, weil er wie Mercer aussehen wollte. Magerman wurde seit jeher durch das Streben nach der Anerkennung dominanter männlicher Figuren motiviert, und dass er so viel Wertschätzung erfuhr, beflügelte ihn.

Trotz seines wachsenden Erfolgs schlug Magerman von Mercers Familie eine gewisse Kälte entgegen. Das galt vor allem für Mercers mittlere Tochter Rebekah, die bei Renaissance arbeitete und Magerman unterstellt war. Magerman wurde von den Mercers nicht mehr ins Restaurant oder nach Hause eingeladen, was ihn irritierte. Einmal schrieb er einen fünfseitigen Brief in der Hoffnung, die Freundschaft wieder aufleben zu lassen, doch dieser blieb unbeantwortet. Er konnte sich das nicht erklären und überlegte, woran es liegen könnte. Vielleicht daran, dass er Rebekah einmal vor der versammelten Mannschaft abgekanzelt hatte – immerhin die Tochter seines Chefs. Er hatte ihre Arbeit in der Handelsgruppe kritisiert und sie vor ihren neuen Kollegen bloßgestellt.

»Meiner Ansicht nach zu Recht«, erklärt Magerman.

Vielleicht ging der Bruch aber auch auf einen Sommerausflug mit dem ganzen Unternehmen zurück, als Magerman Heather Sue zu einer romantischen Kanufahrt einlud, was Bekah sicherlich eifersüchtig gemacht hatte. Aus welchen Gründen auch immer, Mercers Töchter und seine Frau Diana wollten nichts mehr mit Magerman zu tun haben.

»In ihrem Haus und bei Einladungen, die sie gaben, war ich Persona non grata«, erzählt er.

Um sich Robert Mercers Gunst zu sichern, beschloss Magerman, sich ganz auf seine Arbeit zu konzentrieren. 1999 gelang es ihm, den Computercode, der dem Aktienhandel der Firma zugrunde lag, so abzuwandeln, dass die Effizienz stieg. Doch unmittelbar darauf rutschten die Futures-Trades des Medallion-Fonds aus der Gewinn- in die Verlustzone. Die Mitarbeiter versuchten verzweifelt, herauszufinden, was da passiert war. Magerman glaubte es zu wissen. Sicher hatte er einen Leichtsinnsfehler gemacht und einen verheerenden Virus freigesetzt, der sich im Unternehmen verbreitete – zum zweiten Mal.

Ich bin schuld!

Wochenlang zerfleischte sich Magerman und fragte sich, wie ihm so ein dummer Fehler unterlaufen konnte. Magermans Aktienhandelsgruppe und Henry Laufers Futures-Leute hatten zwar gar nicht so viel Computercode gemein, doch Magerman war sicher, dass es an ihm lag. Diesmal wollte er seinen Fehler ungern zugeben und arbeitete Tag und Nacht, um ihm auf die Spur zu kommen – vergebens.

Am Ende des Quartals teilte der Medallion-Fonds seinen Kunden mit, er habe einen geringfügigen, doch überraschenden Verlust erlitten – das erste Quartalsminus seit zehn Jahren. Voll Sorge rechnete Magerman jeden Tag mit seiner Kündigung und fand keinen Schlaf mehr.

»Ich verlor beinahe den Verstand«, berichtet er.

Magerman ging zu einem Therapeuten, der eine generalisierte Angststörung diagnostizierte und ihm wöchentliche Therapiesitzungen verordnete, um ihn zu beruhigen. Allmählich erholten sich die Medallion-Erträge wieder, und Magerman entspannte sich. Er kam zu dem Schluss, dass er wohl doch nicht für die Verluste verantwortlich gewesen war.

Im Januar 2000 legte der Medallion-Fonds um 10,5 Prozent zu – das beste Monatsergebnis des Hedgefonds seit Jahren. Anfang März hatte der Fonds über 700 Millionen US-Dollar Gewinn verbucht, als der Nasdaq Composite Index auf einer Welle der Begeisterung für Technologiewerte und vor allem für Internetfirmen ein Rekordhoch erklomm.

Doch dann wurde es für Magerman und seine Kollegen eng. Am 10. März platzte die Tech-Blase. Die Aktien gerieten in freien Fall, und es gab wenig Meldungen, die einen Stimmungswandel herbeiführen konnten. Einen Monat später hatte die Nasdaq 25 Prozent verloren – von insgesamt 78 Prozent auf ihren Höchststand. Der Medallion-Fonds verbuchte unerklärliche Verluste. Im März büßte er an einem einzigen Tag rund 90 Millionen US-Dollar ein, und am Folgetag weitere 80 Millionen. Die Nerven lagen blank – bis dahin hatte der Fonds höchstens einmal 5 Millionen US-Dollar an einem Tag verloren.

Doch es war nicht nur die Häufung der Verluste, die alle in Atem hielt – es war die Unklarheit über die Ursachen. Das Medallion-Portfolio hielt Rohstoff-, Währungs- und Anleihe-Futures, das Aktienportfolio setzte sich überwiegend aus einander ausgleichenden Positionen zusammen, die helfen sollten, ihn gegen die Bewegungen des Gesamtmarkts abzuschotten. Eigentlich sollte es die Verluste *gar nicht geben.* Doch weil sich so viele der Handelssignale des Systems eigenständig durch eine Art maschinellen Lernprozess entwickelt hatten, war es nicht so einfach, die Wurzel der Probleme zu erkennen – oder zu sagen, wann sie nachlassen würden. Die Maschinen schienen außer Kontrolle geraten.

Während der Verkaufswelle erschien im Büro auf Long Island ein Bewerber zu einem Vorstellungsgespräch bei Patterson und mehreren Kollegen. Als sie sich am nächsten Morgen zusammensetzten, um über den Kandidaten zu beraten, konnte sich kein einziger an das Gespräch erinnern. Die Verluste hatten die Analysten regelrecht benommen gemacht.

Mercer blieb stoisch und interagierte mit Kollegen, als sei gar nichts Ungewöhnliches im Gange. Ganz anders Brown. Er hatte noch nie hohe, plötzliche Verluste erlebt, und das konnte er nicht verhehlen. Brown reagierte angespannt und emotional und konnte seine wachsende Angst nicht kaschieren. Schlaflos saß er nächtelang am Computer und verfolgte, wie die Zahlen einbrachen. Im Büro machte sich der Schlafmangel bemerkbar: Brown war so blass, dass es die Kollegen schockierte. Freunde meinten, er fühlte sich für die Verluste verantwortlich, da sie aus seinem Aktienhandelssystem hervorgegangen waren.

Am dritten Tag des Crashs kam Magerman zur Arbeit, warf einen Blick auf den aktuellen Stand der Aktien-Futures auf seinem Rechner und stellte erschüttert fest, dass ihnen ein weiterer Schreckenstag bevorstand. Magerman wurde leicht übel. Brown und Mercer berieten sich in einer Notfallsitzung bereits mit Simons und anderen Führungskräften, doch Magerman dachte, man müsse sie auf die neuerliche Verschärfung der Probleme hinweisen. Langsam öffnete er eine schwere Tür zu dem kleinen, mit einem Dutzend Topmanagern voll besetzten Besprechungszimmer. Auf einem Bildschirm lief eine Videokonferenz mit Teilnehmern aus aller Welt. Am Kopfende des langen Tisches saß Simons – ernst und konzentriert. Magerman beugte sich vor und flüsterte Brown ins Ohr: »Wir haben schon wieder 90 Millionen verloren.«

Brown erstarrte. Damit näherten sich die Verluste des Medallion-Fonds der 300-Millionen-Dollar-Marke. Brown reagierte bestürzt, ja, angstvoll. Er sah hilfesuchend zu Simons.

»Jim, was sollen wir machen?«

»Dem Modell vertrauen«, erklärte ihnen Simons. »Wir müssen es machen lassen. Wir dürfen nicht in Panik verfallen.«

Später mahnte Simons seine Leute, dass ihr Handelssystem auf schwierige Zeiten vorbereitet sei. Außerdem konnten sie ohnehin wenig tun. Der Medallion-Fonds handelte rund 8000 Aktien. Es gab keine Möglichkeit, das Portfolio auf die Schnelle umzugestalten.

Nach mehreren durchgearbeiteten Nächten stellten ein paar Analysten eine Theorie zur Ursache der Probleme auf: Eine zuvor verlässliche Strategie verlor laufend Geld. Es war eine recht einfache Strategie – wenn bestimmte Aktien in den Vorwochen kräftig angezogen hatten, veranlasste der Selbstlernprozess das Medallion-System dazu, diese Aktien verstärkt zuzukaufen in der Annahme, dass sich der Kursanstieg fortsetzt. Über mehrere Jahre hatte dieses Trendsignal gut funktioniert, als der Fonds automatisch solche Nasdaq-Aktien kaufte, deren Aufwärtstrend weiterging. Doch jetzt wiesen die Algorithmen des Systems den Medallion-Fonds an, *mehr* Aktien zu kaufen, obwohl eine kräftige Baisse eingesetzt hatte.

Simons betonte oft, wie wichtig es war, ihr Handelssystem nicht außer Kraft zu setzen, verließ sich aber in Krisenzeiten zum Leidwesen seiner wissenschaftlichen Mitarbeiter, die ständige Anpassungen ihrer Computerprogramme nicht guthießen, im Regelfall doch nicht mehr auf bestimmte Signale. Mittlerweile waren selbst solche Mitarbeiter einverstanden, auf ihre fehlerhaften Signale zu verzichten – umso mehr, als ihr System kurzfristige Entwicklung besser vorhersagen konnte als längerfristige, auf die sich das fragwürdige Signal konzentrierte. Also ließen sie die Momentum-Strategie schnell fallen, um die Verluste einzudämmen. Bald schon stellten sich wieder steigende Gewinne ein.

Doch Brown hatte das Ganze sehr erschüttert. Er bot seinen Rücktritt an, weil er sich für die Krise verantwortlich fühlte. Simons lehnte jedoch ab und erklärte Brown, er sei jetzt sogar noch wertvoller, weil er gelernt habe, »nie ganz auf ein Modell zu vertrauen«.[51]

=

Im Herbst 2000 sprach sich der Erfolg des Medallion-Fonds allmählich herum. In jenem Jahr stieg er um ganze 99 Prozent, und zwar, nachdem er seinen Kunden 20 Prozent ihres Gewinns und 5 Prozent des bei Simons investierten Kapitals abgezogen hatte. Inzwischen verwaltete das Unternehmen knapp 4 Milliarden US-Dollar. In den zehn Jahren zuvor hatten der Medallion-Fonds und seine 140 Beschäftigten eine bessere Wertentwicklung verzeichnet als die von George Soros, Julian Robertson, Paul Tudor Jones und anderen Investmentgrößen verwalteten Fonds. Nicht minder eindrucksvoll: Der Medallion-Fonds hatte in seinem jüngsten Fünfjahreszeitraum eine Sharpe-Ratio von 2,5 verbucht. Das hieß, die Gewinne des Fonds wiesen im Vergleich zu vielen Konkurrenten eine geringe Volatilität und niedrige Risiken auf.

Simons wurde unvorsichtig und stimmte einem Interview mit Hal Lux zu, der für die Zeitschrift *Institutional Investor* schrieb. Beim Kaffee in seinem New Yorker Büro und später über einem Gin Tonic in der Renaissance-Zentrale auf

Long Island äußerte Simons die Zuversicht, dass er auch weiterhin Gewinne erzielen werde.

»Was wir tun, hat Zukunft«, erklärte Simons Lux. »Vielleicht haben wir auch mal schlechte Jahre oder ab und zu ein verheerendes, doch die Prinzipien, die wir entdeckt haben, sind solide.«

Brown, Mercer und Laufer waren ähnlich sicher, dass eine seltene, vielleicht einmalige Chance bevorstand. Sie drängten auf die Einstellung neuer Mitarbeiter, um diese Chance auszunutzen.

»Die Märkte strotzen förmlich vor Ineffizienzen«, erklärte ein leitender Mitarbeiter einem Kollegen. »Wir verschenken Geld.«

Doch die Neuzugänge sollten das Unternehmen in ungeahnter Weise verändern.

TEIL 2

Geld ändert alles

KAPITEL 12

In Jim Simons' Hedgefonds gingen 2001 seltsame Dinge vor.

Die Gewinne häuften sich, als Renaissance begann, neue Arten von Informationen zu verarbeiten. Das Team erfasste jede Order, auch die nicht ausgeführten, sowie die Jahres- und Quartalszahlen, die Aufzeichnungen über Aktiengeschäfte von Topmanagern, staatliche Berichte, Konjunkturprognosen und Wirtschaftsartikel.

Doch Simons war noch nicht zufrieden. »Können wir denn mit Sondermeldungen nichts anfangen?«, fragte er auf einer Teamsitzung.

Bald durchforsteten seine Analysten Geschichten aus Zeitungen und von Nachrichtenagenturen, Internetposts und weniger offensichtliche Daten – wie Offshore-Versicherungsfälle – und wetteiferten um so ziemlich alle Informationen, die sich quantifizieren und auf ihren Prognosewert hin abklopfen ließen. Der Medallion-Fonds mutierte zu einer Art Datenschwamm. Er saugte jedes Jahr ein Terabyte – eine Billion Bytes – an Informationen auf und kaufte teure Festplatten und Prozessoren, um diese Daten auf der Suche nach verlässlichen Mustern zu verarbeiten, zu speichern und zu analysieren.

»Die besten Daten sind noch mehr Daten«, erklärte Mercer einem Kollegen – eine Formulierung, die in der Firma zum geflügelten Wort wurde.

Renaissance wollte den Kurs einer Aktie oder eines anderen Investments »in jedem beliebigen Moment der Zukunft« vorhersagen, wie Mercer später erläuterte. »Wir wollten wissen, wie es in drei Sekunden, drei Tagen, drei Wochen und drei Monaten aussehen wird.«

Stand in der Zeitung, dass in Serbien das Brot knapp wurde, sondierten die Computer von Renaissance historische Präzedenzfälle für solche Engpässe und steigende Weizenpreise, um festzustellen, wie verschiedene Anlagen darauf reagierten, so Mercer.[52]

Manche der neu hinzugenommenen Informationen wie die quartalsmäßigen Gewinnmeldungen der Unternehmen brachten nicht viel. Doch Daten zu den Ertragsprognosen von Aktienanalysten und deren veränderten Ansichten über Unternehmen waren mitunter hilfreich. Als nutzbringend erwies sich auch die Suche nach Mustern in der Entwicklung von Aktienkursen nach solchen Gewinnmeldungen sowie die Verfolgung der Cashflows von Unternehmen, ihrer Ausgaben für Forschung und Entwicklung, der Emission von Aktien und anderer Faktoren. Das Team optimierte seine Prognosealgorithmen durch die Entwicklung eines recht einfachen Maßstabs dafür, wie oft ein Unternehmen in einem Newsfeed erwähnt wurde – ganz gleich, ob positiv, negativ oder nur in Form von Gerüchten.

Mercer und anderen wurde klar, dass der Aktienhandel durchaus Gemeinsamkeiten mit der Spracherkennung aufwies. Unter anderem deshalb warb Renaissance weiterhin Mitarbeiter aus dem Computerlinguistikteam von IBM ab. In beiden Fällen ging es darum, ein Modell zu erstellen, das in der Lage war, einen unbestimmbaren Wust von Informationen zu verarbeiten und verlässliche Annahmen dazu zu treffen, was als Nächstes folgen könnte – und dabei die Traditionalisten zu ignorieren, deren Analysen längst nicht so datenorientiert waren.

Als der Handel zunehmend elektronisch ablief und menschliche Marketmaker und Vermittler verdrängt wurden, weitete der Medallion-Fonds seine Aktivitäten auf immer mehr elektronische Netze aus, was Käufe und Verkäufe erleichterte und effizienter gestaltete. Am Ende stand Simons kurz vor seinem ursprünglichen Ziel, ein vollautomatisches System mit wenig menschlichen Schnittstellen aufzubauen.

Sein Team fand die Entwicklung extrem kurzfristiger Signale spannend, die in Sekunden oder noch schneller Transaktionen auslösten – eine Methode, die unter der Bezeichnung *Hochfrequenzhandel* bekannt wurde. Doch die Computer von Renaissance erwiesen sich als zu langsam, um anderen auf dem Markt den Rang abzulaufen. Der Medallion-Fonds führte pro Tag 150 000 bis 300 000 Transaktionen durch, wobei der Löwenanteil dieser Aktivitäten auf kleinteilige Käufe oder Verkäufe entfiel, damit die Marktkurse nicht beeinflusst wurden, und nicht um durch Vorsprung vor anderen Investoren Gewinne zu erzielen. Simons und sein Team waren also keine langfristigen Investoren, aber auch keine »Flash Boys«, wie die Hochfrequenzhändler genannt wurden.

Doch ganz gleich, wie man ihre Methode bezeichnete, die Ergebnisse waren außergewöhnlich. Nachdem der Medallion-Fonds im Jahr 2000 98,5 Prozent zugelegt hatte, stieg er 2001 um 33 Prozent. Der S&P 500, das gängige Aktienmarktbarometer, verbuchte über diese beiden Jahre dagegen ein kümmerliches Durchschnittsplus von 0,2 Prozent. Rivalisierende Hedgefonds erzielten 7,3 Prozent.

Dabei hatten die meisten Akteure in der Investmentwelt Simons' Team nach wie vor nicht auf dem Schirm. In dem Artikel des *Institutional Investor* aus dem Jahr 2000 hieße es: »Gut möglich, dass Sie noch nie von Jim Simons gehört haben. Ihm kommt das gelegen. Und Sie sind in guter Gesellschaft.«[53]

Doch das System von Brown und Mercer funktionierte so gut, dass die Analysten neue Algorithmen testen und entwickeln und in das bestehende einheitliche Handelssystem integrieren konnten. Neue Mitarbeiter ermittelten Prognosesignale aus Märkten in Kanada, Japan, dem Vereinigten Königreich, Frankreich, Deutschland und Hongkong, aber auch von kleineren Handelsplätzen, etwa in Finnland, den Niederlanden und der Schweiz. Die Auslandsmärkte folgen gewöhnlich dem US-Trend, allerdings nicht im Gleichschritt. Durch die Kombination von Signalen aus diesen Märkten mit den vorhandenen Prognosealgorithmen des Medallion-Fonds in einem übergreifenden Handelssystem schien sich Erstaunliches zu vollziehen. Die Korrelationen der Medallion-Transaktionen mit dem Gesamtmarkt gingen zurück, wodurch die Erträge geglättet wurden und sich die Abhängigkeit von maßgeblichen Finanzmärkten verringerte.

Die Investmentprofis beurteilen das Risiko eines Portfolios in aller Regel anhand seiner Sharpe-Ratio, die den Ertrag in Relation zur Volatilität misst. Je höher die Sharpe-Ratio, desto besser. Von 1990 bis 2000 lag die Sharpe-Ratio des Medallion-Fonds in den meisten Jahren bei rund 2,0. Das war ein starker Wert, der dem Doppelten des S&P-500-Niveaus entsprach. Durch die Aufnahme von Algorithmen für ausländische Märkte und die Optimierung der Handelstechniken des Medallion-Fonds erhöhte sich die Sharpe-Ratio sprunghaft: Anfang 2003 betrug sie rund 6,0. Das entsprach dem Doppelten dessen, was die größten Quant-Firmen auswiesen. Diesem Wert zufolge lag das Risiko, dass der Fonds über ein ganzes Jahr Verluste erleiden würde, praktisch bei null.

Offenbar hatte Simons' Team so etwas wie den heiligen Gral des Investmentgeschäfts entdeckt: Astronomische Erträge aus einem diversifizierten Portfolio bei relativ niedriger Volatilität und Korrelation zum Gesamtmarkt. Bis dahin war es nur wenigen gelungen, Anlageinstrumente mit ähnlichen Merkmalen zu entwickeln. Und deren Portfolios waren in aller Regel mickrig. Niemand hatte bisher geschafft, was Simons und sein Team fertiggebracht hatten – mit einem 5-Milliarden-Dollar-Portfolio eine so erstaunliche Wertentwicklung zu erzielen.

Diese Leistung eröffnete ganz neue Möglichkeiten.

=

Peter Brown lief in seinem Büro auf und ab, fest entschlossen, einen Weg zu finden, um das Aktienengagement des Hedgefonds auszubauen. Die empfindlichen Verluste, die Anfang 2000 eingetreten waren, lagen Brown noch im Magen – ebenso wie der Umstand, dass er so gar nicht gewusst hatte, was dagegen zu tun war. Er suchte einen Weg, die Firma zu schützen, falls eine noch größere Marktkatastrophe eintreten sollte.

Brown hatte Glück – die Banken interessierten sich zunehmend für Renaissance. Sie witterten eine Chance. Simons' Unternehmen war in vieler Hinsicht der ideale Kreditnehmer. Es erzielte gleichmäßig hohe Renditen, die nicht mit dem breiteren Markt korrelierten. Simons hatte Browns Plan abgenickt, mehr Fremdkapital einzusetzen, um die Gewinne zu erhöhen. Renaissance nahm daher eifrig Kredit auf. (Wer sich Wohneigentum anschaffen möchte, nimmt eine Hypothek auf, um eine Wohnung oder ein Haus zu kaufen, für das sein eigenes Geld nicht reichen würde. Ganz ähnlich machen es Hedgefonds wie der Medallion-Fonds: Um ihre Gewinne zu steigern, leihen sie sich Geld, damit sie größere Investmentportfolios aufbauen können, als es ihnen mit ihrem eigenen Kapital möglich wäre.)

Den Banken saß das Geld lockerer, und die Kreditvergaberegelungen wurden großzügiger. Weltweit fielen die Zinsen, der Häusermarkt kam in Schwung, und die Kreditgeber offerierten eine ganze Palette aggressiver Kreditprodukte – auch für Kreditnehmer mit angeschlagener (oder ganz ohne) Kredithistorie. Im Vergleich wirkte Renaissance da sehr vertrauenerweckend – insbesondere, als das Unternehmen meist die gleiche Zahl von Long- und Short-Positionen hielt, was bei Marktturbulenzen potenzielle Risiken minderte. Aus diesem Grund boten die Deutsche Bank und die Barclays Bank dem Hedgefonds ein neues Produkt an, sogenannte *Basket*-Optionen. Sie schienen die perfekte Lösung für Browns Probleme zu sein.

Solche Basket- oder Korboptionen sind Finanzinstrumente, deren Wert an die Wertentwicklung eines bestimmten Aktienkorbs geknüpft ist. Die meisten Optionen werden auf der Grundlage einer einzelnen Aktie oder eines Finanzinstruments bewertet. Basket-Optionen dagegen sind an eine Aktiengruppe gebunden. Steigen diese Basiswerte, nimmt auch der Wert der Option zu – als würde man die Aktien halten, ohne das tatsächlich zu tun. In Wirklichkeit waren die Banken die rechtmäßigen Eigentümer der Aktien im Korb, doch de facto befanden sie sich im Besitz des Medallion-Fonds. Die Computer des Fonds sagten den Banken, welche Aktien in den Korb sollten und wie sie gehandelt werden sollten. Brown selbst wirkte an der Programmierung mit, die alledem zugrunde lag. Den ganzen Tag sendeten die Rechner des Medallion-Fonds automatische Anweisungen an die Banken – manchmal im Minuten- oder gar Sekundentakt. Nach einem Zeitraum von vielleicht einem Jahr übte der Medallion-Fonds seine Optionen aus und beanspruchte etwaige, auf die Aktien angefallenen Gewinne abzüglich gewisser anfallender Kosten.[54]

Die Korboptionen waren ein raffinierter Renditeturbo für den Medallion-Fonds. Maklerbezogene und andere Einschränkungen begrenzen, wie viel Kredit ein Hedgefonds auf klassischem Wege aufnehmen kann, doch durch die Optionen konnte der Medallion-Fonds deutlich mehr Fremdkapital einsetzen, als es ihm sonst möglich gewesen wäre. Konkurrenten hielten generell für jeden vorhandenen Dollar Finanzinstrumente im Wert von rund 7 Dollar. Die Optionsstrategie des Medallion-Fonds ermöglichte es diesem, pro Dollar Liquidität Finanzinstrumente im Wert von 12,50 Dollar zu halten. Damit war es leichter, Rivalen auszustechen, solange sich rentable Transaktionen fanden. Machte der Medallion-Fonds besonders vielversprechende Chancen ausfindig, wie im Abwärtstrend 2002, konnte er seinen Fremdkapitalanteil noch erhöhen und hielt dann für jeden eigenen Dollar Vermögenswerte im Wert von knapp 20 Dollar. Auf das Portfolio wirkte das wie ein Dopingmittel. 2002 verwaltete der Medallion-Fonds mehr als 5 Milliarden US-Dollar, hatte jedoch Investmentpositionen in Höhe von mehr als 60 Milliarden US-Dollar unter seiner Kontrolle. Es war zum Teil den Optionen zuzuschreiben, dass der Fonds wieder 25,8 Prozent Gewinn verbuchen konnte, obwohl es für den breiteren Markt ein schwieriges Jahr gewesen war. (Der S&P 500 büßte 2002 22,1 Prozent ein – in einem Jahr, das sich durch Konkurse von Internetunternehmen und Erschütterungen durch den Zusammenbruch des Handels- und

Energieunternehmens Enron und des Telekommunikationsriesen WorldCom auszeichnete.)

Durch die Optionen konnte Renaissance auch gewaltige Risiken aus dem eigenen Portfolio in die Banken auslagern. Weil es im Grunde die Kreditgeber waren, denen die Basiswerte der Korboptionsgeschäfte gehörten, konnte der Medallion-Fonds bei einem plötzlichen Einbruch höchstens die gezahlte Optionsprämie sowie die von den Banken gehaltenen Sicherheiten verlieren. Diese beliefen sich insgesamt auf mehrere hundert Millionen Dollar. Den Banken dagegen drohten potenzielle Verluste in Milliardenhöhe, falls der Medallion-Fonds ernsthaft in die Krise geraten sollte. Wie es einer der an diesen Kreditarrangements beteiligten Banker formulierte, ermöglichten es die Optionen dem Medallion-Fonds, seine Aktienportfolios »abzuschotten« und andere Teile des Unternehmens wie Laufers nach wie vor florierenden Futures-Handel zu schützen. Sollten unvorhergesehene Ereignisse eintreten, konnte Renaissance so sein Überleben sichern. Ein Mitarbeiter war von den Finanzierungsbedingungen so angetan, dass er den Großteil seines Privatvermögens in den Medallion-Fonds umschichtete, als ihm klar wurde, dass er höchstens rund 20 Prozent seines Geldes verlieren konnte.

Die Banken übernahmen das erhebliche Risiko, obwohl sie allen Grund gehabt hätten, auf der Hut zu sein. Immerhin hatten sie keine Ahnung, warum die Strategien des Medallion-Fonds funktionierten. Der Fonds blickte auch erst auf zehn ertragreiche Jahre zurück. Zudem war nur wenige Jahre zuvor Long-Term Capital Management implodiert – ein ernüchterndes Beispiel dafür, wie gefährlich es sein konnte, sich von undurchsichtigen Modellen abhängig zu machen.

Brown erkannte noch einen weiteren wesentlichen Vorteil der Korboptionen: Dadurch konnte der Medallion-Fonds auf seine Geschäfte die vorteilhaftere langfristige Kapitalertragsteuer anwenden, obwohl die Positionen vielfach nur Tage oder gar Stunden bestanden. Weil die Optionen aber erst nach einem Jahr ausgeübt wurden, konnte Renaissance sie als langfristig deklarieren. (Kurzfristige Erträge werden in den USA mit einem Satz von 39,5 Prozent besteuert, langfristige dagegen nur mit 20 Prozent.)

Manche Mitarbeiter fühlten sich bei diesem Winkelzug nicht wohl. Sie bezeichneten ihn als »zwar legal, aber trotzdem falsch«, doch Brown und andere gaben sich mit dem grünen Licht der Rechtsberater zufrieden. Mehrere Jahre später sollte die US-Finanzbehörde, der Internal Revenue Service (IRS), entscheiden, dass der Medallion-Fonds die Gewinne aus Basket-Optionen zu Unrecht als langfristige Erträge ausgewiesen hatte. Simons, der die Transaktionen abgesegnet hatte, und andere Renaissance-Manager, hätten schlappe 6,8 Milliarden US-Dollar *weniger* gezahlt, als eigentlich fällig gewesen wären, befand der IRS. 2014 teilte ein Unterausschuss des Senats mit, Renaissance habe die komplexen Strukturen »missbraucht«, um »sich eine unrechtmäßige Steuerersparnis in Milliardenhöhe zu sichern«. Renaissance legte Widerspruch gegen diese Beurteilung des IRS ein. Im Sommer 2019 war der Disput noch nicht beigelegt.

Auch andere Hedgefonds überlegten sich Strategien, um ihre Steuerlast zu mindern. Manche setzten eigene Versionen der Basket-Optionsarrangements ein, doch keiner in dem Umfang wie Renaissance. Anfang der 2000er-Jahre erwiesen sich die Optionen als die Geheimwaffe des Unternehmens. Sie hatten eine solche Bedeutung, dass Renaissance gleich mehrere Programmierer und rund 50 Mitarbeiter dafür abstellte, für eine nahtlose Koordination mit den Banken zu sorgen.

=

Geld übt einen großen Reiz aus – auch auf Wissenschaftler und Mathematiker. Nach und nach genossen die Renaissance-Mitarbeiter ihre Gewinne – auch jene, denen ihr hohes Einkommen zunächst peinlich gewesen war. Ein Mitarbeiter entwickelte ein Grafikobjekt, das den laufenden Profit (und ab und zu auch mal einen Verlust) anzeigte und in einer Bildschirmecke ständig mitlief. Mit den Zahlen stand und fiel die Stimmung in der Firma.

»Wir waren wie im Rausch«, erzählt ein Mitarbeiter. »Aber es lenkte auch ab.«

Mit den Einnahmen stiegen auch die Ausgaben. Es kauften sich so viele Wissenschaftler Anwesen in einer nahen Region namens Old Field, dass diese bald nur noch Renaissance Riviera genannt wurde. Simons besaß ein über 50 000 Quadratmeter großes Anwesen in East Setauket über dem Long Island Sound. Sein Panoramafenster bot einen spektakulären Blick auf die Reiher in der Conscious Bay. Henry Laufer zahlte knapp 2 Millionen US-Dollar für ein ganz in der Nähe gelegenes Haus im mediterranen Stil mit fünf Schlafzimmern und sechseinhalb Bädern auf fast 40 000 Quadratmetern Grund mit über 120 Metern eigenem Strand. Dann legte Laufer noch 800 000 US-Dollar auf den Tisch, um eine angrenzende 10 500-Quadratmeter-Parzelle dazuzukaufen und beide Grundstücke zu einem Megaanwesen zusammenzulegen. In derselben Gegend baute Simons' Cousin Robert Lourie, der der Universität den Rücken gekehrt hatte, um bei dem Hedgefonds eine leitende Position zu übernehmen, eine Reithalle für seine Tochter, deren Rundbögen so gewaltig waren, dass eine Brücke nach New York gesperrt werden musste, um sie nach Long Island zu befördern.[55]

Mercers Anwesen war nur über eine lange unbefestigte Straße zu erreichen, überall von Sand umgeben, und blickte über den Stony Brook Harbour. Im Wohnzimmer hängten er und Diana lebensgroße Porträts ihrer Töchter Heather Sue, Rebekah und Jenji auf.[56] Als die Familie zu Heather Sues Hochzeit eine große Sause ausrichtete, bewunderten die Gäste den monumentalen Brunnen und den herrlichen Rosengarten. Dabei traten sie auf Tausenden toter Insekten herum, die am Vorabend der Veranstaltung vernichtet worden waren, damit sich die Gäste auch wohlfühlten. (Es gab so viele Fotos und Videos von Bob mit Heather Sue, dass manche Gäste witzelten, man wäre gar nicht sicher gewesen, wer eigentlich der Bräutigam war.)

Auf dem Parkplatz von Renaissance sah man allmählich mehr Porsches, Mercedes und andere Premiumfahrzeuge, auch wenn die Taurusse und Camrys noch in der Mehrzahl waren. Manche Topmanager ließen sich im Hubschrauber zum Abendessen nach New York fliegen.[57] Im Pausenraum heftete einer eine Zahl an einen der Bürokühlschränke – der Prozentsatz, um den seine Vergütung im letzten Jahr gestiegen war. Sobald er fiel, erzählte er Freunden, würde er kündigen.

Eines Tages saßen ein paar Analysten zusammen und klagten über ihre hohe Steuerlast. Als Simons vorbeikam, verdüsterte sich prompt seine Miene.

»Wenn ihr nicht so viel verdienen würdet, würdet ihr nicht so viele Steuern zahlen«, erklärte er und ging seiner Wege.

Die Analysten und andere erhielten jedes Jahr mehrere Millionen oder sogar zig Millionen Dollar, und noch einmal so viel verdienten sie an ihren Anlagen im Medallion-Fonds. Dadurch wurden sie so reich, dass sich manche in Erklärungsnot sahen. Immerhin bestand die Renaissance-Belegschaft überwiegend aus ehemaligen Universitätsbediensteten, und manche hinterfragten die übermäßige Vergütung unwillkürlich.

Verdiene ich so viel Geld überhaupt?

Die meisten Mitarbeiter befanden, dass ihr reges Geschäft die *Liquidität* des Marktes erhöhe – also den Investoren mehr Möglichkeiten eröffne, problemlos in Positionen ein- und auszusteigen, was dem Finanzsystem zugutekam. Dieses Argument war allerdings ein bisschen fadenscheinig, da gar nicht feststand, wie viel Einfluss Renaissance diesbezüglich unter dem Strich ausübte. Andere verpflichteten sich, ihr Geld zu spenden, nachdem sie ein ausreichendes Vermögen aufgebaut hatten. Dabei versuchten sie tunlichst zu vergessen, dass ihre ständig steigenden Gewinne notgedrungen bedeuteten, dass Zahnärzte und andere Investoren mit ihren Geschäften Verluste erlitten.

»Es wurden innere Kämpfe ausgefochten«, erzählt Glen Whitney, der Topmanager, der maßgeblich am Aufbau der Researchfunktion des Unternehmens beteiligt war.

Brown hatte gemischte Gefühle, was seinen wachsenden Wohlstand betraf. Er hatte lange mit Geldsorgen gekämpft, wie Kollegen erzählten, und genoss es, jetzt das große Geld zu verdienen. Aber er versuchte, das ganze Ausmaß seines Reichtums von seinen Kindern fernzuhalten. Er fuhr einen Prius und trug seine Kleidung, bis sie Löcher hatte. Seine Frau, die als Wissenschaftlerin für eine Stiftung tätig war, die sich der Verringerung der Gefahr durch Atomwaffen widmete, gab selten Geld für sich aus. Doch es wurde schwierig, so viel Geld geheimzuhalten. Im Kollegenkreis erzählte man sich, dass Browns Sohn, der damals noch in die Grundschule ging, bei einem Besuch bei den Mercers deren großzügiges Anwesen gesehen und seinen Vater verwirrt gefragt haben soll: »Papa, arbeitest du nicht dasselbe wie Bob?«

=

Mit dem zunehmenden Erfolg ihres Aktienhandelsgeschäfts wuchs der Einfluss von Brown und Mercer im Unternehmen, während Laufer an Macht verlor. Die beiden Gruppen arbeiteten mit einem ganz unterschiedlichen Sinn für Dringlichkeit – wie ihre Leiter. Laufer blieb immer ruhig und gelassen, ganz gleich, was auf dem Markt vor sich ging. Die Mitglieder seines Teams kamen, tranken ein oder zwei Tassen Kaffee, lasen die *Financial Times* und machten sich an die Arbeit. Ihre Software war manchmal ein bisschen behäbig und nicht in der Lage, Handelsideen rasch zu testen und umzusetzen oder jede Menge neuer Beziehungen und Formationen zu entdecken. Die Erträge stagnierten zwar, aber auf hohem Niveau. Laufers Leute hatten sowieso nie so richtig begriffen, warum Simons unbedingt wollte, dass der Fonds wuchs. Sie verdienten doch alle Millionen im Jahr – wo also war das große Problem?

Die Mitarbeiter von Brown und Mercer verbrachten oft die Nächte am Computer und programmierten. Sie wetteiferten darum, wer als Letzter das Büro verließ und eilten in aller Frühe herbei, um zu prüfen, wie effektiv ihre Veränderungen waren. Arbeitete Brown den ganzen Tag und schlief dann nachts neben seiner Tastatur, wollten seine Untergebenen ihm nicht nachstehen. Brown machte seine Analysten herunter und dachte sich gemeine Spitznamen für jeden aus (außer für Mercer). Er trieb sie zu noch mehr Leistung an. Doch seine Leute empfanden einen gewissen Stolz darauf, mit seinen Schmähungen umgehen zu können, und sie gingen davon aus, dass er sie im Grunde motivieren wollte. Brown selbst wirkte oft bedrückt, als trüge er die Last der ganzen Welt auf seinen Schultern. Offenbar lag ihm die Arbeit nicht weniger am Herzen als allen anderen. Er konnte aber auch überschwänglich und lustig sein. Der erklärte *Candide*-Fan streute gern Anspielungen auf die französische Satire in seinen Präsentationen ein, was seine Mitarbeiter zum Lachen brachte.

Im Stillen arbeitete das Team an einem hochgerüsteten Handelsmodell, das in der Lage sein sollte, das vom Futures-Team eingesetzte zu ersetzen. Als sie es Simons vorlegten, gefiel ihm gar nicht, dass sie es heimlich entwickelt hatten. Dennoch stimmte er zu, es anstelle des von Laufers Team verwendeten einzuführen.

2003 erzielte die Aktienhandelsgruppe von Brown und Mercer doppelt so hohe Gewinne wie Laufers Futures-Team. In wenigen Jahren hatte sich das Blatt gewendet. Um seine neuen Stars zu belohnen, kündigte Simons an, dass Brown und Mercer zu Executive Vice Presidents des Gesamtunternehmens ernannt werden und gemeinsam sämtliche Handels-, Analyse- und technischen Tätigkeiten des Unternehmens managen sollten. Einst hatte Laufer als designierter Nachfolger Simons gegolten. Nun wurde er zum wissenschaftlichen Leiter und war unter anderem für die Problembereiche des Unternehmens zuständig. Brown und Mercer waren die Zukunft des Unternehmens, Laufer stand für die Vergangenheit.

Bei einem Cheeseburger in »Billie's 1890«, einem holzvertäfelten Saloon im nahen Port Jefferson, teilte Simons Brown und Mercer mit, dass er daran denke, sich zur Ruhe zu setzen.

»Ihr werdet übernehmen«, sagte er und erklärte, sie sollten Co-CEOs werden.[58]

Als das durchsickerte, gerieten Teile der Belegschaft in Panik. Browns Team konnte mit seinen Sticheleien umgehen – andere konnten ihn nicht ausstehen. Einmal hatte Brown bei einem Telefongespräch mit einem Mitarbeiter im New Yorker Büro, das für das Rechnungswesen und die Investor Relations von Renaissance zuständig war, verärgert gesagt: »Sie sind einfach dumm!«

Mercer dagegen unterhielt sich zwar regelmäßig mit Brown, sagte in größeren Gruppen jedoch fast nichts. Und wenn, dann provozierte er. Mercer hatte Diskussionen mit seinen Mitarbeitern schon immer genossen. Inzwischen schoss er sie regelrecht an – gewöhnlich im Pausenraum von Renaissance. Dabei nahm Mercer gern linksorientierte Kollegen ins Visier, allen voran Nick Patterson – eine Angewohnheit, für die die Kollegen den Begriff »Nick-Baiting« erfanden.

Patterson machte dieses Geplänkel meistens Spaß. Doch manchmal lief es ein bisschen aus dem Ruder. Einmal erklärte Mercer Patterson eindringlich, die Angst vor dem Klimawandel sei übertrieben, und drückte ihm den wissenschaftlichen Artikel eines Biochemikers namens Arthur Robinson und anderer in die Hand. Patterson nahm die Studie mit nach Hause und las sie. Wie sich herausstellte, war Robinson auch Schafzüchter und hatte ein Projekt zur Einlagerung und anschließenden Analyse von Flaschen mit Urin kofinanziert, »um unsere Gesundheit, unser Glück und unseren Wohlstand zu fördern und auch die schulischen Leistungen unserer Kinder«.[59] Nachdem Patterson das Papier gelesen hatte, sendete er Mercer die Nachricht, dass es »vermutlich unrichtig und auf jeden Fall in absoluter politischer Unkenntnis« verfasst worden sei. Mercer reagierte nicht.

Mercer wollte immer alles quantifizieren, als ließen sich Leistungen, Kosten und alles Mögliche andere in der Gesellschaft nur in Zahlen messen, gewöhnlich in Dollar und Cent.

»Warum reichen Geldbußen als Strafe nicht aus?«, fragte er Whitney, einen leitenden Informatiker, den Mercer ebenfalls gern aufs Korn nahm.

»Wovon sprechen Sie?«, fragte Whitney zurück.

Manchmal äußerte sich Mercer nachgerade verabscheuungswürdig. Magerman erinnert sich, dass Mercer einmal versuchte, zu beziffern, wie viel Geld die US-Regierung für die Strafverfolgung, Beschulung, Sozialhilfe und mehr von Afroamerikanern ausgab, und zu ermitteln, ob das Geld stattdessen nicht besser darauf verwendet werden könnte, sie zur Rückkehr nach Afrika zu animieren. (Mercer stritt diese Äußerung später ab.)

Dabei war Mercer Wissenschaftler und verlangte als solcher am Arbeitsplatz belastbare Argumente und unwiderlegbare Beweise. Seine persönlichen Meinungen stützte er dagegen auf fragwürdige Daten. Eines Tages präsentierte Mercer Forschungsergebnisse, die angeblich nachwiesen, dass die Strahlung, der die Menschen in den Jahren nach dem Abwurf der US-amerikanischen Atombomben auf Hiroshima und Nagasaki ausgesetzt waren, lebensverlängernd gewirkt habe. Ein Atomkrieg sei demnach längst nicht so bedenklich wie weithin angenommen. Die Researchmitarbeiter hatten den Eindruck, dass es sich bei dem vorgelegten Artikel um unseriöse Pseudowissenschaft handelte.

Da Mercer der Ranghöchste im Pausenraum war, bissen sich manche Mitarbeiter auf die Zunge, weil sie ihrem Chef nicht in die Parade fahren wollten. Ein andermal erklärte Mercer einem jungen Researchmitarbeiter und bekennenden Atheisten, er glaube nicht an die Evolution, und drückte ihm ein Buch in die Hand, das den Kreationismus propagierte, obwohl Mercer selbst auch nicht an Gott glaubte.

»Es sei noch nicht genug Zeit vergangen«, um zu beurteilen, ob die Evolutionstheorie zuträfe, erklärte Mercer dem Mitarbeiter.

Die meisten Mitarbeiter, auch die Zielscheiben seiner Frotzeleien, sahen Mercer als Provokateur – gelegentlich amüsant, oft nervig, doch im Großen und Ganzen harmlos. Diese Ansicht sollte sich jedoch ändern.

=

Simons war noch nicht bereit, den Stab an Brown und Mercer zu übergeben, übertrug den beiden aber mehr Verantwortung und entzog sie dadurch dem täglichen Handelsgeschäft. Nach und nach kam eine neue Gruppe von Mitarbeitern zum Zuge, die das Unternehmen grundlegend verändern sollten.

In dem Expansionsdrang der späten 1990er- und frühen 2000er-Jahre ging Renaissance auch hin und wieder von der üblichen Praxis ab und stellte Mitarbeiter ein, die zuvor bei Konkurrenzunternehmen gearbeitet hatten – oftmals Wissenschaftler mit russischen oder osteuropäischen Wurzeln. Darunter war auch Alexander Belopolsky, der eine Zeit lang in einer Abteilung des Quant-Hedgefonds D. E. Shaw beschäftigt gewesen war. Nick Patterson war gegen diese

Personalentscheidung gewesen, und zwar nicht nur, weil Belopolsky an der Wall Street gearbeitet hatte: In seinem Vorstellungsgespräch kamen die Antworten auf heikle Fragen ein bisschen zu prompt, fand Patterson – als sei Belopolsky gecoacht worden.

Auch andere aus dem Ausland stammende Wissenschaftler zeigten sich auffallend gut in der Lage, die schwierigen Fragen zu meistern, über die Bewerber gewöhnlich stolperten. Wenn Whitney einem Kandidaten seine Lieblingsaufgabe stellte, war die Reaktion darauf plötzlich immer die gleiche: eine dramatische Pause, scheinbare Verwirrung, dann unvermittelt ein Geistesblitz und eine absolut perfekte Lösung.

»Oh, ich hab's!«

Allmählich merkte Whitney, dass irgendjemand den Bewerbern mit Migrationshintergrund die Antworten zukommen ließ.

»Sie waren gute Schauspieler«, erzählt Whitney. »Ich fühlte mich vorgeführt.«

Die Medallion-Mitarbeiter verdienten ein Vermögen, doch weil das Fondsvolumen 2003 bei rund 5 Milliarden US-Dollar gedeckelt wurde, war es gar nicht so einfach, weitere Steigerungen zu erzielen, was zu gewissen Spannungen führte. An der Wall Street ist die Stimmung unter den Börsianern nicht nach verheerenden, sondern oft nach herausragenden Jahren besonders schlecht, denn dann entsteht Unmut – nach dem Motto: Stimmt, ich habe ordentlich abkassiert, aber ein anderer, der das gar nicht verdient, hat noch *mehr* eingesackt!

Bei Renaissance fingen ein paar Neuzugänge an, gegen gut bezahlte Kollegen wie den legendären Informatiker Peter Weinberger zu intrigieren. Simons hatte Weinberger 1996 eingestellt, um mit Laufer im Futures-Handel zusammenzuarbeiten. Der vormalige Leiter der Informatikforschung bei Bell Labs hatte sich durch seinen Beitrag zur Entwicklung der Programmiersprache AWK (das W stand für seinen Nachnamen) einen Namen gemacht. Hinter seinem Rücken stichelten die Neuen, Weinbergers Methoden seien vorsintflutlich, und er trage wenig bei.

»Schon klar, er ist berühmt – aber was *macht* er eigentlich?«, mokierte sich einer. (2003 verließ Weinberger das Unternehmen.)

Manche Veteranen hatten Verständnis für die Neuankömmlinge – trotz ihrer Ecken und Kanten. Viele von ihnen hatten prägende Jahre unter kommunistischer Herrschaft verbracht. Es sei daher nachvollziehbar, dass sie nicht so offen und vertrauensvoll agierten, führten ihre Verteidiger ins Feld. Manchmal erzählten die eingewanderten Kollegen von ihrer schweren Jugend. Und es hetzte auch nicht *jeder* Angehörige der neuen Generation gegen ältere Kollegen.

Dennoch veränderte sich die Atmosphäre im Unternehmen, und die Nervosität nahm zu.

=

David Magerman war wieder einmal unglücklich. Und wie immer hielt er mit seiner Meinung nicht hinter dem Berg.

Der erste Stein des Anstoßes waren Simons' Zigaretten. Ja, Simons war der Pionier der quantitativen Investments, Milliardär und Gründer und Mehrheitseigentümer seines Unternehmens. Aber *trotzdem* – mit der Raucherei musste Schluss sein! Magerman hatte den Eindruck, dass sich sein Asthma dadurch verschlimmerte. Gemeinsame Sitzungen verließ er hustend. Und er war entschlossen, sich zur Wehr zu setzen.

Das ist unzumutbar!

»Jim, ich habe bei der Personalabteilung eine OSHA-Beschwerde eingereicht«, teilte Magerman Simons eines Tages mit. Diese richtete sich an die für Verstöße gegen den Gesundheitsschutz am Arbeitsplatz zuständige US-Behörde. »Gesetzlich ist das nicht *zulässig.*«

Magerman erklärte, er werde an keiner Sitzung mehr teilnehmen, wenn Simons weiterhin rauchte. Simons zeigte sich einsichtig und kaufte ein Gerät, das den Zigarettenrauch absaugte – das genügte, damit Magerman seinen Miniboykott aufgab.

Außerdem beschäftigte Simons nach wie vor ein paar Trader der alten Schule, was Magerman missfiel. Simons glaubte zwar an den Computerhandel, vertraute einem automatisierten System aber nicht so ganz, wenn sich die Märkte destabilisierten. Diese Haltung konnte Magerman nicht verstehen. Manchmal warf Magerman mit Gegenständen um sich, wenn er sich besonders ärgerte – gewöhnlich mit einer Dose Cola light, aber einmal auch mit einem Computermonitor. Am Ende gelang es Brown, Magerman klarzumachen, dass es sich nicht lohnte, deshalb Streit vom Zaun zu brechen.

Andere Angehörige der Firma regten sich über weit trivialere Dinge auf. Ein paar Kilometer von der Renaissance-Zentrale in East Setauket, nicht weit vom

West Meadow Beach, dem längsten öffentlichen Strand nördlich von Florida, stand eine Zeile Ferienhäuser – 90 Stück an der Zahl. Ein paar der maroden Holzbungalows mit Blick auf den Stony Brook Harbor gehörten Renaissance-Mitarbeitern. Auch das Unternehmen selbst war Eigentümer eines Häuschens. Die Hütten waren allerdings illegal auf öffentlichem Gelände errichtet worden, und die Stadt wollte sie abreißen. Als mit Unterstützung von Renaissance-Leuten eine Initiative entstand, die sich dafür einsetzte, die Häuser in privatem Besitz zu belassen, empörte das den ehemaligen Mathematikprofessor Whitney, der seit 1997 bei Renaissance arbeitete. Über eine eigens eingerichtete Website sprach er sich für den Abriss durch die Stadt aus. Magerman druckte und verteilte derweil Autoaufkleber mit der Aufschrift »Dump the Shacks!«: Weg mit den Buden.

»Es ist einfach Unrecht«, machte sich Whitney im Pausenraum Luft. »Das ist ein öffentlicher Park!«

Mercer vertrat natürlich die Gegenposition.

»Was ist schon dabei?«, fragte er, um Whitney und andere zu provozieren.

Die Spannungen verschärften sich. Das ging so weit, dass manche Renaissance-Mitarbeiter ihre Kinder nicht mehr mit Whitneys Kindern spielen ließen. Dabei ging es um weit mehr als um ein paar windige Holzhütten – Whitney und andere spürten, dass sich Renaissance unter dem Einfluss der Neuen veränderte und der Umgang nicht mehr so fürsorglich und kollegial war. Die Abrissbirne kam und ging, der Unmut blieb.

2002 hob Simons die Gebühren für die Medallion-Investoren auf 36 Prozent des Jahresgewinns an, womit manche Kunden nicht einverstanden waren. Nicht viel später verlangte Renaissance sogar 44 Prozent. Anfang 2003 begann Simons schließlich, alle Investoren aus dem Fonds zu drängen. Er befürchtete, die Wertentwicklung könne leiden, wenn der Medallion-Fonds zu groß wurde, und wollte die Gewinne lieber sich selbst und seinen Beschäftigten zufließen lassen. Doch manche Investoren, die dem Medallion-Fonds in schwierigen Zeiten die Stange gehalten hatten, waren davon gar nicht erbaut.

Whitney, Magerman und andere hatten sich gegen diesen Schritt ausgesprochen. Für sie war das nur ein weiteres Indiz dafür, dass sich die Prioritäten des Unternehmens veränderten.

=

Einer der ehrgeizigsten unter den neuen Mitarbeitern war ein Mathematiker aus der Ukraine namens Alexey Kononenko. Im Alter von 16 Jahren erhielt Kononenko einen Studienplatz an der Staatlichen Universität Moskau und zog in die russische Hauptstadt, um dort an der berühmten Universität reine Mathematik zu studieren. 1991, noch bevor er sein Studium beenden konnten, floh er mit seiner Familie aus der UdSSR. Sie schlossen sich einer Emigrationswelle an, um dem im Land um sich greifenden Antisemitismus zu entkommen.

1996 promovierte Kononenko an der Penn State. Dort hatte er bei dem angesehenen Mathematiker Anatole Katok studiert, der ebenfalls aus Russland eingewandert war. Danach forschte Kononenko an der University of Pennsylvania. Mit Kollegen schrieb er ein Dutzend wissenschaftlicher Artikel, darunter auch solche mit erheblichem Einfluss. Einer davon befasste sich beispielsweise mit der Trajektorie von Billardkugeln.

Dem selbstsicheren, umgänglichen Kononenko wurde eine begehrte Postdoc-Stelle am Mathematical Sciences Research Institute angeboten, der renommierten Einrichtung in Berkeley, Kalifornien. Als ihm ein Kollege dazu gratulieren wollte, wirkte der junge Mann aber über den neuen Posten eher enttäuscht als begeistert.

»Alex hatte eigentlich auf eine Tenure-Track-Nachwuchsposition* in Princeton, Harvard oder an der University of Chicago spekuliert, doch das war in seiner damaligen Ausgangsposition unrealistisch«, erinnert sich ein Universitätskollege. »Er hatte zwar schon viel erreicht, aber es mangelte ihm noch an Perspektive und Geduld.«

Kononenko legte offenbar mehr Wert auf Geld als seine Kollegen – vielleicht, weil finanzielle Sicherheit für ihn nach den schwierigen Verhältnissen in der Sowjetunion ungleich wichtiger war. Sie wunderten sich daher nicht, als Kononenko aus der akademischen Welt ausschied, um zu Renaissance zu gehen. Dort machte Kononenko schnell Karriere und trug wesentlich zu verschiedenen Durchbrüchen im Handel mit ausländischen Aktien bei. 2002 verdiente Kononenko – schmal, glatt rasiert und gutaussehend, mit ergrauenden Schläfen – nach Schätzungen von Kollegen schon deutlich über 40 Millionen US-Dollar im Jahr, die Hälfte in Form seiner Vergütung, die andere Hälfte durch Anlagen

* »Tenure Tack« beschreibt ein System zur lebenslangen Anstellung von Hochschulpersonal. [Anm. d. Red.]

im Medallion-Fonds. Einen Teil des Geldes nutzte er, um eine imposante Kunstsammlung aufzubauen.

Doch bei Kononenko und manchen seiner neueren Kollegen machte sich trotz ihres wachsenden Wohlstands Unzufriedenheit breit. Sie kritisierten, es gebe zu viele unproduktive Mitarbeiter, die sich nicht ausreichend einbrachten und viel zu gut bezahlt würden.

»Was tragen die denn überhaupt bei?«, hörte man einen Neuling fragen. Er meinte damit Topmanager von Renaissance.

Manche erachteten selbst Brown und Mercer als verzichtbar. Damals rächte sich Browns unbarmherziger Arbeitsrhythmus und sein pausenloses Tippen schon – er litt unter dem Karpaltunnelsyndrom und wirkte manchmal deprimiert, vermutlich, weil er nicht mehr so viele Stunden am Computer sitzen konnte. Mercer hatte Gelenkschmerzen und fehlte manchmal. Ein Veteran erinnert sich, dass sich Kononenko kritisch über Brown und Mercer äußerte. Nachdem er einen Fehler im Aufbau des Aktienportfolios entdeckt hatte, äußerte Kononenko Zweifel, ob Brown und Mercer das Unternehmen leiten sollten, wie Brown zumindest einmal jemandem mitteilte. Simons stellte sich vor seine Führungsriege, doch Kononenkos Dreistigkeit war in aller Munde.

Sogar über Simons gab es Beschwerden, weil er immer weniger Zeit im Büro zubrachte, aber nach wie vor die Hälfte des Unternehmensgewinns einstrich.

»Der macht ja gar nichts mehr«, beklagte sich ein Mitarbeiter eines Tages im Flur bei Magerman. »Der *zieht uns über den Tisch.*«

Magerman war fassungslos.

»Das Recht darauf hat er sich *verdient*«, erwiderte Magerman und bezog sich damit auf Simons' exorbitante Bezüge.

Bald versuchte Kononenko, einen Plan durchzusetzen, der Punkte von Simons und anderen Angehörigen der alten Garde auf verdienstvolle Neuzugänge und andere übertragen sollte. Die Idee spaltete das Unternehmen, doch Simons erklärte sich bereit, die Neuaufteilung umzusetzen. Die Nörgler brachte allerdings selbst das nicht zum Schweigen.

Das Unternehmen veränderte sich – teils deshalb, weil langjährige Mitarbeiter ausstiegen. Nachdem er fast zehn Jahre lang Marktformationen analysiert hatte, ging Nick Patterson an ein Institut in Cambridge, Massachusetts, um sich mit anderen komplizierten Daten zu befassen – dem menschlichen Genom – und mehr Einblick in die menschliche Biologie zu gewinnen.

In der Firma entstand rasch ein *Herr-der-Fliegen*-Gefühl. Veteranen sorgten sich, dass Neuzugänge gezielt Mitarbeiter ins Visier nahmen, die viele Punkte – beziehungsweise Eigenkapitalanteile – erhielten, um Mittel für sich selbst freizusetzen. Manche der Osteuropäer blieben abends gern lang im Büro und aßen auf Kosten der Firma. Dabei unterhielten sie sich darüber, wieso Simons und andere so viel bezahlt bekamen, wie Mitarbeiter berichten. Am nächsten Tag rotteten sie sich dann zusammen und machten die Arbeit anderer aus der Aktiengruppe nieder.

Zwei leitende Wissenschaftler aus dem Aktienteam von Brown und Mercer – der ehemalige D.-E.-Shaw-Topmanager Belopolsky und ein Kollege namens Pavel Volfbeyn – sprachen im Vertrauen über Kündigung. Der Personalabteilung von Renaissance war zuvor ein fataler Fehler unterlaufen. Als Belopolsky und Volfbeyn in die Firmenleitung eintraten, hatten sie Geheimhaltungsvereinbarungen und Wettbewerbsverbotsklauseln erhalten, doch nie unterschrieben, was niemandem aufgefallen war. Das eröffnete ihnen Möglichkeiten.

Im Juli 2003 ließen Belopolsky und Volfbeyn die Bombe platzen: Sie wechselten zu Millennium Management, einem von dem milliardenschweren Hedgefondsmanager Israel Englander geleiteten Konkurrenzunternehmen. Er hatte ihnen noch größere Reichtümer in Aussicht gestellt.

Simons packte die Angst. Er befürchtete, Belopolsky und Volfbeyn verfügten über Millionen Quellcodezeilen des Medallion-Fonds. Simons war sicher, dass seine Geheimnisse gelüftet und der Hedgefonds gelähmt würde.

»Sie haben uns bestohlen!«, erklärte er verärgert einem Kollegen.

Simons hatte den Ausstieg der beiden noch gar nicht richtig verkraftet, als ihn eine echte Tragödie ereilte.

=

Simons' drittältester Sohn Nicholas hatte die Abenteuerlust seines Vaters geerbt. 2002, ein Jahr nach seinem Collegeabschluss, nahm der junge Mann eine Stelle in der nepalesischen Hauptstadt Kathmandu an. Er arbeitete dort im Auftrag eines US-amerikanischen Unternehmens für die Wasserkraftbehörde der nepalesischen Regierung. Nick verliebte sich in die Stadt, die auch als Tor zum spektakulären Himalaya und als Paradies für Bergwanderer galt.

Als Nick, der seinem Vater sehr ähnelte und dessen Wanderleidenschaft teilte, nach Long Island zurückkehrte, eröffnete er seinen Eltern, er wolle in einem Drittweltland arbeiten – vielleicht eine Klinik in Nepal eröffnen, um den Ärmsten dort zu helfen. Nick wollte mit einem Freund um die Welt reisen, dann zurückkommen, sich mit organischer Chemie beschäftigen und um einen Studienplatz für Medizin bewerben.

Eine Woche vor seiner planmäßigen Rückkehr machte Nick in Amed Station, einem langgestreckten Küstenstreifen mit Fischerdörfern im Osten Balis und einem Zentrum für Freediving. Bei diesem aufregenden Unterwassersport hielten die Taucher bis zum Auftauchen die Luft an und verzichteten auf Tauchgeräte. An einem warmen Julitag tauchten Nick und sein Freund abwechselnd 30 Meter tief und genossen das kristallklare strömungsfreie Wasser. Die Freunde behielten sich gegenseitig im Auge, einer blieb oben, einer tauchte. Durch dieses Freediving-Prinzip sollten die Risiken von Druckveränderungen und anderen Gefahren unter der Oberfläche minimiert werden.

Da lief die Maske von Nicks Partner an. Er schwamm kurz ans Ufer, um Abhilfe zu schaffen. Als er nach fünf Minuten zurück war, konnte er Nick nicht mehr finden. Man entdeckte ihn am Meeresgrund. Nick wurde geborgen, konnte aber nicht wiederbelebt werden. Mitten in der Nacht wurden Jim und Marilyn vom Anruf seines Freundes aus dem Schlaf gerissen.

»Nick ist ertrunken«, sagte er.

Auf der Beerdigung waren Jim und Marilyn von der Trauer übermannt – blass und eingefallen. Die düsteren Gefühle der Hinterbliebenen wurden noch verstärkt durch einen schweren Sturm, der an jenem Abend hereinbrach – mit »apokalyptischem« Donner und Blitz, wie es ein Freund beschrieb.

Simons glaubte unverbrüchlich an Logik, Vernunft und Wissenschaft. Er war bei seinen Börsengeschäften Risiken eingegangen, hatte täglich Schlachten mit dem Glück ausgetragen und war gewöhnlich siegreich daraus hervorgegangen. Und nun hatte er gleich zwei tragische unvorhergesehene Schicksalsschläge erlitten. Solche Ereignisse waren Ausreißer – unerwartet und eigentlich gar nicht vorstellbar. Der Zufall hatte Simons zur Strecke gebracht.

Simons konnte nicht begreifen, wie er beruflich so viel Glück und privat so viel Unglück haben konnte. Simons saß im Schneidersitz in seiner New Yorker Wohnung, als ihn der Renaissance-Manager Robert Frey an sich zog und drückte.

»Robert, in meinem Leben gibt es nur alles oder nichts«, erklärte ihm Simons. »Ich kann das nicht verstehen.«

Sieben Jahre zuvor war Pauls Unfalltod ein vernichtender Schlag gewesen. Nicks Ableben war nicht minder schmerzlich. Doch diesmal mischte sich Zorn in Simons' Trauer – eine Emotion, die Freunde nach eigener Aussage von Simons kaum kannten. Im Umgang mit Kollegen und anderen wurde er mürrisch, ja, grantig.

»Er fühlte sich vom Tod verraten«, erklärt ein Freund.

In ihrem unendlichen Schmerz überlegten Jim und Marilyn, einen großen Teil von St. John zu kaufen, auf die Insel zu ziehen und auszusteigen. Doch nach längerem Hin und Her ließen sie diese Pläne wieder fallen. Im September fuhren Jim, Marilyn und andere Familienmitglieder erstmals nach Nepal. Dort trafen sie mit Freunden von Nick zusammen und wollten sein Vermächtnis fortsetzen. Nick war gern in Kathmandu gewesen und hatte sich für Medizin interessiert. Also finanzierten sie einem örtlichen Krankenhaus eine Entbindungsstation. Später gründeten Jim und Marilyn das Nick Simons Institute, das den Bewohnern ländlicher Regionen von Nepal medizinische Hilfe bieten sollte. Dort gab es meist nicht einmal eine Notfallversorgung.

Im Büro ließ sich Simons nicht blicken. Eine Zeit lang dachte er daran, in den Ruhestand zu gehen und sich mit seinem Freund Dennis Sullivan mathematischen Problemen zuzuwenden. Er suchte nach Fluchtmöglichkeiten.

»Für mich war das eine Zuflucht – ein stiller Ort in meinem Kopf«, beschrieb Simons.[60] Die Renaissance-Manager drangen nicht zu ihm durch. Es entstand ein Führungsvakuum, gerade als im Unternehmen Gräben aufgingen. Lange schwelende Spannungen drohten aufzubrechen.

=

Brown und Mercer betraten Simons Haus durch die Vordertür und setzten sich auf eine Seite des langen, förmlich gedeckten Esstischs. Magerman, Whitney und andere kamen später dazu und suchten sich Plätze. Simons zog sich einen Stuhl ans Kopfende.

Im Frühling 2004 trafen sich 13 der Spitzenmanager von Renaissance auf Simons' 9-Hektar-Anwesen in East Setauket, Long Island, zum Abendessen. Keiner aus der Gruppe kam an jenem Abend gern, doch sie mussten eine Entscheidung über Alexey Kononenko treffen.

Dessen Verhalten sorgte damals bereits für echte Probleme. Er ignorierte regelmäßig Aufträge von Brown und Mercer. Wollten sie sich mit ihm treffen, um über sein unkooperatives Vorgehen zu sprechen, kam er einfach nicht.

(Eine Person aus Kononenkos Umfeld bestreitet, wie er und seine Handlungen von anderen dargestellt wurden, die mit ihm zusammenarbeiteten.)

Simons und die übrigen standen jedoch vor einem heiklen Dilemma. Entließen oder verwarnten sie Kononenko und das halbe Dutzend Kollegen, die er anführte, würden diese vermutlich kündigen – wie Belopolsky und Volfbeyn. Ihre Geheimhaltungsvereinbarungen waren schwer durchsetzbar, und die Wettbewerbsverbotsklauseln würden sie zwar vielleicht davon abhalten, in den USA Börsengeschäfte zu machen, doch Kononenko und die anderen konnten jederzeit zurück nach Osteuropa, wo sie keinem US-Recht unterstanden.

Zunächst hantierte die Renaissance-Führungsriege mit poliertem Silberbesteck und ließ sich saftige Steaks und edlen Rotwein munden. Doch als Simons ernst wurde, erstarb das Tischgespräch.

»Wir müssen eine Entscheidung treffen«, erklärte er. Seine Gäste bezogen das auf Kononenkos »unkooperatives« Verhalten.

Brown trat vehement und unnachgiebig dafür ein, dass man Kononenko und seine Gruppe bei der Stange halten müsse. Sie stellten rund ein Drittel der Aktienanalysten und seien unverzichtbar. Außerdem habe man so viel Zeit in ihre Ausbildung investiert, dass es sehr schade wäre, sie gehen zu lassen.

»Er ist wertvoll«, erklärte Brown mit allem Nachdruck. »Die Gruppe arbeitet produktiv.«

Brown brachte damit den Eindruck mancher Renaissance-Leute auf den Punkt, die glaubten, dass Kononenko zwar aneckte und recht unverblümt sein konnte, doch dass sich in seinem Verhalten vermutlich die Kultur niederschlug, die er sich in Russland angeeignet hatte.

Mercer sagte wie üblich fast gar nichts, schien aber mit Brown und anderen am Tisch einer Meinung, die dafür waren, Kononenkos Grobheiten einfach zu ignorieren. Auch Simons schien geneigt, das Team im Unternehmen zu behalten.

»Wir können diese Leute natürlich entlassen«, meinte Simons. »Doch wenn sie gehen, machen sie uns Konkurrenz, was uns noch mehr Probleme bereitet.«

Simons war mit Kononenkos Verhalten nicht einverstanden, dachte aber, er könne noch zum Teamplayer erzogen werden, und vielleicht sogar zu einer effektiven Führungskraft.

»Er war eine Nervensäge, und es war eine schwierige Entscheidung«, erzählte Simons später einem Freund. »Aber immerhin hat er uns nicht beklaut«, relativierte er in Anspielung auf die mutmaßlichen Handlungen von Belopolsky und Volfbeyn.

Magerman hörte sich die Argumente mit wachsender Empörung an. Er traute seinen Ohren kaum. Kononenkos Team hatte versucht, Brown und Mercer vor die Tür zu setzen. Sie hatten Simons eine Kürzung seines Einkommens aufgezwungen und machten allen das Leben schwer. Sie zerstörten die kooperative, kollegiale Kultur, die Renaissance zum Erfolg verholfen hatte. Simons sah Potenzial in Kononenko? Magerman nicht.

»Das ist doch das Letzte!«, erklärte er mit Blick auf Simons und Brown. »Wenn wir sie nicht in den Griff kriegen oder feuern, verlasse ich das Unternehmen.«

Hilfesuchend sah Magerman zu Whitney hinüber. Doch von diesem kam nichts. Whitney wusste, sie waren in der Unterzahl. Unter vier Augen hatte Whitney Simons erklärt, er werde gehen, wenn Alexey nicht entlassen würde. Doch Simons und die übrigen waren sicher, dass Magerman und Whitney nur blufften. Sie würden nicht gehen. Der Konsens war: Kononenko und seine Gang sollten bleiben. Und er sollte in absehbarer Zeit befördert werden.

»Lass uns ein bisschen Zeit, David. Wir kriegen das hin«, meinte Brown.

»Wir haben einen Plan«, ergänzte Simons im Versuch, Magerman zu beruhigen.

Ernst und bekümmert verließen Magerman und Whitney den Raum. Sie sollten bald eigene Pläne schmieden.

=

Kurz vor Mitternacht begleitete Simons seine Kollegen hinaus und kehrte dann in die Stille seines Hauses zurück. Durch sein Unternehmen ging ein Riss. Leitende Mitarbeiter würden in Kürze die sorgsam gehüteten Geheimnisse des Medallion-Fonds ausplaudern. Er war noch nicht über Nicholas' Tod hinweg. Wie sollte Simons mit alledem fertigwerden?

KAPITEL 13

Alle Modelle sind falsch, doch manche sind nützlich.
George Box, Statistiker

Jim Simons' Liste mit Problemen wurde länger.

Er sah nur eine mögliche Lösung.

Die Belegschaft war uneins, und zwei wichtige Wissenschaftler hatten das Weite gesucht – womöglich mit den Geheimnissen des Medallion-Fonds im Gepäck. Simons plagten ähnliche Bedenken in Bezug auf seine verbleibenden Mitarbeiter. Sicher, der Hedgefonds, der inzwischen über 5 Milliarden US-Dollar verwaltete, erzielte nach wie vor rund 25 Prozent Gewinn im Jahr – nach Gebühren. Die Sharpe-Ratio des Medallion-Fonds erreichte 2004 sogar den atemberaubenden Wert von 7,5 – mit großem Abstand vor seinen Rivalen. Doch Simons hatte Sorge, dass seine Mitarbeiter nachlassen könnten. Über mehrere Jahre hatte Renaissance Dutzende von Mathematikern und Wissenschaftlern eingestellt, und Simons stand unter dem Druck, sie produktiv zu beschäftigen. Er brauchte eine neue Herausforderung für sie.

»All diese Wissenschaftler sind bereits reicher, als sie es sich je erträumt hätten«, erzählte Simons einem Kollegen. »Wie kann ich sie noch motivieren?«

Simons hatte aber noch einen anderen, persönlicheren Grund, ein neues Projekt zu finden. Er litt nach wie vor emotional ungeheuer unter dem plötzlichen Tod seines Sohnes Nicholas. Ein paar Jahre zuvor hatte sich Simons allem Anschein nach schon aus dem Börsengeschäft zurückziehen wollen. Jetzt war er für jede Ablenkung dankbar.

Simons wollte den Betrieb des Medallion-Fonds aber nicht stören. Einmal im Jahr schüttete der Fonds seinen Gewinn an seine Investoren aus – überwiegend eigene Mitarbeiter –, um sicherzustellen, dass er nicht zu groß wurde. Würde der Medallion-Fonds mehr Geld verwalten, würde seine – nach wie vor auf verschiedenen kurzfristigen Kursschwankungen beruhende – Wertentwicklung leiden, da waren sich Simons, Henry Laufer und andere sicher.

Diese Größenbegrenzung bedeutete aber, dass der Medallion-Fonds manchmal mehr Marktanomalien und andere Phänomene entdeckte, als er nutzen konnte. Bei den verworfenen Handelssignalen handelte es sich gewöhnlich um längerfristige Chancen. Simons' Wissenschaftler hatten größeres Zutrauen zu kurzfristigen Signalen – zum Teil, weil mehr Daten zur Verfügung standen, um sie zu bestätigen. So kann beispielsweise ein Eintageshandelssignal Datenpunkte für jeden Handelstag des Jahres berücksichtigen, während in ein Einjahressignal nur jeweils ein Datenpunkt pro Jahr einfließt. Dessen ungeachtet waren die Researchmitarbeiter ziemlich sicher, dass sie ordentliche Gewinne erzielen könnten, wenn sie Gelegenheit hätten, auf längere Haltefristen ausgelegte Algorithmen zu entwickeln.

Das brachte Simons auf eine Idee: Wieso nicht einen neuen Hedgefonds auflegen, der diese außergewöhnlichen längerfristigen Prognosesignale nutzte? Er würde längst keine solchen Renditen erzielen wie der Medallion-Fonds, das war Simons durchaus bewusst. Schließlich käme er nicht in den Genuss der verlässlicheren kurzfristigen Transaktionen des Unternehmens. Doch ein solcher Fonds wäre vermutlich deutlich aufnahmefähiger als der Medallion-Fonds. Und für einen Megafonds, der Anlagen über lange Zeiträume hielt, fielen auch keine so hohen Handelskosten an wie für einen hochfrequenten Fonds ähnlicher Größe. Die Ausrichtung auf längerfristige Positionen würde außerdem verhindern, dass der neue Fonds die Erträge des Medallion-Fonds kannibalisierte.

Die Researcharbeiten und die Einführung eines neuen Hedgefonds würden eine neue Herausforderung darstellen, die das Unternehmen zusammenschweißen könnte, dachte Simons. Und die Idee hatte noch einen weiteren Vorteil: Simons wollte einen Käufer für Renaissance finden – vielleicht nicht für das ganze Unternehmen, doch zumindest für einen Teil. Simons wurde bald 70 und hielt es für eine gute Idee, einen Teil seiner Unternehmensanteile zu veräußern. Das behielt er aber für sich. Doch ein gigantischer neuer Hedgefonds, der verlässliche, regelmäßige laufende Erträge aus Gebühren und Renditen abwarf, wäre für einen Kaufinteressenten ein besonderer Anreiz.

Bei Renaissance sahen nicht alle den Sinn eines solchen Unterfangens. Vermutlich würden sie bei der Arbeit gestört – unter anderem durch neugierige Investoren, die durch die Gänge pilgerten. Doch das letzte Wort hatte Simons, und er wollte den Fonds. Seine Analysten einigten sich auf einen Fonds, der wie der Medallion-Fonds möglichst wenig menschliches Zutun erforderte, doch seine Anlagen über einen Monat oder noch länger halten würde. Darin würden manche der bisherigen Taktiken von Renaissance einfließen wie die Ermittlung von Korrelationen und Kursformationen, aber auch andere, eher fundamentale Strategien wie der Erwerb von Aktien, die ihren Kurs-Gewinn-Verhältnissen, Bilanzdaten und sonstigen Informationen zufolge billig waren.

Nach gründlichen Tests befanden die Wissenschaftler, dass der neue Hedgefonds den Aktienmarkt jedes Jahr um ein paar Prozentpunkte schlagen konnte, dabei aber eine geringere Volatilität aufweisen würde als der Gesamtmarkt. Er würde die stetigen Erträge abwerfen, die für Pensionskassen und andere große institutionelle Anleger besonders attraktiv waren. Besser noch, der potenzielle Fonds konnte nach ihren Berechnungen solche Renditen sogar dann erzielen, wenn er Summen in der Größenordnung von 100 Milliarden US-Dollar verwaltete. Damit wäre er der größte Hedgefonds aller Zeiten.

Es wurde ein neues Vertriebsteam eingestellt, das begann, die Werbetrommel für den neuen Fonds zu rühren, der Renaissance Institutional Equities Fund oder kurz RIEF heißen sollte. Bei der Vermarktung wurde von vornherein klargestellt, dass der Fonds anders sein würde als der Medallion-Fonds. Manche Investoren ignorierten diesen Hinweis, weil sie ihn für eine bloße Formalität hielten. Dasselbe Unternehmen, dieselben Analysten, dieselben Risiko- und Handelsmodelle, dieselben Renditen, dachten sie. 2005 konnte der Medallion-Fonds mit einer Jahresrendite von 38,4 Prozent über die vorangegangenen 15 Jahre (nach Abzug seiner horrenden Gebühren) aufwarten – eine Wertentwicklung, auf die in den Vertriebsunterlagen des RIEF verwiesen wurde. Da würden die Renditen des neuen Fonds doch sicherlich *ähnlich* ausfallen wie die Ergebnisse des Medallion-Fonds, mutmaßten die Investoren. Hinzu kam, dass der RIEF nur 1 Prozent Verwaltungsgebühr und 10 Prozent der erzielten Erträge verlangte – im Vergleich zum Medallion-Fonds ein echter Schnäppchenpreis.

Der RIEF nahm seinen Betrieb im Sommer 2005 auf. Ein Jahr später, als der neue Fonds bereits ein paar Prozentpunkte auf dem breiteren Aktienmarkt gutgemacht hatte, standen die Investoren Schlange, um ihr Geld einzuzahlen. Bald hatten sie 14 Milliarden US-Dollar in den RIEF investiert.

Manche Interessenten waren äußerst gespannt darauf, den Investmentstar Simons oder seine geheimniskrämerischen Mitarbeiter kennenzulernen, die mit magischen Handelsfähigkeiten gesegnet schienen. Führte Vertriebsmanager David Dwyer potenzielle Kunden durch das Unternehmen, blieb er immer wieder stehen und deutete auf Wissenschaftler oder Mathematiker, die ihrer täglichen Arbeit nachgingen, als wären sie exotische Geschöpfe, die man in ihrer natürlichen Umgebung nur selten zu Gesicht bekam.

»In diesem Konferenzraum prüfen unsere Wissenschaftler ihre neuesten Prognosesignale.«

Ooh.

»Hier findet die entscheidende Begutachtung durch andere Experten statt.«

Aah.

»Und hier drüben setzt sich Jim Simons mit seinen Topmanagern zusammen, um die Strategie zu skizzieren.«

Wow!

Wenn die Besucher durch die Küche kamen, sahen sie manchmal einen Mathematiker einen Bagel toasten oder sich einen Muffin holen. Dann stießen sie sich aufgeregt die Ellenbogen in die Seite, und die Mitarbeiter, die es nicht gewöhnt waren, von Fremden angestarrt zu werden, reagierten alarmiert.

Anschließend führte Dwyer seine Gäste zur Datengruppe von Renaissance hinunter. Dort standen über 30 promovierte und andere Beschäftigte – gewöhnlich Chinesen und der eine oder andere weibliche Neuzugang – gedankenversunken an Whiteboards voller komplizierter Formeln. Die Aufgabe dieser Wissenschaftler, so führte Dwyer aus, sei es, nonstop Tausende externer Daten-Feeds in das Unternehmen zu pumpen, sie zu bereinigen und Fehler und Unregelmäßigkeiten auszumerzen, damit die Mathematiker eine Etage höher die Informationen verwenden konnten, um Kursformationen zu entdecken.

Dwyers Tour endete gewöhnlich mit einem Abstecher nach oben in den Computerraum von Renaissance, der so groß war wie mehrere Tennisplätze. Dort standen Server in zweieinhalb Meter hohen Metallkäfigen in langen Reihen. Die Server waren alle miteinander verbunden, blinkten und verarbeiteten lautlos Tausende von Transaktionen, während die Gäste zusahen. Die Luft in diesem Raum fühlte sich anders an und roch auch anders – spröde und trocken, als könne man die Stromspannung spüren. Dieser Raum unterstrich, was Dwyer sagen wollte: Das Rückgrat von Renaissance waren mathematische Modelle und ein wissenschaftlicher Ansatz.

»Kaum einer, der kam, investierte am Ende nicht«, berichtet Dwyer.

Manchmal erschienen Simons oder Brown bei den Präsentationen, um Kunden zu begrüßen und Fragen zu beantworten. Mitunter nahmen solche Begegnungen eine unerwartete Wendung. Einmal hatte ein RIEF-Vertriebler für die Robert Wood Johnson Foundation im Renaissance-Büro auf Long Island ein Mittagessen arrangiert. Bei dieser Stiftung handelte es sich um die größte ihrer Art, die in öffentliche Gesundheitsprojekte investierte. Als das Investmentteam der Stiftung einen großen Konferenzraum betrat und von den Vertriebsmitarbeitern des RIEF mit Handschlag begrüßt wurde, überreichte es Visitenkarten, auf die das Motto von Wood Johnson geprägt war: »Building a Culture of Health« – eine Gesundheitskultur aufbauen.

Das Mittagessen verlief gut, und die Stiftung schien schon bereit, dem RIEF einen großzügigen Scheck auszustellen. Als krönender Abschluss wurde ein üppiger, mit Zuckerguss überzogener Vanillekuchen aufgetragen. Er zog alle Blicke auf sich und machte Appetit. In diesem Moment kam Simons herein, und es brach helle Aufregung aus.

»Jim, dürfen wir ein Bild machen?«, bat einer der Investmentprofis der Gesundheitsstiftung.

Gerade entspann sich ein erstes Gespräch, als Simons plötzlich seltsame Bewegungen mit der rechten Hand machte. Die Stiftungsmanager wussten nicht, was los war – die nervösen RIEF-Mitarbeiter dagegen sofort. Wenn Simons eine Zigarette brauchte, begrabbelte er seine linke Brusttasche, in der er seine Merits aufbewahrte. Er fand aber keine und wies seine Assistentin über die Sprechanlage an, ihm eine zu bringen.

»Ich darf doch rauchen?«, fragte Simons seine Gäste.

Und bevor sie wussten, wie ihnen geschah, hatte Simons die Zigarette schon angezündet. Bald waberte Rauch durch den Raum. Die Vertreter von Robert Wood Johnson – die sich doch dem Aufbau einer Gesundheitskultur verschrieben hatten – waren fassungslos. Simons schien das weder zu bemerken, noch bekümmerte es ihn. Nachdem sie bemüht ein paar Worte gewechselt hatten, wollte er seine Zigarette ausdrücken, von der nur noch ein Stummel übrig war, fand aber keinen Aschenbecher. Den RIEF-Leuten brach der Schweiß aus – Simons war berüchtigt dafür, dass er im Büro auf Schritt und Tritt Kippen und Asche verteilte, auch auf den Schreibtischen seiner Mitarbeiter oder in deren Kaffeetassen. Simons befand sich jedoch gerade im repräsentativsten Konferenzraum von Renaissance und fand kein geeignetes Gefäß.

Da fiel sein Blick auf den verzierten Kuchen. Er erhob sich, langte über den Tisch und drückte die Kippe tief in den Zuckerguss. Der Kuchen zischte, Simons verließ den Raum, und seine Gäste blickten entgeistert drein. Die Renaissance-Vertriebsleute standen da wie die begossenen Pudel und waren sicher, dass ihnen gerade ein lukratives Geschäft durch die Lappen gegangen war. Die Stiftungsvertreter gewannen ihre Fassung jedoch rasch zurück und stellten eifrig den besagten Scheck aus. Es brauchte schon mehr als eine Wolke Zigarettenrauch oder einen ruinierten Vanillekuchen, um sie von dem neuen Fonds abzubringen.

Von gelegentlichen Pannen abgesehen, war Simons ein effektiver Verkäufer – ein Mathematiker von Weltrang mit der seltenen Eigenschaft, auch zu solchen Menschen einen Draht zu entwickeln, die keine stochastischen Differentialgleichungen lösen konnten. Simons konnte spannend erzählen, hatte einen trockenen Humor und interessierte sich neben Wissenschaft und Geld noch für viele andere Themen. Er zeigte sich anderen gegenüber ungewöhnlich loyal und teilnahmsvoll – Qualitäten, die den Investoren möglicherweise auffielen. Einmal fuhr Dennis Sullivan, der nach zwanzig in Frankreich verbrachten Jahren wieder an die Universität in Stony Brook zurückgekehrt war, auf den Parkplatz von Renaissance, um mit Simons zu sprechen. Die beiden redeten stundenlang über mathematische Formeln, doch Simons spürte, dass Sullivan noch etwas anderes auf dem Herzen hatte. Wie sich herausstellen sollte, hatte er in über 40 Jahren sechs Kinder aus verschiedenen Ehen in die Welt gesetzt, die finanzielle Ansprüche an ihn stellten, und er wusste nicht, wie er sie behandeln sollte, um jedem Kind gerecht zu werden.

Simons dachte erst schweigend über das Dilemma nach und antwortete dann salomonisch in zwei Worten:

»Letztlich gleich«, sagte er.

Die Antwort gefiel Sullivan, und er brach erleichtert auf. Das Treffen vertiefte ihre Freundschaft, und die beiden verbrachten mehr Zeit damit, gemeinsam an mathematischen Forschungspapieren zu arbeiten.

Simons sprach auch offen über sein Privatleben, was ihn Investoren und Freunden sympathisch machte. Fragte ihn jemand, wie ein so der Wissenschaft verpflichteter Mensch so viel rauchen konnte, trotz der statistischen Risiken, antwortete Simons, ein Gentest habe ergeben, dass er die einzigartige Fähigkeit besitze, ein Laster, das für die meisten anderen schädlich war, zu verkraften.

»Hat man erst einmal ein bestimmtes Alter überschritten, sollte nicht mehr viel passieren«, erklärte er.

Brown war im Umgang mit Investoren fast ebenso geschmeidig und geschickt. Bei Mercer war das anders. Die Marketingleute des RIEF versuchten, ihn nach Möglichkeit von den Kunden fernzuhalten, damit er nicht mitten im Gespräch unmotiviert in Gelächter ausbrechen oder sie auf andere Art vor den Kopf stoßen konnte. Einmal, als weder Simons noch Brown greifbar waren, um Vertreter einer Stiftung von der Westküste zu begrüßen, stieß Mercer zu dem Termin. Auf die Frage, wie es das Unternehmen schaffte, so viel Geld zu verdienen, hatte Mercer eine Antwort.

»Wir bekommen ein Signal«, setzte Mercer an, und seine Kollegen nickten nervös. »Manchmal weist es uns an, Chrysler zu kaufen, ein andermal, Chrysler zu verkaufen.«

Alle verstummten und zogen die Augenbrauen hoch. Chrysler als Unternehmen existierte nicht mehr, seit es 1998 vom deutschen Autobauer Daimler geschluckt worden war. Mercer schien das nicht zu wissen. Er war ein Quant und achtete daher nicht weiter auf die Unternehmen, mit deren Aktien er handelte. Die Stiftungsleute sahen ihm den Patzer nach und wurden zum neuesten RIEF-Investor.

Im Frühjahr 2007 konnten sie sich vor Investoren kaum retten. Schon 35 Milliarden Dollar waren in den RIEF geflossen, was ihn zu einem der größten Hedgefonds der Welt machte. Renaissance musste die monatlichen Neuanlagen auf 2 Milliarden US-Dollar begrenzen. Der Fonds war zwar so angelegt, dass er auch 100 Milliarden US-Dollar verkraften konnte, allerdings nicht auf einmal. Simons plante die Auflegung weiterer neuer Fonds und veranlasste Vorarbeiten für den Renaissance Institutional Futures Fund oder RIFF, der langfristig orientiert mit Futures-Kontrakten auf Anleihen, Währungen und andere Vermögenswerte handeln sollte. Wieder wurde ein Team von Wissenschaftlern eingestellt und Mitarbeiter aus anderen Unternehmensteilen gingen ihnen zur Hand. Simons' Ziel, seine Belegschaft zu motivieren und zu einen, war damit erreicht.[61]

Doch ein anderes dringlicheres Problem musste er noch lösen.

=

Im späten Frühjahr 2007 saß Simons in seinem Büro in der New Yorker Innenstadt – in einem 40-stöckigen Turm aus Glas und Stahl, nur ein paar Schritte vom Grand Central Terminal entfernt. Er funkelte Israel Englander an, den ergrauenden 75-jährigen Milliardär mit seiner charakteristischen Schildpattbrille. Die Männer waren angespannt, unzufrieden und wütend aufeinander. Es war nicht ihre erste Auseinandersetzung.

Vier Jahre zuvor hatten die Analysten Pavel Volfbeyn und Alexander Belopolsky Renaissance verlassen, um für Englanders Hedgefonds Millennium Management Aktien zu handeln. Simons war eines Tages wütend in das Büro von Englander gestürmt und hatte verlangt, dass er die beiden entlassen sollte – ein Ansinnen, das bei Englander nicht gut ankam.

»Beweisen Sie es«, forderte er Simons damals auf und wollte Belege dafür sehen, dass Volfbeyn und Belopolsky sich tatsächlich geschützter Informationen von Renaissance bemächtigt hatten.

Insgeheim fragte sich Englander, ob Simons in Wirklichkeit nicht mehr Angst davor hatte, dass weitere Mitarbeiter aus seinem Unternehmen ausscheiden könnten, als vor einem potenziellen Diebstahl. Doch Simons gab seinem Rivalen keine Auskunft. Er und Renaissance verklagten Englanders Firma und auch Volfbeyn und Belopolsky. Die Trader reagierten mit Gegenklagen gegen Renaissance.

Parallel zu diesen Streitigkeiten richteten Volfbeyn und Belopolsky ihr eigenes quantitatives Handelssystem ein und erzielten rund 100 Millionen US-Dollar Gewinn. Sie avancierten, wie Englander einem Kollegen verriet, zu den erfolgreichsten Tradern, die ihm je begegnet waren. Bei Renaissance hatten Volfbeyn und Belopolsky Geheimhaltungsvereinbarungen unterzeichnet, die ihnen untersagten, die Geheimnisse des Medallion-Fonds zu verwenden oder weiterzugeben. Sie hatten sich jedoch geweigert, Wettbewerbsverbotsklauseln zu unterschreiben, weil sie sich vom Unternehmen hintergangen fühlten, das diese unter einen Stapel anderer Papiere zur Unterzeichnung gemischt hätte, wie ein Kollege berichtet. Da keine Vereinbarung über ein Wettbewerbsverbot unterzeichnet worden war, um das er sich Gedanken machen musste, sah sich Englander im Recht, die beiden zu beschäftigen, solange sie keine Betriebsgeheimnisse von Renaissance einsetzten.

An jenem Frühlingstag saß Englander Simons in einem majestätischen Sessel gegenüber und erklärte, er habe keinen Einblick, wie seine Mitarbeiter im Einzelnen beim Handel vorgingen. Volfbeyn und Belopolsky hatten Englander und anderen erzählt, sie stützten sich dabei auf quelloffene Software und Erkenntnisse aus akademischen Artikeln und anderer Finanzliteratur, nicht auf geistiges Eigentum von Renaissance. Warum also sollte Englander die beiden entlassen?

Simons wurde wütend. Und er war auch besorgt. Ließen sich Volfbeyn und Belopolsky nicht aufhalten, konnten ihre Geschäfte die Gewinne des Medallion-Fonds dezimieren. Außerdem waren die Überläufer ein schlechtes Vorbild für andere. Und es ging auch ums Prinzip, fand Simons.

Sie haben mich bestohlen!

Die Indizien mehrten sich, dass Volfbeyn und Belopolsky möglicherweise tatsächlich geistiges Eigentum des Medallion-Fonds entwendet hatten. Ein unabhängiger Experte kam zu dem Ergebnis, dass die Analysten weitgehend denselben Quellcode einsetzten wie der Medallion-Fonds. Sie stützten sich auch auf ein ähnliches mathematisches Modell, um die Markteffekte ihrer Transaktionen zu messen. Zumindest einen Sachverständigen machten die Erklärungen von Volfbeyn und Belopolsky so misstrauisch, dass er sich weigerte, für die beiden auszusagen. Eine der Strategien, die Volfbeyn und Belopolsky einsetzten, hieß sogar »Henrys Signal«. Es war schon ein komischer Zufall, dass Renaissance eine ähnliche Strategie gleichen Namens verwendete, die Simons' langjähriger Partner Henry Laufer entwickelt hatte.

An jenem Tag erreichten Simons und Englander nicht viel, doch ein paar Monate später einigten sie sich. Englanders Firma erklärte sich bereit, Volfbeyn und Belopolsky zu entlassen und Renaissance 20 Millionen US-Dollar zu zahlen. Bei Renaissance löste das Empörung aus. Die abtrünnigen Wissenschaftler hatten mit ihren Handelsgeschäften für Englander weit mehr als 20 Millionen US-Dollar erwirtschaftet und konnten nach ein paar Jahren ihre Tätigkeit ungehindert wieder aufnehmen. Simons legte den Streit jedoch erleichtert bei und hoffte, er würde all jenen in seiner Firma einen Schuss vor den Bug versetzen, die mit dem Gedanken spielten, es den Ungetreuen nachzutun.

Wie es schien, waren Simons und Renaissance nicht aufzuhalten.

=

Der RIEF ließ sich vielversprechend an, und der Medallion-Fonds funktionierte weiter wie eine Gelddruckmaschine. Peter Brown war sich seiner Sache so sicher, dass er mit einem Kollegen wettete: Würde der Medallion-Fonds 2007 100 Prozent Rendite erzielen, bekäme Brown den neuen Mercedes E-Klasse seines Kollegen. Browns wettbewerbsorientierte Grundeinstellung machte sich auch in anderen Lebensbereichen bemerkbar. Brown – schlank und 1,80 Meter groß – forderte seine Kollegen zu Squash-Spielen und zum Kräftemessen im Fitnessstudio des Unternehmens heraus. Als Simons Mitarbeiter und ihre Familien in eine Hotelanlage auf Bermuda einlud, saßen viele von ihnen mit schwarzen Kniestrümpfen und Sandalen friedlich um den Pool herum und verfolgten ein Wasser-Volleyballspiel. Plötzlich gab es Unruhe. Im Pool hechtete einer nach dem Ball, spritzte seinen Mannschaftskameraden Wasser in die Augen und hätte beinahe einem in der Nähe stehenden Kind den Ellenbogen ins Gesicht geschlagen.

»Wer ist denn der Verrückte?«, fragte eine besorgte Mutter und ging näher ans Becken.

»Ach, das ist bloß Peter«, erklärte ein Renaissance-Mann.

Brown und Mercer kannten sich besser mit Logik aus als mit Gefühlen. Viele der von ihnen eingestellten Wissenschaftler und Mathematiker waren ebenso brillant, getrieben und allem Anschein losgelöst von der menschlichen Gefühlswelt. Auf der Rückreise von Bermuda stellten sich die Renaissance-Leute gerade an, um das Flugzeug zu besteigen, als einer vorschlug, einer Schwangeren den Vortritt zu lassen. Ein paar Renaissance-Wissenschaftler weigerten sich. Sie hätten nichts gegen die Frau, doch wenn sie wirklich als Erste ins Flugzeug gewollt hätte, dann wäre sie doch logischerweise als Erste gekommen, erklärten sie.

»Es war, als hätte man es gleich mit mehreren Sheldons zu tun«, erzählt ein externer Teilnehmer über die Reise – eine Anspielung auf den Charakter aus der Fernsehserie *The Big Bang Theory*.

Mit wachsender Verantwortung hatte Brown mehr Umgang mit Marketingmanagern und anderen, die seine schroffe, unberechenbare Art nicht kannten. Wie ein Halbwüchsiger war Brown oft respektlos, ja, regelrecht flegelhaft – vor allem, wenn der Fonds gut lief. Doch jede Kleinigkeit konnte ihn aus der Fassung bringen. Auf einer Sitzung stellte ein Untergebener einmal sein Handy versehentlich auf Vibrationsmodus, statt es ganz auszuschalten. Als Brown gerade sprach, kam ein Anruf. Das Telefon fing an zu vibrieren und brachte einen Stapel Bücher zu Fall. Brown riss die Augen auf. Er starrte erst das Telefon an, dann den betreffenden Kollegen, und geriet dann vollkommen außer sich.

»Machen Sie, dass Sie hier rauskommen!«, brüllte er, so laut er konnte.

»Lass gut sein, Peter«, griff Finanzchef Mark Silber beschwichtigend ein. »Es ist doch nichts passiert.«

Mercer verstand es ebenfalls, Brown zu beruhigen. Schon Mercers Nähe versetzte Brown stets in bessere Stimmung. Mercer pflegte zwar kaum Umgang mit den meisten Kollegen und pfiff den ganzen Tag lang vor sich hin, doch er und Brown steckten häufig die Köpfe zusammen und dachten sich Wege aus, wie sich die Handelsmodelle optimieren ließen. Der eine emotional und extrovertiert, der andere schweigsam und besonnen, erinnerten die beiden ein bisschen an das Comedy-Duo Penn & Teller. (Ganz so amüsant waren sie allerdings nicht.)

=

Im Juli 2007 verzeichnete der RIEF leichte Verluste. Der Medallion-Fonds lag für das Jahr aber bereits mit 50 Prozent im Plus, und Brown hatte offenbar gute Aussichten, den Mercedes seines Kollegen zu gewinnen. In anderen Bereichen der Wirtschaft zeichneten sich Probleme ab. Dabei ging es um die sogenannten Subprime-Hypotheken – Darlehen, die aggressive Kreditgeber an US-Kunden mit angekratzter oder begrenzter Kredithistorie vergeben hatten. Schwarzseher verkündeten, die Probleme könnten auf andere Sparten übergreifen. Doch nur wenige gingen davon aus, dass ein Segment des Hypothekenmarkts die breiteren Aktien- oder Rentenmärkte in Schieflage bringen könnte. So oder so, die auf statistischer Arbitrage beruhenden Aktiengeschäfte von Brown und Mercer waren marktneutral. Wie es auch kam, ihre Erträge sollten also eigentlich nicht betroffen sein.

Am Freitag, dem 3. August büßte der Dow Jones Industrial Average 281 Zähler ein, was Sorgen um die Gesundheit der Investmentbank Bear Stearns zugeschrieben wurde. Der Rückgang schien allerdings keine große Sache. Die meisten maßgeblichen Investoren waren ohnehin im Urlaub. Über die Verluste zu spekulieren, erschien daher wenig sinnvoll.

In jenem Sommer hatte sich eine dominante Gruppe quantitativer Hedgefonds herausgebildet. Von Simons' Erfolg inspiriert, hatten die meisten ihre eigenen marktneutralen Strategien, die nicht minder stark von Computermodellen und automatisiertem Handel abhängig waren. In der Zentrale von Morgan

Stanley mitten in Manhattan leitete Peter Muller – ein Quant mit blauen Augen, der in seiner Freizeit in einem örtlichen Club Klavier spielte – ein Team, das für einen Bereich der Bank namens PDT 6 Milliarden US-Dollar verwaltete. In Greenwich, Connecticut, wirkte Clifford Asness, der an der University of Chicago promoviert hatte, wesentlich an der Leitung eines 39 Milliarden US-Dollar schweren quantitativen Hedgefonds-Unternehmens namens AQR Capital Management mit. Und in Chicago setzte Ken Griffin – der Ende der 1980er-Jahre auf seinem Wohnheimdach in Harvard eine Satellitenschüssel installiert hatte, um sekundengenaue Kurse zu bekommen – hochleistungsfähige Rechner ein, um für sein 13-Milliarden-Dollar-Unternehmen Citadel auf statistischer Arbitrage beruhende Transaktionen und andere Geschäfte vorzunehmen.

Am Montag, dem 6. August sahen sich nachmittags plötzlich alle Quant-Trader mit schweren Verlusten konfrontiert. Bei AQR ließ Asness die Jalousien an der Glaswand seines Eckbüros herunter und mobilisierte telefonisch seine sämtlichen Kontakte, um herauszufinden, was da vor sich ging. Es hieß, ein kleinerer Quant-Fonds namens Tykhe Capital krisele, und ein Teilbereich von Goldman Sachs, der systematisch investiere, habe ebenfalls Probleme. Wer da verkaufte oder warum sich das auf so viele Akteure auswirkte, die ihre Strategien für einzigartig gehalten hatten, war unklar. Später postulierten Akademiker und andere, ein Notverkauf mindestens eines Quant-Fonds sowie ein paar abrupte Manöver anderer, um ihren Fremdkapitalanteil herunterzufahren – vielleicht, weil deren Investoren Kapital abzogen, um problematische Hypothekenanlagen aufzufangen –, habe einen brutalen Abwärtstrend ausgelöst, der als »das Quant-Beben« bekannt wurde.

Beim Börsencrash von 1987 versagten die ausgeklügelten Modelle der Investoren. 1998 erlitt Long-Term Capital beispiellose Verluste. Nun stand algorithmischen Händlern das nächste Fiasko ins Haus.

»Es sieht nicht gut aus, Cliff«, sagte Michael Mendelson, Leiter des globalen Handels bei AQR, zu Asness. »Das fühlt sich nach Auflösung an.«[62]

Simons hatte an diesem Montag ganz andere Sorgen als den Aktienmarkt. Er hielt sich mit seiner Familie in Boston auf, weil seine Mutter Marcia gestorben und beerdigt worden war. Nachmittags flogen Simons und sein Cousin Robert Lourie, der den Futures-Handel von Renaissance leitete, in Simons' Gulfstream G450 nach Long Island zurück. An Bord erfuhren sie, dass der Medallion-Fonds und der RIEF unter Druck geraten waren. Simons sagte Lourie, er solle sich keine Sorgen machen.

»Wir haben immer dann besonders gute Tage«, wenn die schlechten vorbei sind, erklärte er.

Doch am Dienstag sollte es noch schlimmer kommen. Simons und seine Kollegen mussten zusehen, wie ihre Computerbildschirme scheinbar ohne Grund rot aufleuchteten. Browns Stimmung verdüsterte sich.

»Ich habe verdammt noch mal keine Ahnung, was hier vorgeht, aber es ist nicht gut«, sagte Brown zu jemandem.

Am Mittwoch wurde es brenzlig. Simons, Brown, Mercer und etwa sechs andere drängten sich in einem zentral gelegenen Besprechungszimmer um einen Tisch. Sie konzentrierten sich sofort auf eine Reihe von Diagrammen an der Wand, die detailliert aufzeigten, wie hoch die Verluste der Firma waren, und wann die kreditgebenden Banken des Medallion-Fonds Nachschussforderungen stellen, also zusätzliche Sicherheiten verlangen würden, damit die Aktienpositionen des Fonds nicht veräußert werden mussten. Ein Aktienkorb war bereits so stark eingebrochen, dass Renaissance weitere Sicherheiten bereitstellen musste, um einen Verkauf abzuwenden. Drifteten seine Positionen noch tiefer in die Verlustzone ab, würde der Medallion-Fonds seinen Kreditgebern noch mehr Sicherheiten bieten müssen, um groß angelegte Aktienverkäufe und noch drastischere Verluste zu verhindern.

Der Konferenzraum befand sich gleich neben einem offenen Atrium, in dem sich Gruppen von Researchmitarbeitern zur Arbeit trafen. Während die Sitzung im Gange war, versuchten nervöse Mitarbeiter an den Mienen derjenigen, die den Raum betraten und verließen, den Grad der Verzweiflung abzulesen, der in der Führungsriege herrschte.

Im Zimmer hatte eine Schlacht begonnen. Als sieben Jahre zuvor im Jahr 2000 die Tech-Blase geplatzt war, war Brown ratlos gewesen. Diesmal glaubte er zu wissen, was zu tun war. Die Verkaufswelle werde nicht lange anhalten, behauptete er. Renaissance sollte weiter an seinem Handelssystem festhalten, ja, vielleicht sogar Positionen *aufstocken*, meinte er. Ihr System, das darauf programmiert war, eigenständig zu kaufen und zu verkaufen, tat das bereits. Es versuchte, das Chaos zu nutzen, und baute manche Positionen aus.

»Das ist eine Chance!«, erklärte Brown.

Bob Mercer schien der gleichen Ansicht.

»Vertraut den Modellen – lasst sie laufen«, bekräftigte Henry Laufer.

Doch Simons schüttelte den Kopf. Er wusste nicht, ob sein Unternehmen noch mehr Druck aushalten konnte. Er hatte Angst. Wuchsen die Verluste an, und sie könnten nicht genügend Sicherheiten vorweisen, würden die Banken die Positionen des Medallion-Fonds abstoßen und selbst hohe Verluste realisieren. Sollte es dazu kommen, würde nie wieder jemand mit Simons' Fonds Geschäfte machen. Das wäre aller Wahrscheinlichkeit nach der Todesstoß, auch wenn Renaissance selbst nicht so hohe Einbußen erlitt wie seine Gläubigerbanken.

Der Medallion-Fonds müsse verkaufen, nicht kaufen, erklärte er seinen Kollegen.

»Unsere Aufgabe ist es, zu überleben«, meinte Simons. »Liegen wir falsch, können wir später immer noch [Positionen] aufstocken.«

Brown fand schockierend, was er da hörte. Er hatte absolutes Vertrauen in die Algorithmen, die er und seine Wissenschaftlerkollegen entwickelt hatten. Simons überstimmte ihn öffentlich und sah offenbar Probleme mit dem Handelssystem selbst.

Am Donnerstag begann der Medallion-Fonds, seine Aktienpositionen zu verringern, um Liquidität aufzubauen. Simons, Brown und Mercer saßen wieder im Besprechungsraum und starrten unverwandt auf einen einzigen Computermonitor, der aktuelle Daten zu den Gewinnen und Verlusten des Unternehmens anzeigte. Sie wollten wissen, wie sich ihre Verkaufstransaktionen auf den Markt auswirkten. Als die ersten Aktienpakete verkauft wurden, machte sich das bemerkbar: Der Markt rutschte weiter ab, und die Verluste nahmen zu. Später passierte dasselbe noch einmal. Simons stand schweigend da und schaute nur.

Alle führenden Quant-Unternehmen standen vor wachsenden Problemen. PDT verlor in nur zwei Tagen 600 Millionen Dollar Morgan-Stanley-Geld. Die Verkaufswelle erfasste den gesamten Markt. An jenem Donnerstag fiel der S&P 500 um 3 Prozent, der Dow um 387 Punkte. Der Medallion-Fonds hatte in dieser Woche bereits über *1 Milliarde US-Dollar* eingebüßt – schwindelerregende 20 Prozent. Auch der RIEF stürzte ab. Sein Minus betrug knapp 3 *Milliarden US-Dollar*, was rund 10 Prozent entsprach. Im Pausenraum von Renaissance herrschte unheimliche Stille. Researchmitarbeiter und andere saßen stumm da und fragten sich, ob die Firma überleben würde. Die Analysten arbeiteten bis nach Mitternacht und versuchten, zu verstehen, woher die Probleme kamen.

Versagen unsere Modelle?

Wie sich herausstellen sollte, hielten die Rivalen des Unternehmens zu 25 Prozent dieselben Positionen. Renaissance litt unter der gleichen Krankheit, die so viele andere infiziert hatte. An der Basis regten sich verschiedene verantwortliche Wissenschaftler nicht so sehr über die Verluste auf, sondern vielmehr darüber, dass Simons in das Handelssystem eingegriffen und Positionen zurückgefahren hatte. Diese Entscheidung betrachteten manche als persönlichen Affront – als Zeichen für ideologische Schwäche und mangelndes Vertrauen in ihre Arbeit.

»Sie liegen total falsch«, teilte ein leitender Analyst Simons per E-Mail mit.

»Entweder man glaubt an das System oder eben nicht«, äußerte ein anderer Wissenschaftler mit einer gewissen Abscheu.

Simons erklärte, er glaube an das Handelssystem, aber die Verluste des Marktes seien ungewöhnlich – mit mehr als 20 Standardabweichungen vom Durchschnitt. Verluste in dieser Größenordnung hätten die meisten noch nie erlebt – nicht einmal annähernd.

»Wo führt das hin?«, fragte sich Simons.

Die Kreditgeber von Renaissance hatten noch mehr Angst. Verlor der Medallion-Fonds noch mehr Geld, würden die Deutsche Bank und Barclays Milliardenverluste erleiden. Bei den Banken wussten die wenigsten von den Korboptionen. Derart plötzliche, hohe Verluste würden Investoren und Aufsichtsbehörden in einen Schockzustand versetzen und Fragen nach dem Management und der allgemeinen Gesundheit der Banken aufwerfen. Martin Malloy, der bei Barclays am engsten mit Renaissance zusammenarbeitete, griff zum Telefon, um Brown anzurufen. Er hoffte auf beruhigende Nachrichten. Brown klang zwar gestresst, aber beherrscht.

Andere verfielen dagegen allmählich in Panik. Am Freitag verließ Dwyer, der zwei Jahre zuvor eingestellt worden war, um den RIEF in leitender Funktion an institutionelle Investoren zu vertreiben, sein Büro, weil er einen Termin für ein Verkaufsgespräch mit den Vertretern einer Rückversicherungsgesellschaft hatte. Weil der RIEF für das Jahr rund 10 Prozent verloren hatte, als der breite Aktienmarkt noch im Plus lag, waren die Kunden höchst alarmiert. Doch viel mehr drückte Dwyer ein anderer Schuh: Er hatte bei seinem Eintritt in Renaissance sein Haus verkauft und das Geld in den Medallion-Fonds investiert. Wie andere Kollegen hatte auch er sich bei der Deutschen Bank Geld geliehen, um es in den Fonds zu stecken. Bisher stand Dwyer mit fast 1 Million Dollar im Minus. Er litt seit seiner Jugend unter Morbus Crohn. Die Symptome hatten nachgelassen, doch jetzt hatte er große Schmerzen, Fieber und schreckliche Bauchkrämpfe. Der Stress hatte eine neuen Krankheitsschub ausgelöst.

Nach dem Termin fuhr Dwyer zum Long Island Sound, wo er eine Fähre nach Massachusetts nehmen wollte, um das Wochenende mit seiner Familie zu verbringen. Als Dwyer seinen Wagen parkte und wartete, um dem Servicepersonal den Schlüssel zu übergeben, kam ihm der Gedanke, wie sich seine Agonie beenden ließ.

Wenn doch die Bremsen versagen würden.

Dwyer befand sich emotional im freien Fall. Dabei gab es im Büro erste Anzeichen dafür, dass sich der Medallion-Fonds fing. Als der Fonds am selben Morgen erneut Positionen abgestoßen hatte, hatte der Markt die Transaktionen verkraftet, ohne weiter nachzugeben. Manche schreiben die Marktwende einer Kauforder zu, die Asness von AQR am selben Tag erteilt hatte.

»Ich glaube, wir schaffen es«, teilte Simons einem Kollegen mit. »Stoppen wir die Verkäufe.« Simons wies die Firma an, keine Positionen mehr zu veräußern.

Am Montagmorgen verbuchten der Medallion-Fonds und der RIEF wieder Gewinne, und die meisten anderen großen Quant-Händler ebenfalls – als hätte sie ein Fieber befallen und wäre plötzlich wieder gesunken. Dwyer war zutiefst erleichtert. Manche Renaissance-Mitarbeiter beschwerten sich später, die Gewinne hätten noch höher ausfallen können, wenn Simons ihr Handelssystem nicht ausgehebelt hätte.

»Uns sind deutlich höhere Gewinne durch die Lappen gegangen«, warf ihm ein Mitarbeiter vor.

»Ich würde wieder so entscheiden«, entgegnete Simons.

=

Renaissance stand bald wieder auf soliden Füßen. Die zunehmenden Turbulenzen auf den globalen Märkten kamen den Signalen des Medallion-Fonds zugute. Der Fonds verbuchte 2007 86 Prozent Gewinn – was nicht ganz reichte, um Brown den Mercedes zu sichern. Der neuere RIEF-Fonds verzeichnete im selben Jahr leichte Verluste, doch das schien nicht weiter dramatisch.

Anfang 2008 hatte die Krise bei minderwertigen Hypotheken auf fast alle Ecken der USA und auf die Aktien- und Rentenmärkte weltweit übergegriffen.

Der Medallion-Fonds profitierte wie üblich von dem Chaos und legte in den ersten Monaten des Jahres mehr als 20 Prozent zu. Simons dachte erneut daran, sich von immerhin 20 Prozent von Renaissance zu trennen.

Im Mai 2008 flogen Simons, Brown und ein paar weitere Renaissance-Führungskräfte nach Katar, um sich mit Vertretern des dortigen staatlichen Investitionsfonds zu treffen und über den Verkauf eines Teils von Renaissance zu verhandeln. Weil sie an einem Freitag eintrafen, der für Muslime ein Tag des Gebets ist, waren ihre Termine erst für den nächsten Tag anberaumt worden. An der Hotelrezeption empfahl man ihnen eine Dünenfahrt – eine beliebte Variante einer Offroad-Tour, bei der man in Fahrzeugen mit Allradantrieb mit hoher Geschwindigkeit über abenteuerlich steile Sanddünen rast, ähnlich einer Wüstenachterbahn. Es war ein brütend heißer Tag, sodass Brown und andere den Swimmingpool des Hotels bevorzugten. Doch Simons fuhr mit Stephen Robert in die Wüste. Der Branchenveteran und Ex-CEO des Investmentunternehmens Oppenheimer war von Simons angeworben wurden, um das Marketing und die strategische Ausrichtung von Renaissance zu überwachen.

Kurz darauf jagten sie über Dünen, die so hoch wirkten wie Berge – in derart halsbrecherischem Tempo, dass sich ihr Fahrzeug beinahe überschlug. Simons wurde blass.

»Jim, geht es Ihnen gut?«, rief ihm Robert über den Motorenlärm hinweg zu.

»Wir könnten sterben!«, schrie Simons mit angstvoller Stimme zurück.

»Keine Angst, das machen die hier jeden Tag«, wiegelte Robert ab.

»Was, wenn wir umkippen?«, entgegnete Simons. »Die Leute halten mich für ziemlich schlau – und dann sterbe ich aus dem denkbar dümmsten Grund!«

Noch fünf Minuten lang befand sich Simons in Schockstarre. Dann entspannte er sich plötzlich, und sein Gesicht bekam wieder Farbe.

»Alles klar!«, rief Simons Robert zu. »Das ist ein physikalisches Gesetz: Wir können nur kippen, wenn die Reifen Grip haben! Doch wir fahren auf Sand, deshalb ist das gar nicht möglich!«

Ein stolzes Lächeln breitete sich über Simons Gesicht, weil er ein drängendes wissenschaftliches Problem gelöst hatte.

=

Glen Whitney war längst nicht so entspannt.

Er war bedrückt, seit bei dem Abendessen in Jim Simons' Haus beschlossen worden war, Alexey Kononenkos Verhalten nicht zu ahnden. Er und Magerman hatten versichert, sie würden gehen, doch nur wenige bei Renaissance hatten das ernst genommen. Wer verzichtet schon auf zig Millionen Dollar im Jahr, nur weil er sich über einen Kollegen ärgert und um die Unternehmenskultur sorgt?

Doch Whitney war es ernst. Für ihn war die Entscheidung über Kononenko der Tropfen, der das Fass zum Überlaufen brachte. Schon zuvor war Whitney nicht damit einverstanden gewesen, dass Simons beschloss, alle Nichtmitarbeiter aus dem Medallion-Fonds auszuschließen. Er fand, ein Hedgefonds, der nur Geld für seine Beschäftigten verdiente, trage wohl kaum etwas zur Gesellschaft bei. Renaissance war früher wie eine verschworene Universitätsfakultät gewesen. Das dort inzwischen mit spitzen Ellenbogen gekämpft wurde, ging ihm an die Substanz.

Im Sommer 2008 eröffnete Whitney, er werde eine leitende Position am National Museum of Mathematics, dem MoMath, übernehmen – dem ersten Museum in Nordamerika, das der Mathematik gewidmet war. Seine Kollegen machten sich darüber lustig. Wenn Whitney wirklich etwas für die Gesellschaft tun wolle, rieten ihm manche, solle er bleiben, mehr Geld anhäufen und es dann später spenden.

»Du gehst, weil du dich besser fühlen möchtest«, meinte ein Kollege.

»Ich habe ein Anrecht auf privates Glück«, entgegnete Whitney.

»Das ist ziemlich selbstsüchtig«, rümpfte ein Mitarbeiter die Nase.

Doch Whitney ging tatsächlich.

Auch David Magerman hatte die Nase voll. Ein paar Jahre zuvor war er in eine Midlife-Crisis geraten – unter anderem wegen der schrecklichen Terroranschläge vom 11. September. Auf der Suche nach einem tieferen Lebenssinn reiste Magerman nach Israel und kehrte als engagierterer Jude zurück. Kononenko war nicht nur immer noch da, sondern inzwischen Co-Manager des gesamten Aktiengeschäfts. Das war zu viel für Magerman.

Mit seiner Frau und seinen drei Kindern zog er von Long Island nach Galdwyne, Pennsylvania, bei Philadelphia, wo er einen ruhigeren, spirituelleren Lebensstil pflegen wollte.

=

Als die Weltwirtschaft 2008 nachgab und die Finanzmärkte einbrachen, verpuffte das Interesse an einer Renaissance-Beteiligung. Der Medallion-Fonds florierte aber in dem Chaos und legte im selben Jahr 82 Prozent zu. Simons bescherte das privat über 2 Milliarden US-Dollar Gewinn. Die gewaltigen Erträge trugen ihm einen Anruf aus dem Repräsentantenhaus ein. Ein Ausschuss forderte im Rahmen seiner Ermittlungen zu den Ursachen des Finanzkollapses Simons zu einer Aussage auf. Mit seinem Public-Relations-Berater Jonathan Gasthalter bereitete sich Simons gründlich vor. Mit den Hedgefondsmanagern George Soros zu seiner Rechten und John Paulson zu seiner Linken erklärte Simons dem Kongress, er würde einen Vorstoß unterstützen, Hedgefonds zum Informationsaustausch mit Aufsichtsbehörden zu verpflichten, und er befürworte höhere Steuern für Hedgefondsmanager.

Doch Simons war sowohl bei den Anhörungen als auch in der Finanzbranche selbst mehr so etwas wie ein Nachgedanke. Aller Augen ruhten auf Paulson, Soros und ein paar anderen Investoren, die – anders als Simons – die Finanzkrise kommen sahen. Das war ihnen durch altmodisches Investment-Research gelungen – ein Hinweis darauf, dass die klassischen Methoden nach wie vor Potenzial und ihre Reize hatten.

Paulson hatte sich um den Höhenflug des Häusermarktes erstmals 2005 Gedanken gemacht, als ein Kollege namens Paolo Pellegrini ein Preischart erstellte, das dem Immobilienmarkt eine Überbewertung um 40 Prozent bescheinigte. Paulson erkannte sofort die Gelegenheit.

»Das ist unsere Blase!«, erklärte er Pellegrini. »Das ist der Beweis.«

Paulson und Pellegrini kauften Sicherungsprodukte für die riskantesten Hypotheken in Form von Credit Default Swaps. Das bescherte ihnen 2007 und 2008 ganze 20 Milliarden US-Dollar. Der Hedgefonds-Veteran George Soros setzte ebenfalls auf CDS und machte damit über 1 Milliarde US-Dollar Gewinn.[63] Der erst 39 Jahre junge David Einhorn machte sich auf einer Branchenkonferenz im Mai 2008 einen Namen, als er der Investmentbank Lehman Brothers vorwarf, Milliardenverluste im Zusammenhang mit Immobiliengeschäften durch Bilanztricks zu verschleiern. Einhorn, der seinen Erfolg später seiner »Fähigkeit, kritisch zu denken« zuschreiben sollte, wurde noch im selben Jahr bestätigt, als Lehman Konkursantrag stellte.[64]

Was sich daraus lernen ließ, war offensichtlich: Es war *möglich*, cleverer zu sein als der Markt. Man brauchte nur Sorgfalt, Informationen und Grips. Doch

Simons' quantitative Modelle, seine exzentrischen Mathematiker und nerdigen Wissenschaftler waren zwar effektiv, aber zu schwer verständlich, und ihre Methoden waren einfach zu schwierig umzusetzen, fanden die meisten.

Dass der RIEF 2008 um 17 Prozent eingebrochen war, fochten die Analysten von Renaissance nicht an. Die Werte lagen im Rahmen ihrer Simulationen und nahmen sich im Vergleich zu dem Kahlschlag beim S&P 500 bescheiden aus, der nach Dividenden 37 Prozent verloren hatte. 2009 beschlich die Wissenschaftler allerdings ein mulmiges Gefühl, als der RIEF mehr als 6 Prozent einbüßte, während der S&P 500 26,5 Prozent zulegte. Die vielen Investoren, die sich eingeredet hatten, der RIEF würde bestimmt ähnliche Erträge abwerfen wie der Medallion-Fonds, begriffen unsanft, dass es seinen Anbietern ernst gewesen war, als sie gesagt hatten, es sei ein ganz anderer Fonds. Andere murrten, weil der Medallion-Fonds immer noch florierte, während der RIEF Probleme hatte. Sie vermuteten eine unfaire Behandlung.

Die RIEF-Investoren, die jede Ehrfurcht vor Simons verloren hatten, bombardierten den 71-Jährigen bei einer Telefonkonferenz im Mai 2009 prompt mit heiklen Fragen. Simons schrieb seinen Investoren, der Fonds habe den »wertentwicklungsbedingten Ansturm« während einer »extremen Markt-Rally« nicht gut verkraftet.

»Wir verstehen natürlich, wenn sich unsere Kunden Gedanken machen«, äußerte er.[65]

Die Investoren kehrten dem RIEF scharenweise den Rücken, und dessen Volumen ging bald auf unter 5 Milliarden US-Dollar zurück. Auch ein zweiter Fonds, den Simons für den Handel mit Aktien-Futures aufgelegt hatte, geriet in Schwierigkeiten und verlor Investoren. Neukunden waren schwer zu finden.

»Kein Kunde interessierte sich mehr für uns«, erzählt Vertriebsmanager Dwyer.

Ein Jahr später, nachdem sich der RIEF weiterhin wenig berauschend entwickelt hatte, beschloss Simons im Alter von 72 Jahren, es sei an der Zeit, Brown und Mercer das Ruder im Unternehmen zu überlassen. Der Medallion-Fonds lief weiter auf Hochtouren. Er verwaltete mittlerweile 10 Milliarden US-Dollar und hatte seit 1988 nach Gebühren einen jährlichen Durchschnittsertrag von rund 45 Prozent abgeworfen – eine Rendite, die Warren Buffett und jeden anderen Investmentstar in den Schatten stellte. (Damals hatte Buffetts Holding Berkshire Hathaway, seit er sie 1965 übernommen hatte, 20 Prozent im Jahr erwirtschaftet.)

Doch Brown erklärte einem Reporter, das Unternehmen sei nicht sicher, ob es den RIEF und den neueren RIFF weiterführen werde – die neuesten Anzeichen dafür, dass die Investoren auf den quantitativen Ansatz nicht mehr abfuhren.

»Gelangen wir zu dem Urteil, dass sich das nicht verkaufen lässt, heißt das für uns, wir sollten uns aus diesem Geschäft heraushalten«, erklärte Brown.

Was Simons anging, so hatte er sich über 20 Jahre lang dem Aufbau eines beachtlichen Vermögens gewidmet. Und nun wollte er dieses Geld ausgeben.

KAPITEL 14

Es machte Jim Simons Freude, Geld zu verdienen. Doch er gab es auch gerne aus.

Nach seinem Rückzug von Renaissance konnte Simons – dessen Vermögen sich damals auf 11 Milliarden US-Dollar belief – mehr Zeit auf seiner 67-Meter-Jacht *Archimedes* verbringen. Das nach dem griechischen Mathematiker und Erfinder benannte Schiff hatte 100 Millionen US-Dollar gekostet und war mit einem Speisesaal für 20 Personen, einem offenen Kamin, einem großzügigen Whirlpool und einem Konzertflügel ausgestattet. Manchmal schickte Simons seine Gulfstream G450 los und ließ Freunde an exotische Ziele fliegen, wo sie Jim und Marilyn auf der Superjacht besuchten.

Wo sich das Schiff zeigte, weckte es das Interesse der örtlichen Medien, wodurch der alternde und nach wie vor um Diskretion bemühte Mathematiker zur unwahrscheinlichen Zielscheibe internationaler Revolverblätter wurde.

»Er war sehr bodenständig«, berichtete ein Taxifahrer namens Kenny Macrae der *Scottish Sun*, als Simons mit ein paar Gästen zu einem Tagesausflug im schottischen Stornoway anlegte. »Er hat mir auch ein gutes Trinkgeld gegeben.«[66]

Ein paar Jahre später lief Simons Bristol in England an. Die BBC spekulierte, eventuell sei er in der Stadt, um eine britische Fußballmannschaft zu kaufen. Die *Archimedes* war eines der größten Schiffe, die die Stadt je besucht hatten. Zu Hause lebte Simons in einer 50-Millionen-Dollar-Wohnung in einem Vorkriegs-Kalksteinbau an der Fifth Avenue mit herrlicher Aussicht auf den Central Park. Morgens lief Simons dort ab und zu seinem Nachbarn George Soros über den Weg.

Ein paar Jahre zuvor hatte Marilyn in ihrem Ankleidezimmer Platz geschaffen, um eine Familienstiftung zu gründen. Über die Jahre hatten sie und Jim neben anderen Einrichtungen die Universität in Stony Brook mit mehr als 300 Millionen US-Dollar gefördert. Als sich Simons von Renaissance distanzierte, beteiligte er sich auch persönlich stärker an ihren philanthropischen Projekten. Doch mehr Spaß als alles andere bereitete Simons die Lösung großer Probleme. Bald setzte er sich gemeinsam mit Marilyn für zwei Bereiche ein, in denen solche Lösungen dringend gebraucht wurden: die Autismusforschung und die mathematische Bildung.

2003 versammelte Simons, der einen diagnostizierten Autismusfall in der Familie hatte, führende Wissenschaftler zu einer Expertenrunde, um über die Entwicklungsstörung zu diskutieren. Er spendete 100 Millionen US-Dollar für neue Forschungsprojekte und wurde damit zum größten privaten Geldgeber auf diesem Gebiet. Drei Jahre später wandte sich Simons an den Neurobiologen Gerald Fischbach von der Columbia University, um seine Initiative auszuweiten. Über mehrere Jahre legte das Team eine Sammlung von Genmaterial von Tausenden Autismuspatienten sowie deren Familienmitgliedern an, die Simons Simplex Collection hieß. Mithilfe dieses Projekts konnten Wissenschaftler über 100 Gene ermitteln, die mit Autismus in Zusammenhang stehen, und die Biologie der Erkrankung besser verstehen. Von der Stiftung vorangetriebene Forschungsarbeiten sollten auf Mutationen hinweisen, die mutmaßlich an der Störung beteiligt sind.

Eine ganz andere Entwicklung beunruhigte Simons ebenfalls zunehmend: Weil alle besonders fähigen Mathematiker eifrig von Technologie- und Finanzunternehmen abgeworben wurden, verfügten viele Mathematiklehrer an öffentlichen Schulen in den Vereinigten Staaten nur noch über begrenzte Fachkenntnisse. Ein paar Jahre zuvor war Simons bereits nach Washington gereist, um sich für die Idee stark zu machen, für die besten Mathematiklehrer Stipendien auszuloben, damit die Versuchung nicht so groß war, in die Privatwirtschaft abzuwandern. In Minutenschnelle gelang es Simons, den einflussreichen demokratischen Senator Chuck Schumer aus New York für den Vorschlag zu gewinnen.

»Eine tolle Idee!« Schumer war begeistert. »Das packen wir sofort an.«

Hocherfreut ließen sich Simons und ein Kollege vor Schumers Büro auf eine Couch fallen, von der sich gerade eine andere Gruppe erhoben hatte, die in Schumers Büro verschwand. Simons konnte hören, was sie vorzubringen hatten und wie der Senator reagierte.

»Eine tolle Idee! Das packen wir sofort an«, sagte Schumer auch dazu.

Simons merkte: Auf Politiker war kein Verlass. Also wirkte er 2004 an der Einführung von Math for America mit – einer gemeinnützigen Initiative zur Förderung mathematischer Bildung und zur Unterstützung herausragender Lehrkräfte. Später sollte die Stiftung jedes Jahr mehrere Millionen Dollar in Form von Jahresstipendien über 15 000 US-Dollar für 1000 besonders gute Lehrkräfte für Mathematik und naturwissenschaftliche Fächer in New Yorks öffentlichen Middle- und Highschools ausgeben. Davon profitierten rund 10 Prozent der städtischen Lehrkräfte aus diesen Fachbereichen. Außerdem veranstaltete die Organisation Seminare und Workshops, um engagierten Lehrern ein Forum zu geben.

»Statt auf die schlechten Lehrer einzuprügeln, fokussieren wir uns darauf, die guten zu würdigen«, beschreibt es Simons. »Wir sorgen dafür, dass sie Status und Geld erhalten und bei der Stange bleiben.«

Simons blieb Chairman und Hauptaktionär von Renaissance und stand regelmäßig in Kontakt mit Brown, Mercer und anderen. Wenn er zum Nachdenken kam, wurde ihm manchmal bewusst, dass ihm der Weggang aus dem Unternehmen schwerfiel.

»Ich komme mir bedeutungslos vor«, erklärte er eines Tages Marilyn.[67]

Doch mit der Zeit fand Simons seine philanthropischen Vorhaben ebenso spannend wie die Herausforderungen, die ihm in der Mathematik und auf den Finanzmärkten begegnet waren, und das gab ihm Auftrieb.

=

David Magerman zog mit seiner Frau und drei kleinen Kindern in einen Vorort von Philadelphia, um einen neuen Sinn im Leben zu finden – und im Anschluss an all die Grabenkämpfe bei Renaissance vielleicht auch ein bisschen Frieden. Magerman wollte gern etwas für die Menschheit tun. Anders als Simons, der wegen der Geschäfte von Renaissance nie Gewissensbisse hatte, empfand Magerman Unbehagen, ja, vielleicht sogar etwas wie Schuld. Magerman hatte Jahre seines Lebens dazu beigetragen, dass die wohlhabenden Mitarbeiter von Renaissance noch reicher wurden. Nun wollte er anderen helfen.

Magerman war kein Milliardär wie Simons, doch er verließ Renaissance mit über 50 Millionen US-Dollar, was er Jahren mit hohen Bonuszahlungen und den gewaltigen Renditen seiner Anlage im Medallion-Fonds verdankte. Magerman eignete sich nach und nach einen modern-orthodoxen Lebensstil an und spendete Millionen an bedürftige Studenten und jüdische Tagesschulen in der Region, die von dem Konjunkturabschwung im Jahr 2008 stark betroffen waren. Später gründete Magerman seine eigene Stiftung und eine Highschool.

Doch sein neues Leben brachte ihm wenig Gelassenheit. Magerman trat mit festen Meinungen in die Welt der Philanthropie ein und beharrte auf so vielen Voraussetzungen und Vorbedingungen, dass manche lokalen Wortführer sein Geld gar nicht haben wollten, was böses Blut verursachte. Einmal lieferte er sich eine lautstarke Auseinandersetzung mit einer Gruppe von Middleschool-Eltern. Magerman trat auch in den Lehrkörper seiner Alma Mater ein, der University of Pennsylvania, und hielt Vorlesungen in den Fächern Elektrotechnik und Systemtechnik. Außerdem gab er einen Kurs in quantitativer Portfolioverwaltung. Doch auch dabei kam es zu Meinungsverschiedenheiten.

»Die Studenten mochten mich nicht, und das beruhte auf Gegenseitigkeit«, erzählt er.

Magerman beteiligte sich an der Finanzierung des Films *Alles muss raus* mit Will Ferrell, der positive Kritiken bekam, doch Magerman enttäuschte. Die endgültige Fassung sah er gar nicht. Doch einen anderen von ihm finanzierten Film wollte er sich ansehen: *Café – Wo das Leben sich trifft* mit Jennifer Love Hewitt. Er lud die Hauptdarstellerin und ihren Freund in sein Heimkino ein, doch auch von diesem Film war er nicht begeistert.[68]

Trotz all seiner Fehler gehörte Magerman zu der seltenen Sorte Quants, die zu Selbstkritik fähig war. Er begann eine Therapie, um sein konfrontatives Verhalten abzulegen oder zumindest zu dämpfen, und er schien Fortschritte zu machen.

2010, zwei Jahre nach seinem Weggang von Renaissance, wollte Magerman wieder einsteigen. Ihm fehlte das Programmieren, und er langweilte sich auch etwas. Er wollte aber seine Familie nicht erneut entwurzeln. Also sprach er mit Peter Brown und vereinbarte eine Tätigkeit aus dem Homeoffice – eine perfekte Lösung für einen Menschen, der nicht in der Lage schien, persönliche Querelen zu vermeiden.

Als er ging, hatte Magerman die Software beaufsichtigt, die für die Ausführung der gesamten computerisierten Aktiengeschäfte von Renaissance verantwortlich war. Das hatte Kononenko übernommen, und er fuhr hohe Gewinne ein. In diese Gruppe konnte Magerman also keinesfalls zurück. Stattdessen verlegte er sich auf Analysen zu dem Anleihen-, Rohstoff- und Devisenhandelsgeschäft von Renaissance. Schon bald nahm er wieder an entscheidenden Sitzungen teil. Dann schallte beharrlich seine Stimme aus Lautsprechern an der Decke der Besprechungszimmer von Renaissance – ein Effekt, den die Kollegen scherzhaft damit verglichen, »der Stimme Gottes« zu lauschen.

»Manchmal will man zu viel«, erzählt Magerman.

Bei seiner Rückkehr fand er solidere Verhältnisse vor, als er erwartet hatte. Die Atmosphäre bei Renaissance war nicht mehr so kollegial wie früher, doch das Team arbeitete nach wie vor gut zusammen – vielleicht mit etwas mehr Sinn für Dringlichkeit. Die Erträge des RIEF hatten sich so weit erholt, dass Brown und Mercer beschlossen, ihn weiterlaufen zu lassen – ebenso wie einen neueren Fonds, den RIFF. Die beiden Fonds verwalteten zusammen 6 Milliarden US-Dollar. Drei Jahre zuvor waren es noch mehr als 30 Milliarden US-Dollar gewesen, doch zumindest sprangen keine Investoren mehr ab.

Herzstück der Firma war aber nach wie vor der Medallion-Fonds, der nur Mitarbeitern zur Verfügung stand. Er verwaltete inzwischen rund 10 Milliarden US-Dollar und verbuchte jedes Jahr rund 65 Prozent Gewinn – vor Abzug der Gebühren für die Anleger, was zu rekordverdächtigen Gewinnen führte. Die langfristige Bilanz des Medallion-Fonds war vermutlich die glanzvollste in der Finanzmarktgeschichte, weshalb Investoren und andere sich immer eifriger für das geheimniskrämerische Unternehmen interessierten.

»Renaissance Technologies spielt in einer eigenen Liga«, formulierte es *The Economist* 2010.[69]

Nach wie vor hielt der Medallion-Fonds ständig Tausende von Long- und Short-Positionen mit einer Haltedauer zwischen ein oder zwei Tagen und ein oder zwei Wochen. Der Fonds handelte noch schneller, was von manchen als *Hochfrequenzhandel* bezeichnet wurde, doch viele dieser Transaktionen dienten der Absicherung oder dem allmählichen Aufbau von Positionen. Renaissance legte immer noch großen Wert auf die Bereinigung und Erfassung seiner Daten, hatte jedoch sein Risikomanagement und andere Handelstechniken verfeinert.

»Ich weiß nicht, ob wir in allen Trading-Aspekten die Besten sind, doch niemand schätzt die Kosten einer Transaktion so genau wie wir«, sagte Simons ein paar Jahre zuvor zu einem Kollegen.

In mancher Hinsicht war die Renaissance-Maschinerie noch leistungsfähiger geworden, seit Magerman gegangen war. Das Unternehmen beschäftigte inzwischen über 250 Mitarbeiter und mehr als 60 Doktoren, darunter Experten für künstliche Intelligenz, Quantenphysik, Computerlinguistik, Statistik und Zahlentheorie, sowie andere Wissenschaftler und Mathematiker.

Astronomen, die es gewöhnt sind, umfangreiche unübersichtliche Datensätze zu überprüfen, um Hinweise auf subtile Phänomene zu finden, zeigten besondere Fähigkeiten bei der Ermittlung übersehener Marktmuster. So hatte Elizabeth Barton an der Harvard University promoviert und in Hawaii und anderswo am Teleskop die Evolution von Galaxien studiert, bevor sie zu Renaissance wechselte. Das Unternehmen stellte sich langsam etwas vielfältiger auf und holte auch Julia Kempe ins Boot, eine ehemalige Studentin von Elwyn Berlekamp und Expertin für Quantencomputer.

Der Medallion-Fonds handelte auch weiterhin mit Anleihen, Rohstoffen und Devisen und verdiente Geld mit Signalen, die für Trends standen oder eine Trendumkehr prognostizierten. Ein besonders effektives trug den treffenden Namen Déjà Vu. Komplexe Aktiengeschäfte, in die eine Mischung komplexer Signale einflossen, anstelle einfacher *Pair Trades* (wie Coke kaufen und Pepsi verkaufen) hatten jedoch größeren Einfluss denn je.

Die einzelnen Transaktionen brachten dabei nie größere Gewinne, und der Fonds lag auch nur zu etwas mehr als 50 Prozent richtig, doch das reichte problemlos.

»Unsere Trefferquote liegt bei 50,75 Prozent … doch in diesen 50,75 Prozent der Fälle haben wir zu 100 Prozent Recht«, erklärte Mercer einem Freund. »Auf diese Weise kann man Milliarden verdienen.«

Natürlich gab Mercer nicht das eigentliche Erfolgsgeheimnis seines Unternehmens preis. Er machte nur allgemein deutlich, dass sich Renaissance durch seine Sammlung Tausender zeitgleich ablaufender Transaktionen einen kleinen Vorteil verschaffte, der ausreichte und beständig genug war, um ein gewaltiges Vermögen anzuhäufen.

Hinter diesen verlässlichen Gewinnen stand eine maßgebliche Erkenntnis: Aktien und andere Anlagen werden von weit mehr Faktoren und Kräften beeinflusst, als selbst die versiertesten Investoren auf dem Schirm haben. So versuchen Anleger generell, die Richtung einer Aktie wie Alphabet, der Muttergesellschaft von Google, anhand von Prognosen zu Unternehmensgewinn, Zinsentwicklung, Gesundheit der US-Wirtschaft und Ähnlichem vorherzusagen. Andere skizzieren die Zukunft von Suchmaschinen und Onlinewerbung, den Ausblick für die breitere Technologiebranche, den Kurs globaler Unternehmen und die Kennzahlen und Messgrößen auf der Grundlage von Gewinn, Buchwert und anderen Variablen.

Das Renaissance-Team gelangte zu dem Schluss, dass Anlagen noch anderen Einflüssen unterliegen, unter anderem nicht jederzeit offensichtlichen oder manchmal sogar unlogischen Kräften. Indem es Hunderte von Finanzkennzahlen, Feeds in den sozialen Medien, Barometern für den Onlineverkehr und so ziemlich *alles* analysierte und schätzte, was sich quantifizieren und testen ließ, entdeckte es neue Faktoren, die für die meisten Akteure quasi nicht wahrnehmbar waren.

»Die Ineffizienzen sind so komplex, dass sie sich in gewisser Hinsicht kodiert im Markt verstecken«, erklärt ein Mitarbeiter. »RenTec entschlüsselt sie. Wir spüren sie auf, und zwar für alle Zeiträume, Risikofaktoren, Sektoren und Branchen.«

Doch etwas anderes war noch bedeutsamer: Renaissance folgerte, dass es verlässliche mathematische Beziehungen *zwischen* all diesen Kräften gab. Unter Anwendung von Datenwissenschaft entwickelten die Analysten mehr Gespür dafür, wann die verschiedenen Faktoren relevant waren, in welchen Wechselbeziehungen sie standen und wie häufig sie sich auf Aktien auswirkten. Außerdem kitzelten sie subtile, nuancierte mathematische Beziehungen zwischen verschiedenen Aktien heraus – das Team bezeichnete diese als *multidimensionale Anomalien* –, die andere Investoren gar nicht wahrnahmen oder nicht richtig durchschauten, und testeten sie.

»Solche Beziehungen muss es geben, denn die Unternehmen sind auf komplexe Weise miteinander verflochten«, erklärt ein ehemaliger Renaissance-Manager. »Es ist nicht einfach, das Vorliegen solcher Verflechtungen zu modellieren und genau zu prognostizieren, und sie verändern sich im Zeitverlauf. RenTec hat eine Maschine gebaut, die diese Verflochtenheit modelliert, ihr Verhalten im Zeitverlauf verfolgt und dann investiert, wenn die Kurse diesen Modellen zufolge aus dem Gleichgewicht geraten sind.«

Wer kein Insider war, begriff das nicht so richtig, doch der eigentliche Schlüssel zum Erfolg war die Technik des Unternehmens – die Art und Weise, wie es all diese Faktoren und Kräfte in einem automatisierten Handelssystem zusammenbrachte. Die Firma kaufte eine bestimmte Anzahl von Aktien, für die positive Signale vorlagen, die sich aus mehreren kleinteiligen Einzelsignalen zusammensetzten, und verkaufte Aktien mit negativen Signalen leer, wettete also gegen sie. Diese Aktionen richteten sich nach Tausenden Quellcodezeilen.

»Wir können einzelne Transaktionen nicht erklären, indem wir sagen, eine Aktie wird unserer Ansicht nach steigen und eine andere fallen«, erläutert ein leitender Mitarbeiter. »Jede Transaktion ist eine Funktion aller übrigen Transaktionen, unseres Risikoprofils und unserer voraussichtlichen Schritte in naher und ferner Zukunft. Es ist eine einzige große komplexe Optimierung, die auf der Prämisse fußt, dass wir die Zukunft gut genug vorhersagen können, um an unseren Prognosen zu verdienen, und dass wir die Risiken, Kosten, Auswirkungen und die Markstruktur so genau kennen, dass wir sie möglichst optimal ausschöpfen können.«

Doch *wie* die Firma ihre Wetten platzierte, war mindestens ebenso wichtig wie die Frage, *worauf* sie setzte. Entdeckte der Medallion-Fonds beispielsweise ein gewinnträchtiges Signal – etwa dafür, dass der Dollar zwischen 9 und 10 Uhr um 0,1 Prozent zulegt –, kaufte er nicht punkt 9 Uhr, was anderen signalisieren könnte, dass sich diese Bewegung jeden Tag um diese Zeit vollzog. Stattdessen streute er seine Käufe unvorhersehbar über die ganze Stunde, um sein Handelssignal für sich zu behalten. Der Medallion-Fonds entwickelte Methoden, seine stärksten Handelssignale »voll auszulasten«, wie Insider das nannten, also Kursveränderung so herbeizuführen, dass die Konkurrenten nicht auf die Signale aufmerksam wurden. Etwa so, wenn jemand erfuhr, dass ein gefragter Artikel bei Target stark reduziert war, und dann den ganzen Posten bei Ladenöffnung sofort aufkaufte, bevor noch jemand von dem Sonderangebot Wind bekam.

»Haben wir ein Handelssignal schon ein Jahr lang genutzt, sieht das für Leute, die sich mit unseren Geschäften nicht auskennen, immer noch ganz anders aus«, erklärt ein Insider.

Simons fasste den Ansatz in einer Rede, die er 2014 in Südkorea hielt, folgendermaßen zusammen: »Man könnte das als ein großes Manöver des maschinellen Lernens betrachten: die Vergangenheit analysieren, verstehen, was passiert und wie es sich unzufällig auf die Zukunft auswirken könnte.«[70]

=

Lange Zeit war Bob Mercer eine zwar etwas eigenartige, doch im Großen und Ganzen positive Figur im Unternehmen. Er hatte silbergraues Haar und dunkle Augenbrauen, trug gern Brillen mit Metallgestell und hochwertiges Schuhwerk. Er pfiff viel vor sich hin und nahm gern ein paar liberale Kollegen aufs Korn. Doch meist sprach er nur mit Peter Brown.

»Er hat die ganzen Ideen«, erzählte Brown – vermutlich zu bescheiden – einem Kollegen. »Ich formuliere sie lediglich.«

Mercer war sich im wahrsten Sinne des Wortes selbst genug. Einmal verriet er einem Kollegen, dass er Katzen der menschlichen Gesellschaft vorzog. Nachts zog sich Mercer auf sein Anwesen »Owl's Nest« auf Long Island zurück, das »Eulennest« – in Anspielung auf ein anderes Geschöpf, das für Weisheit, Gelassenheit und Schweigsamkeit bekannt ist –, und spielte mit seiner 2,7 Millionen Dollar teuren Modelleisenbahn, deren Schienen eine Fläche bedeckten, die halb so groß war wie ein Basketballfeld.[71] (2009 verklagte Mercer den Hersteller. Er behauptete, dieser habe ihm 700 000 Dollar zu viel berechnet. Der Hersteller hielt dagegen, die Kosten seien explodiert, weil die Anlage auf besondere Anweisung in aller Eile fertiggestellt werden musste – noch vor der Hochzeit von Mercers Tochter.)

»Ich bin zufrieden, durchs Leben zu gehen, ohne mit irgendeinem Menschen zu sprechen«, erklärte Mercer 2010 dem *Wall Street Journal*.[72]

Wer Mercer besser kannte, wusste: Seine politische Einstellung war konservativ, er war Mitglied der National Rifle Association und hatte eine ganze Sammlung von Maschinenpistolen sowie ein automatisches Gewehr vom Typ AR-18 mit Gaskolben, wie es Arnold Schwarzenegger in dem Film *Terminator* verwendete.[73] Doch bei Renaissance interessierten sich die wenigsten näher für diese Ansichten.

»Bob sprach davon, dass man sich vor dem Staat schützen musste, und dass man Waffen und Gold brauchte«, berichtet ein Investor der ersten Stunde des Medallion-Fonds. »Ich habe ihn nicht ganz ernst genommen.«

Alle ein oder zwei Jahre nahm sich Mercer ein paar Tage frei, um an der Ohio State mit anderen Absolventen an Computerprojekten zu arbeiten. Mercer lud die Gruppe dann oft in ein örtliches Steakhouse zum Essen ein. Am Tisch summte er vor sich hin, gern mit einem heiteren Lächeln auf den Lippen. Unterhielt sich Mercer mit Akademikern über nicht projektbezogene Themen, äußerte er häufig seine Missbilligung für Steuern und Skepsis bezüglich des Klimawandels, wie sich Physikprofessor Tim Cooper erinnert. Einmal ratterte Mercer eine Litanei statistischer Daten herunter, um zu belegen, dass die Natur mehr CO_2 produziert als der Mensch. Cooper prüfte die Daten später und stellte fest, dass sie stimmten. Mercer hatte lediglich übersehen, dass die Natur ebenso viel CO_2 absorbiert, wie sie emittiert – und der Mensch nicht.

»Es hatte den Anschein, als habe ihn jemand beeinflusst«, berichtet Cooper. »Selbst ein kluger Kopf kann die Einzelheiten kennen und das Gesamtbild doch falsch deuten.«

Bis 2008 finanzierte Mercers Familienstiftung überwiegend randständige Anliegen. So unterstützte Mercer finanziell die Arbeit von Arthur Robinson. Der Biochemiker aus dem südlichen Oregon sammelte Tausende Fläschchen mit menschlichem Urin, der nach seiner Überzeugung den Schlüssel dazu barg, das menschliche Leben zu verlängern. Mercer hatte Robinsons Newsletter abonniert, in dem behauptet wurde, dass radioaktive Strahlung auf niedrigem Niveau der Gesundheit nicht schade, sondern sie sogar fördere, und dass die Klimawissenschaft ein einziger Schwindel sei. Mercer überwies Robinson 1,4 Millionen US-Dollar, damit dieser Gefrierschränke für sein Urinlager anschaffen konnte.[74]

Als Barack Obama 2008 zum Präsidenten gewählt wurde, begann Mercer, dessen Vermögen sich inzwischen auf mehrere hundert Millionen Euro belief, größere Summen für politische Zwecke zu spenden. Zwei Jahre später kandidierte Robinson für den Kongress, und Mercer gab 300 000 US-Dollar für Anzeigen aus, in denen Robinsons demokratischer Gegenkandidat, der Abgeordnete Peter DeFazio, angegriffen wurde. Dieser wollte Steuerschlupflöcher schließen und neue Steuern auf bestimmte Finanzgeschäfte einführen. Mercer informierte Robinson nicht darüber, dass er die Anzeigen finanzierte. (Robinson verlor mit überraschend knappem Ausgang.)

Dass sich Mercer zum finanzkräftigen rechtslastigen Spender entwickelte, löste in republikanischen Kreisen gewisse Verwunderung aus. Wer größere Summen spendet, will gewöhnlich etwas von der Politik, und im Regelfall ist einigermaßen klar, worum es sich dabei handelt. Mercer stellte kaum je konkrete Forderungen nach Gegenleistungen für sein Geld. In politischen Kreisen folgerte man, dass es sich bei Mercer um den Vertreter einer seltenen Spezies handelte: einen Ideologen, der von lang gehegten Grundsätzen geleitet wurde. Dem Staat brachte er tiefes Misstrauen entgegen, und das Establishment lehnte er ab. Das war zumindest zum Teil jenem frustrierenden Sommer geschuldet, den er damit zugebracht hatte, Programme für den Luftwaffenstützpunkt in New Mexico zu schreiben. Wie viele Konservative empfand er eine nicht minder intensive Abneigung gegen Bill und Hillary Clinton.

Als Mercer 2010 seinen 64. Geburtstag feierte, war er überzeugt davon, dass der Staat in der Gesellschaft eine möglichst geringe Rolle spielen sollte – unter anderem, weil er Inkompetenz beförderte. Mercer hatte quasi sein Leben lang in der Privatwirtschaft gearbeitet und wenig Interesse am öffentlichen Dienst gezeigt. Es war daher nicht so, als hätte er größere Erfahrung gesammelt, auf die sich seine Ansicht stützte. Dennoch waren ihm politische Fehlentscheidungen ständig ein Dorn im Auge, wie Kollegen erzählten – und die angebliche Verlogenheit gewählter Volksvertreter ebenso. Im Gespräch hob Mercer hervor, wie wichtig persönliche Freiheit sei. Manche betrachteten ihn als »extrem libertär«. Ayn Rand hätte sich einen Helden wie Mercer ausdenken können – einen hochgewachsenen, auf raue Art attraktiven Individualisten, der überzeugt für den Kapitalismus eintrat und *stets* rational und kontrolliert war.

Nun, da Mercer zu den sehr Reichen zählte, wollte er etwas tun, um den Kurs seines Landes zu verändern. Einen besseren Zeitpunkt hätte er dafür kaum wählen können. 2010 erging die Grundsatzentscheidung des obersten US-Gerichts im Fall *Citizens United vs. Federal Election Commission*, die besagte, dass Wahlkampfspenden wohlhabender Geldgeber und anderer eine Form der freien Meinungsäußerung darstellten, die vom ersten Zusatz zur US-Verfassung abgedeckt war. Diese Entscheidung ebnete den Weg dafür, dass übermächtige politische Aktionskomitees unbegrenzt Geld entgegennehmen konnten, um einen Kandidaten zu unterstützen, solange sie nicht offiziell mit dem Wahlkampf in Verbindung standen.

Nach diesem Urteil begann Simons, hohe Summen für Anliegen der Demokraten zu spenden, während Mercer verstärkt republikanische Politiker unterstützte. Gedämpft wurde Mercers Aktivität, weil er so viel Wert auf Privatsphäre legte, und natürlich, weil er sich in erster Linie auf Renaissance konzentrierte. Es war seine zweitälteste Tochter Rebekah, die sich bei Veranstaltungen zum Eintreiben von Spendengeldern und anderen Versammlungen zeigte – als öffentliches Gesicht der Familie und treibende Kraft hinter der politischen Strategie.

Die hochgewachsene Rebekah mit ihrem rotbraunen Haar, die von Freunden und Familie nur »Bekah« genannt wurde, war eine markante Erscheinung. Sie trug gern glitzernde, schräge Brillen im Stil der 1950er-Jahre und hatte gewisse Ähnlichkeit mit der Schauspielerin Joan Cusack. Rebekah studierte zunächst Biologie und Mathematik an der Stanford University, arbeitete dann ein paar Jahre lang bei Renaissance für Magerman, um sich später dem Heimunterricht ihrer vier Kinder zu widmen und gemeinsam mit ihren Schwestern ein Geschäft für Gourmet-Cookies zu führen.

Schlagzeilen machte Rebekah erstmals im Frühjahr 2010, als sie und ihr damaliger Ehemann Sylvain Mirochnikoff 28 Millionen US-Dollar für sechs aneinandergrenzende Wohneinheiten in dem 41-stöckigen Heritage at Trump

Place in der Upper West Side von Manhattan ausgaben. Darin richteten sie ein Triplex-Apartment mit 17 Schlafzimmern ein, das doppelt so groß war die Gracie Mansion, die Residenz des Bürgermeisters von New York.[75]

Eine Zeit lang förderten Rebekah und ihr Vater traditionelle rechtsgerichtete Gruppen und Anliegen wie den Freedom Partners Action Fund, ein konservatives politisches Aktionskomitee, das die milliardenschweren Industriemagnate Charles und David Koch gegründet hatten, oder die Heritage Foundation. Manchmal zeigten sich Rebekah und Bob Arm in Arm auf Spendenveranstaltungen der Republikaner. Die Sprechrolle übernahm dabei überwiegend Rebekah, die besser mit Menschen umgehen konnte. Ihr Vater stand schweigend daneben.

Doch die Mercers verloren bald die Geduld mit den etablierten Organisationen und wandten sich kontroverseren Initiativen zu. So spendeten sie einer Gruppe 1 Million Dollar, die sich mit einer aggressiven Anzeigenkampagne gegen den geplanten Bau einer Moschee in der Nähe von Ground Zero des World Trade Centers in Lower Manhattan einsetzte.[76] 2011 lernten die Mercers dann auf einer Konferenz den konservativen Aufwiegler Andrew Breitbart kennen. Seine rechtsextreme Nachrichtenorganisation Breitbart News Network sprach sie auf Anhieb an, und sie bekundeten Interesse an der Finanzierung seiner Tätigkeit. Breitbart stellte die Mercers seinem Freund Steve Bannon vor. Der ehemalige Goldman-Sachs-Banker setzte eine Grundsatzvereinbarung auf, der zufolge die Familie Mercer für 10 Millionen US-Dollar knapp 50 Prozent von Breitbart News erwerben sollte.

Im März 2012 brach Breitbart in Los Angeles auf dem Bürgersteig zusammen und starb im Alter von 43 Jahren an Herzversagen. Bannon und die Mercers trafen sich in New York zu einer Krisensitzung, um über die Zukunft des Netzwerks zu entscheiden. Sie beschlossen, dass Bannon den Vorsitz übernehmen sollte. Nach und nach wurde die Seite bei der »Alt-Right« populär, einem losen Konglomerat von Gruppierungen, die zum Teil die Dogmen von der weißen Vorherrschaft vertraten und Immigration und Multikulturalismus als Bedrohungen erachteten. (Bannon bezeichnete sich aber lieber als wirtschaftlichen Nationalisten und behauptete, rassistische Elemente würden sich aus der populistischen Bewegung »herauswaschen«.)

Nachdem Mitt Romney 2012 die Präsidentenwahl verlor, nahm die Ernüchterung der Mercers im Hinblick auf das Establishment noch zu. In jenem Jahr meldete sich Rebekah vor einer Versammlung von Romney-Unterstützern im University Club of New York mit beißender, ausführlicher Kritik an der republikanischen Partei zu Wort. Sie behauptete, die Kandidaten würden durch die unzulängliche Datenverarbeitung und Wahlwerbung behindert. Rebekah erklärte, es sei an der Zeit, »Amerika davor zu bewahren, so zu werden wie das sozialistische Europa«.[77]

Bannon bahnte eine Transaktion an, durch die sich Mercer in einem Datenanalyseunternehmen namens Cambridge Analytica engagierte, dem US-Zweig des britischen Verhaltensforschungsunternehmens SCL Group. Cambridge Analytica war genau auf die Sorte erweiterter Daten spezialisiert, wie sie Mercer gewohnheitsmäßig bei Renaissance analysierte – auf solche Informationen, wie sie der »Grand Old Party« laut Rebekah fehlten. Sie drängte die Organisationen, die von ihrer Familie finanziell unterstützt wurden, sich der hoch entwickelten technischen Kapazitäten von Cambridge zu bedienen.

2013 gab Patrick Caddell, ein ehemaliger demokratischer Meinungsforscher, der dieser Partei inzwischen kritisch gegenüberstand, Daten an Bob Mercer weiter, die darauf hindeuteten, dass sich die Wähler zunehmend von beiden Parteien abwandten – und auch von den meisten etablierten Kandidaten. Mercer beauftragte Caddell mit weiteren Umfragen und sammelte eigene Daten. Er gelangte zu der Erkenntnis, dass ein Umschwung bevorstand.[78]

»Mein Gott, das ist eine ganz neue Welt«, erklärte er Caddell.

=

Im Februar 2014 versammelten sich Mercer und andere Geldgeber der Konservativen im New Yorker Hotel The Pierre, um eine Strategie für die Präsidentschaftswahl 2016 zu erarbeiten. Mercer erklärte den Teilnehmern, ihm lägen Daten vor, die vermuten ließen, dass etablierte Republikaner wie Jeb Bush und Marco Rubio Schwierigkeiten haben dürften, die Wahl zu gewinnen. Nur ein echter Außenseiter mit einem Gespür für den Frust vieler Wähler könnte den Sieg erringen, so Mercer. Andere schienen von seinen Daten nicht so überzeugt.

Gemeinsam mit Rebekah machte er sich auf die Suche nach einem Außenseiter, der Washington aufmischen konnte.

»Es ist eine philosophische Frage«, wie Caddell feststellte. »Für sie ist das Establishment gescheitert und verfolgt nur seine eigenen Interessen.«

Hilfesuchend wandten sich die Mercers an Bannon. Damals nahm der Onlineverkehr auf der Breitbart-Seite rasant zu, was ihr Vertrauen in den Politprovokateur gerechtfertigt erscheinen ließ. Als Mercer Bannon auf seine 60-Meter-Jacht *Sea Owl* einlud – wieder eine Eule –, trug Bannon dort kurze Hosen, fluchte ungeniert, rülpste und führte sich auf, als gehöre er zur Familie, wie verschiedene Anwesende berichteten. Bannon beriet die Mercers, in welche politischen Anliegen und Medienprojekte sie investieren sollten, und begleitete potenzielle Nutznießer ihrer finanziellen Zuwendungen in Rebekahs Trump-Place-Triplex.*

Mercers Einfluss reichte bis über den Atlantik. Nachdem Breitbart 2012 eine Niederlassung in London gegründet hatte, förderte diese die noch zaghaften Bestrebungen des Politikers und ehemaligen Rohstoffhändlers Nigel Farage, die Idee vom Austritt des Vereinigten Königreichs aus der Europäischen Union von einer Randerscheinung zur Massenbewegung zu machen. Im Zuge dessen entwickelten sich freundschaftliche Bande zwischen Mercer und Farage.

2015 erörterte Cambridge Analytica, wie man die Anführer von Leave.EU unterstützen konnte – die politische Gruppierung, die für einen Rückzug des Vereinigten Königreichs aus der Europäischen Union eintrat. Bannon war im Verteiler des E-Mail-Verkehrs zwischen den beiden Gruppen, wobei unklar ist, ob er die Nachrichten gelesen oder darauf geantwortet hat. Einen Monat später lancierte Leave.EU öffentlich eine Kampagne, die bei britischen Wählern für die Unterstützung eines Referendums warb, um einen Austritt aus der Europäischen Union voranzutreiben. Offizielle Vertreter von Cambridge Analytica stritten ab, Tätigkeiten für Leave.EU in Rechnung gestellt zu haben.[79]

»Selbst wenn das Unternehmen für seine Leistungen nicht bezahlt wurde, schuf es doch erste Grundlagen für die Leave.EU-Kampagne«, meint die Journalistin Jane Mayer.[80]

Im Juni 2016 stimmten die britischen Wähler für einen Austritt aus der Europäischen Union. Angeführt wurde die Kampagne unter anderem von Nigel Farage. Leave.EU wurde jedoch nicht zur offiziellen Organisation der Initiative gewählt.

»Ohne Breitbart wäre der Brexit nicht möglich gewesen«, behauptet Farage.[81]

---

* Auf die Bitte um einen Kommentar erklärte Bannon, diese Beschreibung der Ereignisse im Zusammenhang mit der Wahl und seinen Interaktionen mit den Mercers enthalte »Tatsachenfehler«, auf die er jedoch nicht genauer einging. »Ist ja nicht mein Scheißbuch, Mann«, schrieb er in einer E-Mail.

=

Als 2016 der Präsidentschaftswahlkampf in den USA in Gang kam, unterstützten die Mercers zunächst den texanischen Senator Ted Cruz. Sie waren beeindruckt von dessen Bereitschaft, 2013 aus Sorge um die Verschuldung die US-Verwaltung lahmzulegen. Sie spendeten einem großen politischen Aktionskomitee, das sich für Cruz einsetzte, über 13 Millionen US-Dollar. Als Cruz im Mai desselben Jahres aus dem Rennen war, nahm Rebekah eine Einladung von Donald Trumps Tochter Ivanka und ihrem Mann Jared Kushner zum Mittagessen in den Trump Tower an. Bei Sandwiches und Salat fand man schnell zueinander – unter anderem beim Thema Kindererziehung.[82]

Bald verlegten sich die Mercers auf die Unterstützung Trumps, der inzwischen de facto zum nominierten Kandidaten der Partei avanciert war. Sie richteten ein großes politisches Aktionskomitee ein, um Hillary Clinton entgegenzuarbeiten. Die Leitung der Organisation wurde Kellyanne Conway übertragen, einer erfahrenen republikanischen Meinungsforscherin. Am Ende waren die Mercers Trumps größte finanzielle Unterstützer.

Im Hochsommer verlor Trump gegenüber Clinton an Boden. Ein Wahlsieg schien unrealistisch. Am 13. August beschrieb ein Leitartikel der *New York Times* das Wahlkampfchaos in aller Ausführlichkeit. Trump verwendete bei seinen Reden keinen Teleprompter, konnte nicht beim Thema bleiben und war nicht in der Lage, peinliche Lecks zu stopfen. Den Republikanern sprangen die Geldgeber ab. Ein Erdrutschsieg für Clinton schien nicht nur möglich, sondern sogar wahrscheinlich.

Noch am selben Tag rief Bob Mercer bei Bannon an und wollte wissen, wie sich das Ruder noch herumreißen ließe. Bannon skizzierte ein paar Ideen. Eine davon war, Conway mehr Fernsehpräsenz zu verschaffen, damit sie sich für Trump starkmachen konnte.

»Hört sich gut an«, meinte Mercer.

Umgehend setzten sich die Mercers in einen Hubschrauber und ließen sich zum Anwesen von Woody Johnson am Strand von East Hampton fliegen. Er war der Eigentümer der New York Jets. Dort trafen sich Unterstützer der Republikaner wie die Wall-Street-Investoren Carl Icahn und Steve Mnuchin mit Trump. Mit der *Times*-Story unter dem Arm ging Rebekah schnurstracks auf den Kandidaten zu.

»Das ist nicht gut«, räumte Trump ein.

»Nicht nur nicht gut, sondern das Ende«, erklärte sie Trump. »Wenn Sie nichts ändern.«

Sie sagte zu Trump, sie wüsste, wie er die Wahl noch für sich entscheiden könne.

»Holen Sie Steve Bannon und Kellyanne Conway ins Boot«, sagte sie. »Ich habe schon mit den beiden gesprochen. Sie sind bereit.«[83]

Am Tag darauf fuhr Bannon mit Uber zum Trump National Golf Club in Bedminster, New Jersey. Nachdem er ungeduldig abgewartet hatte, bis Trump seine Runde Golf beendet und mehrere Hot Dogs und ein Eis verdrückt hatte, sagte Bannon, was er zu sagen hatte.

»Sie können ganz sicher gewinnen«, erklärte Bannon Trump. »Sie müssen sich nur richtig organisieren.«

Bald leitete Bannon den Wahlkampf, mit Conway als Managerin, die sich allgegenwärtig und effektiv im Fernsehen präsentierte. Bannon brachte Ordnung in den Wahlkampf und sorgte dafür, dass sich Trump auf zwei Dinge konzentrierte – Clinton zu verunglimpfen und eine Form des Nationalismus zu propagieren, die Bannon mit »America First« überschrieben hatte – ein Slogan, der an das kurzlebige America First Committee erinnerte. Diese Gruppe hatte Druck ausgeübt, um zu verhindern, dass die USA in den Zweiten Weltkrieg eintraten und sich gegen Adolf Hitler stellten.

Bannon wirkte zwar erfolgreich auf Trumps aktuelle Auftritte ein, konnte aber nicht ändern, wie er sich früher verhalten hatte. Am 7. Oktober erschien in der *Washington Post* ein Artikel über Szenen aus der Fernsehsendung *Access Hollywood,* in denen sich Trump mit derben, drastischen Worten damit brüstete, wie er Frauen geküsst, betatscht und ins Bett zu kriegen versucht hatte.

»Ist man ein Star, lassen sie das zu«, sagte Trump.

Das republikanische Establishment verurteilte Trump, doch die Mercers hielten ihm wortgewaltig die Stange.

»Mr. Trumps Umkleidekabinen-Prahlereien interessieren uns überhaupt nicht«, sagten sie. »Wir müssen ein Land retten, und es gibt nur einen Menschen, der das kann. Wir und Amerikaner im ganzen Land und in aller Welt stehen unverbrüchlich hinter Donald J. Trump.«

=

Jim Simons saß zwischen den Stühlen.

Seit er mit seinem Jugendfreund Jim Harpel durchs Land gefahren war und erlebt hatte, wie schlecht es Minderheiten und anderen ging, hatte er politisch nach links tendiert. Manchmal unterstützte er einen republikanischen Kandidaten, doch meist das demokratische Lager. Mitte 2016 war Simons zum wichtigsten Förderer des politischen Aktionskomitees Priorities USA Action der Demokraten und zum maßgeblichen Unterstützer demokratischer Kandidaten für das Repräsentantenhaus und den Senat geworden. Am Ende des Jahres sollte Simons über 27 Millionen US-Dollar für demokratische Anliegen gespendet haben. Marilyn Simons war eher noch liberaler als ihr Mann, und Jims Sohn Nathaniel hatte eine gemeinnützige Stiftung ins Leben gerufen, die sich dem Kampf gegen den Klimawandel und für eine umweltfreundliche Energiepolitik verschrieben hatte – Themen, die das Wahlkampfteam von Trump generell ins Lächerliche zog oder ignorierte.

Als Bob Mercers politischer Einfluss größer wurde und er sich immer stärker für den Trump-Wahlkampf engagierte, hörte Simons erste Klagen von Partnern und anderen. Meist fragten sie ihn: Kannst du denn nichts gegen ihn unternehmen?

Simons stand vor einem Dilemma. Er hatte erst kurz zuvor von Mercers Allianz mit Bannon und von manch anderen seiner politischen Ansichten erfahren. Simons begriff nicht, wie ein Wissenschaftler die Gefahren der globalen Erwärmung einfach von der Hand weisen konnte, und er teilte Mercers Ansichten nicht. Doch Simons mochte Mercer. Sicher, dieser war ein bisschen exzentrisch und häufig unkommunikativ, doch Simons gegenüber hatte sich Mercer stets freundlich und respektvoll verhalten.

»Er ist ein netter Kerl«, beharrte Simons einem Freund gegenüber. »Er kann mit seinem Geld machen, was er will. Was soll ich tun?«

Immerhin hatte Mercer dem Medallion-Fonds gleich zu mehreren wichtigen Durchbrüchen verholfen. Im Freundeskreis äußerte Simons, es sei nicht rechtens, jemanden wegen seiner politischen Überzeugungen zu entlassen.

»Berufliche Leistung und politische Ansichten« seien zwei Paar Schuhe, erklärte Simons jemandem.

Sowohl der Medallion-Fonds als auch der RIEF entwickelten sich stark. Mercer machte bei Renaissance in der Doppelspitze mit Brown eine gute Figur. Brown selbst engagierte sich im Wahlkampf kaum. Er gab nicht gern Geld aus.

Außerdem vertraute er einem Freund an, die Erfahrung seiner Frau im Staatsdienst habe ihm die Politik vergällt. Für den Hedgefonds könne die Wahl sogar von Vorteil sein, weil sie ein bisschen Volatilität in die Finanzmärkte bringe, erklärte Brown zumindest einer Person.

Im Unternehmen blieb Mercer politisch ein Ausreißer, und es gab keine offensichtlichen Anzeichen dafür, dass sich Mercers sonstige Aktivitäten negativ auf die Firma auswirkten. Dadurch hatte Simons noch weniger Anlass, etwas zu unternehmen.

Das sollte sich aber mit der Zeit ändern.

=

Am Wahltag glaubte die Trump-Mannschaft nicht wirklich an einen Sieg. Das Datenteam der Republikaner prognostizierte Trump höchstens 204 Wahlmännerstimmen und rechnete ihm für maßgebliche hart umkämpfte Bundesstaaten keine Chance aus. Mitarbeiter und andere in der Einsatzzentrale des Wahlkampfteams – ein Bereich im Trump Tower, in dem sich auch das Set für die Fernsehshow *The Apprentice* befand – waren niedergeschlagen. Um 17.01 Uhr erhielt David Bossie, ein enger Bundesgenosse von Bannon und Conway, der auf Drängen von Bob und Rebekah ebenfalls ins Wahlkampfteam aufgenommen worden war, einen Anruf mit den ersten Zahlen. Trump liege in acht von elf entscheidenden Bundesstaaten um 5 bis 8 Prozent zurück, erfuhr er.

Als Trump das hörte, klappte er sein Handy zu und schleuderte es durch das Zimmer.

»Was für eine Zeit- und Geldverschwendung«, sagte er in den Raum hinein.

Gegen 21 Uhr machte sich Bob Mercer auf den Weg in die Einsatzzentrale – im eleganten grauen Dreiteiler. Als Bannon das sah, scherzte er, jemand habe wohl das Maskottchen Mr. Monopoly eingeladen. Melania Trump fand sich ebenso ein wie die Trump-Kinder, Mike Pence, Trumps designierter Vizepräsident und Gouverneur von Indiana, Chris Christie, der Gouverneur von New Jersey, und andere. Sie aßen Pizza und starrten eine Wand an, an der sechs 75-Zoll-Bildschirme angebracht waren, auf denen unterschiedliche Sender liefen.

Als weitere enttäuschende Ergebnisse eingingen, wurde Trumps Laune schlechter.

»Na, ihr Genies«, sagte er zu seinem Team. »Wie sieht das für uns aus?«

Tucker Carlson von Fox News fragte nach: »Er gewinnt nicht, oder?«

Doch dann wendete sich das Blatt. Gegen 1 Uhr früh sagte Trump freudig erregt zu Bossie: »Dave, ist das zu glauben? Dabei sind wir nur aus Spaß angetreten.«

Um 2.20 Uhr erhielt Conway einen Anruf aus der Redaktion von Associated Press.

»Und für welchen Bundesstaat gilt das Ergebnis?«, fragte sie.

»Nicht für einen Bundesstaat«, meinte der Redakteur. »Für die ganze Wahl.«[84]

=

Als die Wahl näher rückte, äußerte sich Simons besorgt. Clinton lag in den meisten Wählerumfragen vorne, traf aber offenbar strategische Fehleinschätzungen. Clintons Team wendete sich an Simons mit der Bitte, falls er in diesem Jahr noch weitere politische Spenden tätigen wolle, solle er diese den Bestrebungen der Partei zuführen, sich die Mehrheit im Senat zu sichern. Das Clinton-Camp schien so siegesgewiss, dass es zusätzliche Unterstützung für den eigenen Wahlkampf für überflüssig hielt.

Den Wahlabend verfolgten Jim und Marilyn bei Freunden. Die Gruppe, ausnahmslos Clinton-Unterstützer, versammelte sich um einen Fernsehschirm. Die Stimmung war nervös, doch optimistisch. Sie trübte sich jedoch, als die Zahlen eingingen und langsam klar wurde, dass Trump Gewinnchancen hatte. Gegen 21.30 Uhr hatte Simons genug gehört.

»Ich fahre heim und trinke was«, sagte er zu seinem politischen Berater Abe Lackman. »Kommst du mit?«

Simons und Lackman tranken schweigend Rotwein und sahen zu, wie Trump die Wahl für sich entschied. Vor Mitternacht schalteten sie den Fernseher aus. Sie wollten nichts mehr sehen.

»Wir waren am Boden zerstört«, erzählt Lackman.

KAPITEL 15

Simons sah auf und blickte in Dutzende ängstlicher Gesichter.

Es war der Morgen des 9. November 2016 – ein Tag nach der Präsidentenwahl. Fast 50 Wissenschaftler, Analysten und andere Mitarbeiter der Simons Foundation hatten sich spontan in einem offenen Raum im zehnten Stock der Stiftungszentrale in Lower Manhattan zusammengefunden. Sie versuchten zu begreifen, was da gerade passiert war.

Sonne durchflutete den Raum, doch kaum einer auf dieser ungeplanten Versammlung blickte fröhlich. Sie sorgten sich um die Zukunft des Landes – und um ihre eigene. Es war allgemein bekannt, dass Simons im Wahlkampf zu den größten Unterstützern von Hillary Clinton gezählt hatte. Nun befürchteten die Mitarbeiter, dass die neue Regierung unter Trump gemeinnützige Stiftungen wie die von Simons ins Visier nehmen könnte. Manche fragten sich bang, ob der Stiftung als Revanche ihre Steuervorteile entzogen werden könnten.

Alle Gespräche verstummten, als Simons, der im blauen Blazer und braunen Chinos in der Nähe der Aufzugsanlage stand, das Wort ergriff. In gemäßigtem Ton erinnerte er die Mitarbeiter daran, wie wichtig ihre Arbeit sei. Die Autismus-Forschung, die Ergründung der Ursprünge des Universums und andere verdienstvolle Unterfangen seien langfristige Projekte, die weitergeführt werden müssten, so Simons. Sie sollten weiter zusammenarbeiten und die politischen Turbulenzen nach Möglichkeit ignorieren.

»Wir sind alle enttäuscht«, erklärte Simons. »Am besten konzentrieren wir uns auf unsere Arbeit.«

Langsam gingen die Mitarbeiter in ihre Büros zurück, manche mit neuem Mut.

=

Simons war ernüchtert, Bob Mercer dagegen in Feierlaune.

Mercer, seine Tochter Rebekah und der Rest der Familie bereiteten sich auf ihre jährliche Party vor, die jedes Jahr Anfang Dezember in »Owl's Nest« stattfand, dem Anwesen der Familie auf Long Island. Mercer sprach nicht so gern mit Kollegen und anderen. Doch seine Kostümfeste waren ihm sehr wichtig. Seit 2009 hatte die Familie schon Hunderte von Freunden, Geschäftspartnern und andere zu aufwändigen Themenpartys in ihr Haus geladen.

Mercers geselligere Frau Diana stand gewöhnlich im Mittelpunkt des Fests. Mercer saß gern mit einem Enkelkind in einer ruhigen Ecke oder spielte Poker mit einem der professionellen Dealer, die er für diesen Abend engagiert hatte.

In diesem Jahr ließ sich das Fest so außergewöhnlich an, dass selbst von Mercer erwartet wurde, mitzufeiern. Das gewählte Thema war »Schurken und Helden«, und auf den Einladungen zu diesem Abend war ein schwertschwingender römischer Zenturio abgebildet, der aus antiken Ruinen auf ein schlangenhaariges Medusenhaupt hinunterblickte. Die Mercers verwiesen ihre Gäste auf eine vertrauliche Website, auf der sie Kostümvorschläge aus Film, Fernsehen, Comics und Alltag fanden, darunter Superman, Captain Hook und Mutter Teresa.[85]

Als die Party am Samstag begann, sah man den Investor und Trump-Unterstützer Peter Thiel als Hulk Hogan mit Kellyanne Conway im Superwoman-Kostüm. Steve Bannon kam als er selbst – wohl ein Seitenhieb auf all jene, die ihn seiner aufrührerischen politischen Aktivitäten wegen als Schurken sahen, oder aber eine Anspielung auf seine Heldenrolle bei der Wahl. Von den Mercers kam Bob als Mandra, der Zauberer, ein Comic-Superheld, der seine Gegner gewöhnlich hypnotisierte. Rebekah erschien als Schwarze Witwe, von Kopf bis Fuß in schwarzes Latex gehüllt.

Es hieß, Donald Trump sei auf dem Weg, um sich eine Pause von Übergangssitzungen und dringenden Kabinettsentscheidungen zu gönnen. Noch ein paar Jahre zuvor war Mercer nur ein exzentrischer Quant. Dieser Ruf gründete sich auf seine Waffensammlung, seine Unterstützung für einen begeisterten Urinforscher und andere abseitige Anliegen, und natürlich darauf, dass er seinem geheimnisvollen Hedgefonds dazu verholfen hatte, den Markt zu schlagen. Und nun machte sich der designierte Präsident der Vereinigten Staaten nach Long Island auf, um Mercer die Ehre zu geben. Durch die 26 Millionen US-Dollar, die sie für die republikanische Sache gespendet hatten, durch Rebekahs Beharren, Trump solle Bannon und Conway einsetzen, um seinem schleppenden Wahlkampf neuen Schwung zu geben, und durch die unverbrüchliche Unterstützung des Trump-Wahlkampfs durch Breitbart News zählten Bob und Rebekah Mercer zu den Hauptverantwortlichen für Trumps schockierenden Wahlsieg.[86]

»Die Mercers bereiteten den Boden für die Trump-Revolution«, beschrieb es Bannon. »Schaut man sich die Spender der letzten vier Jahre an, dann übten sie unleugbar den größten Einzeleinfluss aus.«[87]

Der designierte Präsident und seine Entourage rollten in bulligen schwarzen SUVs an. Trump stieg aus. Er trug einen schwarzen Mantel, einen dunklen Anzug und eine karierte Krawatte (kein Kostüm). Er mischte sich unter die Gäste, blieb stehen, um Mercer zu begrüßen, und hielt kurz darauf eine Ansprache. Trump scherzte, er habe gerade sein bisher längstes Gespräch mit Mercer geführt – »zwei Worte«.[88] Er ließ sich lobend über Mercers Wahlkampfunterstützung aus und bedankte sich bei ihm und seiner Tochter, dass sie ihn dazu gedrängt hatten, Bannon, Conway und Bossie mit der Leitung des Wahlkampfs zu betrauen – Maßnahmen, die diesem die nötige »Organisation« verschafften, wie er sagte. Dann setzte sich Trump zu den Mercers, Bannon und Conway an den Haupttisch der Party.

Nach der Wahl konzentrierte sich Mercer auf die Leitung von Renaissance und arbeitete so eng wie eh und je mit Peter Brown zusammen. Für einen Botschafterposten oder eine der anderen offensichtlichen Belohnungen, wie sie häufig denjenigen zufallen, die bei Präsidentenwahlen den Sieger unterstützten, interessierte sich Mercer offenbar nicht. Doch Bannon sollte Chefstratege im Weißen Haus werden, und Conway Beraterin des Präsidenten. Damit war sichergestellt, dass Mercer mehr Zugang zu Trump haben würde als jeder andere. Mercer blieb einer der wichtigsten Förderer der republikanischen Partei und kontrollierte nach wie vor Breitbart News, was ihm Einfluss auf den aufsteigenden, Establishment-feindlichen Flügel der Partei verschaffte.

Rebekah Mercer übernahm eine aktivere Rolle in der neuen Regierung. Wochenlang verschanzte sie sich in Bannons Büro im Trump Tower und erteilte Ratschläge zur Nominierung der Mitglieder von Trumps Kabinett. Rebekah Mercer leistete erfolgreich Lobbyarbeit für Senator Jeff Sessions bei der Ernennung zum Generalstaatsanwalt, kämpfte mit harten Bandagen gegen die Berufung von Mitt Romney zum Außenminister und nahm Einfluss auf die Wahl des Juristen Jay Clayton zum Leiter der US-Börsen- und Wertpapieraufsichtsbehörde (US Securities and Exchange Commission), obwohl das Fragen aufwarf, da ja ihr Vater Co-CEO eines der größten Hedgefonds des Landes war. Später suchte der Präsident bei der Auswahl seiner Kandidaten für Richterposten Rat bei Leonard Leo, einem langjährigen Mitarbeiter Rebekah Mercers, der die konservative Federalist Society leitete. Sie plante ferner, den Vorsitz über eine externe Gruppe zu übernehmen, um Trumps Agenda zu unterstützen.

Rebekah wurde zur eigenständigen öffentlichen Figur. Die Zeitschrift GQ platzierte sie Anfang jenes Jahres auf Platz 17 der mächtigsten Personen in Washington und bezeichnete sie als »First Lady der Alt-Right-Bewegung«. Der politische Einfluss der Familie und ihre fortgesetzte Unterstützung des designierten Präsidenten schien gesichert.

=

David Magerman litt.

Obwohl er offiziell Mitglied der Demokraten war, betrachtete sich Magerman politisch als gemäßigt und stimmte auch manchmal für republikanische Kandidaten. Im Wahlkampf 2016 war das jedoch anders. Trump hatte sich abfällig über Immigranten geäußert, davon gesprochen, dass Mittel von öffentlichen Schulen auf sogenannte Charter-Schulen umgeschichtet werden sollten, und zugesagt, Milliarden von Dollar für die Errichtung einer Schutzmauer an der mexikanischen Grenze auszugeben – Einstellungen und Maßnahmen, die Magerman für fehlgeleitet oder sogar grausam hielt. Die Zusicherung des Kandidaten, die Abtreibungsrechte einzuschränken, stimmten Magerman besorgt und entsetzten seine Frau Debra. Nach der Wahl löschte Magerman fast alle seine Freunde auf Facebook, weil er befürchtete, sonst schmerzhaft an Trumps Wahlsieg erinnert zu werden.

Nach der Amtseinführung überdachte Magerman seine Lage. Vielleicht konnte er die Regierung ja in eine positivere Richtung bewegen. Der 48-Jährige hatte sich damals schon jahrzehntelang mit Bildungsfragen auseinandergesetzt. Seine Erfahrung könnte Trumps Team nützlich sein, dachte er – und hoffte, dass er vielleicht auch in anderen Bereichen Einfluss nehmen konnte.

Im Januar rief Magerman Rebekah Mercer auf ihrem Handy an, doch sie nahm den Anruf nicht entgegen. Er versuchte es erneut und sprach ihr auf die Mailbox, dass er helfen wolle. Daraufhin kam ein Rückruf – allerdings von Bob

Mercer. Trotz seiner üblichen Zurückhaltung schien Mercer unbedingt über Trumps Verdienste und verschiedene strittige politische Themen sprechen zu wollen. In Bezug auf den Klimawandel, Obamacare und die Vorteile eines Grenzwalls waren sie verschiedener Ansicht, doch der Ton blieb höflich.

»Er hat Sprengkraft«, sagte Mercer über Trump.

»Genau das macht mir Sorgen«, erklärte Magerman.

»Willst du wirklich, dass die Welt wieder Angst vor einem Atomkrieg haben muss?«, fragte Magerman.

Um einen Atomkrieg mache er sich keine großen Gedanken, meinte Mercer. Bevor er auflegte, sagte Mercer noch, er habe ihren Meinungsaustausch genossen, doch Magerman fühlte sich frustrierter als zuvor.

Er beschloss, abzuwarten, welche Maßnahmen die neue Regierung ergreifen würde. Was er sah, gefiel ihm nicht. Ende Januar 2017 unterzeichnete Trump ein Dekret, mit dem er für 90 Tage einen Einreisestopp für Menschen aus sieben überwiegend muslimischen Ländern verhängte und syrischen Flüchtlingen die Einreise bis auf Weiteres untersagte. Der Senat bestätigte Sessions als Generalstaatsanwalt. Trump stellte weiter aggressiv die Glaubwürdigkeit der US-Geheimdienste und Medien infrage, was Magerman noch mehr aufbrachte.

Magerman wollte die Regierungspolitik mäßigen oder sogar konterkarieren, wusste aber nicht so recht, wie er das anfangen sollte. Er dachte an Spenden an die Demokraten vor Ort, und er rief bei Planned Parenthood an, um seine Unterstützung anzubieten. Die gemeinnützige Organisation bot sexuelle Gesundheitsfürsorge an. Magerman versuchte auch, Trumps einflussreichen Schwiegersohn Jared Kushner zu erreichen – er wollte ihn vor dem eingeschlagenen politischen Kurs der Regierung und vor Mercers Einfluss warnen –, doch er drang nicht zu ihm durch.

Magerman quälte sich mit Schuldgefühlen. Mercers Stiftung war im Medallion-Fonds investiert. Daher fühlte sich Magerman persönlich mitverantwortlich dafür, dass Mercer die Mittel hatte, Trump in Amt und Würden zu bringen und eine Politik zu fördern, die Magerman zutiefst ablehnte.

»Das kotzt mich an«, erklärte er Debra, als ihn die Wut übermannte. »Ich habe Software geschrieben, die reiche Weiße wie Mercer noch reicher macht.«

In Telefongesprächen mit Kollegen klagte Magerman darüber, dass Mercer die Trump-Präsidentschaft ermöglicht hatte. Er erzählte von einem Gespräch, das er Jahre zuvor mit Mercer geführt hatte. Seiner Erinnerung nach hatte Mercer damals behauptet, Afroamerikanern sei es vor Inkrafttreten des Civil Rights Act von 1964 besser gegangen. Das Gesetz verbot Diskriminierung in öffentlichen Unterkünften, am Arbeitsplatz und bei von der US-Bundesregierung finanzierten Tätigkeiten.

Mercer hörte von Magermans Kritik. Eines Tages, Magerman arbeitete gerade im Homeoffice, klingelte das Telefon.

»Wie ich höre, läufst du herum und erzählst, ich sei ein Rassist«, sagte Mercer. »Das ist lächerlich.«

Magerman traf der Vorwurf unvorbereitet.

»So habe ich das nicht gesagt«, erklärte er seinem Chef stammelnd.

Magerman rang um Fassung.

»Allerdings habe ich wirklich diesen Eindruck«, erklärte er und berief sich auf Mercers frühere Aussagen zum Civil Rights Act.

»Das hätte ich nie gesagt, da bin ich mir sicher«, entgegnete Mercer.

Dann zitierte er Daten, die seiner Ansicht nach belegten, dass Afroamerikaner in den zehn Jahren vor Inkrafttreten des Gesetzes einen höheren Lebensstandard hatten – unter anderem Statistiken zum prozentualen Anteil von Afroamerikanern in verschiedenen Berufsgruppen. Er versprach, Magerman ein Buch zu schicken, um seine Argumente zu untermauern.

Der Civil Rights Act habe Afroamerikaner »bevormundet, indem er sie vom Staat abhängig gemacht habe«, erklärte Mercer Magerman.

Das brachte Magerman in Rage.

»Bob – sie mussten damals eigene Toiletten und Wasserhähne benutzen!«

Magerman äußerte seine Bedenken zu Trumps politischen Positionen, seiner Ausdrucksweise und seinen Kabinettsentscheidungen. Mercer entgegnete, er habe nichts mit den Entscheidungen zu tun, die Trump oder ihm Nahestehende träfen. Er habe nur verhindern wollen, dass Clinton gewählt würde.

Nun kam Magerman richtig in Fahrt.

»Wie kannst du sagen, du hast nichts damit zu tun?«, schrie Magerman und verwies auf die Gruppe, die Rebekah Mercer gegründet hatte, um Trumps Agenda zu fördern, und auch auf Bobs nach wie vor enge Beziehungen zu Bannon und Conway.

»Du solltest Bannon kennenlernen. Er ist ein feiner Kerl«, sagte Mercer.

»Wenn das, was du tust, dem Land schadet, dann musst du damit aufhören!«, erklärte Magerman Mercer, bevor sie das Telefonat beendeten.

Mercer brachte das Gespräch offenbar nicht aus dem Konzept. Er war Auseinandersetzungen mit liberaleren Kollegen gewohnt. Für ihn war das so eine Art Sport. Ein paar Tage später schickte Mercer Magerman ein 1984 erschienenes Buch mit dem Titel *Civil Rights: Rhetoric or Reality?*. Geschrieben hatte es der Ökonom Thomas Sowell von der Hoover Institution, und die *New York Times* hatte es als »brutal ehrlich, kenntnisreich und relevant« bezeichnet. Darin steht, dass schon vor der Verabschiedung des Civil Rights Act Angehörige von Minderheiten in großer Zahl in besser bezahlte Positionen aufzusteigen begannen, und dass die positive Diskriminierung dazu geführt habe, dass die am stärksten benachteiligten Segmente der Minderheitsbevölkerung hinter ihren weißen Vergleichsgruppen zurückfielen.[89] Magerman zufolge fokussierte sich Sowells Argumentation »auf eng gefasste finanzielle Maßnahmen, ignoriert aber die übergreifenden menschlichen Faktoren«. Damit greift er einen von vielen Kritikpunkten auf, die er und andere zu dem Buch vorbringen.

Magerman hatte das Gespräch mit Mercer zutiefst erschüttert. Er wollte etwas tun, um seinen Chef aufzuhalten. Magerman sah das Mitarbeiterhandbuch von Renaissance durch, um herauszufinden, welche disziplinarischen Maßnahmen ihm drohten, wenn er seine Bedenken äußerte. Er sprach auch mit Peter Brown und Mark Silber, die nach eigenen Worten bezweifelten, dass sich Mercer rassistisch geäußert habe. (Ein anderes Mitglied der Geschäftsleitung witzelte, Mercer sage so wenig, dass man unmöglich wissen könne, ob er ein Rassist sei.) Den Gesprächen entnahm Magerman, dass er sich vermutlich auf sicherem Terrain bewegte, solange er bei seiner Kritik an Mercer nichts über Renaissance sagte.

Im Februar schickte Magerman eine E-Mail an einen Reporter des *Wall Street Journal*.*

»Ich bin bereit, etwas zu unternehmen«, schrieb er. »Es reicht.«

In dem darauffolgenden Interview, das in einem Restaurant geführt wurde, das Magerman in Bala Cynwyd in Pennsylvania besaß, äußerte er sich sehr ausführlich.

»Seine Ansichten belegen eine Missachtung des sozialen Sicherheitsnetzes, das er nicht braucht, aber viele andere Amerikaner sehr wohl«, erklärte Magerman. »Er verwendet jetzt das Geld, das er mit meiner Hilfe verdient hat, um seine

---

* Meine Wenigkeit.

Weltanschauung durchzusetzen«, indem er Trump unterstütze und vorschlage, »den Staat auf Stecknadelgröße herunterzuschrumpfen«.

Magerman zeigte sich auch um seine eigene Zukunft besorgt.

»Ich möchte gerne glauben, dass ich mit diesen Äußerungen nicht meinen Job riskiere, doch es ist gut möglich, dass sie mich feuern«, erklärte er. »Das ist mein Lebenswerk – ich leitete eine Gruppe, die das Handelssystem entwickelte, das sie nach wie vor nutzen.«

Am selben Morgen, als eine Onlineversion der Geschichte auf der Website der Zeitung erschien, bekam Magerman einen Anruf von Renaissance. Ein Unternehmensvertreter teilte ihm mit, er sei unbezahlt beurlaubt und dürfe keinen Kontakt zur Firma aufnehmen.

=

Doch auch für Mercer hatte die Wahl erste unangenehme Folgen.

Er und seine Tochter waren inzwischen so eng mit Bannon und dem rechtsextremen Flügel der republikanischen Partei verbunden, dass sie ins Fadenkreuz derer gerieten, die mit dem Rechtsruck des Landes nicht einverstanden waren.

Einmal schaltete das Komitee der Demokraten im Bundesstaat New York einen Fernsehspot, in dem die Gesichter von Bob und Rebekah Mercer zu sehen waren. Sie wurden bezeichnet als »dieselben Leute, die Trumps Bot-Armee in den sozialen Medien und Steve Bannons extremistische Breitbart News finanziert« hätten.

Im März 2017 versammelten sich rund 60 Demonstranten vor Mercers Haus, protestierten dagegen, dass er rechtsextreme Anliegen finanziere, und forderten höhere Steuern für die Reichen. Eine Woche später demonstrierte eine zweite Gruppe mit Transparenten, auf denen stand: »Mercer, zahl deine Steuern!« Polizeibeamte sperrten die Straße vor »Owl's Nest« für die Demonstranten, die stundenlang im strömenden Regen standen und ihre Kritik an Mercer hinausschrien.

Mercer »hatte wesentlichen Anteil am Wahlsieg von Donald Trump«, sagte der 82-jährige ortsansässige Bill McNulty, der sich der Gruppe anschloss. »Wir haben erlebt, wie zerstörerisch und giftig der Einfluss von dunklem Geld auf die Politik ist.«[90]

Freunden zufolge erhielten die Mercers Morddrohungen, sodass die Familie Wachpersonal einstellen musste. Für eine Familie, die so großen Wert auf ihre

Privatsphäre legte, war dieser wachsende zweifelhafte Ruhm ebenso schockierend wie verstörend.

=

Bei Renaissance wusste man nicht, wie man mit Magerman verfahren sollte.

Das Unternehmen entlässt selten Mitarbeiter, selbst wenn diese unproduktiv, desinteressiert oder schwierig sind. Das Risiko ist einfach zu groß. Auch nicht überragende, eher mittelmäßige Analysten und Programmierer haben Einsicht in Know-how und Hintergründe, die Konkurrenten nützlich sein könnten. Aus diesem Grund hatte sich Magerman ja auch getraut, sich über Mercer zu äußern – er hatte erlebt, wie andere ungestraft mit Insubordination durchgekommen waren. Doch Magerman hatte die schlimmste Sünde begangen, die man sich als Beschäftigter zuschulden kommen lassen konnte: Er hatte möglichst öffentlich seinen Chef angegriffen und dabei durchblicken lassen, dieser sei ein Rassist. Dabei gab es kaum ein publicityscheueres Unternehmen als Renaissance – ein Grund, aus dem viele Beschäftigte Magerman gern von hinten sehen wollten.

Magerman selbst hatte gemischte Gefühle. Er hatte mit dem Unternehmen so viel Geld verdient, dass ihm eine Entlassung keine finanziellen Probleme bereitete. Er missbilligte, was Mercer dem Land antat, und wollte dessen politischem Engagement Einhalt gebieten. Magerman erinnerte sich aber auch daran, wie freundlich ihn Mercer und seine Frau aufgenommen hatten, als er bei der Firma anfing – wie sie ihn zu »Friendly's« zum Abendessen und zu Kinobesuchen mit der Familie eingeladen hatten. Magerman respektierte Bobs Intelligenz und Kreativität, und im Innersten sehnte er sich nach wie vor sehr danach, es den mächtigen Männern in seinem Leben rechtzumachen. Damals arbeitete Magerman schon 20 Jahre bei Renaissance und fühlte sich dem Unternehmen verbunden. Er beschloss, wenn er sich weiter gegen Mercers Politik äußern dürfe, würde er seinen alten Job weitermachen.

Doch im Gespräch über seine Zukunft machte es Magerman Brown und anderen nicht leicht.

»Ich kann kein Schweigegeld nehmen«, erklärte er ihnen.

Bei einem Besuch im Büro in Long Island fand Magerman verletzend, wie viele Mitarbeiter ihm sichtlich unfreundlich begegneten. Niemand wollte seinen Posten im Unternehmen gefährden, indem er Magerman beisprang, wie es schien. Vielleicht fanden linkslastige Kollegen aber auch, dass er seinen Protest falsch anpackte.

»Leute, von denen ich Wärme und Herzlichkeit erwartet hatte, zeigten mir die kalte Schulter«, erzählte er nach der Begegnung. »Für sie bin ich der Böse.«

Beide Seiten räumten hohe Hürden aus dem Weg und erarbeiteten eine vorläufige Vereinbarung, die es Magerman ermöglichen sollte, wieder in den Schoß des Unternehmens zurückzukehren. Darin wurde festgelegt, was er über Mercer sagen durfte. Doch der Vertrag kam nicht zum Abschluss. Um seinen guten Willen zu zeigen, beschloss Magerman, am 20. April an einem Poker-Turnier im New Yorker Hotel St. Regis teilzunehmen. Der Erlös kam Math for America zugute, der gemeinnützigen Institution, die Simons gegründet hatte. Das Ereignis war die mit Spannung erwartete jährliche Kraftprobe der Quants, Poker-Profis und anderer. Magerman wusste, dass Simons, Mercer, Brown und andere Renaissance-Manager dabei sein würden. Wer weiß, vielleicht kam ja auch Rebekah Mercer?

»Ich wollte mich wiedereinführen und Teil der Kultur werden«, erzählt Magerman, »zeigen, dass ich mir Mühe gab«.

Auf der dreistündigen Anfahrt wurde Magerman nervös. Er konnte nicht einschätzen, wie ihn seine Kollegen und andere Teilnehmer aufnehmen würden. Im Hotel zahlte Magerman 5000 Dollar ein, um am Turnier teilzunehmen. Sofort fiel ihm auf, dass er nicht angemessen gekleidet war. Die meisten der rund 200 Spieler in dem mit Teppichboden ausgelegten Saal im ersten Stock trugen Anzüge oder Sakkos. Die Sicherheitsleute trugen Smoking. Magerman kam in Jeans und offenem Hemd – ein Fehler, der sein Unbehagen und seine Befürchtungen noch steigerte.

Beim Betreten des Pokerzimmers fiel Magermans Blick sofort auf Bob Mercer. Schüchternheit war hier fehl am Platz, dachte Magerman. Er ging schnurstracks auf Mercer zu und machte ihm ein Kompliment über die Farbe seines Anzugs – ein ungewöhnlicher Blauton. Mercer lächelte und erzählte, eine seiner Töchter habe ihn ausgesucht. Die erste Begegnung schien glimpflich zu verlaufen.

Magerman atmete innerlich auf.

Kurz nach 19 Uhr setzte sich Magerman zu einer Partie No-Limit Hold'em an einen Tisch mit Simons, einem Mitglied der Poker Hall of Fame namens Dan

Harrington und ein paar anderen. Als Simons ins Nebenzimmer ging, um eine Zigarette zu rauchen, folgte ihm Magerman. Er entschuldigte sich für die negative Publicity, die die Firma auf seine Mercer-Kritik hin erlebt hatte.

»Es tut mir leid, wie das gelaufen ist«, sagte Magerman zu Simons. »Ich respektiere dich und wollte, dass du das weißt.«

Simons nahm die Entschuldigung an und meinte, ihre Differenzen schienen sich einer Lösung zu nähern, was Magerman Auftrieb gab. Zurück am Tisch verlor Magerman zunächst ein paar Mal, blieb aber guten Mutes und zahlte noch einmal 15 000 Dollar ein, damit er weiterspielen konnte.

Ein paar Tische weiter spielte Mercer gegen mehrere Investoren und andere, darunter der Sport-Finanzmanager Chris English. Mercer gewann die ersten Runden, doch English entdeckte einen Tell: Hatte Mercer gute Karten, pfiff er patriotische Melodien wie »The Battle Hymn of the Republic«. Fand er seine Karten nicht so berauschend, summte er diese Lieder. English nutzte diese Erkenntnis und gewann schnell einen Pot gegen Mercer.

Magerman hatte selbst eine Pechsträhne. Gegen 22.30 Uhr und nach mehreren Gläsern zwölf Jahre altem Scotch war Magerman aus dem Spiel. Es war aber noch zu früh, um heimzugehen, und die bevorstehende Versöhnung mit seinen Kollegen hatte ihn in so gute Stimmung versetzt, dass Magerman beschloss, noch etwas durch den Raum zu schlendern und den anderen beim Spielen zuzusehen.

Er näherte sich einem Tisch, an dem auch Rebekah Mercer saß. Sie starrte ihn an. Als Magerman näher kam, wurde Rebekah unruhig. Sie rief ihm wütend zu: »Karma is a bitch.«

Erschüttert ging Magerman um den Tisch herum und stellte sich neben Rebekah. Sie warf ihm vor, seine Kritik an Mercers Unterstützung für Trump habe ihre Familie in Gefahr gebracht.

»Wie konntest du meinem Vater das antun? Er hat so viel für dich getan«, sagte sie.

Magerman erklärte, es sei ihm schwergefallen, und er wüsste sehr wohl, dass ihre Familie ihn in der ersten Zeit bei Renaissance unterstützt habe.

»Ich mochte deine Familie sehr«, erklärte Magerman Rebekah.

Doch sie wollte das nicht hören.

»Du bist *Abschaum*«, sagte Rebekah mehr als einmal. »Du warst schon vor 25 Jahren Abschaum. Ich habe es immer gewusst.«

Er solle verschwinden, erklärte sie Magerman. Ein Wachmann näherte sich und forderte Magerman auf, vom Tisch zurückzutreten. Er weigerte sich, wich dem Mann aus und wandte sich hilfesuchend an Simons.

»Jim, sieh doch, wie man mich behandelt«, rief Magerman.

Simons riet ihm, die Veranstaltung besser zu verlassen.

Die Sicherheitsleute eskortierten Magerman auf die Straße und drohten, die Polizei zu rufen, wenn er nicht ginge. Boaz Weinstein, ein anderer Hedgefonds-Investor, sah, in welchem Zustand Magerman war, und drängte ihn, ein paar Schritte zu gehen, um wieder einen klaren Kopf zu bekommen, und dann nach Hause zu fahren. Am Ende ließ sich Magerman überzeugen und ging zu seinem Auto.

»Ich gebe zu, dass ich leicht alkoholisiert war. … Das war nicht mein großartigster Moment. Ich wollte bestimmt keine Szene heraufbeschwören«, erklärte Magerman ein paar Tage später. »Doch das ändert nichts daran, was sie zu mir gesagt hat. … Ich habe den Streit nicht vom Zaun gebrochen, und ich habe mich auch nicht zu Beschimpfungen hinreißen lassen.«

Oben im Saal war die Konfrontation natürlich Thema, doch das Turnier lief weiter. Bob Mercer hatte wieder eine Glückssträhne und erholte sich von seinen Verlusten. Simons, Peter Muller von PDT Partners und Brown stiegen alle aus, doch Mercer blieb im Spiel. Beim letzten großen Pot gegen 1 Uhr früh schlug er English aus dem Rennen.

»Möglicherweise hat er gesummt, um mich irrezuführen«, meint English, um seine Niederlage zu erklären. »Es war so laut, ich konnte es nicht hören.«[91] Während Mercer lächelnd die Glückwünsche seiner Kontrahenten entgegennahm, war Magerman schon auf dem Rückweg nach Philadelphia. Noch unterwegs erhielt er eine Textnachricht von Brown: »Am besten lässt du das alles hinter dir und lebst dein Leben weiter, ohne dich in Auseinandersetzungen hineinziehen zu lassen. Ich bin überzeugt, du bist dann glücklicher.«

Am 29. April entließ Renaissance Magerman.

=

Im Frühherbst 2017 war Anthony Calhouns Zorn immer größer geworden. Je mehr der Geschäftsführer der Pensionskasse für die Mitarbeiter der Feuerwehr und Polizei von Baltimore über Mercers politische Aktivitäten las, desto mehr störten ihn diese.

Dass Mercer Trump unterstützte, war für Calhoun nicht das Problem. Breitbart dagegen wurde mit weißen Nationalisten in Verbindung gebracht. Zu diesem Zeitpunkt war Bannon seinen Job als Chefstratege des Präsidenten bereits losgeworden. Er kam wieder zurück zu Breitbart, und manche rechneten damit, dass die Publikationen noch extremer werden würden.

Außerdem hatte Mercer auch Milo Yiannopoulos unterstützt, einen rechtsextremen Provokateur, der den Feminismus als »Krebsgeschwür« bezeichnet hatte, sich anscheinend einmal für Pädophilie ausgesprochen hatte und von Twitter ausgeschlossen worden war, weil er andere beschimpft hatte.[92]

Das ging Calhoun zu weit. Die Pensionskasse der Stadt Baltimore hatte 25 Millionen US-Dollar in den RIEF investiert, und Calhoun beschloss, Renaissance seine Vorbehalte mitzuteilen.

Er griff zum Telefon und rief einen RIEF-Vertreter an.

»Das macht uns wirklich Sorgen«, erklärte Calhoun.

Der Vertreter meinte, Calhoun sei nicht der Einzige, der sich über Mercer beschwere. Als Calhoun sich daraufhin mit Branchenberatern unterhielt, hörte er, dass auch andere Renaissance-Kunden mit der Firma unzufrieden seien. Es dauerte nicht lange, da beschlossen Calhoun und die übrigen Verwaltungsratsmitglieder der Pensionskasse von Baltimore, ihr Geld aus dem RIEF abzuziehen.

Für Renaissance war diese Summe gering, und niemand im Unternehmen befürchtete einen Exodus der Investoren. Doch im Oktober nahmen knapp 50 Demonstranten den Hedgefonds selbst aufs Korn. Sie bezeichneten Mercer als ihre Zielperson, was das Unbehagen der Unternehmensleitung verstärkte, die nicht an derartige negative Publicity gewöhnt war.

Im Oktober 2017 befürchtete Simons, die Kontroverse könnte die Zukunft von Renaissance gefährden. In der Firma sank die Moral. Mindestens ein maßgeblicher Mitarbeiter stand kurz vor der Kündigung, ein anderer dachte darüber nach. Unter den Spitzenmanagern, die ihre Besorgnis äußerten, war auch Wolfgang Wander*, der an der Universität Erlangen-Nürnberg in Bayern seinen Doktor in Hochenergiephysik gemacht hatte. Wander leitete die Infrastrukturgruppe des Unternehmens und war damit der technische Leiter von Renaissance.

* Auf Wanders Facebook-Seite: »Wer mir eine Freundschaftsanfrage schicken will, soll mir sagen, wie wir uns kennengelernt haben, und alle Fox-Diskussionspunkte von seiner Seite löschen, danke!«

Simons gelangte zu der Überzeugung, dass es Renaissance künftig schwerer fallen dürfte, die fähigsten Köpfe anzuwerben.

Über ein Jahr lang hatte Simons Mercers zunehmenden politischen Einfluss ignoriert. Nun fühlte er sich zum Handeln gezwungen. An einem frischen Oktobermorgen suchte er Mercer in dessen Büro auf und eröffnete diesem, es gebe etwas Wichtiges zu besprechen. Simons setzte sich Mercer gegenüber und kam rasch auf den Punkt.

»Ich denke, es wäre das Beste, wenn du zurücktrittst«, sagte er zu Mercer.

Es sei keine politische Entscheidung, sondern eine, die die Zukunft des Unternehmens sichern sollte.

Dass so viele kritische Blicke auf der Firma ruhten, »ist nicht gut für die Moral«, erklärte Simons.

Mercer traf diese Neuigkeit absolut unvorbereitet. Er wirkte betrübt und verletzt. Doch er akzeptierte Simons' Entscheidungen widerspruchslos.

Später erzählte Simons einer Gruppe von Studenten und anderen an der Business School des MIT, es »hat da ein Moralproblem bei Renaissance gegeben … die Moral bröckelte«.

»Die Entscheidung ist mir nicht leichtgefallen«, gestand Simons später einem Freund.

=

Am 2. November schrieb Mercer den Investoren von Renaissance einen Brief, in dem er erklärte, er werde als Co-CEO von Renaissance zurücktreten, doch weiter als Analyst für das Unternehmen tätig sein. Als Gründe führte er »übermäßiges Medieninteresse« an und erklärte, die Medien hätten ihn zu Unrecht mit Bannon in Verbindung gebracht.

»In der Presse … wurde angedeutet, ich liege politisch mit Steve Bannon auf einer Linie«, schrieb er. »Ich habe große Hochachtung vor Mr. Bannon und spreche gelegentlich auch mit ihm über politische Themen. Doch wen ich politisch unterstütze, entscheide ich selbst.«

Mercer erklärte, er habe beschlossen, seine Anteile an Breitbart News an seine Töchter zu verkaufen, und führte seine politischen Ansichten in dem Brief näher aus. Darin hieß es, er unterstütze »Konservative, die für einen abgespeckten, weniger einflussreichen Staat eintreten«. Außerdem äußerte er, er habe Yiannopoulos zwar unterstützt, um sich für Meinungsfreiheit und eine offene Diskussionskultur zu engagieren, bedauere diesen Schritt aber und sei dabei, alle Beziehungen zu Yiannopoulos abzubrechen.

»Meiner Ansicht nach haben die Handlungen und Äußerungen von Herrn Yiannopoulos Leid und Entzweiung verursacht«, schrieb Mercer.

=

Anfang 2018, ein paar Monate nach seinem Rücktritt als CEO, bekam Mercer einen Anruf von Robert Frey, dem ehemaligen Renaissance-Manager, der nach seinem Ausscheiden aus dem Unternehmen am College of Engineering and Applied Sciences der Stony Brook University einen Studiengang in quantitativem Finanzwesen eingerichtet hatte. Frey lud Mercer in ein gesichtsloses Restaurant im nahen Hilton Garden Inn zum Mittagessen ein – dem einzigen Lokal auf dem Stony-Brook-Campus mit Bedienung. Als sie sich setzten, wurde Frey von ein paar Studenten erkannt und gegrüßt, doch Mercer schien niemand zu kennen, wofür er vermutlich dankbar war.

Mercer wirkte abgespannt. Frey wusste, sein alter Freund hatte ein schwieriges Jahr hinter sich. Er wollte daher ein Thema abhaken, bevor das Essen serviert wurde.

Frey war im Wahlkampf von keinem der beiden Bewerber angetan gewesen und hatte sich nicht dazu durchringen können, für Trump oder für Clinton zu stimmen. Nichtsdestoweniger, so erklärte er Mercer, sei es dessen gutes Recht, Trump in jeder Weise zu unterstützen, die ihm angemessen schien, und er fügte hinzu, dass er der verbreiteten Kritik zum Trotz nicht der Ansicht sei, Mercer habe sich unlauter verhalten.

»Du bist ungerecht behandelt worden«, erklärte Frey Mercer. »Soros und andere nehmen ebenso viel Einfluss auf die Politik wie du, werden dafür aber nicht so aggressiv attackiert.«

Mercer lächelte, nickte, reagierte jedoch wie gewöhnlich wortkarg.

»Danke«, sagte er nur.

Mercers Reaktion vermittelte Frey den Eindruck, er solle besser das Thema wechseln.

Die beiden Freunde unterhielten sich beim Essen über Mathematik und die Börse und mieden politische Themen.

»Er tat mir leid«, erzählt Frey.

=

Noch mehr hatte Rebekah Mercer zu leiden.

Sie erzählte Freunden, dass es sie ärgere, wie sie und ihr Vater dargestellt wurden, und erklärte, ihr würde von manchen zu Unrecht die Unterstützung rassistischer Anliegen unterstellt. Die Kritik blieb nicht folgenlos. Aus ihrem Freundeskreis verlautete, sie habe einmal Fäkalien in der Post gehabt. Ein andermal habe sie ein Fremder öffentlich beschimpft, was sie nervlich sehr angegriffen habe.

Im Januar 2018 unterschrieben über 200 Wissenschaftler und andere Akademiker, die für politische Maßnahmen zur Eindämmung des Klimawandels eintraten, einen offenen Brief, in dem das American Museum of Natural History in New York dazu aufgefordert wurde, Rebekah Mercer aus seinem Verwaltungsrat zu entfernen, dem sie fünf Jahre lang angehört hatte. Sie drängten das Museum, »Beziehungen zu den Verfechtern antiwissenschaftlicher Propaganda und den Geldgebern für klimawissenschaftliche Falschinformationen abzubrechen«. Über ein Dutzend Demonstranten marschierten vor dem Museum in Manhattans Upper West Side auf und trugen Plakate mit der Aufschrift »Schmeißt Rebekah aus unserem Museum« und »Der Klimawandel ist real«.[93]

Das Museum unternahm nichts, doch im Februar 2018 fand Rebekah Mercer, sie müsse Einfluss nehmen auf die öffentliche Meinung. Sie schrieb eine Kolumne für das *Wall Street Journal*, in der sie bestritt, »toxische Ideologien wie Rassismus und Antisemitismus« zu unterstützen, und weiter schrieb, sie glaube an »freundliche und großzügige Vereinigte Staaten«.

Einen Monat später kam eine neue Kontroverse auf, als Cambridge Analytica vorgeworfen wurde, sich Zugang zu den privaten Facebook-Daten von Millionen von Nutzern verschafft zu haben, was eine Reihe behördlicher Ermittlungen in Gang setzte. Mercer, der im Verwaltungsrat von Cambridge Analytica saß und die Tätigkeit des Unternehmens beaufsichtigte, sah sich erneut kritischen Fragen und negativer Presse ausgesetzt.

Mitte 2018 zogen sich Bob und Rebekah Mercer aus der Politik zurück. Mit Bannon hatten die Mercers gebrochen, kurz nachdem er mit einem kritischen Kommentar über Trumps Familie zitiert worden war. Damit hatten sie keinen politischen Berater mehr. Im Vorfeld der Zwischenwahlen 2018 beliefen sich die veröffentlichten politischen Spenden Mercers auf knapp 6 Millionen US-Dollar. Bei den vorausgegangenen Zwischenwahlen 2014 waren es noch fast 10 Millionen US-Dollar gewesen, und 2016 über 25 Millionen US-Dollar.

»Sie sind vom Radarschirm verschwunden«, sagte ein führendes Mitglied der konservativen Bewegung Ende 2018 über die Mercers. »Wir hören nicht mehr viel von ihnen.«

Freunden zufolge hatte sie das unerwartete Echo, das beide Mercers wahrnahmen, zu einem diskreteren Vorgehen veranlasst, mit kleineren politischen Spenden und wenig regelmäßiger Kommunikation mit Trump oder anderen Mitgliedern seiner Regierung.

»Sie waren auf politischem Gebiet weit erfolgreicher, als sie erwartet hatten – das verselbstständigte sich förmlich«, erzählte Brent Bozell, der mit ihnen befreundet ist und das gemeinnützige konservative Media Research Center leitet. »Da ist schon auch Bitterkeit … die Menschen haben sie enttäuscht.«[94]

Ein Grund für diese Enttäuschung war Freunden zufolge, dass die meisten großen Spender für den Trump-Wahlkampf für ihre Großzügigkeit belohnt wurden. Die Mercers baten um nichts. Dennoch waren es andere Finanzmanager – auch solche, die Trump im Wahlkampf gar nicht unterstützt hatten, wie der CEO der Blackstone Group Stephen Schwarzman –, die regelmäßig mit dem Präsidenten sprachen.

Die Mercers hatten aber auch strategische Fehler gemacht. Im Juni 2018 spendete Bob Mercer einem politischen Aktionskomitee, das Kelli Ward unterstützte, eine halbe Million US-Dollar. Sie zog Kritik auf sich, weil sie der Familie von Senator John McCain vorwarf, die Nachricht von der Beendigung seiner Krebsbehandlung so getimt zu haben, dass ihr Wahlkampf dadurch untergraben wurde. Ward unterlag in jenem Jahr bei den Vorwahlen für den republikanischen Senator von Arizona.

Als sich der Präsident und die republikanische Partei für die Wahl 2020 rüsteten, waren die Mercers nach wie vor gut aufgestellt, um Einfluss auf den Wahlkampf zu nehmen. Noch standen sie in enger Verbindung mit Conway. Zwar hatten sie nicht länger Bannon als Kommunikationskanal zu Trump und anderen, doch sie waren maßgebliche Unterstützer des politischen Aktionskomitees, das hinter dem nationalen Sicherheitsberater der USA John Bolton stand, was ihnen weiterhin Zugang zur Macht sicherte. Freunden erzählten die Mercers, sie seien zufrieden, dass die Trump-Regierung unter anderem die Steuern gesenkt und konservative Richter gewählt habe. Das sprach dafür, dass sie ihr Engagement in der Landespolitik nicht bereuten.

Dennoch schien sich Rebekah Mercer mehr für andere Themen zu interessieren, meist abseits der Schlagzeilen – etwa die Arbeit zur Förderung der Meinungsfreiheit an Colleges.

Im Oktober 2018 äußerte sich Rebekah Mercer bei einer Ehrung auf einer Gala in Washington besorgt über das Niveau des Diskurses unter Studenten. Sie sagte, die Hochschulen »bringen eine Welle schafartiger Zombies hervor, die ganz von den antiamerikanischen Mythen der Linksradikalen eingenommen seien, über keinerlei staatsbürgerliches, wirtschaftliches oder geschichtliches Grundwissen verfügten und ganz und gar nicht in der Lage seien, kritisch zu denken.«[95]

In einem wallenden roten Abendkleid und ihrem Markenzeichen, der diamantenbesetzten Brille, erklärte Rebekah Mercer vor Hunderten von Anwesenden, sie werde sich weiter dafür einsetzen, die Rolle des Staates zu begrenzen und dafür zu sorgen, dass die Politik »persönliche Verantwortung« in den Fokus rücke.

Sie bezeichnete Präsident Trump als »Naturgewalt« und gab an, sie werde auch künftig eine aktive Rolle in der Landespolitik spielen, ganz gleich, was das für sie und ihren Vater in der Vergangenheit bedeutet habe, und sie werde sich weiter im »Kampf um die Seele unseres Landes« engagieren.

»Ich lasse mir nicht den Mund verbieten«, verkündete sie.

KAPITEL 16

Nimm nie einen Menschen,
wenn du eine Maschine dafür nehmen kannst.
Agent Smith im Film *Die Matrix*

Der Aktienmarkt brach ein, und Jim Simons machte sich Sorgen.

Es war Ende Dezember 2018, und Simons und seine Frau Marilyn hielten sich im Beverly Hills Hotel auf. Sie besuchten über Weihnachten Verwandte in der Gegend von Los Angeles. Simons, in Chinos und Polohemd, versuchte, sich in dem Hotel zu entspannen, das für seine Pool-Bungalows und das rosa-grüne Dekor berühmt war, behielt aber unwillkürlich den Aktienmarkt im Auge. Der fiel und fiel, während die Angst vor einem Konjunkturabschwung zunahm. Damals büßte der S&P 500 Index fast 10 Prozent ein – das schlechteste Dezemberergebnis seit 1931.

Simons' Vermögen belief sich seinerzeit auf 23 Milliarden US-Dollar. Dennoch versetzte ihm jeder Tagesverlust einen neuen Schlag in die Magengrube. Das lag zum Teil daran, dass Simons erhebliche finanzielle Zusagen an seine wohltätige Stiftung gemacht hatte, die Hunderte von Mitarbeitern beschäftigte, und auch an andere Organisationen. Doch in Wirklichkeit war er aus einem ganz anderen Grund genervt. Simons wusste, er würde keinerlei Probleme bekommen, ganz gleich, was auf dem Markt passierte. Er verlor nur nicht gern, und allmählich wollte er wissen, wann der Schmerz nachlassen würde.

Simons griff zum Telefon und rief Ashvin Chhabra an, einen Wall-Street-Veteranen, den er eingestellt hatte, um Euclidean Capital zu leiten – die Firma, die das Privatvermögen von Simons und seiner Familie verwaltete. Simons erklärte Chhabra, er sorge sich um die Marktaussichten. Er halte es für eine gute Idee, ein paar negative Wetten gegen Aktien zu platzieren – Transaktionen, die Schutz bieten würden, wenn die Verkaufswelle noch höher schlagen würde. Simons fragte Chhabra nach dessen Meinung.

»Sollen wir leerverkaufen?«, wollte Simons wissen.

Chhabra zögerte und schlug vor, abzuwarten, bis sich der Markt beruhigt hatte – womit Simons einverstanden war. Einen Tag später tendierten die Aktien fester. Der Kursrutsch war vorbei.

Sie legten auf, doch keinem von beiden fiel die ungeheure Ironie dieses Gesprächs auf: Über 30 Jahre lang hatte Simons in Pionierarbeit eine neue Investmentmöglichkeit vervollkommnet. Er hatte eine Revolution in der Finanzwelt angestoßen und einen quantitativen Handelsansatz legitimiert. Damals versuchte allem Anschein nach jeder, so zu investieren wie Renaissance: Daten zu erfassen und zu verarbeiten, mathematische Modelle zu entwickeln, die die Entwicklungsrichtung verschiedener Anlagen vorwegnehmen, und automatisierte Handelssysteme einzusetzen. Das Establishment hatte das Handtuch geworfen. Inzwischen verordnete selbst die Großbank JPMorgan Chase Hunderten neu eingestellter Investmentbanker und Investmentprofis Programmierkurse. Simons' Erfolg hatte die Disziplin des quantitativen Investierens salonfähig gemacht.

»Jim Simons und Renaissance haben gezeigt, dass es ging«, meint Dario Villani, Doktor der theoretischen Physik, der seinen eigenen Hedgefonds leitet.

Das Ziel von Quants wie Simons war es, *möglichst nicht* auf Emotionen und Bauchgefühl zu setzen. Doch genau das tat Simons nach ein paar schwierigen Marktwochen. Das erinnerte fast an Billy Beane, den Manager von Oakland A, der seine Statistiken vergaß und einen Spieler in die Mannschaft holte, weil er ganz offensichtlich das Zeug zum Star hatte.

Simons' Anruf bei Chhabra macht überdeutlich, wie schwierig es sein kann, die Entscheidungen Computern, Algorithmen und Modellen zu überlassen – zuweilen selbst für die Erfinder der betreffenden Ansätze. Sein Gespräch mit Chhabra ist eine Erklärung von vielen für das Vertrauen, das Anleger seit Langem in Menschen setzen, die Aktien und Anleihen auf der Grundlage ihres Urteilsvermögens, ihrer Erfahrung und altmodischer Analyse auswählen.

2019 war das Vertrauen in die klassische Herangehensweise aber geschwunden. Nach Jahren mit kümmerlicher Wertentwicklung zogen sich die Anleger in Scharen aus aktiv verwalteten Aktienfonds zurück, aber auch aus solchen, die behaupteten, sie könnten den Marktertrag übertreffen. Damals kontrollierten solche Fonds, die überwiegend mit traditionellen Investmentansätzen arbeiteten, nur noch die Hälfte des Geldes, das Kunden Aktienfonds anvertrauten. Zehn Jahre zuvor waren es noch 75 Prozent gewesen. Die andere Hälfte lag in Indexfonds, sogenannten passiven Instrumenten, die schlicht darauf abzielten, die Marktrendite zu erwirtschaften – ein Eingeständnis, wie schwierig es ist, den Markt zu überrunden.[96]

Es sah immer mehr so aus, als würden einst verlässliche Investmenttaktiken wie intensive Dialoge mit Unternehmensmanagern, gründliche Bilanzprüfung und Wetten auf maßgebliche globale Wirtschaftsentwicklungen aufgrund von Instinkt und Intuition nicht mehr genug einbringen. Manchmal schadeten solche Methoden dem Ruf des einen oder anderen großen Wall-Street-Stars. In den Jahren vor 2019 erlitt John Paulson, der Milliarden verdient hatte, weil er 2007 die Subprime-Krise korrekt prognostiziert hatte, empfindliche Verluste. Seine Kunden kehrten ihm in schockierend hoher Zahl den Rücken.[97] Auch David Einhorn, Pokerspieler und Hedgefondsmanager, der 2008 den Zusammenbruch von Lehman Brothers vorhersah, was ihm den Spitznamen »King David« eintrug, liefen die Kunden davon, weil die Performance nachließ.[98]

»In Newport Beach, Kalifornien, musste auch Bill Gross – ein Investor, den es bekanntermaßen schon nervös machte, wenn ihn Beschäftigte des Anleihenriesen PIMCO ansprachen oder auch nur Augenkontakt aufnahmen – zusehen, wie seine Erträge zurückgingen, bevor er dann aufsehenerregend seinen Hut nahm.[99] Selbst Warren Buffetts Performance verschlechterte sich. Seine Holding Berkshire Hathaway hinkte über die vorausgegangenen 5, 10 und 15 Jahre bis Mai 2019 hinter dem S&P 500 her.

Teil des Problems: Traditionelle aktiv gemanagte Fonds hatten keinen Informationsvorsprung vor der Konkurrenz mehr. Einst genossen komplexe Hedgefonds, Investmentfonds und andere den Luxus, Jahresberichte und andere Finanzmeldungen gründlich durchforsten zu können, um wichtige übersehene Informationen ausfindig zu machen, die sich ausschlachten ließen. Heute steht fast jede Unternehmenskennzahl auf Tastendruck oder im Newsfeed zur Verfügung und kann unverzüglich maschinell erfasst werden. Es ist nahezu unmöglich, Fakten oder Zahlen zu ermitteln, die nicht auch konkurrierende Investoren bereits vollständig berücksichtigt haben.

Parallel dazu wurden die Spielregeln auch durch einen massiven Vorstoß gegen den Insiderhandel sowie durch eine Reihe aufsichtsrechtlicher Maßnahmen für alle angeglichen – Maßnahmen, die sicherstellen sollten, dass bestimmte Investoren keinen besseren Zugang zu Unternehmensinformationen mehr hatten. Dadurch verringerten sich selbst für die gewieftesten *fundamentalen* Investoren die Vorteile, die sie nutzen konnten. Große Hedgefonds erhielten keine Anrufe von Brokern mehr, die sie auf eine bevorstehende Neuigkeit oder auch nur auf veränderte Ansichten der Bank zu einer Aktie hinwiesen.

Heute sind es oft die schnellsten Unternehmen, die die Nase vorn haben. Ende August 2018 schossen die Aktien eines kleinen Herstellers von Krebsmedikamenten namens Geron Corporation um 25 Prozent in die Höhe, nachdem dessen Partner Johnson & Johnson eine Stellenausschreibung veröffentlicht hatte. Die Vakanz ließ vermuten, dass in Kürze eine maßgebliche behördliche Entscheidung über ein Medikament anstehen könnte, das die beiden Unternehmen entwickelten – eine Information, die allen entgangen war, denen nicht die Technik zur Verfügung stand, zeitnah und automatisch Stellenanzeigen und ähnliche Echtzeitinformationen zu durchforsten.[100]

Quant-Investoren waren zu den dominanten Akteuren im Finanzgeschäft geworden. Anfang 2019 entfiel auf sie fast ein Drittel sämtlicher Aktienmarktgeschäfte. Damit hatte sich ihr Anteil seit 2013 mehr als verdoppelt.[101]

Diese Dominanz zahlte sich aus. 2018 verdiente Simons schätzungsweise 1,5 Milliarden US-Dollar. Die Gründer des Quant-Rivalen Two Sigma Investments strichen jeweils 700 Millionen US-Dollar ein. Ray Dalio von Bridgewater Associates – einem systematischen, regelbasierten, aber nicht quantitativen Investmentunternehmen – erwirtschaftete ebenfalls 1 Milliarde US-Dollar. Israel Englander, Simons' Gegenspieler im Streit um die beiden abtrünnigen russischen Händler, konnte 500 Millionen US-Dollar für sich verbuchen.[102]

Anfang 2019 zog Ken Griffin – der Schwerpunkt seines Chicagoer Unternehmens liegt auf quantitativen und anderen Strategien – erstaunte Blicke auf sich, weil er für ein Penthouse in New York 238 Millionen US-Dollar zahlte: das teuerste jemals verkaufte Eigenheim des Landes. (Zuvor hatte Griffin in Chicago bereits mehrere Etagen einer Wohnanlage für knapp 60 Millionen US-Dollar erworben und ein Penthouse in Miami für denselben Betrag, gar nicht zu reden von den 500 Millionen US-Dollar, die er für Gemälde von Jackson Pollock und Willem de Kooning ausgab.)

Es gibt gute Gründe zu der Annahme, dass die Vorteile, die Unternehmen wie Renaissance genießen, angesichts einer Explosion neuartiger Daten, die ihre

Computerhandelsmodelle erfassen, verarbeiten und analysieren können, noch zunehmen dürften. Nach Schätzungen von IBM entstanden 90 Prozent aller Datensätze weltweit allein in den vergangenen zwei Jahren. 2020 werden 40 Zettabyte – also 44 Billionen Gigabyte – an Daten erzeugt worden sein – ein Anstieg um das 300-Fache seit 2005.[103]

Heute werden so gut wie alle Informationen digitalisiert und stehen als Teil gewaltiger Datensätze zur Verfügung, von deren Nutzung Investoren einst nur träumen konnten. Voll im Trend liegen bei den Investoren *alternative Daten*. Darunter fällt alles Vorstellbare, unter anderem Echtzeitinformationen aus Sensoren und Satellitenbildern weltweit. Kreative Investoren prüfen den Tonfall von Managern bei Telefonkonferenzen, das Verkehrsaufkommen auf den Parkplätzen von Einzelhandelsgeschäften, eingehende Anträge auf Autoversicherungen und Empfehlungen von Influencern in sozialen Medien auf Korrelationen und Muster, aus denen sich Kapital schlagen lässt.

Statt auf die Zahlen zur Agrarproduktion zu warten, analysieren Quants die Umsätze mit landwirtschaftlichen Geräten oder Satellitenbilder von den Ernteerträgen. Frachtbriefe für Container können einen Eindruck von globalen Veränderungen liefern. Systematische Trader können sogar von Handys generierte Daten dazu einsehen, in welchen Gängen und an welchen Regalen Verbraucher in Geschäften stehenbleiben, weil sie sich für die Produkte interessieren. Wer wissen will, wie populär ein neues Produkt ist, kann das aus Amazon-Bewertungen herauslesen. Es werden Algorithmen entwickelt, um den Hintergrund des Leiters und anderer Mitarbeiter der US-Lebens- und Arzneimittelbehörde zu analysieren und anhand dessen die Wahrscheinlichkeit der Zulassung eines neuen Medikaments zu prognostizieren.

Um diese neuen Möglichkeiten auszuloten, stellen Hedgefonds einen neuen Mitarbeitertypus ein – den sogenannten *Datenanalysten* oder *Datenjäger*. Seine Hauptaufgabe ist es, neue Datenquellen auszugraben – so ähnlich, wie es Sandor Straus Mitte der 1980er-Jahre bei Renaissance tat. All diese Informationen werden verarbeitet, um ein genaueres Gespür für den aktuellen Zustand und die künftige Entwicklung der Wirtschaft, aber auch für die Aussichten verschiedener Unternehmen zu entwickeln. Abenteuerlustigere Investoren können derartige Informationen auch nutzen, um sich auf potenzielle Krisen einzustellen – wenn sie beispielsweise im Zuge eines internationalen Zwischenfalls etliche ungewöhnliche Pizzalieferungen ins Pentagon registrieren.

Die exponentielle Zunahme der Rechenleistung und Speicherkapazität von Computern hat systematischen Tradern neue Möglichkeiten eröffnet, all diese Daten zu durchforsten. Singularity Hub zufolge wird man etwa im Jahr 2025 für 1000 US-Dollar einen Rechner kaufen können, der die Leistungsfähigkeit eines menschlichen Gehirns hat. Das Hedgefondsunternehmen Two Sigma hat bereits ein Computersystem mit einer Leistung von über 100 Teraflops gebaut. Das heißt, es kann 100 Billionen Berechnungen pro Sekunde durchführen. Die Speicherkapazität beläuft sich auf 11 Petabyte. Das entspricht dem Fünffachen aller in sämtlichen wissenschaftlichen US-Bibliotheken gespeicherten Daten.[104]

Diese Leistungsfähigkeit ermöglicht es Quants, mehr prognostische Signale denn je zu ermitteln und zu prüfen.

»Anstelle von Strategien, die auf gut Glück versuchen, durch Kreativität und Intelligenz Signale zu finden«, so ein Computerspezialist von Renaissance, »kann man jetzt einfach einem lernenden Computer eine Klasse Formeln vorwerfen und Millionen verschiedener Möglichkeiten ausprobieren.«

Jahre nachdem Simons' Team bei Renaissance Techniken des maschinellen Lernens einführte, eignen sich auch andere Quants diese Methoden an. Renaissance erahnte eine grundlegende Veränderung der Entscheidungsprozesse, die fast jede Branche und jeden Lebensbereich erfasst. Immer mehr Unternehmen und Einzelne akzeptieren und übernehmen Modelle, die laufend aus ihren Erfolgen und Fehlschlägen lernen. Wie der Investor Matthew Granade festgestellt hat, setzen sich Akteure wie Amazon, Tencent, Netflix und andere an die Spitze, die sich auf dynamische Modelle verlassen, welche sich ständig verändern. Je mehr Daten den Maschinen zugefüttert werden, desto intelligenter sollen sie werden.

Eine ironische Bemerkung des Schriftstellers Gary Shteyngart bringt die Zukunft der Finanzindustrie sowie die Entwicklungsrichtung der breiteren Gesellschaft auf den Punkt: »Werden erst die Seelenklempner ihrer Kinder von Algorithmen ersetzt, dann ist das das Ende. Dann bleibt gar nichts mehr.«

=

Doch bei aller Begeisterung, die der quantitative Ansatz auslöst, offenbaren sich doch auch sehr deutlich seine Grenzen. Es ist nicht so einfach, die Informationen zu verarbeiten und in all dem Datenrauschen zutreffende Signale zu entdecken.

Manche Quants behaupten, es falle einer Maschine schwerer, Aktien auszuwählen, als den richtigen Song zu finden, ein Gesicht zu erkennen oder sogar Auto zu fahren. Es ist nach wie vor schwer, einer Maschine den Unterschied zwischen einem Blaubeermuffin und einem Chihuahua beizubringen.

Manche großen Firmen, darunter Man AHL in London, setzen Maschinenlernalgorithmen überwiegend ein, um zu bestimmen, wie und wann sie ihre Transaktionen ausführen sollen, oder um Verbindungen zwischen Unternehmen grafisch darzustellen oder andere Researchanalysen durchzuführen, aber nicht, um automatisch Anlageentscheidungen zu treffen.

Trotz aller Vorteile, die Quant-Firmen genießen, sind die Anlageerträge der meisten solchen Unternehmen nicht so viel besser gewesen als die klassischer Anbieter, die noch altmodisches Research betreiben. Renaissance und ein paar andere bilden ganz offensichtlich die Ausnahme. In den fünf Jahren bis zum Frühjahr 2019 erzielten Quant-fokussierte Hedgefonds im Schnitt rund 4,2 Prozent Rendite pro Jahr. Dem stand bei durchschnittlichen Hedgefonds im gleichen Zeitraum ein Gewinn von 3,3 Prozent gegenüber. (Die Ergebnisse besonders diskreter Fonds, die ihre Zahlen nicht weitergeben – wie der Medallion-Fonds – sind darin nicht berücksichtigt.) Quantitative Investoren stehen vor enormen Herausforderungen, denn die von ihnen durchforsteten Informationen ändern sich ständig – anders als Daten auf anderen Fachgebieten wie der Physik. Auch sind die Preishistorien für Aktien und andere Anlagen im Vergleich begrenzt.

»Nehmen wir an, Sie wollen prognostizieren, wie sich Aktien über einen Zeitraum von einem Jahr entwickeln«, so der Quant-Veteran Richard Dewey. »Weil uns nur bis 1900 ordentliche Aufzeichnungen vorliegen, können wir für die USA lediglich 118 nicht überlappende Einjahreszeiträume heranziehen.«[105]

Auch kann es schwierig sein, für manche Arten von Anlagen, beispielsweise notleidende Schuldtitel, ein Handelssystem aufzubauen, denn diese sind abhängig von Gerichtsurteilen, juristischen Winkelzügen und Verhandlungen mit den Gläubigern. Aus diesen Gründen wird es vermutlich auch weiterhin Marktnischen geben, in denen versierte traditionelle Investoren Erfolge verbuchen können – vor allem solche, die sich auf längerfristige Anlagen konzentrieren, vor denen algorithmische, computerorientierte Investoren in aller Regel die Finger lassen.

=

Der Aufstieg von Renaissance und anderen Tradern, die sich auf Computerprogramme stützen, hat Besorgnis ausgelöst – einmal darüber, wie sich das auf den Markt auswirkt, und zum anderen wegen potenzieller plötzlicher Verkaufswellen, die womöglich durch autonom agierende Rechner losgetreten werden könnten. Am 6. Mai 2010 stürzte der Dow Jones Industrial Average im sogenannten Flash Crash um 1000 Zähler ab – nervenaufreibende Minuten, in denen Hunderte von Aktien für einen kurzen Moment fast ihren gesamten Wert einbüßten. Die Investoren zeigten mit dem Finger auf computerprogrammierte Handelsfirmen und erklärten, der Einbruch mache deutlich, wie destabilisierend der computerisierte Handel wirken könne. Der Markt erholte sich jedoch umgehend. Strafrechtlich verfolgt wurde später ein Händler, der aus seiner Wohnung in West London einen Futures-Kontrakt auf einen Aktienmarktindex manipuliert haben und damit den Boden für den Kurssturz bereitet haben soll.[106]

Für manche wies der plötzliche, im Grunde unerklärliche Einbruch darauf hin, dass der Einzug der Maschine ein neues Zeitalter der Risiken und der Volatilität eingeläutet hatte. Viele finden die Vorstellung vom automatischen Computerhandel erschreckend. Aber auch von Autopiloten geflogene Flugzeuge und selbstfahrende Autos können Angst einflößen, obwohl sie nachweislich für mehr Sicherheit sorgen. Es gibt allerdings durchaus Grund zu der Annahme, dass Computerhändler bestehende Trends verstärken und beschleunigen können.

Der Autor und ehemalige Risikomanager Richard Bookstaber behauptet, dass heutzutage erhebliche Risiken bestehen, weil die Einführung von quantitativen Modellen »systemweit in der gesamten Investmentwelt« erfolge, was dafür spreche, dass es sich stärker auswirken dürfte als bisher, wenn solche Investoren künftig in Schwierigkeiten geraten.[107] Je mehr auf den quantitativen Handel umsteigen, desto stärker könnte sich das ureigene Wesen der Finanzmärkte verändern. Vielleicht gibt es neuartige Fehler, die wir bisher noch nicht erlebt haben, was sie ungleich schwerer prognostizierbar macht. Bislang wurden die Märkte von menschlichem Verhalten beeinflusst, worin sich die dominante Rolle von Händlern und Investoren niederschlug. Setzen sich jedoch maschinelles Lernen und andere Computermodelle als einflussreichste Faktoren auf den Märkten durch, werden diese womöglich schlechter vorhersehbar oder auch instabiler, denn die Natur des Menschen bleibt mehr oder minder konstant, während sich die Natur eines derartigen computerisierten Handels rasch verändern kann.

Doch die mit dem Computerhandel verbundenen Gefahren werden im Allgemeinen überschätzt. Es gibt so viele verschiedene Varianten quantitativer Investmentstrategien, dass sich das Thema unmöglich pauschalisieren lässt. Manche Quants arbeiten mit Momentum-Strategien und verstärken infolgedessen die Verkäufe anderer Investoren im Abwärtstrend. Doch andere Ansätze – darunter *Smart Beta*, Factor Investing und *stilorientierte Anlagestrategien* – sind die umfangreichsten und wachstumsstärksten Investmentkategorien in der Quant-Welt. Manche derjenigen, die solche Praktiken einsetzen, haben ihre Rechner so programmiert, dass sie kaufen, wenn die Aktien billiger werden – was zur Stabilisierung der Märkte beiträgt.

Unbedingt zu berücksichtigen ist der Umstand, dass die Marktteilnehmer in Marktkrisen in aller Regel Zurückhaltung üben und weniger Transaktionen durchführen. Das lässt vermuten, dass sich die Quants bei mangelnder Handelsbereitschaft gar nicht so sehr von früheren Herangehensweisen abheben. Wenn überhaupt, so sind die Märkte eher friedlicher geworden, seit Quant-Investoren dominieren. Menschen neigen zu Angst, Gier und Panikausbrüchen, was auf den Finanzmärkten gewöhnlich Volatilität auslöst. Maschinen könnten die Märkte *stabiler* machen, wenn sie die Menschen verdrängen, die sich von Vorurteilen und Emotionen leiten lassen. Computergesteuerte Entscheidungen haben in anderen Disziplinen wie etwa der Luftfahrtbranche die Fehlerquote verringert.

=

Im Sommer 2019 hatte der Medallion-Fonds von Renaissance seit 1988 im Durchschnitt einen Jahresgewinn von rund 66 Prozent vor Anlagegebühren erzielt – und einen Ertrag nach Gebühren von rund 39 Prozent. Trotz anfänglicher Stolpersteine beim RIEF konnten auch die drei für externe Investoren zur Verfügung stehenden Hedgefonds des Unternehmens die Konkurrenz und die Marktindizes übertrumpfen. Im Juni 2019 verwaltete Renaissance ein Gesamtvermögen von 65 Milliarden US-Dollar und war damit eines der größten Hedgefondsunternehmen weltweit, auf das mitunter bis zu 5 Prozent des täglichen Handelsvolumens auf dem Aktienmarkt entfielen – ohne Hochfrequenzhändler.

Der Erfolg des Unternehmens ist ein aussagekräftiger Hinweis auf die Vorhersagbarkeit des menschlichen Verhaltens. Renaissance studiert die Vergangenheit, weil das Unternehmen einigermaßen überzeugt davon ist, dass die Investoren in Zukunft ähnlich entscheiden. Gleichzeitig bedienen sich die Mitarbeiter der wissenschaftlichen Methode, um kognitive und emotionale Verzerrungen zu bekämpfen. Das spricht dafür, dass dieser philosophische Ansatz auch im Umgang mit schwierigen Problemen jeder Art zielführend sein könnte. Sie schlagen Hypothesen vor, prüfen und messen diese und passen ihre Theorien entsprechend an, wobei sie sich nach Möglichkeit von Daten leiten lassen, nicht von Intuition und Instinkt.

»Der Ansatz ist wissenschaftlich«, erklärt Simons. »Wir setzen ausgesprochen rigorose statistische Ansätze ein, um festzustellen, was unserer Ansicht nach zugrunde liegt.«[108]

Aus der Renaissance-Erfahrung lässt sich ferner lernen, dass die Finanzmärkte und einzelne Anlagen von weit mehr Faktoren und Variablen beeinflusst werden, als die meisten erkennen oder ableiten können. Die Investoren konzentrieren sich meist auf die grundlegenden Kräfte, übersehen dabei jedoch Dutzende – vielleicht sogar ganze Dimensionen – von Faktoren. Renaissance nimmt mehr relevante Einflüsse und auch die vernachlässigten mathematischen Beziehungen wahr, die sich auf Aktienkurse und andere Anlagen auswirken, als die meisten anderen.

Das erinnert ein bisschen an die Bienen, die bei Blumen ein breites Farbspektrum wahrnehmen – ein ganzer Regenbogen aus Farben, der dem menschlichen Auge verborgen bleibt, obwohl es dieselbe Flora betrachtet. Selbst Renaissance erkennt nicht alle Marktnuancen, doch genügend, um viel Geld zu verdienen – zum Teil auch deshalb, weil das Unternehmen reichlich Fremdkapital einsetzt. Renaissance hat in der Vergangenheit jedoch auch schwierige Zeiten erlebt, und es steht zu vermuten, dass die Firma Probleme haben wird, frühere Erfolge zu wiederholen, da sich die Märkte weiterentwickeln und die Belegschaft mit dieser Entwicklung Schritt halten muss. Wenn derzeitige und frühere Mitarbeiter ehrlich in sich gehen, wundern sie sich über die erzielten Gewinne und räumen ein, dass künftig Hürden zu überwinden sein werden.

Die Gewinne, die Simons und seine Kollegen erzielt haben, könnten darauf hindeuten, dass die Märkte mehr Ineffizienzen aufweisen, als weithin vermutet. In Wirklichkeit gibt es mutmaßlich weniger Ineffizienzen und Chancen für Anleger, als allgemein angenommen. Trotz aller einzigartiger Daten, Rechenleistung, besonderer Fähigkeiten und Handels- und Risikomanagementkompetenz, die Renaissance zusammengetragen hat, erzielt das Unternehmen mit kaum mehr als 50 Prozent seiner Transaktionen Gewinne. Das zeigt, wie schwierig es ist, den Markt zu schlagen – und wie abwegig es für die breite Masse der Anleger ist, das zu versuchen.

Simons und seine Kollegen unterlassen es normalerweise möglichst, reine Kursbewegungen zu prognostizieren. Es ist nicht gesagt, dass irgendein Experte oder System – zumindest auf lange Sicht – die Entwicklung einzelner Aktien oder auch nur die Entwicklungsrichtung der Finanzmärkte zuverlässig vorhersagen kann. Renaissance versucht vielmehr, Bewegungen einzelner Aktien im Verhältnis zu anderen Aktien, zu einem Index, zu einem Faktormodell oder zu einer Branche vorwegzunehmen.

Als Elwyn Berlekamp noch an der Leitung des Medallion-Fonds beteiligt war, gelangte er zu der Ansicht, dass die Narrative, mit denen die meisten Investoren Kursbewegungen erklären, fadenscheinig, ja sogar gefährlich sind, weil sie fehlgeleitetes Vertrauen darauf erzeugen, dass eine Anlage richtig durchschaut und ihre künftige Entwicklung von diesen Erkenntnissen abgeleitet werden kann. Ginge es nach Berlekamp würde man Aktien keine Namen geben, sondern nur Nummern.

»Ich streite gar nicht ab, dass Gewinnmeldungen und andere Wirtschaftsnachrichten Marktbewegungen hervorrufen«, erklärte Berlekamp. »Das Problem ist, dass sich so viele Investoren so stark auf derartige Nachrichten fokussieren, dass fast alle ihre Ergebnisse sehr nahe beim Durchschnitt liegen.«

=

Nur Tage, nachdem Rebekah Mercer David Magerman bei dem Pokerabend aus dem New Yorker Hotel St. Regis werfen ließ, trennte sich Renaissance von dem Informatiker, was jede Aussicht auf eine Wiederannäherung zwischen den gegnerischen Seiten zunichtemachte.

Magerman strengte zwei Prozesse an – eine zivilrechtliche Klage vor dem US-Bundesgericht gegen Robert Mercer und eine Klage wegen unrechtmäßiger Kündigung gegen Renaissance und Mercer. In beiden Fällen warf er Mercer vor, er habe ihn aus dem Unternehmen entfernt, weil er »eine von Recht und Gesetz gedeckte Tätigkeit ausübte«.

»Mercers Verhalten ist der ungeheuerliche Versuch, Magerman seine verfassungsmäßigen und US-bundesgesetzlichen Rechte zu abzuerkennen«, stand in der zehnseitigen Klageschrift, die beim US-Bundesgericht in Philadelphia eingereicht wurde.

Magerman räumte ein, dass es ihm laut Arbeitnehmerhandbuch von Renaissance untersagt war, das Unternehmen oder seine Beschäftigten öffentlich in Verruf zu bringen, behauptete aber, er habe die Zustimmung von mindestens einem leitenden Renaissance-Vertreter eingeholt, bevor er seine Bedenken in jenem Jahr dem *Wall Street Journal* mitteilte.

Magerman litt noch unter seinen verletzten Gefühlen. Es machte ihm zu schaffen, dass seine alten Kollegen ihm die kalte Schulter gezeigt hatten.

Doch langsam überwanden er und sein ehemaliger Arbeitgeber die Animosität. So unglücklich Magerman über Mercers politische Aktivitäten war, und so vehement er auf sein Recht pochte, das auch laut zu sagen – Simsons, Brown und seine anderen Kollegen hatte er nie verärgern wollen. An manchen Tagen vermisste Magerman sogar auch Mercer.

»Ich habe über 20 Jahre lang bei Renaissance gearbeitet – das Unternehmen war der einzige Arbeitgeber in meinem Berufsleben«, erzählte er einem Reporter. »Ich hatte die Pflicht, die Öffentlichkeit zu informieren. … Damit wäre die Angelegenheit zumindest für mich erledigt gewesen. Doch dann wurde ich suspendiert und entlassen.«[109]

2018 einigten sich beide Parteien nach monatelangen Verhandlungen auf einen gütlichen Vergleich. Magerman verließ Renaissance mit dem Recht, wie andere frühere Mitarbeiter auch in den Medallion-Fonds investieren zu dürfen. Der inzwischen 50-jährige Magerman fand bald ein neues Anliegen: den Kampf gegen mächtige Sozialmedienunternehmen. Er spendete fast eine halbe Million Dollar für eine Koalition, die durch Lobbyarbeit Facebook aufspalten wollte, und nahm einen leitenden Posten bei einem Risikokapitalunternehmen aus Philadelphia an, um mit jungen datenbezogenen Unternehmen zusammenzuarbeiten.

»Ich fühle mich in meiner heutigen Situation psychisch und menschlich sehr wohl«, erklärte er Ende 2018. »Ich würde nicht so weit gehen, zu behaupten, es seien da keine Ressentiments. Aber, wissen Sie, mir sind andere Dinge inzwischen definitiv wichtiger.«[110]

=

Nachdem Mercer im November 2017 als Co-CEO von Renaissance abgetreten war, bezweifelte die Belegschaft, dass sich im Unternehmen viel verändern würde. Mercer arbeitete weiterhin bei Renaissance und blieb in Browns Nähe. Sicherlich würde er auch künftig Brown in seiner Impulsivität zügeln, meinten die betreffenden Mitarbeiter. Anders als die übrigen Analysten berichtete Mercer direkt an Brown – ein Hinweis auf seine fortbestehende Sonderstellung. Was sollte sich da schon groß ändern?

Doch nahezu unmittelbar nach der Bekanntgabe seines Rücktritts zog sich Mercer auf eine weniger prominente Funktion im Unternehmen zurück. Er nahm nicht mehr an Sitzungen der Geschäftsleitung teil und schien außen vor zu bleiben. Diese Veränderung machte die Mitarbeiter nervös, die befürchteten, dass sich Brown ohne Mercers korrigierenden Einfluss zu unklugen Entscheidungen hinreißen lassen würde. Sie hatten Angst, die Veränderung könnte den Ertrag von Renaissance in einer Phase mindern, in der sich andere Investmentfirmen verstärkt auf den Quant-Handel verlegten, was für mehr Konkurrenz sorgen könnte.

Brown schien die Gefahr zu wittern. Er reagierte mit Anpassungen an seinem Managementstil. Zwar behielt er seinen manischen Arbeitsrhythmus bei und schlief unter der Woche meist auf dem Klappbett in seinem Büro. Doch er holte sich nun Input von einer gemischten Gruppe von Kollegen. Die Veränderung stabilisierte das Unternehmen und verhalf dem Medallion-Fonds 2018 zu einem grandiosen Abschluss. Er verbuchte für das Jahr rund 45 Prozent Gewinn und schnitt damit besser ab als fast alle anderen Investmentfirmen – in einem Jahr, in dem der S&P 500 6 Prozent eingebüßt und sich so schlecht entwickelt hatte wie zuletzt 2008. Die drei für Anleger offenen Renaissance-Fonds, der Renaissance Institutional Equities Fund, der Renaissance Institutional Diversified Alpha Fund und der Renaissance Institutional Diversified Global Equity Fund, schlugen den Markt allesamt ebenfalls. Das Kapital strömte in die drei Fonds, und das Gesamtvermögen von Renaissance überstieg die 60-Milliarden-US-Dollar-Marke. Damit zählte das Unternehmen zu den größten Hedgefondsanbietern der Welt.

»Ich glaube, wir haben die Sache im Griff«, erklärte Simons Ende 2018. »Solange man für die Investoren Geld verdient, sind sie gewöhnlich ganz zufrieden.«[111]

=

Im Frühjahr 2018 feierte Simons seinen 80. Geburtstag. Die Stiftung seiner Familie nahm das zum Anlass für eine Vortragsreihe, die sich auf Simons' Beiträge zum Gebiet der Physik fokussierte. Akademiker und andere stießen ein einem nahe gelegenen Hotel auf Simons an. Einen Monat später lud er Familie und Freunde auf sein Schiff, die *Archimedes*, zu einer nächtlichen Rundfahrt um Manhattan ein.

An Simons' gebeugtem Gang machte sich sein fortgeschrittenes Alter bemerkbar, doch sein Verstand war noch messerscharf. Er stellte tiefschürfende Fragen und unterhielt die Festgäste mit amüsanten Bemerkungen.

»Ich verspreche, dass ich nicht noch einmal 80 werde«, versprach er der Runde scherzhaft.

Simons schien in seinem Leben angekommen. Er hatte Mercer aus seiner Führungsposition bei Renaissance gedrängt und dadurch Konfliktstoff neutralisiert. Dem Unternehmen ging es mit Brown am Ruder gut. Selbst das Magerman-Debakel schien überstanden.

Dennoch stand Simons nach wie vor unter Druck. Wichtige Lebensziele waren noch unerreicht, und man musste kein Doktor der Mathematik sein, um sich auszurechnen, dass er nicht mehr alle Zeit der Welt hatte, um das nachzuholen. Simons' Tagesablauf schien darauf ausgerichtet, seine Aussichten auf das Erreichen seiner Ziele zu verbessern. Morgens stand er meist gegen 6.30 Uhr auf, lief ein paar Kilometer durch den Central Park und trainierte dann mit einem Coach. Wenn seine Stiftung Tageswanderungen veranstaltete, schritt Simons gewöhnlich voran, und junge Mitarbeiter hatten Mühe, hinterherzukommen. Simons stieg sogar auf die nicht ganz so ungesunden E-Zigaretten um – zumindest in manchen Sitzungen. Seine geliebten Merits blieben dann in der Brusttasche.

Simons stand nach wie vor in Kontakt mit Brown und anderen Renaissance-Managern und übernahm bei Verwaltungsratssitzungen den Vorsitz. Immer mal wieder hatte er Anregungen zu Verbesserungen im Betrieb. Doch Simons' Schwerpunkt lag woanders. In jenem Jahr gab er 20 Millionen US-Dollar zur Unterstützung verschiedener demokratischer Bewerber um politische Ämter aus, damit die Partei im Repräsentantenhaus wieder die Mehrheit gewann.

Die Simons Foundation mit einem Jahresbudget von 450 Millionen US-Dollar hatte sich zum zweitgrößten privaten Geldgeber der USA für Grundlagenforschung entwickelt. Die von Simons mitgegründete Organisation Math for America gewährte über tausend herausragenden Lehrkräften mathematischer und naturwissenschaftlicher Fächer in New York jährliche Stipendien in Höhe von 15 000 US-Dollar. Sie veranstaltete außerdem jedes Jahr Hunderte von Seminaren und Workshops, um so eine Gemeinschaft kompetenter und engagierter Lehrer aufzubauen. Es gab Anzeichen dafür, dass diese Initiative staatlichen Schulen half, die Lehrer zu binden, die zuvor in die Privatwirtschaft abgewandert waren.

Manche von Simons' Lebensentscheidungen sind sichtlich unstimmig, ja, sogar verlogen. So hat Renaissance jahrelang ganz legal kurzfristige Gewinne in langfristigen Profit umgewandelt und seinen Führungskräften dadurch Milliarden Dollar an Steuern gespart, während Simons gleichzeitig über zu geringe Staatsausgaben für grundlegende Bildung in Naturwissenschaften, Mathematik und anderen Bereichen klagte. Diverse scharfe Kritiker, darunter die Autorin und Aktivistin Naomi Klein, hinterfragen den zunehmenden Einfluss »wohlmeinender Milliardäre« in der Gesellschaft, die im gemeinnützigen Universum mitunter im Alleingang über die Vergabe von Mitteln und die Festsetzung von Prioritäten entscheiden – und dass in einer Zeit überstrapazierter Staatskassen. Ein weiterer möglicher Kritikpunkt an Simons ist, dass er reihenweise führende Wissenschaftler und Mathematiker für seinen Hedgefonds abgeworben hatte, sich aber gleichzeitig darüber beschwerte, dass die Privatwirtschaft so viele fähige Köpfe aus dem öffentlichen Bereich abzog und viele Schulen nicht in der Lage wären, ihre besten Lehrer bei der Stange zu halten.

Doch Simons hat seine Milliarden nicht in Projekte investiert, die nur seine Eitelkeit befriedigen. Er nutzte sein Geld und seine Kreativität für Initiativen, von den Millionen profitieren können. Es gibt überzeugende Indizien dafür, dass sein gemeinnütziges Engagement wirklich etwas verändern und sogar Durchbrüche bewirken könnte – vielleicht noch zu seinen Lebzeiten. Möglicherweise wird man sich an Simons nicht nur dafür erinnern, wie er sein Vermögen erwarb, sondern auch dafür, was er damit anfing.

EPILOG

Jim Simons widmete sich viele Jahre seines Lebens dem Aufspüren von Geheimnissen und der Lösung von Problemen. Anfangs fokussierte er sich dabei auf mathematische Aufgaben und Codes feindlicher Mächte. Später waren es die verborgenen Muster auf den Finanzmärkten. Vor seinem 81. Geburtstag im Frühjahr 2019 beschäftigten Simons zwei neue Probleme, möglicherweise die größten seines Lebens: den Autismus zu ergründen und zu heilen und den Ursprung des Universums und des Lebens selbst zu finden.

In der Autismusforschung waren bisher keine großen Sprünge gelungen, und die Uhr tickte. Sechs Jahre zuvor hatte die Simons Foundation Louis Reichardt angeworben, Professor für Physiologie und Neurowissenschaft und der erste Amerikaner, der den Mount Everest und den K2 bestiegen hatte. Simons stellte Reichardt allerdings vor eine noch größere Herausforderung: Er sollte die Lebensqualität von Autisten verbessern.

Die Stiftung half beim Aufbau einer Genbank mit Proben von 2800 Familien, in denen mindestens ein Kind dem Autismusspektrum zuzuordnen war. Sie trieb auch die Entwicklung von Tiermodellen voran – ein Schritt zur potenziellen Behandlung von Menschen. Im Frühjahr 2019 war es Simons' Forschern gelungen, besser zu verstehen, wie das Gehirn eines Autisten funktioniert. Sie kamen der Entwicklung von Medikamenten näher, die Betroffenen Erleichterung bringen sollten. Es stand bereits eine Studie im Raum, um ein Medikament zu testen, das ganzen 20 Prozent all derer helfen könnte, die unter dieser Störung leiden.

»Das wird das erste Medikament sein, das bei manchen eine gewisse Wirkung zeigt«, erklärte Simons. »Ich glaube, unsere Erfolgschancen sind besser als 50 Prozent.«

Nicht minder optimistisch schätzte Simons die Fortschritte bei einer Reihe existenzieller Fragen ein, die die Menschheit seit jeher beschäftigen. 2014 gewann Simons den Astrophysiker David Spergel von der Princeton University, der für seine bahnbrechenden Arbeiten zur Bestimmung des Alters und der Zusammensetzung des Universums bekannt ist. Simons übertrug Spergel die Suche nach einer Antwort auf die ewige Frage, wie das Universum entstand. Ach ja, und bitte in den nächsten Jahren, damit er es noch erleben könne, meinte Simon.

Simons beteiligte sich an einem 75-Millionen-Dollar-Projekt zum Aufbau eines gewaltigen Observatoriums mit einer Anordnung ultraleistungsfähiger Teleskope in der chilenischen Atacama-Wüste – einer Hochebene auf 5200 Metern über dem Meeresspiegel, wo der Himmel besonders klar und wolkenlos war. Sie ist der ideale Ort, um kosmische Mikrowellenstrahlung zu messen und einen genaueren Einblick in die ersten Augenblicke der Entstehung zu gewinnen. Das Projekt, das von einer Gruppe aus acht Wissenschaftlern geleitet wird – darunter Spergel und Brian Keating, ein Astrophysiker, der das Simons Observatory leitet und zufällig der Sohn von Simons' früherem Partner James Ax ist –, soll spätestens 2022 zum Abschluss kommen. Unter anderem sucht das Observatorium nach fernen Belegen für den Urknall – dem Ereignis, mit dem das Universum der Theorie nach entstanden sein soll.[112]

Viele Wissenschaftler gehen davon aus, dass sich das Universum nach seiner Entstehung sofort ausgedehnt hat. Das bezeichnen sie als *kosmische Inflation*. Dieser Vorgang erzeugte Gravitationswellen und Lichtwirbel – das, was Keating als »Fingerabdruck des Urknalls« bezeichnet. Wissenschaftler suchen seit vielen Jahren nach Beweisen für dieses Phänomen. Jeder Versuch ist bislang grandios gescheitert, und seit Jahrzehnten gibt es immer wieder vielversprechende Ansätze, die letztlich jedoch ergebnislos blieben. Das Simons Observatory hat bisher die besten Aussichten, die schwachen Echos der Geburtswehen des Universums zu entdecken und möglicherweise zu belegen, dass das Universum einen Anfang hat.

»Jim drängt auf rasche Antworten«, berichtet Spergel.

Simons selbst äußert Zweifel an der Urknalltheorie – und daran, ob sein Riesenteleskop seinen Zweck erfüllen und Nachweise für kosmologische Inflation erbringen wird. Simons neigt zu der Ansicht, dass die Zeit keinen Anfang hat, und unterstützt parallel auch die Arbeit von Paul Steinhardt, dem führenden Verfechter der Big-Bounce-Theorie, die der Urknalltheorie widerspricht.

»Ich fand den Gedanken schon immer ästhetisch ansprechend, dass die Zeit keinen Anfang hat«, erklärt Simons.

Wenn Simons sich so oder so als Gewinner sieht, ganz gleich, was die verschiedenen Teams entdecken, klingt er wieder ganz wie ein Hedgefondsspekulant. Sollte sich sein Instinkt als richtig erweisen und kein Hinweis auf eine Inflation vorliegen, wird sich Simons bestätigt fühlen, und Wissenschaftler wie Steinhardt werden die Fackel übernehmen. Findet dagegen die Gruppe um Spergel und Keating Beweise für die Urknalltheorie, meint Simons dazu: »Dann kriegen wir einen Nobelpreis und tanzen auf den Straßen.«

Doch ebenso interessiert ist er an Antworten auf andere Fragen, die die Zivilisation seit Jahrhunderten vor Rätsel stellen. Seine Stiftung unterstützte wissenschaftliche Zusammenarbeit, die zum Ziel hat, den Ursprung des Lebens zu ergründen, zu erfahren, wie frühes Leben aussah und ob es anderswo in unserem Sonnensystem oder auf Planeten außerhalb unseres Sonnensystems Leben geben könnte.

»Damit beschäftigen sich alle Religionen, und mich hat das immer neugierig gemacht«, sagt er. »Ich habe das Gefühl, wir kommen der Antwort langsam näher.«

=

An einem frischen Tag Mitte März 2019 flog Simons mit seiner Frau in ihrem Gulfstream-Jet zu einem Flughafen außerhalb Bostons. Dort wurden sie abgeholt und zum Campus des Massachusetts Institute of Technology in Cambridge, Massachusetts, gefahren, wo Simons einen Vortrag halten sollte. Im sportlichen Tweed-Jackett, hellbrauner Baumwollhose, einem in frischem Blau gehaltenem Hemd und Slippern ohne Socken sprach Simons zu Hunderten von Studenten, Dozenten, Professoren und einheimischen Wirtschaftsvertretern über seine Karriere und die Turbulenzen bei Renaissance nach der Präsidentschaftswahl.

Auf die Frage, warum er Bob Mercers politische Aktivitäten nicht unterbunden habe, sagte Simons: »Ich glaube, er ist ein bisschen verrückt«, wofür er viel Applaus erntete.

»Er ist aber auch extrem intelligent. Ich konnte ihn nicht wegen seiner politischen Überzeugungen entlassen.«

Als ihn die Studenten fragten, an welchen professionellen Investoren sie sich orientieren sollten, hatte Simons darauf nicht gleich eine Antwort. Er war zwar ein Quant, bezweifelte aber noch immer, dass Anleger die Märkte prognostizieren können. Schließlich verwies er auf seinen Nachbarn in Manhattan, den Hedgefondsmanager George Soros.

»Ich glaube, es lohnt sich, ihm zuzuhören«, erklärte Simons. »Auch wenn er wirklich viel redet.«

Simons verriet seinem Publikum auch ein paar Lebenslehren. »Arbeiten Sie mit den klügsten Köpfen, die Sie finden können, und die hoffentlich klüger sind als Sie selbst … und bleiben Sie am Ball. Geben Sie nicht so schnell auf. Lassen Sie sich von der Schönheit leiten … ob bei der Leitung eines Unternehmens oder beim Ausgang eines Experiments oder der Entwicklung eines Theorems. Wenn etwas gut funktioniert, dann hat das etwas Schönes, ja, beinahe Ästhetisches.«

Simons sprach auch über seine neuesten Leidenschaften, unter anderem über seine Bestrebungen, die Entstehung des Universums und den Ursprung der Menschheit zu ergründen.

»Gut möglich, dass wir allein sind«, meinte er und stellte damit in den Raum, dass intelligentes Leben ausschließlich auf dem Planeten Erde existieren könnte, weil nur dort so günstige Faktoren aufeinandertrafen, wie sie sonst vermutlich nirgendwo vorliegen.

Simons blickte kurz zu Marilyn hinüber, die neben ihrem Enkel in der ersten Reihe saß. Der war Doktorand in Harvard.

»Wir hatten sehr viel Glück«, erklärte er.

Simons nahm die Ovationen des Publikums mit einem bescheidenen Winken entgegen. Langsam verließ er den Saal, seine Familie hinter sich.

DANK

Dieses Buch war ein Projekt der Leidenschaft. Zwei Jahre lang durfte ich zahllose Stunden mit innovativen und oft exzentrischen Mathematikern, Wissenschaftlern, Codeknackern und Quant-Pionieren in den Vereinigten Staaten und anderen Ländern zubringen.

Das war eine der schwierigsten Aufgaben meiner beruflichen Laufbahn. In der Highschool bin ich nie über elementare Mathematik hinausgekommen. Auf dem College haben wir zwar über mathematische Konzepte gesprochen, doch sie anzuwenden, war eine ganz andere Sache. Der nächste Algorithmus, den ich entwickle, wäre mein erster. Ohne die Unterstützung, Aufmunterung und den Rat von Praktikern auf diesem Gebiet – bahnbrechenden Akademikern und selbstlosen anderen – hielten Sie dieses Buch heute nicht in der Hand.

Mein Fels in der Brandung war Hal Lux – unerschöpflicher Quell weiser Ratschläge und wertvoller Einschätzungen. Aber auch Aaron Brown, Andrew Sterge, Richard Dewey, Rasheed Sabar und Dario Villani waren mir Hilfe und Stütze. Vielen Dank für eure klugen Gedanken, eure Erfahrung und Anleitung.

Nick Patterson, Greg Hullender, Sandor Straus, Elwyn Berlekamp, Robert Frey, Stephen Robert, David Dwyer, Howard Morgan und viele andere Renaissance-Veteranen gaben mir wichtige Informationen über die verschiedenen Phasen der Firmengeschichte. Raimo Bakus, Richard Stern, Ernest Chan, Philip Resnik und Paul Cohen erzählten mir von ihren Erfahrungen bei IBM. Vickie Barone gab mir Mathenachhilfe. Michael Pomada, Brian Keating und Sam Enriquez waren so freundlich, mein Manuskript zu lesen und hilfreich zu kommentieren.

Lee Neuwirth, Irwin Kra, Robert Bryant, Leonard Charlap, Simon Kochen, Lloyd Welch, David Eisenbud, Jeff Cheeger, Dennis Sullivan, John Lott, Cumrun Vafa und Phillip Griffiths beantworteten endlose Fragen mit außergewöhnlicher Geduld und Klugheit. Würdigen möchte ich auch die Unterstützung von Stefi Baum, Greg Hayt, Yuri Gabovich, John J. Smith, David Spergel, Rishi Narang und Sharon Bertsch McGrayne.

Mein Verleger Adrian Zackheim und meine Redakteurin Merry Sun standen mir mit ihrem unerschöpflichen Enthusiasmus und ihrem klugen Urteilsvermögen unerschütterlich zur Seite. Ich schätze mich glücklich, sie in meiner Mannschaft zu haben. Jacob Urban ging mir ebenso unermüdlich wie kompetent bei den Recherchen zur Hand, und Anastassia Gliadkovskaya unterstützte mich in vielerlei Hinsicht auf der ganzen Linie – ebenso wie Nina Rodriguez-Marty.

Ich bin dankbar für die Hilfe von Freunden, Kollegen und Familienmitgliedern wie Ezra Zuckerman Sivan, Shara Shetrit, Harold Mark Simansky, Adam Brauer, Ari Moses, Joshua Marcus, Stu Schrader, Marc Tobin, Eric Landy, Kirsten Grind und Jenny Strasburg. Großen Dank schulde ich Moshe und Renee Glick, die mir stets den Rücken decken – nicht nur auf dem Softball-Spielfeld.

Bedanken möchte ich mich auch für die Unterstützung der AABJD-Sunday-Sluggers. Und bei Tova und Aviva für ihre Freundschaft und Unterstützung. Bei Jerry, Alisha, Hannah und Aiden Blugrind, David und Shari Cherna sowie Douglas und Elaine Eisenberg für ihren Zuspruch und für körperliche und geistige Nahrung. Avigaiyil Goldscheider hat es irgendwie fertiggebracht, mich auch um 3 Uhr früh noch zu motivieren und zum Lachen zu bringen.

Gio Urshela, DJ LeMahieu und Aaron Judge unterhielten mich am Abend, Justin Vernon, Rhye, Randy Crawford, Donny Hathaway, Natalie Merchant, Miles Davis und Franz Schubert beruhigten und trösteten mich in der Nacht.

Mein Dank gilt auch dem Chefredakteur des *Wall Street Journal*, Matt Murray, und dem Leiter der Wirtschafts- und Finanzredaktion Charles Forelle, weil sie diesem Projekt ihren Segen gaben. Als Heranwachsender machte mir der Englischunterricht keinen besonderen Spaß. Satzbaudiagramme fand ich ätzend, und auf der Highschool warf mir eine Lehrerin vor, ich würde zu viel über den Holocaust schreiben, was meine Begeisterung für ihren Unterricht stark dämpfte. Was ich über das Schreiben weiß, habe ich vor allem gelernt, während ich *las*. Ich habe aus den Büchern der Providence Public Library gelernt, aus der klugen Kritik meiner Arbeiten durch meinen verstorbenen Vater Alan Zuckerman und aus zum Nachdenken anregenden oder unterhaltsamen Artikeln, die meine Mutter Roberta Zuckerman für mich ausschnitt und sammelte. Die Liebe meiner Eltern und alles, was sie mir beigebracht haben, leitet mich bis heute.

Nicht zuletzt spielte auch meine Frau Michelle eine entscheidende Rolle bei der Realisierung dieses Buches. Sie tröstete, ermunterte und ermutigte mich, als ich mich mit Hidden-Markov-Modellen und der Erklärung stochastischer Differentialgleichungen herumschlug. Ich weiß dich jeden Tag mehr zu schätzen. Mein Buch ist meinen beiden Söhnen gewidmet, Gabriel Benjamin und Elijah Shane. Noch nicht einmal Jim Simons hätte ein Modell entwickeln können, das zu prognostizieren vermocht hätte, wie glücklich ihr mich macht.

ANHANG 1

	Nettoertrag	Verwaltungs-gebühr*	Erfolgs-gebühr	Rendite vor Abzug von Gebühren	Fondsvolumen	Handelsgewinn des Medallion-Fonds**
1988	9,0 %	5 %	20 %	16,3 %	20 Mio. USD	3 Mio. USD
1989	-4,0 %	5 %	20 %	1,0 %	20 Mio. USD	0 USD
1990	55,0 %	5 %	20 %	77,8 %	30 Mio. USD	23 Mio. USD
1991	39,4 %	5 %	20 %	54,3 %	42 Mio. USD	23 Mio. USD
1992	33,6 %	5 %	20 %	47,0 %	74 Mio. USD	35 Mio. USD
1993	39,1 %	5 %	20 %	53,9 %	122 Mio. USD	66 Mio. USD
1994	70,7 %	5 %	20 %	93,4 %	276 Mio. USD	258 Mio. USD
1995	38,3 %	5 %	20 %	52,9 %	462 Mio. USD	244 Mio. USD
1996	31,5 %	5 %	20 %	44,4 %	637 Mio. USD	283 Mio. USD
1997	21,2 %	5 %	20 %	31,5 %	829 Mio. USD	261 Mio. USD
1998	41,7 %	5 %	20 %	57,1 %	1,1 Mrd. USD	628 Mio. USD
1999	24,5 %	5 %	20 %	35,6 %	1,54 Mrd. USD	549 Mio. USD
2000	98,5 %	5 %	20 %	128,1 %	1,9 Mrd. USD	2,434 Mrd. USD
2001	33,0 %	5 %	36 %	56,6 %	3,8 Mrd. USD	2,149 Mrd. USD

* Die Gebühren berechnet der Medallion-Fonds seinen Investoren, bei denen es sich in den meisten Jahren um eigene und ehemalige Beschäftigte des Unternehmens handelt.

** Beim Bruttoertrag und Gewinn des Medallion-Fonds handelt es sich um Schätzwerte – die tatsächliche Zahl könnte unter anderem je nach der jährlichen Vermögensgebühr leicht abweichen, die erhoben wird. Der Medallion-Gewinn versteht sich vor Abzug der verschiedenen Kosten des Fonds.

	Nettoertrag	Verwaltungsgebühr*	Erfolgsgebühr	Rendite vor Abzug von Gebühren	Fondsvolumen	Handelsgewinn des Medallion-Fonds**
2002	25,8 %	5 %	44 %	51,1 %	5,24 Mrd. USD	2,676 Mrd. USD
2003	21,9 %	5 %	44 %	44,1 %	5,09 Mrd. USD	2,245 Mrd. USD
2004	24,9 %	5 %	44 %	49,5 %	5,2 Mrd. USD	2,572 Mrd. USD
2005	29,5 %	5 %	44 %	57,7 %	5,2 Mrd. USD	2,999 Mrd. USD
2006	44,3 %	5 %	44 %	84,1 %	5,2 Mrd. USD	4,374 Mrd. USD
2007	73,7 %	5 %	44 %	136,6 %	5,2 Mrd. USD	7,104 Mrd. USD
2008	82,4 %	5 %	44 %	152,1 %	5,2 Mrd. USD	7,911 Mrd. USD
2009	39,0 %	5 %	44 %	74,6 %	5,2 Mrd. USD	3,881 Mrd. USD
2010	29,4 %	5 %	44 %	57,5 %	10 Mrd. USD	5,750 Mrd. USD
2011	37,0 %	5 %	44 %	71,1 %	10 Mrd. USD	7,107 Mrd. USD
2012	29,0 %	5 %	44 %	56,8 %	10 Mrd. USD	5,679 Mrd. USD
2013	46,9 %	5 %	44 %	88,8 %	10 Mrd. USD	8,875 Mrd. USD
2014	39,2 %	5 %	44 %	75,0 %	9,5 Mrd. USD	7,125 Mrd. USD
2015	36,0 %	5 %	44 %	69,3 %	9,5 Mrd. USD	6,582 Mrd. USD
2016	35,6 %	5 %	44 %	68,6 %	9,5 Mrd. USD	6,514 Mrd. USD
2017	45,0 %	5 %	44 %	85,4 %	10 Mrd. USD	8,536 Mrd. USD
2018	40,0 %	5 %	44 %	76,4 %	10 Mrd. USD	7,643 Mrd. USD
	39,1 % durchschnittlicher Nettoertrag			**66,1 % durchschnittlicher Ertrag vor Abzug von Gebühren**		**104 530 000 000 USD gesamter Handelsgewinn**

Durchschnittliche Jahresrendite

66,1 % brutto

39,1 % netto

Der vorstehende Gewinn von 104,5 Milliarden US-Dollar ist der des Medallion-Fonds. Renaissance profitiert aber noch von drei für externe Investoren verfügbaren Hedgefonds, die per 30. April 2019 rund 55 Milliarden US-Dollar verwalteten. (Quelle: Jahresbericht des Medallion-Fonds; Investoren)

ANHANG 2

Investor	Hauptfonds/-produkt	Zeitraum	Jahresrendite*
Jim Simons	Medallion Fund	1988–2018	39,1 %
George Soros	Quantum Fund	1969–2000	32 %**
Stephen Cohen	SAC	1992–2003	30 %
Peter Lynch	Magellan Fund	1977–1990	29 %
Warren Buffett	Berkshire Hathaway	1965–2018	20,5 %***
Ray Dalio	Pure Alpha	1991–2018	12 %

(Quelle: Für Simons, Dalio, Cohen, Soros: Berichte; für Buffett: Jahresbericht von Berkshire Hathaway; für Lynch: Fidelity Investments.)

* Sämtliche Renditen verstehen sich nach Abzug von Gebühren.

** In den letzten Jahren sind die Renditen zurückgegangen, da Soros kein Geld mehr für andere investierte.

*** Buffett erwirtschaftete mit privaten Investitionen von 1951 bis 1957 im Schnitt 62 %. Er fing mit weniger als 10 000 US-Dollar and und erzielte für eine von 1957 bis 1969 geführte Personengesellschaft durchschnittlich 24,3 % Gewinn.

ANMERKUNGEN

1 »Seed Interview: James Simons«, *Seed*, 19. September 2006.

2 Gregory Zuckerman, Rachel Levy, Nick Timiraos und Gunjan Banerji, »Behind the Market Swoon: The Herdlike Behavior of Computerized Trading«, *Wall Street Journal*, 25. Dezember 25, 2018, https://www.wsj.com/articles/behind-the-market-swoon-the-herdlike-behavior-of-computerized-trading-11545785641.

3 D. T. Max, »Jim Simons, the Numbers King«, *New Yorker*, 11. Dezember 2017, https://www.newyorker.com/magazine/2017/12/18/jim-simons-the-numbers-king.

4 James Simons, »Dr. James Simons, S. Donald Sussman Fellowship Award Fireside Chat Series. Chat 2«, Interview von Andrew Lo, 6. März 2019, https://www.youtube.com/watch?v=srbQzrtfEvY&t=4s.

5 James Simons, »Mathematics, Common Sense, and Good Luck« (Vortrag, American Mathematical Society Einstein Public Lecture in Mathematics, San Francisco, CA, 30. Oktober 2014), https://www.youtube.com/watch?v=Tj1NyJHLvWA.

6 Lee Neuwirth, *Nothing Personal: The Vietnam War in Princeton 1965–1975* (Charleston, SC: BookSurge, 2009).

7 Paul Vitello, »John S. Toll Dies at 87; Led Stony Brook University«, *New York Times*, 18. Juli 2011, https://www.nytimes.com/2011/07/19/nyregion/john-s-toll-dies-at-87-led-stony-brook-university.html.

8 James Simons, »Simons Foundation Chair Jim Simons on His Career in Mathematics«, Interview von Jeff Cheeger, Simons Foundation, 28. September 2012, https://www.simonsfoundation.org/2012/09/28/simons-foundation-chair-jim-simons-on-his-career-in-mathematics.

9 Simons, »On His Career in Mathematics«.

10 Simons, »Mathematics, Common Sense, and Good Luck.«

11 William Byers, *How Mathematicians Think: Using Ambiguity, Contradiction, and Paradox to Create Mathematics* (Princeton, NJ: Princeton University Press, 2007).

12 Private Unterlagen von Lenny Baum, zur Verfügung gestellt von dessen Familie.

13 Richard Teitelbaum, »The Code Breaker«, *Bloomberg Markets*, Januar 2008.

14 James Simons, »Jim Simons Speech on Leonard E. Baum« (Rede, Leonard E. Baum Memorial, Princeton, NJ, 15. August 2017), https://www.youtube.com/watch?v=zN0ah7moPlQ.

15 Simons, »On His Career in Mathematics.«

16 Simons, »Jim Simons Speech on Leonard E. Baum.«

17 Byers, *How Mathematicians Think.*

18 James R. Hagerty und Gregory Zuckerman, »Math Wizard Elwyn Berlekamp Helped Bring Sharp Images from Outer Space«, *Wall Street Journal*, 1. Mai 2019, https://www.wsj.com/articles/math-wizard-elwyn-berlekamp-helped-bring-sharp-images-from-outer-space-11556735303.

19 Brian Keating, *Losing the Nobel Prize: A Story of Cosmology, Ambition, and the Perils of Science's Highest Honor* (New York: W. W. Norton, 2018).

20 James B. Stewart, *Den of Thieves* (New York: Simon & Schuster, 1991).

21 Geoffrey Poitras, *The Early History of Financial Economics, 1478–1776: From Commercial Arithmetic to Life Annuities and Joint Stocks* (Cheltenham, UK: Edward Elgar, 2000).

22 Mark Putrino, »Gann and Gann Analysis«, *Technical Analysis of Stocks & Commodities*, September 2017.

23 Brian Stelter, »Gerald Tsai, Innovative Investor, Dies at 79«, *New York Times*, 11. Juli 2008, https://www.nytimes.com/2008/07/11/business/11tsai.html; John Brooks, *The Go-Go Years: The Drama and Crashing Finale of Wall Street's Bullish 60s* (New York: Weybright and Talley, 1973).

24 Andrew W. Lo und Jasmina Hasanhodzic, *The Evolution of Technical Analysis: Financial Prediction from Babylonian Tablets to Bloomberg Terminals* (Hoboken, NJ: John Wiley & Sons, 2010).

25 Douglas Bauer, »Prince of the Pit«, *New York Times*, 25. April 1976, https://www.nytimes.com/1976/04/25/archives/prince-of-the-pit-richard-dennis-knows-how-to-keep-his-head-at-the.html.

26 Emanuel Derman, *My Life as a Quant: Reflections on Physics and Finance* (Hoboken, NJ: John Wiley & Sons, 2004).

27 Edward O. Thorp, *A Man for All Markets: From Las Vegas to Wall Street, How I Beat the Dealer and the Market* (New York: Random House, 2017). <dt. Zitat aus: *Ein Mann für alle Märkte: Wie ich das Casino und den Markt geschlagen habe*, Börsenbuchverlag, 2018>

28 Scott Patterson, *The Quants: How a New Breed of Math Whizzes Conquered Wall Street and Nearly Destroyed It* (New York: Crown Business, 2010).

29 Patterson, *The Quants.*

30 Michelle Celarier, »How a Misfit Group of Computer Geeks and English Majors Transformed Wall Street«, *New York*, 18. Januar 2018, http://nymag.com/intelligencer/2018/01/d-e-shaw-the-first-great-quant-hedge-fund.html.

31 Hal Lux, »Secretive D. E. Shaw & Co. Opens Doors for Customers' Business«, *Investment Dealers' Digest*, 15. November 1993.

32 G. Bruce Knecht, »Wall Street Whiz Finds Niche Selling Books on the Internet«, *Wall Street Journal*, 16. Mai 1996, https://www.wsj.com/articles/SB832204437381952500.

33 Ingfei Chen, »A Cryptologist Takes a Crack at Deciphering DNA's Deep Secrets«, *New York Times*, 12. Dezember 2006, https://www.nytimes.com/2006/12/12/science/12prof.html.

34 John F. Greer Jr., »Simons Doesn't Say«, *Financial World*, 21. Oktober 1996.

35 Peter Lynch, »Pros: Peter Lynch«, Interview mit *Frontline*, PBS, Mai 1996, www.pbs.org/wgbh/pages/frontline/shows/betting/pros/lynch.html; und Peter Lynch mit John Rothchild, *One Up on Wall Street* (New York: Simon & Schuster, 2000).

36 Sebastian Mallaby, *More Money Than God: Hedge Funds and the Making of a New Elite* (New York: Penguin Press, 2010). <dt. erschienen: *Mehr Geld als Gott: Hedgefonds und ihre Allmachtsfantasien*, FinanzBuch Verlag, 2019>

37 Michael Coleman, »Influential Conservative Is Sandia, UNM Grad«, *Albuquerque Journal*, 5. November 2017, https://www.abqjournal.com/1088165/influential-conservative-is-sandia-unm-grad-robert-mercer-trump-fundraiser-breitbart-investor-has-nm-roots.html.

38 Robert Mercer, »A Computational Life« (Rede, Association for Computational Linguistics Lifetime Achievement Award, Baltimore, Maryland, 25. Juni 2014), http://techtalks.tv/talks/closing-session/60532.

39 Stephen Miller, »Co-Inventor of Money-Market Account Helped Serve Small Investors' Interest«, *Wall Street Journal*, 16. August 2008, https://www.wsj.com/articles/SB121884007790345601.

40 Feng-Hsiung Hsu, *Behind Deep Blue: Building the Computer That Defeated the World Chess Champion* (Princeton, NJ: Princeton University Press, 2002).

41 Peter Brown und Robert Mercer, »Oh, Yes, Everything's Right on Schedule, Fred«, (Vortrag, Twenty Years of Bitext Workshop, Empirical Methods in Natural Language Processing Conference, Seattle, Washington, October 2013), http://cs.jhu.edu/~post/bitext.

42 Hal Lux, »The Secret World of Jim Simons«, *Institutional Investor*, 1. November 2000, https://www.institutionalinvestor.com/article/b151340bp779jn/the-secret-world-of-jim-simons.

43 Robert Mercer im Interview mit Sharon McGrayne für ihr Buch *The Theory Would Not Die: How Bayes' Rule Cracked the Enigma Code, Hunted Down Russian Submarines, and Emerged Triumphant from Two Centuries of Controversy* (New Haven, CT: Yale University Press, 2011). <dt. erschienen: *Die Theorie, die nicht sterben wollte: Wie der englische Pastor Thomas Bayes eine Regel entdeckte, die nach 150 Jahren voller Kontroversen heute aus Wissenschaft, Technik und Gesellschaft nicht mehr wegzudenken ist*, Springer Spektrum, 2014>

44 Brown und Mercer, »Oh, Yes, Everything's Right on Schedule, Fred.«

45 Jason Zweig, »Data Mining Isn't a Good Bet for Stock-Market Predictions«, *Wall Street Journal*, 8. August 2009, https://www.wsj.com/articles/SB124967937642715417.

46 Lux, »The Secret World of Jim Simons«.

47 Robert Lipsyte, »Five Years Later, A Female Kicker's Memorable Victory«, *New York Times*, 19. Oktober 2000, https://www.nytimes.com/2000/10/19/sports/colleges-five-years-later-a-female-kicker-s-memorable-victory.html.

48 Roger Lowenstein, *When Genius Failed: The Rise and Fall of Long-Term Capital Management* (New York: Random House, 2000). <*Der große Irrtum: Die spektakuläre Geschichte vom Aufstieg und Untergang des raffiniertesten Investmentfonds aller Zeiten*, FinanzBuch Verlag, 2007, S. 221>

49 Suzanne Woolley, »Failed Wizards of Wall Street«, *BusinessWeek*, 21. September 1998, https://www.bloomberg.com/news/articles/1998-09-20/failed-wizards-of-wall-street.

50 Timothy L. O'Brien, »Shaw, Self-Styled Cautious Operator, Reveals It Has a Big Appetite for Risk«, *New York Times*, 15. Oktober 1998, https://www.nytimes.com/1998/10/15/business/shaw-self-styled-cautious-operator-reveals-it-has-a-big-appetite-for-risk.html.

51 *Abuse of Structured Financial Products: Misusing Basket Options to Avoid Taxes and Leverage Limits: Hearings before the Permanent Subcommittee on Investigations of the Committee on Homeland Security and Governmental Affairs*, 113th Congress (2014) (Aussage von Peter Brown, Chief Executive Officer, Renaissance Technologies), https://www.govinfo.gov/content/pkg/CHRG-113shrg89882/pdf/CHRG-113shrg89882.pdf.

52 McGrayne, *The Theory That Would Not Die: How Bayes' Rule Cracked the Enigma Code, Hunted Down Russian Submarines, and Emerged Triumphant from Two Centuries of Controversy*.

<dt. erschienen: *Die Theorie, die nicht sterben wollte: Wie der englische Pastor Thomas Bayes eine Regel entdeckte, die nach 150 Jahren voller Kontroversen heute aus Wissenschaft, Technik und Gesellschaft nicht mehr wegzudenken ist*, Springer Spektrum, 2014, S. 276>

53 Lux, »The Secret World of Jim Simons«.

54 *Abuse of Structured Financial Products* (Aussage von Peter Brown).

55 Katherine Burton, »Inside a Moneymaking Machine Like No Other«, *Bloomberg*, 21. November 2016, https://www.bloomberg.com/news/articles/2016-11-21/how-renaissance-s-medallion-fund-became-finance-s-blackest-box.

56 George Gilder, *Life after Google: The Fall of Big Data and the Rise of the Blockchain Economy* (Washington, DC: Regnery Gateway, 2018). <dt. erschienen: *Das Leben nach Google: Der Absturz von Big Data und der Aufstieg der Blockchain*, Plassen Verlag, 2020, S. 99>

57 Simon Van Zuylen-Wood, »The Controversial David Magerman«, *Philadelphia Magazine*, 13. September 2013, https://www.phillymag.com/news/2013/09/13/controversial-david-magerman.

58 Scott Patterson und Jenny Strasburg, »Pioneering Fund Stages Second Act«, *Wall Street Journal*, 16. März 2010, https://www.wsj.com/articles/SB10001424052748703494404575082000779302566.

59 Zachary Mider, »What Kind of Man Spends Millions to Elect Ted Cruz?« *Bloomberg*, 20. Januar 2016, https://www.bloomberg.com/news/features/2016-01-20/what-kind-of-man-spends-millions-to-elect-ted-cruz-.

60 William J. Broad, »Seeker, Doer, Giver, Ponderer«, *New York Times*, 7. Juli 2014, https://www.nytimes.com/2014/07/08/science/a-billionaire-mathematicians-life-of-ferocious-curiosity.html.

61 Christine Williamson, »Renaissance Believes Size Does Matter«, *Pensions & Investments*, 27. November 2006, https://www.pionline.com/article/20061127/PRINT/611270744/renaissance-believes-size-does-matter.

62 Patterson, *The Quants*.

63 Gregory Zuckerman, *The Greatest Trade Ever: The Behind-the-Scenes Story of How John Paulson Defied Wall Street and Made Financial History* (New York: Broadway Books, 2009). <dt. erschienen: *Der größte Trade aller Zeiten: Wie Hedgefonds-Superstar John Paulson in der Finanzkrise Milliarden verdiente*, Börsenmedien, 2010>

64 Tae Kim, »Billionaire David Einhorn Says the Key to Investing Success Is 'Critical Thinking'«, CNBC, 26. Dezember 2017, https://www.cnbc.com/2017/12/26/david-einhorn-says-the-key-to-investing-success-is-critical-thinking.html.

65 Susan Pulliam und Jenny Strasburg, »Simons Questioned by Investors«, *Wall Street Journal*, 15. Mai 2009, https://www.wsj.com/articles/SB124235370437022507.

66 Alice Walker, »Billionaire Mathematician Jim Simons Parks £75 million Super Yacht during Tour of Scotland«, *Scottish Sun*, 15. Juli 2018, https://www.thescottishsun.co.uk/fabulous/2933653/jim-simons-super-yacht-billionaire-scotland-tour.

67 Simons, »On His Career in Mathematics«.

68 Van Zuylen-Wood, »The Controversial David Magerman«.

69 Ryan Avent, »If It Works, Bet It«, *Economist*, 14. Juni 2010, https://www.economist.com/free-exchange/2010/06/14/if-it-works-bet-it.

70 James Simons, »My Life in Mathematics« (Vortrag, International Congress of Mathematics, Seoul, Südkorea, 13. August 2014), https://www.youtube.com/watch?v=RP1ltutTN_4.

71 John Marzulli, »Hedge Fund Hotshot Robert Mercer Files Lawsuit over $2M Model Train, Accusing Builder of Overcharge«, *New York Daily News*, 31. März 2009, https://www.nydailynews.com/news/hedge-fund-hotshot-robert-mercer-files-lawsuit-2m-model-train-accusing-builder-overcharge-article-1.368624.

72 Patterson und Strasburg, »Pioneering Fund Stages Second Act«.

73 Joshua Green, *Devil's Bargain: Steve Bannon, Donald Trump, and the Storming of the Presidency* (New York: Penguin Press, 2017).

74 Mider, »Ted Cruz?«

75 Juliet Chung, »Mega Merger: Six Apartments May Make One«, *Wall Street Journal*, 27. April 2010, https://www.wsj.com/articles/SB10001424052748704446704575207193495569502.

76 Ben Smith, »Hedge Fund Figure Financed Mosque Campaign«, *Politico*, 18. Januar 2011, https://www.politico.com/blogs/ben-smith/2011/01/hedge-fund-figure-financed-mosque-campaign-032525.

77 Vicky Ward, »The Blow-It-All-Up Billionaires«, *Highline*, 17. März 2017, https://highline.huffingtonpost.com/articles/en/mercers.

78 Gregory Zuckerman, Keach Hagey, Scott Patterson und Rebecca Ballhaus, »Meet the Mercers: A Quiet Tycoon and His Daughter Become Power Brokers in Trump's Washington«, *Wall Street Journal*, 8. Januar 2017, https://www.wsj.com/articles/meet-the-mercers-a-quiet-tycoon-and-his-daughter-become-power-brokers-in-trumps-washington-1483904047.

79 Carole Cadwalladr, »Revealed: How US Billionaire Helped to Back Brexit«, *Guardian*, 25. Februar 2017, https://www.theguardian.com/politics/2017/feb/26/us-billionaire-mercer-helped-back-brexit.

80 Jane Mayer, »New Evidence Emerges of Steve Bannon and Cambridge Analytica's Role in Brexit«, *New Yorker*, 17. November 2018, https://www.newyorker.com/news/news-desk/new-evidence-emerges-of-steve-bannon-and-cambridge-analyticas-role-in-brexit.

81 Nigel Farage, »Farage: ›Brexit Could Not Have Happened without Breitbart‹«, Interview von Alex Marlow, Turning Point USA Student Action Summit, 20. Dezember 2018, https://www.youtube.com/watch?v=W73L6L7howg.

82 Matea Gold, »The Rise of GOP Mega-donor Rebekah Mercer«, *Washington Post*, 14. September 2016, https://www.washingtonpost.com/politics/the-rise-of-gop-mega-donor-rebekah-mercer/2016/09/13/85ae3c32-79bf-11e6-beac-57a4a412e93a_story.html.

83 Green, *Devil's Bargain*.

84 Corey R. Lewandowski und David N. Bossie, *Let Trump Be Trump: The Inside Story of His Rise to the Presidency* (New York: Center Street, 2017).

85 Jonathan Lemire und Julie Pace, »Trump Spent Saturday Night at a Lavish ›Villains and Heroes‹ Costume Party Hosted by Some of His Biggest Donors«, Associated Press, 3. Dezember 2016, https://www.businessinsider.com/trump-attends-mercer-lavish-villains-and-heroes-costume-party-2016-12.

86 Matea Gold, »The Mercers and Stephen Bannon: How a Populist Power Base Was Funded and Built«, *Washington Post*, 17. März 2017, https://www.washingtonpost.com/graphics/politics/mercer-bannon.

87 Jane Mayer, »The Reclusive Hedge-Fund Tycoon behind the Trump Presidency«, *New Yorker*, 17. März 2017, https://www.newyorker.com/magazine/2017/03/27/the-reclusive-hedge-fund-tycoon-behind-the-trump-presidency.

88 Zuckerman et al., »Meet the Mercers«.

89 William Julius Wilson, »Hurting the Disadvantaged«, Rezension von *Civil Rights: Rhetoric or Reality?* by Thomas Sowell, *New York Times*, 24. Juni 1984, https://www.nytimes.com/1984/06/24/books/hurting-the-disadvantaged.html.

90 David M. Schwartz, »Robert Mercer's North Shore Home Draws Tax Demonstrators«, *Newsday*, 28. März 2017, https://www.newsday.com/long-island/politics/spin-cycle/protest-at-robert-mercer-s-li-home-1.13329816.

91 Gregory Zuckerman, »Renaissance Feud Spills Over to Hedge Fund Poker Night«, *Wall Street Journal*, 28. April 2017, https://www.wsj.com/articles/renaissance-feud-spills-over-to-hedge-fund-poker-night-1493424763.

92 Jeremy W. Peters, »Milo Yiannopoulos Resigns from Breitbart News after Pedophilia Comments«, *New York Times*, 21. Februar 2017, https://www.nytimes.com/2017/02/21/business/milo-yiannopoulos-resigns-from-breitbart-news-after-pedophilia-comments.html.

93 Robin Pogrebin und Somini Sengupta, »A Science Denier at the Natural History Museum? Scientists Rebel«, *New York Times*, 25. Januar 2018, https://www.nytimes.com/2018/01/25/climate/rebekah-mercer-natural-history-museum.html.

94 Gregory Zuckerman, »Mercer Influence Wanes as Other Washington Donors Emerge«, *Wall Street Journal*, 4. November 2018, https://www.wsj.com/articles/mercer-influence-wanes-as-other-washington-donors-emerge-1541350805.

95 Zuckerman, »Mercer Influence Wanes«.

96 »Morningstar Reports US Mutual Fund and ETF Fund Flows for April 2019«, *PR Newswire*, 17. Mai 2019, https://finance.yahoo.com/news/morningstar-reports-u-mutual-fund-130000604.html.

97 Gregory Zuckerman, »Architect of Greatest Trade Ever Hit by Losses, Redemptions Postcrisis«, *Wall Street Journal*, 27. April 2018, https://www.wsj.com/articles/architect-of-greatest-trade-ever-hit-by-losses-redemptions-postcrisis-1524837987.

98 Gregory Zuckerman, »›This Is Unbelievable‹: A Hedge Fund Star Dims, and Investors Flee«, *Wall Street Journal*, 4. Juli 2018, https://www.wsj.com/articles/this-is-unbelievable-a-hedge-fund-star-dims-and-investors-flee-1530728254.

99 Gregory Zuckerman und Kirsten Grind, »Inside the Showdown Atop PIMCO, the World's Biggest Bond Firm«, *Wall Street Journal*, 24. Februar 2014, https://www.wsj.com/articles/inside-the-showdown-atop-pimco-the-worlds-biggest-bond-firm-1393298266.

100 George Budwell, »Why Geron Corporation's Stock Is Charging Higher Today«, Motley Fool, 28. August 2018, https://www.fool.com/investing/2018/08/28/why-geron-corporations-stock-is-charging-higher-to.aspx.

101 Daten basieren auf einem Bericht der TABB Group.

102 Nathan Vardi, »Running the Numbers«, *Forbes*, 30. April 2019.

103 »The Four Vs of Big Data«, Infografik, IBM Big Data & Analytics (Website), https://www.ibmbigdatahub.com/infographic/four-vs-big-data.

104 Bradley Hope, »Five Ways Quants Are Predicting the Future«, *Wall Street Journal*, 1. April 2015, https://blogs.wsj.com/briefly/2015/04/01/5-ways-quants-are-predicting-the-future.

105 Richard Dewey, »Computer Models Won't Beat the Stock Market Any Time Soon«, *Bloomberg*, 21. Mai 2019, https://www.bloomberg.com/news/articles/2019-05-21/computer-models-won-t-beat-the-stock-market-any-time-soon.

106 Aruna Viswanatha, Bradley Hope und Jenny Strasburg, »›Flash Crash‹ Charges Filed«, *Wall Street Journal*, 21. April 2015, https://www.wsj.com/articles/u-k-man-arrested-on-charges-tied-to-may-2010-flash-crash-1429636758.

107 Robin Wigglesworth, »Goldman Sachs' Lessons from the ›Quant Quake‹«, *Financial Times*, 3. September 2017, https://www.ft.com/content/fdfd5e78-0283-11e7-aa5b-6bb07f5c8e12.

108 »Seed Interview: James Simons«.

109 Marcus Baram, »The Millionaire Critic Who Scared Facebook Now Wants to Help 'Fix the Internet'«, *Fast Company*, 11. Dezember 2018, https://www.fastcompany.com/90279134/the-millionaire-critic-who-scared-facebook-wants-to-help-fix-the-internet.

110 Baram, »The Millionaire Critic Who Scared Facebook«.

111 Richard Henderson, »Renaissance Founder Says Hedge Fund Has Overcome Trump Tension«, *Financial Times*, 15. März 2019, https://www.ft.com/content/7589277c-46d6-11e9-b168-96a37d-002cd3.

112 Gary Robbins, »UCSD Gets $40 Million to Study Infancy of the Universe«, *San Diego Union-Tribune*, 12. Mai 2016, https://www.sandiegouniontribune.com/news/science/sdut-ucsd-simons-telescopes-2016may12-story.html.

Die Prinzipien des Erfolgs

Ray Dalio

Seine Firma Bridgewater Associates ist der größte Hedgefonds der Welt, er selbst gehört zu den Top 50 der reichsten Menschen auf dem Planeten: Ray Dalio. Seit 40 Jahren führt er sein Unternehmen so erfolgreich, dass ihn Generationen von Nachwuchsbankern wie einen Halbgott verehren. Mit diesem Buch erlaubt er erstmals einen Blick in seine sonst so hermetisch abgeriegelte Welt.
Seine Beobachtungen aus dem Geschäftsleben hielt Ray Dalio schon als junger Unternehmer in einem Notizbuch fest. Das war die Geburtsstunde seiner gut 200 »Prinzipien«, die mit diesem Buch erstmals gebündelt vorliegen und kaum weniger als die Essenz des geradezu unheimlichen Erfolgs von Ray Dalio und seiner Firma darstellen.
Die einzigartigen Prinzipien, mithilfe derer jeder den Weg des Erfolgs einschlagen kann, und die mitunter harten Lektionen, die ihn sein einzigartiges System errichten ließen, hat Ray Dalio auf eine bisher noch nie dagewesene, unkonventionelle Weise zusammengetragen.

688 Seiten | Hardcover | 29,99 € (D) | 30,90 € (A) | ISBN 978-3-95972-123-3

Warren Buffett – Der Jahrhundertkapitalist

Gisela Baur

Multimilliardär, bodenständiger Nachbar, witziger Sprachkünstler, genialer Investor, großzügiger Philanthrop – Warren Buffett hat viele Facetten und sein Aufstieg ist einzigartig. Fast ein Jahrhundert lang investierte er in Unternehmen und baute so eines der größten Vermögen der Welt auf. Dabei hielt er stets Abstand vom Trubel an der Wall Street und den politischen Wirren in Washington.

Doch sein Erfolg gründet nicht nur auf Charakterstärke und einer genialen Investmentstrategie. Sein Leben war über die Zeit auch immer eng mit den politischen und wirtschaftlichen Stärken und Missständen der USA verwoben. Gisela Baur kennt Warren Buffett seit mehr als 20 Jahren persönlich. Sie erzählt, wie er ein Jahrhundert Wirtschafts- und Börsengeschichte geschrieben hat – und kommt dem Geheimnis hinter seiner Erfolgsgeschichte auf die Spur.

320 Seiten | Hardcover | 24,99 € (D) | 25,70 € (A) | ISBN 978-3-95972-055-7